国学与现代管理

TRADITIONAL CHINESE STUDIES
AND MODERN MANAGEMENT

主　编　晏　钢
副主编　高世全　朱耀顺　成达建　张锦贤

社会科学文献出版社
SOCIAL SCIENCES ACADEMIC PRESS (CHINA)

序　言

回想 2007 年 9 月，笔者第一次给欧美留学生上课时选用了一本外国教材作为参考书，让笔者惊讶的是，留学生普遍反映他们来中国留学，最想了解的是当今中国经济、社会快速发展的原因，以及中国的传统文化和历史对中国人经济行为、处世方式的影响，探究中国人真实的商业行为、模式和理念。随着中国经济的崛起和国际影响力的不断提升，一些不实或曲解中国的言论在国际上愈演愈烈。如何增进国际社会特别是来华留学生群体对中国传统文化的认识和理解、增进对中国传统文化和管理模式的认同，值得深思。于是，笔者参考了澳大利亚高等教育质量与标准署的标准以及欧洲高等教育质量发展认证体系标准，遵照教育部本科教学质量评估标准，主持设计了中国传统管理学的课程大纲、教学资料和 PPT 讲义。自 2008 年 9 月起正式用于对交换项目留学生的教学，并坚持每年为中外学生授课，至今英文版讲义更新至第九稿，中文版讲义更新至第十四稿。现 "国学与现代管理" 课程的视频版已入选国家来华留学英文授课品牌课程、国家公开精品视频课程（"爱课程" 网站 www.icourses.cn）、中国大学 MOOC 课程（www.icourse163.org）、学堂在线国际课程和研究生课程（"学堂在线" https：//next.xuetangx.com/）。2020 年 11 月，"国学与现代管理" 课程被教育部认定为首批国家级一流本科课程。

自 "国学与现代管理" 课程投放教学以来，国际、国内各类教学听众共计已超过 45000 人次，其中中国学生超过 42000 人次、外国学生超过 3000人次，在国内外产生了良好的反响。

长期以来，在经济学和管理学领域，中国教育界、大多数企业和社会组织大力引入西方管理理论、模式，对本土优秀传统文化提炼不够，造成国学与现代管理深入结合的课程缺乏，管理实践中难免出现 "水土不服"的现象。在这样的背景下，探索一种适合中国企业和社会组织的本土化管理课程，并培养因应时代所需的管理人才，就显得尤为重要。

"国学与现代管理"课程紧密结合当今中国改革开放的大环境、国家综合实力快速提升的现实背景和博大精深的历史与文化传统，借鉴西方管理学的理论和经验，总结改革开放以来在管理学领域促进中国经济发展、社会进步的理论成果和实践经验，注重与中国传统文化、国情和实践案例相结合，内容上突出传统、现实和国际化的有机结合，力求做到能合理阐释当代管理的特征、现状和发展趋势，尽力弥补当前众多国内外相关课程存在的不足。

本书由五篇十七章的内容构成，第一篇为"概论"，包括第一章"管理的内涵"、第二章"中国传统文化与管理"两章内容；第二篇为"中华传统管理思想"，包括第三章"《易经》的管理思想"、第四章"道家、儒家的管理思想"、第五章"墨家、法家的管理思想"、第六章"兵家、纵横家的管理思想四章内容；第三篇为"中国管理思想与实践的历史演进"，包括第七章"春秋到隋唐时期的管理思想与实践的历史演进"、第八章"辽、宋、金时期的管理思想与实践的历史演进"、第九章"元、明、清时期的管理思想与实践的历史演进"三章内容；第四篇为"近现代国内外社会发展及管理实践"，包括第十章"近现代欧美社会发展及管理实践"、第十一章"近现代中国社会发展及管理实践"两章内容；第五篇为"国学视角下的现代管理"，包括第十二章"决策：国学的视角与实务"、第十三章"组织：国学的视角与实务"、第十四章"领导：国学的视角与实务"、第十五章"控制：国学的视角与实务"、第十六章"多样性管理：国学的视角与实务"、第十七章"当代社会的管理实践"六章内容。

本书由云南大学工商管理与旅游管理学院的晏钢教授主编。晏钢制定了本书的框架，提供了全套15年来不断改进、完善的讲义及教辅材料，撰写了第一章、第三章，并完成全书的定稿工作；电子科技大学格拉斯哥学院的高世全、余知倚撰写了第五章、第九章，高世全参与了全书的定稿工作；云南农业大学国际学院的朱耀顺、孙康、毛珮撰写了第四章、第八章，朱耀顺参与了全书的定稿工作；上海交通大学航空航天学院的顿向明撰写了第十一章、第十七章；暨南大学管理学院的成达建撰写了第十四章，并参与了全书的定稿工作；云南民族大学管理学院的张锦贤撰写了第十三章、第十五章，并参与了全书的定稿工作；云南交通职业技术学院的赵林平、庞新虹参与了第七章的修订工作；云南大学国际关系学院的刘愚撰写了第六章；云南大学工商管理与旅游管理学院的张俊梅撰写了第二章，陶小龙撰写了第七章，邓伟升撰写了第十章，罗裕梅撰写了第十二章，童露撰写了第十六章。

本书在编写过程中，曾参考和引用了部分国内外有关的研究成果，并且得到了"花之语"花业（云南）有限公司总经理朱俊博士、老挝人民民主共和国工贸部进出口司的帕素翁先生长期的鼓励和支持，他们为本书的撰写和定稿提供了诸多有益的实践经验和国际化建议，在此一并向帮助本书出版的所有朋友们表示诚挚的感谢。

在本书即将定稿之际，欣逢党的二十大胜利召开，大会强调指出的"必须坚持以中国式现代化推进中华民族伟大复兴"给本书的编者们以极大的鼓舞。联想到"国学与现代管理"课程的指导思想、内容体系，参与编著本书的全体人员一致认为，要推进中国式的现代化，一定要有中国式的现代管理思想作指导，本书的出版发行正当其时，完全契合新时代新征程中国社会发展的需要。

本书的编写和出版工作由云南大学本科生院出版基金支持。特别感谢云南大学教材出版委员会有关专家的指导，感谢云南大学工商管理与旅游管理学院的支持。

晏　钢

2023 年 5 月 20 日

目　录

第一篇　概　论

第二篇　中华传统管理思想

第一篇 概　论

第一章　管理的内涵

本章提要

　　本章从晚期智人取代尼安德特人的案例入手，阐述管理的概念、职能、基本问题，探讨社会与管理、中国传统文化与现代管理的结合，并穿插中西管理的实践比较，最后再以一个管理案例对比分析中西管理的不同特色。

重点难点

　　中国传统文化与现代管理的结合、中西管理文化的实践与对比是本章的重点。通过对中国历史文化的了解，激发学生的爱国精神，激励学生学好中国传统精粹文化，使学生初步理解重要的现代管理。

引导案例

语言、文化与管理——晚期智人取代尼安德特人的成功密码

　　考古研究显示，智人（Homo sapiens）是人属下的唯一现存物种，分为早期智人和晚期智人两个发展阶段。早期智人又称为古人，生活在距今25万~3万年前，仅分布于亚洲、非洲和欧洲的温暖地区。晚期智人则为新人，大约从距今四五万年前开始出现，是解剖结构上的现代人，分布于世界所有大洲。

　　尼安德特人（Homo neanderthalensis）是20万~3万年前居住在欧洲及西亚的古人类，是典型的早期智人，主要特征是脑容量大、身体强壮。他们起源于非洲，但在12万年前就走出了非洲，并且开始在各大洲定居下来。例如，在欧洲、亚洲的西部和非洲的北部都发现了尼安德特人的化石，考古学家还发现了他们制造的工具，同时还发现他们会利用火来进行其他活动。然而，证据显示他们在3万多年前就消失了。

尼安德特人有比智人更强壮的身体、更大的脑容量，为什么今天只剩下了智人？原因是智人的一次基因突变，使其拥有了想象力、更强的语言能力，并进而拥有了更强大有效的群体组织、管理能力。

考古学和生物学的证据表明，大约10万年前，智人曾经走出非洲，跟尼安德特人爆发了冲突，但没有占领其领地。学者推测，当时的智人可能因为脑结构发育不充分，并没有足够的智力，所以相对于身体强壮的尼安德特人，并没有取得优势。在三四万年前，智人第二次走出非洲，抵达并遍布整个欧洲，同时，尼安德特人却出乎意料地退出了历史。在此之前，他们已经进化了20万年。但据推断，尼安德特人喉管不够长，无法发出多样的元音，因而可能只拥有一些基本的语言形式，没有时态和虚拟从句，甚至可能没有复杂句等。正是这个缘故，作为优秀猎手和熟练工具制造者的尼安德特人，语言沟通能力低下，而语言沟通是群体组织、协调的基础。正是语言障碍阻止了尼安德特人完成进化的飞跃，不能适应严酷的冰期气候而逐步被大自然淘汰。

科学研究推测，在距今大约7万年前，某次偶然的基因突变，改变了智人大脑内部的连接方式，让他们能够以前所未有的方式思考，用完全新式的语言来沟通，从而发生了认知革命。在掌握了更高级的、复杂的沟通能力后，智人能够分享食物源的信息，更有效地从事狩猎、采集和打制石器等合作行动，产生了有组织的原始管理活动。科学家推测，处于第四纪冰期中期的欧洲，是一个辽阔的不毛之地，气温在8℃上下剧烈变化，智人开始发挥其独有的语言优势，基于新技术、发明能力、复杂的语言能力和由此产生的组织管理能力，智人比尼安德特人更迅速地适应了天气的严峻挑战。在7万~3万年前，智人发明了船、油灯、弓箭，他们甚至还会缝制衣服。这时候他们已经开始有社会分层，出现了商业和宗教，还出现了越来越复杂的语言。

复杂语言、叙事能力、想象能力，这3个互补的理论是认知革命的3个维度，7万年前的认知革命为智人征服世界奠定了基础。认知革命之前，智人其实只是一种普通动物，然而从认知革命开始，智人才算脱胎换骨。随后，智人迁徙到亚洲东部和南部、大洋洲。

有证据表明，虽然在10万年前，智人在与比自己更高大、更强壮、更耐受环境的尼安德特人的争斗中失败了，然而在3万年前，当智人再度卷土重来之时，尼安德特人则失去了抵抗之力。其中有一个很重要的原因是，无论前后经过了多少年，尼安德特人还是尼安德特人，他们的生理结构和群体生活方式没有发生太大的变化，简单的语言只能支撑最多 3~5 个成员的管理活动，群体超过这个人数就会秩序混乱、四分五裂，因此只能形成小群体的散居方式，不能组织大规模的狩猎、采集和群体争斗，生产力水平低下，容易发生近亲通婚，不利于种族繁衍。但发生了认知革命的智人，掌握了强大的新兴能力：能够传达更大量关于智人身边环境的信息；能够传达更大量关于智人社会关系的信息；能够传达关于虚构概念的信息，如部落的守护神、群体意识、传统习俗等，进而不断积淀和形成原始的部落文化。这些新兴能力产生了强大的聚集能力，可以轻易地组织起几十人、上百人甚至上千人的管理活动，不但能规划、执行复杂的计划，如躲开狮子、猎捕野牛等大型的狩猎活动，还能形成大规模的群居部落，有利于种族的繁衍和群体自卫。

人类一旦拥有了聚集能力，就能构建人类社会，由此改变人类的命运。今天的人类社会可以将数以亿计的人聚集团结在一起组成国家，就是因为人类有着尼安德特人和其他动物根本不能具备的聚集能力。

因此，在人类进化的过程中，语言、文化与管理三者的结合，产生了强大的聚集能力，可以说这是晚期智人取代尼安德特人，成为现代人类祖先的成功密码。

资料来源：

〔以色列〕尤瓦尔·赫拉利：《人类简史：从动物到上帝》，林俊宏译，中信出版社，2014。

Jennifer French：《人数劣势或是尼安德特人灭绝原因》，科学网，http://news. sciencenet. cn/htmlpaper/ 2011839482957018401. shtm。

Mellars P., French J., Mellars P., French J., C., "Tenfold Population Increase in Western Europe at the Neandertal-to-modern Human Transition," *Science* 333（2011）：623-627.

思考题

1. 分析、总结晚期智人成功取代尼安德特人成为现代人类祖先的原因。
2. 在人类进化的过程中，早期的管理活动起什么作用？

第一节　管理的概念

一　什么是管理

管理是人类各种组织活动中最普通和最重要的一种活动，管理活动始于人类原始群体生活中的共同劳动，至今已有上万年历史。对于什么是管理，现今国内外的专家和学者仍然各执一词，没有统一的表述。

西方管理学界对管理的认识，比较有代表性的是哈罗德·孔茨（Harold Koontz）的定义，他认为，管理是设计和维持一种环境的过程，在这一环境中单个的人员以团队的方式共同工作，有效地完成选定的目标。

综合国内外学者的研究，从中国传统文化的视角出发，我们认为，管理是社会组织中为实现预定的目标，基于为人处世哲学的以人为中心的一系列协调活动。

二　管理的职能

人类的管理活动具体包括哪些基本的职能？这一问题经过近 200 年的研究，至今也没有一个统一的答案。自亨利·法约尔（Henry Fayol）率先将管理活动分为计划、组织、指挥、协调和控制五大部分以来，国内外众多的管理学家对管理职能的界定和划分提出了不同的看法，分析各有侧重，数量组合也彼此不一。综合前人的理论和观点，我们发现，无论管理的内容、形式如何多种多样，管理职能的发挥无处不在，人类丰富的管理理论和实践一再证明，决策、组织、领导、控制、创新、文化六种职能是一切管理活动最基本的职能。

1. 决策

决策是指为实现特定目标，根据客观条件，在已有信息和经验的基础上，借助一定的工具、技巧和方法，在两个以上的可行方案中，对影响目标实现的诸因素进行分析、计算和判断选优后，对未来行动做出的决定。要做出正确的决策，提高决策质量，减少决策的时间和成本，决策者必须能综合运用历史、文化、地理、经济学、数学、心理学和组织行为学等多学科知识，结合自身的经验和感悟，正确地分析客观形势和事物的发展方向，找准解决问题的关键所在。因此，决策分析是一种创造性的管理技术，它包括发现问题、确定目标、确定评价标准、方案制定、方案选优和方案实施等过程。

2. 组织

组织就是在一定的环境中，由若干个人或群体为实现某种共同的目标，按照一定的结构形式、活动规律结合起来的，具有特定功能的社会系统。组织还有另外一种含义，即指通过建立组织结构、规定职务或职位、明确责权关系等，有效实现共同目标的过程。它包含三层意思。

（1）组织必须是以人为中心，把人、财、物整合为一体，并保持相对稳定而形成的一个社会实体。

（2）组织必须具有为本组织全体成员所认可并为之奋斗的共同目标。

（3）组织必须保持一个明确的边界，以区别于其他组织和外部环境。

上述三项要求是组织存在的必要条件。

3. 领导

管理中的领导是领导者及其领导活动的简称。领导是领导者为实现组织的目标而运用权力向其下属施加影响力的一种行为或行为过程。领导者是组织中那些有影响力的人员，他们可以是组织中拥有合法职位的、对各类管理活动具有决定权的主管人员，也可以是一些没有确定职位的权威人士。领导活动是领导者运用权力或权威对组织成员进行引导或施加影响，以使组织成员自觉地与领导者一道去实现组织目标的过程。

领导工作包括五个必不可少的要素——领导者、被领导者、作用对象（即客观环境）、职权和领导行为。成功的领导依赖于合适的行为、技能和行动。领导是管理的基本职能，贯穿于管理活动的整个过程。

4. 控制

管理中的控制是指管理者影响组织中其他成员以实现组织战略的过程，具体来说，就是按照既定计划、标准和方法对工作进行对照检查，发现偏差，分析原因，采取纠正措施，使工作能按原定计划进行，或适当调整计划以达成预期目标的过程。控制工作是一个延续不断、反复发生的过程，其目的在于保证组织实际的活动及其成果同预期目标相一致。

管理控制涉及一系列活动，包括计划组织的行动、协调组织中各部分的活动、交流信息、评价信息、决定采取的行动，影响人们去改变其行为。

管理控制的目的是使战略被执行，从而使组织的目标得以实现。因此，管理控制强调的是战略执行。管理控制是管理者执行战略、实现目标的工具之一。

5. 创新

管理中的创新是指组织把新的管理要素（如新的管理方法、手段、模式等）或新的要素组合引入组织管理系统从而更有效地实现组织目标的活动。也即富有创造力的组织能够不断地将创造性思想转变为某种有用的结果。管理创新是指在特定的时空条件下，通过计划、组织、指挥、协调、控制、反馈等手段，对系统所拥有的生物、非生物、资本、信息、能量等资源要素进行再优化配置，并实现人们新诉求的活动。

管理创新主要体现在管理思想和理论、管理制度和机制、管理技术和方法三个方面的创新，其作用是理顺管理秩序，改进组织管理效率，提高管理效益，降低管理成本，有利于管理层的建设，稳定组织，推动组织的发展，拓展组织发展空间，提升组织的核心竞争能力。

6. 文化

管理文化是指将一个组织的全体人员结合在一起的标准和行为方式，具体包括价值标准、经营哲学、管理制度、行为准则、道德规范、风俗习惯等。管理文化代表组织成员共同信守的基本信念、价值标准、职业道德及精神风貌，是组织管理的核心职能。

管理文化具有如下特点。

（1）积累性。管理文化是一个由许多方面内容长期积累构成的系统，不是短期可以形成和改变的，一旦形成，就会居于管理思想和行为的主导地位。

（2）双刃性。管理文化一旦形成，虽有利于沟通，但又会形成排斥创新和新文化的惰性，需要我们善于利用文化的力量开展有利于组织发展的管理活动。

（3）双重性。当人们说"每个组织都有自己的组织文化"时，并没有说明这些组织文化究竟是好还是不好，因为有些方面能促进组织发展，有些方面可能阻碍组织发展。

（4）实践性。管理文化总是与管理实践和环境相联系，要在具体的组织中有实际的体现才能知道这个组织管理文化的特点。

管理植根于文化之中，而文化又渗透于企业的决策、组织、领导、控制、创新等管理的全过程中，提供文化与管理匹配的最佳模式。作为组织管理的灵魂，管理文化主导着上述五大管理职能的履行。

三 决定管理问题的根本因素

1. 资源与配置

在特定阶段，社会和组织拥有的自然资源和人文社会资源（认识能力和创造能力）是有限的，而需求是无限的。

任何组织要生存发展，需要拥有一定的资源，还要能够对有限的资源进行合理配置以达到最佳的使用效果，支持组织目标的实现。这些资源主要包括如下类型：人力资源、金融资源、物质资源、信息资源、关系资源，具体的组织还包括其他特别的资源。

2. 文化中的人性与管理中的"管理人"假定

（1）西方文化中的人性与管理中的"管理人"假定。"性恶论"是在西方文化中占统治地位的一个主流思潮，以奥古斯丁、路德、加尔文、黑格尔的观点为代表的西方"性恶论"，把人的欲望说成人的本性，认为人的本性是邪恶的，必须加以限制和改造。这种"性恶论"思想对西方的政治、经济、管理、法治都产生了深远的影响。一般而言，人性是人的心理特点，欲望是心理的基本方面，而欲望本身没有合理与不合理的物理界限。

受文化中的人性假定影响，西方管理中有如下的"管理人"假定。

①经济人。在西方古典管理学中，弗雷德里克·温斯洛·泰勒（Frederick Winslow Taylor）认为，人的动机和行为是自利性的，不愿负责任，只有金钱和地位才能激励他们工作，因此多数人只能是被管理者，只有少数人才能担当管理的职责。

②社会人。20世纪初开展的霍桑实验发现，员工不是机械的、被动的机器，而是活生生的人；不是孤立的个体，而是复杂的社会系统的成员。因此，把重视社会需要与自我尊重需要而轻视物质需要与经济利益的人称为社会人。

随着时代的发展，西方管理学者在社会人的框架下又提出了决策人、自我实现的人、复杂人的人性假定，逐步体现出重视人本化、民主化、可持续化的特征。

（2）中国传统文化中的人性与管理中的"管理人"假定。

①早在两千多年前的春秋时期，齐国政治家管仲就提出了以人为本的

原则："夫霸王之所始也，以人为本。本理则国固，本乱则国危。"他认为人民是治国之本，所有重要的政策措施都要体现爱民，而爱民必须"爱"与"利"兼施并用。正是在以人为本的思想指导下，管仲颁布了"富民""利民""爱民""顺民心""从民欲""去民恶"等系列政策、措施，使齐国迅速强大起来。

②中国传统管理文化是从伦理学、社会学的角度来探讨管理人的问题，儒家的代表人物孟子认为"人性本善"，后天所处的不良环境的影响及人的可塑性，才使得善良的本性改变了。因此，要恢复人的善良本性，使其造福社会，就必须进行道德教化，重视人与人关系的和谐，强调"以人为本，民为贵"的管理思想，倡导"人本管理"，重视人的重要地位，追求管理活动人性化，体现较强的人情观和家庭观。在具体方法上，儒家提出了构建"仁、义、礼、智、信"的道德规范体系，用于规范人的行为。这种"管理人"假定在长期的封建社会中一直占据主导地位。

后来的荀子则认为"人性本恶"，人性中的善是环境影响的结果，是表面的伪装，因此，需要国家加强对人的管理，防止社会混乱。这两种截然相反的人性假设观，衍生出了不同的管理国家、治理社会的方法。两千多年来，这两种风格迥异的管理方式其实一直存在、延续不断，各自都有发挥作用的空间和条件。"人本管理"的管理之道长期占据主流，这从封建社会长期实行的科举选拔人才的标准和改朝换代时的宣传主张即可看出其中的明显烙印。但荀子的治国思想却常以隐性的方式影响到封建统治者的治国理念，这从各朝各代颁布的治理国家、管理社会的法律法规里可看出其中的种种迹象。应该说，这两种管理思想、方法都对中国的历史发展起到了重大的推动作用，两者在治理国家、管理社会的进程中相互补充、配合协调，都是推进中国历史发展、进步的主要动力。

第二节　现代西方管理学的基本思想

一　西方管理流派

1. 科学管理学派

在 19 世纪末，以美国的弗雷德里克·温斯洛·泰勒为代表的学者，提出了泰勒制，着重解决了用科学的方法提高生产现场生产效率的问题，比较系统地建立了一套管理理论，这套管理理论被称为"古典管理理论"或"科学管理理论"。泰勒的代表作是其 1911 年出版的《科学管理原理》，主要理论观点有以下几点。

（1）科学管理的根本日的是谋求最高工作效率。

（2）达到最高工作效率的重要手段，是用科学的管理方法代替旧的管理经验。

（3）实施科学管理的核心问题，是要求管理人员和工人双方在精神上和思想上进行一次彻底变革。

根据以上观点，泰勒提出以下的管理制度。

（1）对工人提出科学的操作方法，以便合理利用工时，提高工效。

（2）在工资制度上实行差别计件制。

（3）对工人进行科学的选择、培训。

（4）制定科学的工艺规程，并用文件形式固定下来以利于推广。

（5）使管理和劳动分离，把管理工作称为计划职能，把工人的劳动称为执行职能。

泰勒制的提出，冲破了工业革命以来沿袭百余年的传统落后的经验管理办法，将科学引进了管理领域，并且创立了一套具体的科学管理方法来代替单凭个人经验进行作业和管理的旧方法。这是管理理论上的进步，也为管理实践开创了新局面。由于采用了科学的管理方法和科学的操作程序，生产效率提高了 2~3 倍，推动了生产的发展，适应了资本主义经济在这个时期的发展需要。由于管理职能与执行职能的分离，企业中开始有一些人专门从事管理工作，这就使管理理论的创立和发展有了实践基础。

泰勒的科学管理理论把工人看作"会说话的机器""机器的附件""经济人"等，认为人的活动仅仅出于个人的经济动机，只能按照管理人员的决定、指示、命令进行劳动，在体力和技能上受到最大限度的压榨，忽视企业成员的交往及工人的感情、态度等社会因素对生产效率的影响。

随后，法国的亨利·法约尔、德国的马克斯·韦伯等又在组织管理领域展开了深入研究，提出了一系列组织结构、管理原则和管理人员职责分工的合理化理论与观点，在一定程度上弥补了泰勒制的不足。

2. 行为科学学派

行为科学是研究人的行为或人类集合体的行为，综合运用心理学、人类学、社会学、经济学、政治学和语言学等不同学科的知识来研究个人和组织行为的一门科学，其研究对象涉及思考过程、人际交往、消费者行为、经营行为、社会与文化变革和国际关系政策制定等广泛领域。

行为科学的产生是生产力和社会矛盾发展到一定阶段的必然结果，泰勒的科学管理理论建立以后，社会经济、政治、文化的发展促进了行为科学的兴起。在 20 世纪 20 年代后期，从美国的乔治·埃尔顿·梅奥（George Elton Mayo）进行的霍桑试验开始，学者通过对人类行为的研究，掌握了人们的行为规律，找出了对待工人、职员的新方法和提高工效的新途径，形成了行为科学学派。这一学派的主要理论有以下几个。

（1）马斯洛的需求层次理论。美国心理学家亚伯拉罕·H. 马斯洛（Abraham H. Maslow）于 1943 年在《人类激励理论》中提出了需求层次理论，书中将人类需求像阶梯一样从低到高分为五个层次，分别是生理需求、安全需求、社交需求、尊重需求和自我实现需求。马斯洛认为，在特定的时刻，人的一切需求如果都能得到满足，那么满足最主要的需求就比满足其他需求更迫切。只有排在前面的那些需求得到了满足，才能产生更高一级的需求。而且，只有当前面的需求得到充分的满足后，后面的需求才会显现出其激励作用。

（2）双因素理论。双因素理论也称"激励—保健理论"，由美国心理学家弗雷德里克·赫茨伯格（Frederick Herzberg）于 1959 年提出。他把企业中有关因素分为两种，即满意因素和不满意因素。满意因素也称激励因素，是指可以使人得到满足和激励的因素。不满意因素是指容易产生意见和消极行为的因素，即保健因素。他认为这两种因素是影响员工绩效的主要因素。保健因素的内容包括企业的政策与管理、监督、工资、同事关系和工作条件等。这些因素都是工作以外的因素，如果满足这些因素，能消除不满情绪，维持原有的工作效率，但不能激励人们产生更积极的行为。满意因素与工作本身或工作内容有关，包括成就、赞赏、工作本身的意义及挑战性、责任感、晋升、发展等。这些因素如果得到满足，可以使人产生很大的激励感，即使得不到满足，也不会像保健因素那样使人产生不满情绪。

（3）XY 理论。美国麻省理工学院教授道格拉斯·麦格雷戈（Douglas

Megregor）于 1957 年首次提出 X 理论和 Y 理论。他认为每个管理决策和管理措施的背后，都有一种人性假设，这些假设影响甚至决定着管理决策和措施的制定及效果。

X 理论的观点：一般人的本性是懒惰的，工作越少越好，可能的话会逃避工作。大部分人对集体（企业、机构、单位或组织等）的目标不关心，因此管理者需要以强迫、威胁、处罚、指导和金钱利益等激发人们的工作原动力。一般人缺少进取心，只有在指导下才愿意接受工作，因此管理者需要对他们施加压力。

Y 理论的观点：人们在工作上体力和脑力的投入就同在娱乐和休闲上的投入一样，工作是很自然的事——大部分人并不抗拒工作。即使没有外界的压力和处罚威胁，他们也一样会努力工作以期达到目的——人们具有自我调节和自我监督的能力。人们愿意为集体的目标而努力，在工作上会尽最大的努力，以发挥创造力、才智——人们希望在工作上获得认同感，会自觉遵守规定。在适当的条件下，人们不仅愿意接受工作上的责任，还会寻求更大的责任。许多人具有相当强的创新能力去解决问题。在大多数机构里面，人们的才智并没有得到充分发挥。

综上所述，行为科学学派的主要观点认为，人不单是"经济人"，还是"社会人"，即影响工人生产效率的因素除了物质条件外，还有人的工作情绪，以及人所在的社会及本人的心理因素。

3. 管理科学学派

管理科学学派是第二次世界大战以后发展起来的学派，与泰勒的科学管理理论实际上属于同一思想体，并在其基础上有新发展，强调将最新的科学技术成果应用到管理工作的各个方面，如系统论、信息论、控制论、运筹学、概率论等数学方法及数学模型，形成了许多新的管理思想和管理技术，使生产力得到较为合理的组织，以获得最佳的经济效益，但较少考虑人的行为因素。

第二次世界大战期间开展的大西洋运输计划、伦敦保卫战、曼哈顿工程等，需要解决很多复杂战略和战术问题。例如，如何合理运用雷达有效地应对德军空袭；对商船如何进行编队护航，使船队遭受德国潜艇攻击时损失最小；如何在各种情况下调整反潜深水炸弹的爆炸深度，才能增加对德国潜艇的杀伤力；等等。这样就产生了一系列管理理论和方法。

我国的钱学森系统工程、华罗庚优选法、图上作业法、中国邮递员问题、大数据和云计算工程也都属于管理科学理论和方法的实践应用。

4. 决策理论学派

决策理论学派以统计学和行为科学作为基础，代表人物是赫伯特·亚历山大·西蒙（Herbert Alexander Simon）。第二次世界大战以后，许多运筹学家、统计学家、计算机专家和行为科学家都力图在管理领域寻找一套科学的决策方法，以便对复杂的多方案问题进行合理的选择。其主要观点如下：一是管理就是决策；二是决策分为程序性决策和非程序性决策。对于经常发生的需要决策的问题，可进行程序性决策；而当问题涉及面广，又是新产生的、复杂的、非结构性的，就要开展非程序性决策。

二 现代西方管理的最新思潮

进入 20 世纪 90 年代，现代西方管理理论的最新思潮当属流程再造（process reengineering）和学习型组织（learning organization）。

1. 流程再造

流程再造是由美国的迈克尔·哈默（Michael Hammer）和詹姆斯·钱比（James Champy）提出，在 20 世纪 90 年代达到全盛的一种管理思想。企业在流程再造的过程中，必须追求企业整体流程最优化，而不是要求每个环节都是最优的。流程再造必须有再造的参照物和基准，才能够做到有的放矢。流程再造推行后，如果没有及时建立健全以流程为导向的绩效评估机制，原有的绩效评估机制就会与新的流程发生冲突，使流程偏离主航道。这一理论还认为，工业革命两百多年来，亚当·斯密的分工理论始终主宰着当今社会中的一切组织，大部分的企业都建立在效率低下的功能组织上。在信息技术得以高度发展的今天，流程的改革使得效率不一定产生于分工，还有可能产生于整合之中。企业再造是从根本上重新而彻底地去分析与设计企业程序，并引导相关的企业变革，以追求绩效，促使企业快速成长。

2. 学习型组织

学习型组织是美国学者彼得·圣吉（Peter Senge）于 1990 年在《第五项修炼》（*The Fifth Discipline*）一书中提出的管理观念。他以全新的视野来考察人类群体危机最根本的症结所在，认为我们片面的思考方式及由此所产生的行动，造成了分离而破碎的世界，为此需要突破线性思考的方式，排除个人及群体的学习障碍，重新就管理的价值观念、方式、方法进行革新。

彼得·圣吉认为，为应对外在环境的剧烈变化，企业应建立学习型组织，以维持竞争力。学习型组织应力求精简、扁平化、弹性因应、终身学习、不断自我组织再造。知识管理是建设学习型组织最重要的手段之一。学习型组织应包括如下五项要素。

（1）建立共同愿景（building shared vision）：愿景可以凝聚企业上下的意志力，通过组织共识，大家努力的方向一致，个人也乐于奉献，为组织目标奋斗。

（2）团队学习（team learning）：团队智慧应大于个人智慧的平均值，以做出正确的组织决策，通过集体思考和分析，找出个人弱点，强化团队向心力。

（3）改变心智模式（improve mental models）：组织的障碍，多来自个人的旧思维，如固执己见、本位主义，唯有通过团队学习，以及标杆学习，才能改变心智模式，有所创新。

（4）自我超越（personal mastery）：个人有意愿投入工作，专精工作技巧，个人与愿景之间有种创造性的张力，正是自我超越的来源。

（5）系统思考（system thinking）：应透过资讯搜集，掌握事件的全貌，以避免见树不见林，培养综观全局的思考能力，看清楚问题的本质，有助于清楚了解因果关系。

第三节　中西管理的实践与比较

一　中国历史上的管理实践

中国传统管理思想源远流长，历史上有丰富的管理实践，当代有举世瞩目的管理奇迹。由于文化历史的一脉相传，学习、借鉴传统的管理思想和案例经验，对当今国人的管理实践具有借鉴、启发意义。

1. 工程管理

纵览从古至今的工程可以发现，中国古代工程项目存在一个相对完整和系统的发展规律，对于工程建设也有相对成熟的管理思想。例如，万里长城、秦直道、京杭大运河、北京故宫的修建，充分反映了当时测量、规划设计、建筑和工程管理等的高超水平，体现了工程指挥者所具有的高度管理智慧；战国时期制式兵器规模生产，充分证明了工程管理的标准化、规模化作业要求及其质量管理系统最早在中国古代出现；都江堰等大型水利工程，将防洪、排灌、航运进行综合规划，显示了中国古代工程建设与组织管理的高超水平；丁谓主持的"一举三得"皇宫修建工程堪称运用系统管理、统筹规划的范例，还有许多令人赞叹的管理实践都体现了中国古人高超的工程管理智慧。

2. 军事管理

中国有着悠久的军事史，自古以来就有丰富的军事管理艺术和无数的经典战役，中国历史上历次王朝的更替都是以大规模的战争开始的，历史上不断有民变和起事，中原和周边的少数民族，尤其是北方游牧民族，也有不断的冲突。在世界古代历史上，中国的军事学曾在许多方面处于领先地位。中国很早就出现了金属兵器和战车，建筑了被誉为世界奇迹的古代防御工程体系——万里长城；火药、指南针的发明和火器的创制，也在世界军事史上有深远的影响；中国还涌现了许多杰出的军事理论专家和军事技术专家。此外，中国最早创立了比较系统的军事理论，从先秦前期到清朝末年，先后有三千多部兵书问世，并留下了一些有价值的军事历史、军事地理著述，这些不仅在军事管理史上占有重要的地位，而且在管理哲学史、管理人文关系史、科学技术史上也占有重要的地位。这些著作不仅有丰富的组织、运筹思想，指导了中国历史上千百次的战争，培育了众多著名的军事家，而且早在一千多年前就已经流传到国外，成为国外许多著名军事人物和企业家爱不释手和极力推崇的著作。虽然时过境迁，但是军事管理思想在今天依然具有重要的作用，它不再局限于军事领域，而是在社会生活各个方面都发挥着作用。

在现代社会，商场即战场，竞争即战争。不论是军事组织还是企业组织都面临着共同的课题，即如何捕捉机会、抵御威胁、规避风险，以求得自身的生存和发展。现代企业管理思想和理论的产生与发展不过一两百年的时间，而中国军事管理思想却有几千年的发展历史，因此现代的企业管理者必然会汲取中国军事管理思想的精髓，以军事的决策、谋划、权变等思想精华来补充现代市场竞争机制。

3. 项目管理

项目是在限定的资源及限定的时间内完成的一次性任务。具体可以是一项工程、服务、研究项目及活动等。项目管理是管理学的一个分支学科，是指在项目活动中运用专门的知识、技能、工具和方法，使项目能够在资源限定的条件下，实现或超过设定的目的的过程。

从中国古代完成的诸多大型工程和成功开展的著名历史活动可以看出，中国古代项目管理的实践经验丰富，认识水平已达到一个相当高的程度。春秋时期的越王勾践，会稽兵败后忍辱负重，以卧薪尝胆的方式励志，实施"十年生聚，十年教训"的宏图大略，最后灭亡吴国，报仇雪耻，成为春秋霸主，整个过程充满丰富的系统、运筹、优化、计划、控制等项目管理特征。著名的都江堰工程两千多年来一直保持的维修管理系统和持续不断的岁修制度，以及万里长城采用的防务与施工相结合的办法（由戍卒分段包修的分地区分片分段维修负责制等），既体现了开放发展的系统思想，也是动态管理的范例。中国古代重大工程都要求于短时间内完成，因而多采取大规模的施工组织，需要征集各地匠师、民夫和军士等，人数从数万到二三十万，这种重大工程需要相当高的项目管理水平。例如，明朝郑和下西洋，最多的一次船队有二百多艘船，两万多人，七次远航西太平洋及印度洋，到达爪哇、暹罗等三十多个国家和地区，最远至非洲、红海，促进了明朝与沿途国家的贸易往来和友好交往。从对郑和船队人员组成、航海任务和后勤管理的研究可以看出，明代已拥有高超的航海科技、丰富的航海经验和成熟的大型船队航海管理艺术。又如，中国古代的"都料匠"或"匠师"制度，颇有项目经理责任制的意味，主持都江堰工程的李冰父子，规划并主持兴建大兴城的宇文恺，明、清两代分别主持修造紫禁城宫殿群的蒯祥、雷发达，等等，都堪称相当出色的项目经理。

4. 政府管理

科举制度的开启、世界最早的文官制度的建立和运行，是人类管理文明史上的伟大创举。中国古代科举制度对世界教育、政治、文化，尤其是考试制度产生过重大的影响。在 14 世纪，欧洲来华人士便将中国通过科举，即统一考试选拔人才的模式，向本国做了详细介绍和推荐。18 世纪法国大革命时期的资产阶级启蒙思想家伏尔泰（Voltaire）曾经对中国的科举制度倍加赞扬，他说：人类肯定想象不出一个比这更好的政府。在这个政府里，重要的衙门彼此统属，任何事情都在那里决定，而其成员，都是先经过几场严格考试的。其中，英国人对此最感兴趣。英国当时的学术界和开明官员，力主仿效中国文官取士手段，机会均等，公开考试。1853年，英国王室任命查理·特罗维廉和斯坦福·诺斯科特两位爵士，负责英国文官选拔制度的改革和方案草拟。他们向国会提交了《关于建立英国常任文官制度的报告》，报告中的主要观点就是建议学习、实行中国的科举制度，通过公开、竞争性的考试手段来招聘官员。两位爵士的报告被英国国会采纳。此后，法国、美国等许多欧美国家都把中国的科举制度"拿了过去"。他们认为，科举制度比当时他们的"领导说了算""世袭"等用人模式先进、公平，至少使官员重视文化知识的学习，可以造就一批高素质的官员。西方当时有人惊叹，中国的科举制度是一项伟大的制度。他们认为这一制度与中国的四大发明一样，是重要的发明创造，影响了全球的用人观。

5. 商业管理

宋朝的建立与统一，消除了晚唐、五代分裂割据的局面，社会经济得以正常发展。农业、手工业的高度发展，为商业的兴盛提供了坚实的物质基础。水陆交通的便捷，统一的货币制度，铸钱量的增加及纸币（交子、会子）的创设与发行，坊市制度破坏后带来的沿街开店，营业时间的不受限制，统一的商税制度，以及与辽、金、夏的榷场贸易和兴盛的海外贸易，都为宋代城乡的商业提供了十分有利的发展条件，促使宋代大小城市及镇市乡村的商业空前繁荣。盐、铁、铜、酒、醋等，继承五代禁榷制，并扩大到茶、铅等，由官府专卖以垄断商利。宋朝兴起的高度发达的商业经济活动，体现了高超的商业管理水平。彼时，商品经济发展到前所未有的高度，城市人口剧增，独立的商业中心崛起，手工业生产技术及生产率提高，坊市界限被打破，海外贸易兴盛，造船和航海技术先进，指南针已应用于航海，火药则应用于军事。

宋朝的经济繁荣程度可谓前所未有，农业、印刷业、造纸业、制瓷业均有重大发展。航海业、造船业成绩突出，海外贸易发达，中国和南太平洋、中东、非洲、欧洲等地区及多个国家通商。

相对唐朝，北宋时期出现了用于交易的纸币"交子"，极大地促进了商业经济的发展。

在两宋时期，众多的商业城市兴起，其中以开封和杭州最大，人口数量达到了百万之多。随着城市当中人口的增加，商贸业的发展越来越好，店铺门面不断增多。店铺每天的营业时间也不再受到限制，而且出现了早市和夜市。都市的商贸活动也传播到了乡镇，形成了一个新的商业区——草市。

两宋时期的海外贸易也非常发达，使中国成为当时世界上最主要的海外贸易国家。当时，南方的一些城市在世界上已经非常出名，并且有着最大的商港。当时的政府非常支持进行海外贸易，并且在每个港口都设立了相关的管理部门。

二　西方的管理实践

1. 西方早期的管理实践：从远古时代到 1543 年

在古代，管理实践体现在指挥军队作战、治国施政和教会管理等活动上。古巴比伦、古埃及和古罗马都在这些方面有着重要贡献，相应的管理活动主要是在奴隶社会、封建社会的框架下开展的，接着文艺复兴又推动了社会转型和管理实践的发展。

2. 近代的管理实践：从 1544 年到 19 世纪末 20 世纪初

在这一历史时期，资产阶级登上了历史舞台，资本主义精神和资产阶级革命的不断兴起，新教的伦理、个人自由伦理、市场伦理等促进产生了工业革命，新的生产组织制度促进了新的管理方式的产生。这些管理实践的成就，以地理大发现、殖民扩张、工业革命为代表。

3. 准现代的管理实践：从 1915 年到 1945 年

前期强调用科学的管理手段提高生产效率，着重探讨大企业整体的经营管理，且突出行政级别组织体系建设，后期注重人的感情和社会因素，从行为科学的角度进一步改进管理机制，促进了生产力水平的空前提高。这些管理实践以流水线生产、规模化经营为代表。

4. 现代管理实践：从 1946 年到 20 世纪 80 年代

第二次世界大战结束后，随着战后重建和科学技术的发展，西方管理学界涌现了决策理论、系统管理理论等，管理实践中的管理组织、管理方式越来越表现出复杂性、渗透性、交互性和灵活性的特点。

5. 当代的管理实践：20 世纪 80 年代至今

西方社会在管理上更加注重人性、对人的尊重，从过程管理向战略管理转变，从产品的市场管理向价值管理转变，从行为管理向文化管理转变。

在这一阶段，初级产品经济与工业经济脱钩，随着科技的发展，人们对充分利用自然资源有了更深的认识。受到 20 世纪 70 年代世界能源危机的影响，在整个工业发展的过程中，提高资源的价值和附加值是工业和科学技术发展的主要标志。这一阶段西方的管理实践以 20 世纪 90 年代美国的知识经济、2008 年金融危机、美英新保守主义倾向、德国的 4.0 制造等为代表。

通过对中西管理的实践进行总结，我们可以发现，在不同的历史阶段，解决各种管理实践问题的有效方法都来自管理文化的发展。

三　中西管理比较

1. 本位观与社会制度的根本不同

中西方社会文化中对社会组织成员的本位观有着本质的不同认识，中国传统社会和文化强调集体本位，而西方社会和文化强调个体本位。

同时，中西社会制度不同，当前西方推行资产阶级的价值观念，发展了数百年的资本主义制度，率先推进了现代文明，现在发达的资本主义国家已进入后工业时代。中国则是在半殖民地半封建社会的基础上，创建了社会主义制度，完成了现代国家的基础建设，现正在大力推进社会主义核心价值体系建设，推进以全民所有制经济为主、多种经济成分并存的社会主义市场经济。

研究管理问题，一定要注重本位观与社会制度这两大决定因素及其具有的根本影响与作用。

2. 员工管理方式的不同

受"性恶论"文化的影响，在西方管理中，"人性本恶"的管理思想占据主导地位，对员工的管理侧重于奖罚并重、分工明晰、标准化作业，主张在组织平等的前提下发挥人的创造性，人本管理与科学管理相互补充和修正，人际氛围中以平等互利为突出表现。

与此相对，"性善论"则是主导中国传统文化的儒家思想中的一个重要主张，由此产生了一种"以德为先"的管理方式，注重人际关系和谐，认为员工是可以以德教化的，管理对象是能被感化的，在管理中重人治、重感化，轻法治、轻惩戒。在管理组织中，人情关系和荣誉感相对于法律法规对员工的约束力更大。

3. 组织动员方式的不同

受个体本位观的影响，西方管理注重个性培养，以激发个体动机、满足员工个人需要为主，体现重视生产效率、科学制度、个人成就的管理风格。激励手段强调物质的满足、鼓励创新与挑战，侧重于有奖有罚、分工明确、标准作业，很少开会动员、集思广益。

受集体本位观的影响，中国式管理强调培养和重视员工的集体主义精神和团体合作精神，激励方式建立在共同目标实现的基础上，进而获得个人价值的实现和各类需要的满足，强调群体意识、协商共识、国家至上、社会为先、家庭为根。在社会主义制度下，中国式管理还有集中式管理的特点，最为突出的表现是上传下达、层层动员，用动员会、誓师会等方式凸显集体力量和智慧，统一思想、群策群力。

4. 管理中组织文化的不同

西方管理认为，只有个体的成长才能带动组织的发展。因此，在西方管理中，组织文化崇尚尊重自我、尊重创新和尊重自由的个人主义文化。

中国传统文化是以大众利益为主的集体文化，奉行"和为贵""和而不同"，主张中庸和谐、团结合作、谦虚谨慎、无私奉献的管理之道，强调以集体主义和协商共识等来群策群力，充分发挥集体智慧和力量。

5. 管理所处的发展阶段不同

从历史阶段上看，中国现代工业化的发展进程只有短短的60多年。西方的管理实践自工业革命以来的近300年间已经经历了经验管理、科学（制度）管理和人本管理三个阶段。中国式管理实际上还处在由经验管理向科学管理、人本管理的过渡阶段。

当前，为指导中国的管理实践，中国式管理理论的发展方向如下：应发扬传统优秀文化，以社会主义核心价值观做指导，加强科学管理制度建设，淡化过度的权威性，改变西方管理理论、话语权主导的现状，培育"以我为主，自主创新发展"的意识观念，紧密结合当今的管理实践，加快赶超西方管理学发展的进程。

6. 管理流程的不同

西方管理在实践中习惯使用物化模块的管理流程图，这种物化模块的管理流程图使得每项任务变成人为分割的各个不同的时间阶段、各个不同的组织架构、各个不同的发展目标。然后，再依据物化模块将人和原料安排进去，当每一个模块完成，最终的任务就全部结束。因而，西方管理理论认为：管理之道在于人、财、物的安排，应习惯模块式管理流程，采取相应的物质激励与刺激，先完成所有模块，达到输出最大化，进而实现组织目标。

中国式管理注重整体思维、战略思考，强调人与人协作、人与物联系，重视人的精神对物质的能动作用。在管理流程中强调因地制宜，不主张墨守流程，因突发情况而常常改变既定工作计划，追求人与物和谐，达到效益最大化，进而实现组织目标。

管理案例分析

从大禹治水的传说看中国式管理的精神坚守

大禹治水的故事在中国家喻户晓，数千年来人们都相信，为了治理洪水，大禹走遍了整个华夏大地，其足迹遍布所有山川河海，他的事迹和意志品质是中华民族的宝贵财富。大禹治水在中国古代不仅是人与自然抗衡的开始，还是人们全面认知自然的发端，更是中国式管理精神的最早体现。

大禹生活的年代，彼时太阳系中太阳和除地球以外的八大行星全部运行到地球的同一侧，且所在扇面区及地心张角达到最小，地球公转的半径和速度发生变化，地球上的季节交替和气候变化受到影响，冻害、干旱、洪水、地震等自然灾害频繁发生，暴发了连续七年的特大洪水灾害。当时，负责治理洪水的鲧治水九年，采用的是筑堤挡水的方法，结果却失败了，耽误了大事，被处死了。为替父亲赎罪，鲧的儿子禹接受命令继续负责治水。禹姓姒，为人聪明勤劳，待人和蔼可亲，很守信用，是一个非常能干的人。因为他是夏朝的第一个君主，为治水立下了汗马功劳，所以历史上称他为夏禹或大禹。

大禹接受治水的任务后，总结他父亲治水失败的教训，决定先进行实地考察，带人踏遍了当时闹水灾的地区，根据调查得来的资料，制订治水的计划，然后带着人们用石斧、石刀、石铲、骨铲、木耒等简陋的工具亲临一线开始治水工作。为了消除洪水灾害，大禹和助手们在外辛勤奔走了十三年。在这期间，他们吃的是粗糙的食物，穿的是旧衣烂衫，夜晚经常露宿野外，铺点树叶作为床铺。治水的人们夏天冒着大雨劳动，冬天顶着寒风干活。有人在山上摔死了，就在山上刨个坑埋掉；有人在水边淹死了，就在河里水葬。活着的人为死者举行了表示悼念的简单仪式以后，立刻又投入了紧张的劳动。

作为治水工程的首领，大禹为群众做出了很好的榜样。他手上长满了老茧，脚底长满了脚垫，脸顾不得洗，插在头发上的簪掉了也顾不得捡起来，经常蓬头垢面地辛勤工作。由于长年累月泡在水里，他的脚指甲都脱落了，小腿上的汗毛也掉光了。他的手下人看了个个都感动得流泪。

大禹在治水的十三年中，曾经三次路过自己的家门口，都没有进去看一看。第一次经过家门口，他听到自己新生的儿子正在呱呱啼哭，妻子由于生产的痛苦正在呻吟。他的助手们都劝他进去看看，他害怕耽误工作，没有进去。第二次经过家门口的时候，抱在妻子怀里的儿子已经能够叫爸爸，使劲地挥动着小手向他打招呼，大禹只是深情地向妻儿挥了挥手，还是没有走进家门。大禹第三次经过家门口的时候，已经长到十多岁的儿子跑过来叫爸爸，使劲地把他往家里拉。大禹爱抚地摸了摸儿子的头顶，叫儿子告诉妈妈治水工作很忙，没有空回家，又匆忙地离开了。

大禹不光是辛勤地治理洪水，还指导人们如何利用水土发展农业生产。他叫益把稻种发给低洼地区的群众，教他们在那里种植水稻；又叫后稷把一些植物的种子分发给灾区的群众，教他们栽培作物，收获粮食和果实，避免饥荒。大禹还叫人互通有无，调剂各地的物产。这样，威胁人们生命财产安全的洪水灾害消除了，农业生产也大大地向前发展了一步。

关于大禹治水的故事，我们今天看到的只是后人的追述，没有当时留传下来的文字记载，因此也只能说是一种传说。自古以来，大禹一直是中国文化中一个独特的英雄形象，为臣忠贞赤诚，为君仁厚尽责，其丰功伟绩和精神内涵不止被夏、商、周三朝缅怀赞颂，也得到了春秋战国时期诸子百家和后世史学家的一致肯定。《史记·夏本纪》中记载，大禹因为治水有功，"帝舜荐禹于天，为嗣"。继位后，作为统治者，大禹真正做到了以民为本、民为邦本。作为中华民族的一位精神领袖，大禹身上也有中国式的谦和与团结。《尚书·大禹谟》记载了舜对禹的评价："克勤于邦，克俭于家，不自满假，惟汝贤。汝惟不矜，天下莫与汝争能；汝惟不伐，天下莫与汝争功。"和"是自孔子以来传统中华文化的最核心精神，而比之早2000年的大禹，早已是和之道的践行者。《淮南子·原道训》中记载了大禹从民族大团结的愿望出发，对反对他的部族的做法："禹知天下之叛也，乃坏城平池，散财物，焚甲兵，施之以德，海外宾伏，四夷纳职。"以德服人、以智服人，一位战神敛起铠甲，收获了更多尊重和敬仰。海纳百川，有容乃大，正是这种温良恭谦的价值取向和道德品质，让大禹在中华历史上不仅是一位治水的英雄，更是一座精神的丰碑。

大禹治水传说中体现出的大禹精神与道德风尚，对我国传统文化的价值观产生了深远的影响，这种文化价值观念逐渐被融入民族文化的血液之中，成为传统文化的重要组成部分。以我们今天的眼光来看，大禹这样极具神话色彩的英雄是中国式的、独一无二的，他脱胎于凡人之躯，却成功挑战"神定人世"的固有秩序，其身上的英雄主义来自中国式生存理想，是家国情怀和社会责任的集合，也是古代中国人心中智慧和勇气的化身。大禹的精神跨越几千年岁月而历久弥坚，正是因为其形象是对中华民族优秀基因的高度凝练：作为一个领导者，他坚持"民本位"思想，民生为先、重义轻利；作为一个精神领袖，公而忘私、国而忘家，为天下黎民百姓奔忙多年，他又有着中国人的谦和、自省，这与我国传统文化中最核心的儒家思想高度吻合，进而与整个中华民族的精神内核高度吻合。

今天，我们这些还生活在神州大地的大禹后人，是否更容易领会大禹治水带来的中国式管理的精神启示？

资料来源：

高雪纯：《浅谈"大禹治水"故事中的中国式精神》，济南黄河网，http：//www.jnhhj.cn/whcz/08/1259553.shtml。

段渝：《百年大禹研究的主要观点和论争》，《社会科学研究》2020年第1期。

曹应旺：《中国共产党对中华民族治水文化的传承》，《毛泽东研究》2021年第1期。

复习思考题

1. 结合中外管理学的不同定义，谈谈你对管理内涵的认识和理解。

2. 分析社会与管理的关系。

3. 现代管理学的基本思想有哪些？

4. 试分析哪些是影响管理问题的根本因素，为什么？

5. 试分析中西本位观和人性假定对管理的不同影响。

6. 比较中西管理实践，你有什么样的体会？

第二章 中国传统文化与管理

本章提要

中国传统文化对于现代管理有着重要的借鉴意义。本章第一节介绍文化与管理的关系，包括文化的概念、现代管理学的文化缺陷及中国传统文化的管理内涵。第二节介绍中国传统文化与现代管理，探讨中国传统文化如何与现代管理结合，国学视角下的现代管理，包括国学视角下的现代管理思想精髓，成功管理者需要具备的国学素质及管理文明精神的培育。

重点难点

本章的重点是了解文化与管理的关系，以及现代管理学的文化缺陷；难点是理解国学视角下的现代管理思想，认识中国管理文化的意义和价值。

引导案例

发扬 Gung Ho 精神，师从八路军的美国卡尔逊突击队在太平洋战场屡立战功

在很多人的印象里，八路军与美军，尤其是与美军特种部队相比，无论是军服、武器和战法似乎都有着天壤之别，但很少有人知道，美军的特种兵卡尔逊当初就是按照八路军的战法和制度创立了特种部队。

1938 年 1 月，美国总统罗斯福的密使、美海军陆战队情报官卡尔逊到晋察冀边区访问考察。一路走来，他对看到的一切感到新奇和疑惑：为什么敌后抗日根据地的人民有着和其他地方截然不同的精神面貌？共产党和八路军凭借什么力量把所有的民众都组织起来了？战争本是一种军事力量的较量，为什么八路军还要努力搞政治、经济、文化建设？八路军游击队的后勤是怎么保障的？武器是怎么解决的？

在军区司令部，卡尔逊迫不及待地向聂荣臻司令员提出这些疑问。聂司令几乎花了大半夜的时间耐心细致地回答了他所有的问题：敌后抗日根据地的开辟和建设是根据毛泽东同志在井冈山革命根据地的实践经验发展而来的，主要就是依靠人民；我们建设根据地是为了让人民生活得更好；我们的军队有着严格的政治思想教育和铁的纪律，军队和人民是鱼水关系和血肉关系；我们的武器弹药全靠从敌人手里夺取。

经过行程 1200 多千米、历时 50 多天的考察，卡尔逊研究总结了八路军的战法，他认为：八路军的游击战并不仅仅是技术问题，而是和一套既广泛又深入的政治制度结合在一起的。这种制度是让士兵明白为之而战、为之而生，必要时为之而牺牲的某种东西。卡尔逊把这种东西叫作"伦理训导"。之后，这个美国军官成了敌后抗日根据地的"粉丝"，他不遗余力地向外界宣传共产党、八路军和根据地，反对美国政府卖给日本钢铁、石油，呼吁美国支持共产党抗战，并预言中国的未来属于中国共产党。卡尔逊的言行招致了上司的训斥，他毫不犹豫地辞去军职，以一个自由人的身份继续自己的宣传。

1941 年 5 月，卡尔逊再次入伍。珍珠港事件后，他奉命组建海军陆战队第一独立营——卡尔逊飞行突击营。他完全以八路军的纪律、制度为榜样建立部队，任命罗斯福总统的小儿子担任参谋主任。他们每周给士兵做政治形势报告，让士兵展开讨论。卡尔逊还经常给士兵讲八路军的事迹。

1942 年 8 月，在突袭太平洋中西部马金岛的战斗中，卡尔逊飞行突击营击毙了 150 名日军，缴获了日军大量的机密文件，阵亡 21 人，以非常小的代价获取了战斗的胜利，这是一次成功的突袭，也是在太平洋战争爆发以后美军的第一次成功战役，为之后的军事行动提供了宝贵的经验，在美军的历史上有深远影响。这支部队后来在太平洋战争中又多次以极小的伤亡屡立战功，卡尔逊也因此获得他的第 26 枚勋章——美国海军十字勋章，他也成为美国反法西斯战争中的英雄和美国历史上最有影响力的海军陆战队将领之一。

1943 年，好莱坞以马金岛突袭为蓝本拍摄了一部名为 Gung Ho，中文译名为《喋血马金岛》的电影。Gung Ho 源于汉语里的"工合"或"共合"，是当年敌后抗日根据地盛行的生产自救、支援抗战的团结协作运动。卡尔逊把这一精神融入美军训练中，当美军对命令形成回应的时候，大家都喊

"Gung Ho"，表示一同奋战、一定做到。这一口号借助电影的东风，很快成为美国海军陆战队的训练口号和座右铭。

资料来源：

资料来源：邓沛：《善于运用八路军游击战术的美国军官卡尔逊》，《党史文汇》2005 年第 2 期。

马骏杰：《美军用八路军战术打赢袭击战》，《党史文苑》2008 年第 15 期。

思考题

1. 试分析八路军的成功管理经验。
2. 请思考八路军的管理经验对今天各类组织的管理有哪些启示。
3. 试分析八路军是如何发挥群众的力量和智慧来打赢抗日战争的。

第一节　文化与管理

一　文化的概念

文化之于社会就如记忆之于个体。在过去的生活中可行的东西沉淀下来，变成语言、文字，变成音乐、艺术，变成工具、建筑，变成服装的款式，变成饮食起居的方式，影响未来者的思维、体验和行动。

在西方，较早的文化定义来自人类学之父、英国科学家爱德华·泰勒（Edward Tylor）出版的《原始文化》一书。[①] 他认为，文化是包括知识、信仰、艺术、道德、法律、风俗以及人作为社会一分子所习得的任何才能与习惯的复杂整体，是人类为使自己适应环境和改善生活方式而努力的总成绩。荷兰学者霍夫斯特德（Hofstede）将文化比喻成人的心智程序（mental programs），并指出文化会影响人们关注什么、如何行动及如何判断人和事物。[②] 与此相似，其他一些西方学者也把文化定义为：人为创造的、被他人认可的观念，它给人们提供聚合、思考自身和面对外部世界的有意义的环

① 〔美〕爱德华·泰勒：《原始文化》，连树声译，广西师范大学出版社，2005，第 1~25 页。

② 〔荷〕霍夫斯特德：《文化之重：价值、行为、体制和组织的跨国比较》，许力生导读，上海外语教育出版社，2008，第 1~53 页。

境，并由上一代传递给下一代。

在中国，对文化的定义一直有广义和狭义之分，广义的文化指人类创造的全部财富，狭义的文化指人类创造的精神财富。《现代汉语词典》对文化的解释是，人类在社会历史发展过程中所创造的物质财富和精神财富的总和，特指精神财富，如文学、艺术、教育、科学等。中国文化是迄今为止中华民族经过不断实践，不断丰富的人文精神的总和，包含了源远流长的传统文化、剧烈变革的近代文化及快速发展进步的现代文化。中华传统文化不仅记录了中华民族的演进历史，还作为世代相传的思维方式、价值观念、行为准则、风俗习惯等不断从先辈那里传承下来，影响着人们在各个时代的行为和思想。

综上所述，文化是一种社会现象，它是由人类长期创造所形成的，同时又是一种历史现象，是人类社会与历史的积淀物。它是凝结在物质之中又游离于物质之外的，能够被传承的国家或民族的历史、地理、风土人情、传统习俗、生活方式、文学艺术、行为规范、思维方式、价值观念等。它是人类的一种能够传承的意识形态，是对客观世界感性上的知识与经验的升华。

1. 管理文化的含义

现代管理学之父彼得·德鲁克首次把文化融入管理之中，指出管理应当有自己的价值观、信仰、工具和语言等。[①] 管理文化是将一个组织的全体人员凝聚在一起的价值标准和行为方式。管理文化蕴含着组织的目标、信念和价值观等，是管理理念中最核心、最本质的成分。

管理文化对管理的影响体现在组织的价值观、经营理念和行为规范等方面，渗透于组织的决策、组织、激励等管理全过程。管理植根于文化之中，作为在管理理论基础上发展起来的企业文化理论，其是对原有管理理论的发展，它从哲学的视角来思考和分析整个组织的运行。

2. 管理文化的分类

从世界范围来看，管理文化主要有两种类型：一种是源于古希腊、古罗马传统文化的西方管理思想，以亚里士多德的逻辑思维为特征；另一种

---

① 〔美〕彼得·德鲁克：《管理：使命、责任、实务》，王永贵译，机械工业出版社，2009，第3~60页。

是源于华夏传统文化的管理思想，以辩证思维为主要特征。

查尔斯·汉迪（Charles Handy）把企业管理文化分为四类，即权力文化、角色文化、任务文化及人员文化。在权力文化中，有一个明确的权力中心，处于权力中心的人物拥有绝对的领导权和影响力，对整个组织进行控制。在角色文化中，各个部门相对独立，每个部门只需按照设定的程序完成工作，按照岗位描述来挑选合适的人才。在任务文化中，顾名思义就是以完成任务为目标，组织会根据任务的需要整合配备资源，建立起相应的任务团队和项目小组。每个任务团队都拥有相当大的自主权和决策权，组织中的个人也享有较高的自由度。在众多组织中，人员文化并不常见，因为组织架构完全是为了服务于个人，为了实现个人的目标而存在。这种文化适合专业人士保留其自身的特质。因此，在企业管理文化的选择上，需要根据不同的目的，采取相应的管理文化。①

3. 管理文化的功能

管理文化的功能体现在将文化渗透于组织的决策、组织、激励及领导等管理过程中，文化在管理中占有主导地位并且贯彻始终。管理文化包括以下几个方面的功能。

（1）制定拥有经营哲学和价值观念的管理制度，指导经营者进行正确的决策，指导员工采用科学的方法从事生产经营活动。

（2）实行以人为中心的管理，努力培育组织的共同价值观，促进管理制度与群体价值观一致。

（3）打造融洽的团队，以人为本，尊重人的感情，从而在组织中形成团结友爱、相互信任的和睦气氛，强化团体意识，使组织形成强大的凝聚力和向心力。

（4）建立以法治为基础的管理制度，形成有效的约束力。

（5）促进组织的创新发展，为组织发展注入活力。

（6）以科学的态度去制定组织的发展目标，并形成较高的执行力和行政效率。

4. 管理文化的塑造

良好的管理文化不是自然形成的，它需要有目的地进行长期的塑造。

---

① 〔英〕查尔斯·汉迪：《管理之神：组织变革的今日与未来》，崔姜薇译，北京师范大学出版社，2006，第2~26页。

不同的国家、地区、组织在管理文化塑造方面存在差异性，但不少做法是相同的。

（1）重视管理文化塑造，把管理文化建设作为组织建设、发展的核心内容。

（2）全面抓好制度文化、执行文化、团队文化建设。

（3）以道德规范、纪律规范和法律规范协同推进管理文化建设。

（4）根据不同国家、地区和组织的不同文化传统推进管理文化建设。

（5）建立组织的管理文化自我调适机制，使组织的管理文化始终与时代的发展和组织的进步相一致。

建立组织文化是追求卓越组织的起点，中国文化有着海纳百川的气度，在组织管理文化塑造中善于把东西方自由竞争所激发出来的创造力与严格的纪律和团队意识相结合，并且能够有效地联合群众，赋予他们力量、鼓励他们实干，为实现远景目标而共同奋斗。

二　现代管理学的文化缺陷

现代管理理论和管理实践的发展表明，决策、组织、领导、控制和创新这五种职能，是一切管理活动最基本的职能。当前主流的管理学教材，大体围绕着这五大职能构建内容体系，再分门别类地进行研究和阐述。但总体而言，现代管理学有一个比较大的缺陷，即从文化角度对人性的研究和把握不足，具体表现在如下方面。

（1）现代管理学起源于西方，西方文化对现代管理学有着深刻的影响。西方文化起源于古希腊、古罗马、古埃及、古巴比伦的古文明，在公元3世纪后，这些古文化逐渐被基督教文化取代。基督教圣经和新教教义中所包含的伦理观念和管理思想，对现代社会中的管理实践起着指导性的作用，但基督教文化毕竟是一种宗教文化，有太多"神"的因素影响，对人性的把握不够深入，且一种宗教文化并不能统领当今世界所有的文化板块。

（2）管理的对象是人，管理中的人是有人性的社会人，其行为特征决定于文化背景，很多方面只能用定性的方式去研究。现代管理学各主要流派对管理各个方面的研究重点常常在定量研究上面，对定性研究不够深入，研究方法和手段也比较欠缺，甚至出现定性研究定量化的现象。管理中人的因素常常被视同于机器因素。

（3）在现代管理学各主要流派中，行为科学学派比较重视对人的研究，但研究对象往往针对特定阶段的某类人群，停留在表面现象的观察、记录上，所做出的判断过于依赖数据的定量分析结果，较少结合文化背景对社会人的行为进行研究。即使有人从文化角度开展对行为科学的研究，也不够系统深入，对决定社会人行为的主导因素把握不够，研究结论缺乏长期的历史经验和广泛的社会环境验证。

三　中国传统文化的管理内涵

1. 中国传统文化与国学

（1）中国传统文化的含义。中国传统文化是中华民族在中国古代社会形成和发展起来的文化形态，是中华民族智慧的结晶，是中华民族的历史遗产在现实生活中的展现，在思维方式上以辩证思维为主要特征，具有极为丰富的内涵。这主要体现在三个方面。一是凝聚之学。中国传统文化是具有凝聚力的文化。这种文化的基本精神是注重和谐，把个人与他人、个人与群体、人与自然有机地联系起来，形成一种文化关系。二是兼容之学。中国传统文化并不是一个封闭的系统，在长期的历史发展过程中，以开放包容的态度实现了对众多外来文化的兼容。三是经世致用之学。文化的本质特征是促进自然、社会的人文之化，中国传统文化突出儒家经世致用的学风，以究天人之际为出发点，落脚点是修身、齐家、治国、平天下，力求在现实社会中实现其价值，经世致用也是文化科学的基本精神。中国传统文化是中华民族的灵魂、血脉和家园，要了解中华民族，就必须了解中国传统文化；要了解中国式管理，就必须把握中国传统文化。

（2）中国传统文化的主要特点。

中国传统文化与其他文化形态相比，既有文化的共性特征，如历史性、传承性、民族性、持久性等，更有如下突出的特点。

①家国同构的文化。中国古代社会结构是由"家、家族、家国"构成的，因此也形成了家国同构的传统文化。这一文化强调忠孝统一，重视社会人格，侧重个人对群体的义务和责任。这一文化传统是在两千多年的中国封建社会中形成的，并且一直作为正统思想对中国传统文化产生着广泛而深刻的影响。

②"三教合一"的信仰。中国汉文化里有一个很重要的特点就是"三

教合一"的信仰。古代的许多文人和帝王都相信"儒家治世、佛教治心、道教治身"之说，都认为儒家学说是管理社会的学说，佛教是完善精神修养的学说，道教是基于身体修炼的学说。"三教合一"的特点表明了中国传统文化具有极强的包容力。

③阴阳五行的朴素世界观。中国传统文化中有阴阳五行的学说。五行有两大原则。一是相生相克。相生，即金生水、水生木、木生火、火生土、土生金；相克，即金克木、木克土、土克水、水克火、火克金。二是五行可以串联万事万物。例如，五行可以配五方，东南西北中；可以配五色，青白赤黑黄；可以配五声，宫商角徵羽；可以配五味，酸甜苦辣咸。阴阳五行学说是中国先人对自然万事万物认识的基础，也是理解世界的基础，这一学说对中国传统文化有巨大影响。

④止于至善的价值追求。中国传统文化始终强调做人做事要尽善尽美，推崇完善的道德人格、高远的人生志向和不朽的建功立业，并形成了一套全面系统的指导人们做人做事的价值标准，如仁、义、礼、智、信、忠、孝、廉、耻、勇等。这一文化传统使中华民族千百年来始终自强不息，追求美好与卓越。

2. 中国的国学

（1）国学概念的兴起。现代"国学"之名，始于清末，产生于西方学术进入中国的历史时期，为了与外来的西方学术进行区分，国内学者将外来文化称为"新学""西学"等，与之相对，将中国固有的学问统称为"旧学""中学""国学"等。学术界虽对"国学"的概念一直众说纷纭，但大体上，凡是中国的传统思想文化和学术思想都可以称为"国学"。因而，中国古代技术发明、天文学、地理学、政治学、经济学、文学、艺术、风水学、民俗，都可算作国学。

20世纪80年代后，随着"爱我中华"之风日兴和"中国崛起"思想文化的提出，以及"孔子学院"在海外的设立和祭孔大典在国内的举行等，学者再度关注国学，国学又在海内外以前所未有的热度兴旺起来。

（2）现代国学的含义。一般而言，传统的国学是指源于《易经》，以儒学为主体的中华传统文化与学术。国学的代表是先秦诸子百家思想，包括兵家思想、法家思想、墨家思想、儒家思想及道家思想等，历史上还有来自古印度并结合中国传统文化演变而成的中国佛教思想。这些思想从各个不同的方面，论述如何治理国家、管理社会，以及个人如何为人处世，对中国的传统管理文化的形成具有深远的影响。

传统国学的核心精华可概括分类如下。

①经部——儒家的 13 部经书及相关著作，如《易经》《尚书》《诗经》《礼记》《左传》《论语》《孟子》等。

②史部——所有历史类的书及相关著作，如包含《史记》在内的二十四史等。

③子部——诸子百家著作和类书，如《老子》《庄子》《孙子兵法》等。

④集部——诗词文总集和专集，如李白、杜甫、苏东坡等文学家的文集等。

本书讨论的国学包括宋明理学、中国近现代革命史、毛泽东思想、邓小平理论、"三个代表"重要思想、科学发展观和习近平新时代中国特色社会主义思想等。

（3）国学中的管理思想。中华文明的发端深受三部古老的典籍——《易经》《黄帝内经》《山海经》的影响。以《易经》的世界观和方法论为基础，后世陆续产生了道家、儒家、墨家、法家、兵家、纵横家等诸子百家的思想，而在印度的佛教进入中国后，与中华文化融合，又产生了汉传佛教和藏传佛教，这些思想对中华传统文化演进、国家与社会治理和管理实践发展都起到了重要的推动作用。在近现代，随着马克思列宁主义（可简称马列主义）传来中国，与中国革命和社会主义建设实践相结合，又有毛泽东思想、邓小平理论、"三个代表"重要思想、科学发展观和习近平新时代中国特色社会主义思想的产生和发展，这些思想与西方管理思想、中国传统文化融会贯通，共同构成了国学与现代管理的思想构架，如图 2-1 所示。

（4）国学的影响。国学博大精深，有着独特的智慧与哲学思想。例如，道家的"无为"、儒家的"仁义"、法家的"刑法"、兵家的"权谋"、纵横家的"平衡"、佛家的"精神修炼"等思想，无一不体现着国学的智慧。千百年来，国学对中国的政治、经济、教育、科技、文化、伦理乃至外交、国防等都产生了巨大的影响，对中国未来的发展仍将会产生重大影响。

中国的国学在国外也产生了巨大影响。黑格尔谈到《易经》的卦爻符

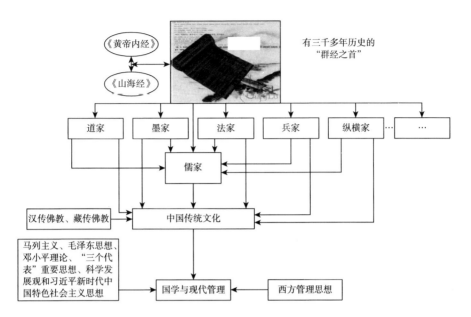

图 2-1　国学与现代管理的思想框架

号，认为"是极抽象的范畴，是最纯粹的理智规定"，并补充说，"中国人不仅停留在感性的或象征的阶段"[1]。瑞士心理学家卡尔·荣格对《易经》赞叹道："《易经》中包含着中国文化的精神和心灵，几千年中国伟大智者的共同倾注，历久而弥新，仍然对理解它的人，展现着无穷的意义和无限的启迪。"[2]

1703 年，德国的戈特弗里德·威廉·莱布尼茨（Gottfried Wilhelm Leibniz）受八卦的启示，发明了二进制，为计算机科学奠定了基础。[3] 孔子的伦理思想和治国学说也给欧洲思想家带来了极大的冲击。在《中国近事》的序言中，莱布尼茨还认为欧洲人在道德修养和实践哲学，即在生活与人类实际方面的伦理以及治国学说方面不如中国人。在他看来，较之其他民

---

① 〔德〕黑格尔：《哲学史讲演录》第 1 卷，贺麟、王太庆译，商务印书馆，1959，第 120~122 页。

② Jung C. G. , Wilhelm R. , *The Secret Of The Golden Flower*, New York：Causeway Books, 1975, pp. 150-151.

③ 张西平：《莱布尼茨和白晋关于二进制与〈易经〉的讨论》，《中国哲学史》2020 年第 6 期。

族来说，中国是具有良好规范的民族，中国人尊长、敬老，孩子对父母的关心与敬奉犹如宗教礼节，人们不分尊卑，谈吐文雅，互相尊重，礼貌周全，这些良好的规范都是对人类源于自身的恶的救药。再者，莱布尼茨还认为中国人在实践哲学中的卓越指出也带来了两种文化的另一个互补的方面：中国人的自然神学可以补充欧洲人的启示神学。① 莱布尼茨认为，欧洲人在道德修养和实践哲学，即在生活与人类实际方面的伦理以及治国学说方面不如中国人。

把孔子崇拜推到极致的，是启蒙运动的权威作家伏尔泰。他把孔子像悬于礼拜堂，晨昏礼拜。他赞赏中国文化具有理性的特质，在所有民族中，中国最有信用的价值，中国从太古即存在理性的宗教。他说："人类智慧不能够想出比中国政治还要优良的组织。"他尤其欣赏孔子的格言"己所不欲，勿施于人""以德报德，以直报怨"。他说："西方民族，无论如何格言，如何教理，无可与此纯粹道德相比拟者。孔子常说仁义，若使人们实行此种道德，世上就不会有什么战争了。"②

（5）弘扬国学的现代意义。当今时代，我们弘扬国学，对中国的建设、改革和发展都具有重要的思想意义，对世界的和谐发展、建立人类命运共同体也具有重要的借鉴意义。中华文明已发展了五千多年，在四大文明古国中独树一帜，与西方文明、阿拉伯文明等相对应，历来自成一体。当今中国的发展和表现，内在因素主要来自国学，而学习和借鉴西学，则是发展的重要外在因素。由于诸多国学精华思想与现代人类文明进步的价值取向相契合，中国传统文化为马列主义在中国的生根发芽提供了良好的精神环境，两者的交融发展，促进了马列主义的中国化，并能加强其作为社会主义文化体系建设的主导地位。弘扬国学，取其精华，能帮助我们更好地认识自己、客观地分析形势、精确地找准定位、正确地判断未来的发展方向，并理论联系实际，求真务实，做好现代管理工作。

---

① 〔德〕莱布尼茨：《中国近事：为了照亮我们这个时代的历史》，〔法〕梅谦立、杨保筠译，大象出版社，2005，第10页。
② 转引自朱谦之《中国哲学对于欧洲的影响》，福建人民出版社，1985，第292页。

第二节　中国传统文化与现代管理

一　中国传统文化和现代管理的结合

随着当代中国经济和社会的快速发展，越来越多的中外学者、管理者和企业家认识到在中国传统文化里有丰富的管理智慧，对当今在复杂形势下处理社会、商业管理的各类问题有较强的借鉴意义。

要充分发挥中国传统文化的优势，给现代管理实践提供有益指导，管理者有必要把握如下的基本观点。

（1）管理学是典型的社会科学，而社会科学的主要特点就是研究人与人结成的各种社会关系。管理学是研究人和人打交道的科学，要做好管理工作，不可能停留在管理学、经济学中的技术层面，还需要智慧，遵循大道，寻求宏观的战略思考和微观的凝聚人心的力量。

（2）社会组织要长远发展，需要有思想、精谋略、富智慧的管理者，思考大问题、追问终极关怀、反思文化走向、掌握正确的为人处世之道，就离不开中国传统文化。

（3）管理既是科学与艺术的结合，更是文化和哲学的会通，领导者既需要领导力、执行力，更需要管理智慧、文化底蕴与人格魅力。

（4）当今世界，人们对管理都有这样的共识：一个人干不过一个团队，一个团队干不过一个系统，一个系统干不过趋势。团队、系统和趋势三个因素的组合就等同于成功。文化是组合这三个要素最好的黏合剂，而中国传统文化就是最好的黏合剂之一。

（5）有文字记载的中华文化已有五千多年的演变历史，在这个过程中，中国的各个朝代都在研究和总结社会管理与处世的思想和哲学，而且在漫长的历史跨度和广阔的社会背景下得到无数历史案例的验证，成为大多数人接受的思想主张和价值观念。

（6）尽管人类文明出现以来历史跨度很大，生产力、生产关系和社会形态发生了很大变化，但基于社会层面的人性、心理认知和为人处世哲学的方方面面并没有发生太大的变化，且随着人类进步和国际化发展，世界各民族都拥有越来越多的共同价值观念。我们发现，这些现代的共同价值观在中国传统文化中大多都能找到相应的历史印记。

（7）中国传统管理思想源远流长，历史上有无数的管理实践，积累了丰富的管理智慧。鉴于文化历史的一脉相传，借鉴传统的管理思想和案例经验，对做好当今的管理工作而言具有重要意义。

（8）东西方管理学的融汇。东西方文化交融是近代以来的历史发展趋势，虽然这是一个漫长的发展过程，但已是不可逆转的历史潮流。在东西方文化交汇、交融及经济全球化的大背景下，东西方管理学的交融也已成必然，且已在实践中结出成果。

现代文明、现代管理都发端于西方国家，至今已积累了丰富的管理实践经验，有了成熟完善的理论体系和方法手段，值得我们学习和借鉴。改革开放四十余年，中国现代企业的管理也走过了四十余年。四十余年的探索与实践，中国企业都处于尾随者和学习者的角色，可以说中国现代企业在管理实践的道路上一直模仿别人的管理方法，从计划经济时代走出的中国企业快速有效地吸收和借鉴西方的现代管理理念和方法，使中国企业在短期内得到跨越式发展。

然而，西方管理起源于海洋文化，它们的商业文化是通过制度建立的契约文化，尊重人的权利、平等和自由。中国传统文化则注重伦理道德、舆论和风俗等，认为群体的利益高于个人的利益，并追求企业内部的和谐统一。由于西方管理学的管理文化与中国国情和文化背景有所不同，西方管理学中的一些理论和方法在中国的环境下并不完全适用。

因此，我们有必要理解、认识东西方管理的差异，融合东方智慧和西方文化的精华，最终成为新时代全球化环境下企业管理的优胜者和管理文化的领导者。在借鉴国外理论和经验的同时，必须探索适合中国的管理模式，而要使这种探索取得成功，必须从国学思想中寻找管理智慧，必须从根基上做到东西方融汇、优势互补、创新发展。

二　国学视角下的现代管理

1. 国学视角下的现代管理思想

本书认为，中国今日的成功乃马列主义、毛泽东思想与国学及中华传统精粹文化融会贯通的成功。当今的中国迅猛崛起，综合国力明显提升，这得益于无数先辈流血牺牲、努力奋斗而打下良好基础的国家体制和改革开放带来的社会各方面的持续、迅速、不断的完善。另外有一个重要原因，即国学博大精深、兼收并蓄，从不故步自封的精神环境，特别是其中许多代代延续的国学精华，与现代人类文明进步的价值观相契合，使得我们发展的战略指导思想能做到与时俱进。当前，社会风气积极向上，充满正能量，邓小平理论、"三个代表"重要思想、科学发展观、习近平新时代中国特色社会主义思想等指导思想的提出和实施，无一不体现出国学环境的巨大优势和勃勃生机。

国学视角下的现代管理思想要点包括以下几个方面：①自强不息，刚健有为；②人贵有自知之明，不卑不亢，审时度势，顺势而为；③以人为本，恭谨待人，平等相依，善待他人；④重视培养个人和组织正确的价值观念，构建愿景高远、平等协作、赏罚分明、积极向上的管理团队和管理文化；⑤求真求实，大气大为；⑥与时俱进，杜绝因循守旧，力行开拓创新；⑦勤能补拙，苦干实干。

2. 国学视角下成功管理者必备的素质

从国学的视角来看，在管理工作中，组织的管理者就像古代的将帅，是组织的核心，决定着组织的发展方向，塑造着组织的价值和影响力，影响着员工的工作积极性、主动性和创造性。要成为具备国学素质的管理者，需要德才兼备，具备对事物的掌控力、感染力、亲和力及工作的系统性和逻辑性。管理者的国学素质具体体现在以下方面：①有良好的价值观念和良好的为人处世表现；②善于处理人际关系，凝聚人心；③善于识人用人，集思广益；④善于组织团队，整合资源；⑤有战略眼光，会审时度势；⑥善于鼓舞士气、激励团队，建立共同愿景和巩固团队；⑦有上进心、敬业精神和责任感；⑧胸怀宽广、眼界开阔、站位高远、具有大局观；⑨有自知之明，善于超越自我；⑩公正、廉洁、自律、谦虚、文明；⑪有敏锐的洞察力及由表及里的分析能力；⑫善于总结完善，不断提高能力；⑬强烈的实干精神，以达到组织的目标为目的；⑭懂得实用的管理章法，具备战略管理能力等。

3. 国学视角下管理文明精神的培育

优秀的管理者必须具有良好的管理文明精神。管理文明精神的培育，也需要到中国传统文化中去寻找智慧。重拾中华文化精髓，正本清源，不是简单地品赏花鸟虫鱼、把玩字画古玩，裹着长衫马褂去磕头作揖，而是要去诸子百家、历代英雄、学者才子留下的经史子集的文化宝库中，深入挖掘，找回中华文明的精、气、神。结合马列主义、毛泽东思想、社会主义核心价值观、习近平新时代中国特色社会主义思想，培育管理文明精神。

培育管理文明精神是锤炼管理人才的基本任务。它可以培养人们健全的道德，涵养优秀的人格；可以汲取人生的智慧，学会多角度思考问题；可以铭记中华民族的历史，了解人文知识。因此，抓住国学的精髓，努力培育管理者的管理文明精神，有利于建设一个优秀的管理组织，提高管理水平。

有了上述的认识和理解，并不断学习、把握国学精华，学以致用，对管理者开展行之有效的管理工作大有裨益。岳飞曾说过："阵而后战，兵法之常，运用之妙，存乎一心。"毛泽东在《论持久战》中，对岳飞的这句话做过如下评述："古人所谓'运用之妙，存乎一心'，这个'妙'，我们叫做灵活性……灵活，是聪明的指挥员，基于客观情况，'审时度势'（这个势，包括敌势、我势、地势等项）而采取及时的和恰当的处置方法的一种才能，即是所谓'运用之妙'。"①

总之，管理之妙，存乎一心！

管理案例分析

晋文公流亡与成为霸主的故事

春秋时期有一位霸主晋文公，名叫重耳，年轻的时候在晋国国内遭到迫害，只好流亡在外。史书上记载重耳的事迹就是从他流亡开始的，重耳这一流亡就是 19 年，19 年中重耳流亡到过狄国、郑国、卫国、齐国、宋国、曹国、楚国、秦国 8 个国家，悲惨的命运不断塑造着重耳的坚强意志。史书记载，重耳平时口碑很好，很会为人处世，在晋国是一个很有声望的公子，因此有一批有才能的大臣愿意跟随他。

有一次，重耳一行在流亡的路上饿得头昏眼花，他们去跟路边上的农夫要吃的，那些农夫看着他们落魄的样子，就故意拿起一块泥巴刺激重耳，

---

① 《毛泽东选集》第 2 卷，人民出版社，1991，第 494 页。

重耳当时很生气，想用鞭子抽打农夫。重耳身边有一位大臣急忙劝住他说，这是一个好兆头，这是上天通过农民的手赐予我们土地，代表以后我们有复国的希望。重耳接下了这块泥土，还向农夫跪拜。接着他无精打采地躺在一棵树下，跟随的人都出去找食物，可是除了少许的野菜什么都没找到，过了一阵，一位名叫介子推的大臣端来了一钵肉汤，重耳二话不说就把它喝完了。喝完以后重耳恢复了精神，才问介子推是从什么地方得到肉汤的。介子推指着自己大腿上刚刚包扎的伤口，说："我割下一块肉，熬了这碗汤给你喝。"重耳很感动，热泪盈眶，说以后一定好好报答他。介子推说："我跟随你还真的不是想有什么回报，只是盼望以后主公寻求到复位的机会，我们可以好好地干一番事业，把晋国发展成一个强国，让老百姓生活幸福、安康，这就是我跟随你的原因。"

后来，重耳和跟随他的人到了楚国。楚国当时的国君是楚成王，他对重耳特别好，三天一小宴，五天一大宴，给重耳的待遇都是按照招待国君的标准。有一天，在宴席上，楚成王问重耳说："我对你这么好，以后假如你回到了晋国，当上了国君，你会怎样报答我？"重耳说："象牙、皮毛，这个是你们楚国的特产，金银珠宝楚国也不缺少。假如有一天，我要是能回到晋国复位，我希望两国友好相处，两国人民友好交往。但是万一有一天，我们不得不在战场上见面的时候，我首先会选择退避三舍，以报答楚国的恩情。"在古代，每舍大约是15千米，连退三舍就是后退45千米，当时楚成王并不在意，他认为只是重耳的一句玩笑话。楚成王手下的一名大将认为重耳还未得志就这么骄狂，以后真有机会，肯定会损害楚国的利益，便劝楚成王杀了重耳，但没有得到许可。秦国国君秦穆公也看重重耳的名声，派人到楚国接走重耳，并派兵护送其渡过黄河，回到晋国继位。流亡了19年后，重耳终于复位成功，之后便领导全国上下励精图治，晋国很快恢复了国力并强盛起来，之后就开始对外扩张。楚国也是一个强国，当时也开始北上，最终两国的兵马还是在战场上相遇了。重耳告诉他的部队，碰到楚国军队就退避三舍，并把当年的故事讲给他的士兵听。晋国士兵并不认为后退是害怕敌人，相反，他们心中还生出一种豪情，为他们的国君而骄傲。晋国军队越退士气越高昂，当退到三舍的时候，楚军还在穷追不舍，这个时候晋国兵马掉过头去痛打追兵，一下就把楚国的军队打败了。正当晋军痛击败退的楚军时，晋文公命令他的军队停止追击，并很有气度地表示，只要把楚国人打败就行，穷寇莫追，留有余地，把他们赶走就行了。经此一役，晋文公重耳就成为有名的春秋五霸之一。

晋文公在复位后曾奖励一直跟随他的部下，这些人都是当年跟随他出生入死的晋国功臣，他们都是具备能够出将入相才能的人才。当他论功行赏的时候，偏偏漏掉了一个重要的人物，就是那个在他最落魄的时候，割肉熬汤给他喝的介子推。后来有人提醒晋文公，晋文公这才想起，很后悔忘记了报答恩人，于是马上派人去请介子推。然而此时的介子推早已背着母亲去绵山过隐居的生活了。晋文公多次派人请介子推下山接受他的报答和奖赏，但是介子推都拒绝了。晋文公最终被激怒了，他亲自带领兵马，包围绵山，要把介子推给抓回来，但介子推躲在树林里不出来，晋文公一生气，就下令放火烧山，逼介子推出来。但是火烧完了，山也烧秃了，介子推和他的母亲还是没出来，后来他们进入烧焦的树林才发现，介子推和他母亲在一棵被烧枯的柳树桩上面紧紧相抱着，被活活地烧死了。这件事情对晋文公的刺激很大，回来以后他就下令将介子推被烧死的那一天作为全国性的忌日，在这一天晋国人都不能生火煮饭，而且家家户户的大门上都要插上柳树条，为介子推招魂，这就是寒食节的来历，当时是在清明节的前一天。这个节日后来成为中国历史上重要的传统节日，一直到今天。现在寒食节和清明节已合二为一，并深深地融入中国传统文化之中。

晋文公重耳本来没有雄霸天下之志，但时势造英雄，形势逼迫他不得不在流亡19年后重返晋国，责无旁贷地担当起振兴晋国的大任，同时也开启了他成为霸主的传奇之路。因为重耳的仁义、大度及睿智，所有君王都视他为英雄。也正因为如此，才会有许多能臣忠心耿耿地辅佐他，始终对他不离不弃，最终才使得重耳成功地复位称霸。

资料来源：

司马迁：《史记（点校本二十四史修订本）》，中华书局，2013，第1977~2014页。

复习思考题

1. 谈谈你对中国传统文化与现代管理之间关系的理解。

2. 通过对晋文公的管理案例分析，谈谈你对管理之道的体会。

3. 如何理解管理文化的本质？

4. 谈谈你对现代管理学的文化缺陷的认识与体会。

5. 谈谈管理文化对组织结构产生了什么样的影响？

6. 试探讨如何把中国传统文化与现代管理相融合，更好地推动管理实践工作的开展。

第二篇　中华传统管理思想

第三章 《易经》的管理思想

本章提要

本章的第一节介绍《易经》对中华文化的影响、《易经》的基本原理及与现代科学的联系。第二节探讨《易经》的管理智慧，包括天行有道和君子修德，以及尚变、贵中、趋时三大管理原理。

重点难点

本章的重点是理解《易经》的基本原理；难点是掌握并运用包括尚变、贵中、趋时三大管理原理方面的管理智慧。

引导案例

孔子韦编三绝的故事

孔子是春秋末期的思想家、政治家，是儒家学派的创始人，先世系宋国贵族，多才多艺，学识渊博。孔子幼年丧父，家境贫寒，没能受到良好的教育，只能通过自学来获得知识。他从十五岁开始立志为学，因为没有人教，在学习上碰到难题就多方请教。他不耻下问，请教过做官的人，请教过普通老百姓，请教过白发苍苍的老人，也请教过头上梳着小辫儿的儿童。孔子虚心好学，学无常师，三十岁时便成为当地较有名气的学者。

那时还没有纸张，制作书籍的材料主要是竹子。一般是把竹子削成一片一片的竹签，刮去上面的青皮，用火烘干后在上面刻字，称为"竹简"。竹简有一定的长度和宽度，一根竹简只能写一行字，多则几十个，少则八九个。写成一部书要用许多竹简，书的内容全部写上去以后，要用牢固的牛皮绳子把这些竹片按顺序编连起来，就可以阅读了，这样的过程就叫作"韦编"。由于一片竹简只能写很少的字，如果一部书的字数很多的话，就需要大量竹片。像《易经》这样的书籍，自然是由许许多多竹简编连起来的，因此相当沉重。

《易经》是很难读懂的一部古书，孔子到了晚年才开始研究《易经》，他下了很大的功夫，才把它全部读了一遍，也只是基本了解它大概的内容。接着，他又读了第二遍，掌握了它的基本要点。然后，他又读第三遍，对其中的精神、实质有了比较透彻的理解。此后，为了深入研究这部书，同时也为了给弟子们讲解，他不知翻阅了多少遍《易经》，这样读来读去，把串联竹简的牛皮带子磨断了好几次，不得不换上新的再读。这就是孔子读《易经》韦编三绝的故事，尽管读到了这样的地步，孔子还是谦虚地说："假如我能多活几年，我就可以完全理解《易经》的文字与内容了。"

资料来源：

司马迁：《史记（点校本二十四史修订本）》，中华书局，2013，第 2346 页。

思考题

1. 关于《易经》及易学，你目前有什么了解？
2. 从孔子韦编三绝的故事中，你能体会到《易经》的神奇之处吗？

第一节 《易经》的大道原理

一 《易经》简介①

在中国传统文化中，《易经》是一部神奇的古书，包括 64 卦、384 爻、卦辞、爻辞等，而《易传》由解释《易经》的 10 篇文章组成。马克思主义认为，人类既可以认识世界并探索客观规律，又能运用客观规律为人类服务。以此探究中华民族的周易文化，可知此言不虚。中华民族先知先觉的古代圣王经过仰观俯察和反复思索，渐悟出"阴阳八卦"这套世界观，并逐步形成《易经》这部典籍，进而教导世人法天象地、自我管理，以便更好地生存、发展。

---

① 任犀然：《图文全解〈易经〉的智慧》，中国华侨出版社，2013，第 2~8 页。

追溯历史可知，在先民聚居的时代，人们为了获取生活资料不得不积极探索外部世界，逐渐基于事物的表征特性和群体的约定俗成，创制出一些符号文字。例如，最基本的符号阳爻"—"和阴爻"– –"，便是描摹苍茫一色的天和水陆相分之景，或是象征阳刚和阴柔之性。再如，为了代表天、地、雷、风、水、火、山、泽这8种自然事物，古人把阴爻"– –"与阳爻"—"予以组合，创生出基本的8个经卦，即乾、坤、震、巽、坎、离、艮、兑。从本质来看，先民观物取象而创阴阳八卦的活动，是一种典型的文化生产过程。

《易经》诠释了天地宇宙、自然万物、社会人生等各方面的运动、发展、变化的基本法则与规律，内含博大精深的辩证哲学，是中华文明最古老的经典之一，为道、儒、墨、法、兵、纵横等诸子百家共同尊奉，堪称中华文明、中华文化之源。[1]

二 《易经》的影响

《易经》包括《连山》《归藏》《周易》三部易书，其中《连山》和《归藏》已经失传，现存于世的只有《周易》。《易经》被誉为"群经之首，大道之源"，蕴含着朴素深刻的自然法则及和谐辩证思想，是一部对中华文明的政治、经济、军事、文化（天文、地理、文学、历史、数学、中医、武术、音律、美术、戏剧等）各方面都产生深远影响的经典。《周易》在中华文明里举足轻重，其许多理念对中华文化的发展影响深远。深入分析易道可以发现周易文化之所以备受赞誉，是因为它不光取象比类描摹出含摄万物的宇宙图景，还通过为世人指明经世致用的价值取向，构建起一套自我管理、福慧兼具的修身模式。可以说，由《易经》和《易传》及后人的阐释体系共同构成的易学，既由义理的创新整合孕育出高明的哲学思想，又经象数的嬗变传播衍生出丰富的实践价值。

《周易》书中图画与文字相结合，充满玄妙神秘的色彩，至今很多内容还未被完全解读，但已被解读的部分能很好地诠释古今中外人类文明发展的方方面面，因此，学习和研究《易经》也需要结合社会发展、科技进步，与时俱进。

---

[1] 吕嘉戈：《〈易经〉——中华文明的源头》，《当代思潮》1998年第1期。

三 易理——易的含义

古代易学家根据对易道的理解，曾经提出了"易一名而含三义"的说法，即谓易含有变易、不易、简易三层意义。变易是指一阴一阳的变化；不易是指变易中自有不易不理，变化的是现象，不变的是规律；简易是指这种易道简单平易，易知易从，并不难以掌握。在这三层含义中，简易之道最为重要。这种简易之道也叫乾坤之道、天地之道。华夏先哲在《易传》中认为，凡人只要通晓宇宙天地间的阴阳变易规律，便有望获得"大人"的境界。

夫"大人"者，与天地合其德，与日月合其明，与四时合其序，与鬼神合其吉凶，先天而天弗违，后天而奉天时。这种"大人"的境界，能令世人将变易复杂的现象化繁为简，以高明智慧彻见稳固不易的本质。达此境界的方法其实也很简单，主要就是学习运用《易经》的阴阳八卦这个符号系统，探微天地万物的客观规律，指导自我身心的管理调适。可见，在历史上，中华民族倾向于把人、自然和社会看成一个相互联系、相互贯通的有机整体，并注重从整体性的角度来考察和认识人与自然、人与社会、人与人的内在关系。① 因此，《周易》哲学的核心是人生智慧，追求天人和谐，以及人与社会的人际和谐。

四 《易经》中关于万物的演变规律

易是变化的意思，《易经》讲述宇宙万物和人类社会的变易法则，以及事物发展、运动和变化的规律。

宇宙间的一切事物和现象都包含着阴和阳，以及表与里的两面。它们之间既互相对立斗争又相互滋生依存，这是物质世界的一般规律，是众多事物的纲领和由来，也是事物产生与毁灭的根由所在。

天地之道，以阴阳二气造化万物。天地、日月、雷电、风雨、四时，以及雄雌、刚柔、动静、显敛，还有高低、上下、前后、善恶等，万事万物，莫不分阴阳。人生之理，以阴阳二气长养百骸。经络、骨肉、腹背、五脏、六腑，乃至七损八益，一身之内，莫不合阴阳之理。

---

① 李伟：《习近平新时代中国特色社会主义思想的传统文化蕴涵》，《理论学刊》2019 年第 5 期。

易有太极，是生两仪，两仪生四象，四象生八卦。世间万物都由阴阳太极而生，太极衍化而出四象，而从四象中又变化出八卦，即万事万物都符合统一的道理——在矛盾斗争中产生、发展，这正与马克思的唯物辩证法相契合。

乾为天，坤为地，坎为水，离为火，震为雷，艮为山，巽为风，兑为泽。八卦象征天、地、雷、风、水、火、山、泽八种自然现象，以推测自然和社会的变化。《周易》认为阴、阳两种势力的相互作用是产生万物的根源，是事物发展、运动、变化的最根本原因。《易经》之道诠释了天地万物和社会人生运动、发展、变化的规律，它是中华民族传统文化之一，是中华民族伟大智慧的结晶。

五 《易经》的自然科学性

八卦作为《易经》的基本图像，是上古先王观物取象、思索创新后的成果。在伏羲氏创先天八卦"以通神明之德，以类万物之情"后，周文王又把先天八卦两两相叠变成后天八卦，共计 64 卦 384 爻，描述 64 种天地、人生的场景、现象和 384 种发展阶段特征，并描述它们之间的相互关系及其运动、发展、变化的规律，其中蕴含了宇宙、社会、人生的深刻哲理，涵盖人文、自然和管理科学，包容了现代生活所需要的指导理念。可以说，这 64 卦的卦辞和 384 爻的爻辞已经把宇宙万事万物的发展和变化都包含、穷尽了，并隐含着解释宇宙万事万物发展规律的密码。

1. 八卦与二进制

现代计算机技术的二进制就来自阴爻、阳爻的进位制。1703 年，德国的莱布尼茨受八卦的启示，发明了二进制，为计算机科学奠定了基础。莱布尼茨将二进制看作"宇宙语言"，但他的二进制系统却无法与后天八卦图建立联系，他只好得出这样一个结论：八卦图的内涵远非二进制数系可以完全模拟。莱布尼茨二进制的伟大意义，则被现代飞跃式发展的计算机科学和互联网络证实——它们的信息处理和传输，运用的正是二进制的表示和算法。

2. 八卦与工程力学原理

这里我们以工程力学中一些最基础的原理为例，浅析其与阴阳八卦的相通性。

（1）作用力和反作用力。一物体对另一物体有一作用力时，另一物体对此物体必有一反作用力。这两个力大小相等、方向相反，且分别作用在两个物体上，如图 3-1 所示。

图 3-1　作用力与反作用力

（2）力偶。作用于同一物体上的一对大小相等、方向相反，但不共线的平行力称为力偶，如图 3-2 所示。

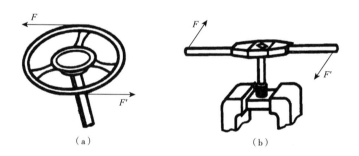

（a）　　　　　　　　　　　　（b）

图 3-2　力偶的概念

（3）应力。物体出于外因（受力、湿度、温度场变化等）而变形时，在物体内各部分之间产生大小相等、方向相反、相互作用的内力，以抵抗这种外因的作用，并试图使物体从变形后的位置恢复到变形前的位置，在所考察的截面某一点单位面积上的内力称为应力，如图 3-3 所示。

（4）剪力。剪力又称剪切力，剪切是指在一对相距很近、大小相同、指向相反的横向外力（即垂直于作用面的力）作用下，材料的横截面沿该

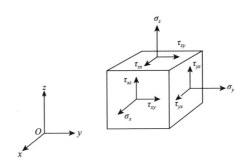

图 3-3 应力的概念

外力作用方向发生的相对错动变形现象。能够使材料产生剪切变形的力称为剪力或剪切力，如图 3-4 所示。

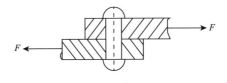

图 3-4 剪力的概念

从上述工程力学最基础的概念的原理分析，结合《易经》中的阴阳对立、阴阳转化、阴阳互补原理进行比较，可以看出它们之间有颇多相似之处。

3. 阴阳互补理论与量子物理学

阴阳互补理论与最新的量子物理学有颇多相同的地方。著名量子物理学家玻尔在 1927 年建立了互补原理，引起世界轰动。当他在 1936 年到中国讲学见到《易经》太极图时，他认为中国古代的阴阳八卦和老子的《道德经》便是互补性原理的最好佐证。他还用太极图阴阳鱼图案装饰他的族徽，以《周易》的阴阳互补性符号来表征其互补性原理。[1]

---

[1] 林方直：《互补原理与文学人物互补及作者分身》，《内蒙古大学学报》（哲学社会科学版）2015 年第 1 期。

量子叠加：量子有多个可能状态的叠加态，只有在被观测或测量时，才会随机地呈现某种确定的状态，因此，对物质的测量意味着扰动，会改变被测量物质的状态。

量子纠缠：两个纠缠在一起的粒子就像有心电感应的双胞胎，不管两个人的距离有多远，当哥哥的状态发生变化时，弟弟的状态也跟着发生一样的变化。两个处于纠缠状态的粒子无论相距多远，都能感应对方状态，爱因斯坦称之为"幽灵般的超距作用"。

上述量子叠加、量子纠缠的原理与《易经》的阴阳对立、阴阳互补、阴阳转换之道异曲同工。

4. 《易经》与宇宙演化之理

现代科学界主流的思想认为，约138亿年前，极小体积、极高密度、极高温度的奇点突然爆炸形成了宇宙，并且直到今天，这一爆炸都在持续进行，宇宙也一直在演化。《易经》认为，易有太极，是生两仪，两仪生四象，四象生八卦。如果把太极理解为宇宙大爆炸时的奇点，那么由于宇宙万物都是由阴阳太极而生，太极衍化而出四象，而从四象中又变化出八卦，即万事万物都有统一的道理，这就与宇宙大爆炸与演化的原理相合。

六 《易经》的社会科学性

依《周易》来看，整个客观世界由阴阳两大势力组成，处于普遍的联系之中，是一个一体化的大系统，表现为大化流行的动态过程，生生不已、变化日新，其内在的动力机制则是阴与阳的协调并济、相反相成。阳之性为刚健，阴之性为柔顺；阳之功能为创生，阴之功能为成全；阳居于领导的地位，阴居于从属的地位，此二者的关系，既对立又统一，相互依存、彼此感应，由此而形成"天地交泰"，这就是宇宙的和谐、自然的和谐。

《系辞》指出，"乾以易知，坤以简能。易则易知，简则易从。易知则有亲，易从则有功。有亲则可久，有功则可大"[1]，认为乾坤两卦反映了阳性势力和阴性势力在万物化生过程中所起的两种不同的作用。阳性势力主宰万物的创始，阴性势力配合完成，此二者既对立又统一，既相反又相成，相互依赖，缺一不可，只要掌握了简易的原则，理解了乾坤两卦的底蕴，

---

[1] 王效平：《周易》，蓝天出版社，2006，第392页。

就可以突出主旨，抓住要领，懂得天地之间的变易无非是一阴一阳的变化。把这种认知运用于管理实践，可以使人亲近效法，建功立业，发挥主观能动性。

对于乾坤阴阳，两大势力在运动过程中形成了对立，其行为方式必然相反，阳之性为刚健，阴之性为柔顺，彼此排斥。有了排斥，就避免不了产生摩擦、矛盾和冲突。

正是由于这种对立面的摩擦、矛盾和冲突，于是有盈有虚、有作有息、有屈有伸，从而形成了万事万物的种种衰旺死生现象。但是，这种对立和斗争并不以一方消灭另一方作为最终的结局，而是相反相成、协调配合，在一阴一阳相互推移激荡的过程中，趋向于和解，使整个世界焕发出蓬勃生机。

总之，《易经》概括起来就是一句话：世间万物，大道相通，大道至简，阴阳相对。

第二节 《易经》的管理智慧

《易经》的卦象中蕴含着丰富的管理文化，本书从天行有道、君子修德的角度，选取有代表性的四个卦象来研读其中的管理智慧。①

一 天行有道

1. 乾卦

乾：元亨，利贞。

初九：潜龙勿用。

九二：见龙在田，利见大人。

九三：君子终日乾乾，夕惕若厉，无咎。

九四：或跃在渊，无咎。

九五：飞龙在天，利见大人。

上九：亢龙，有悔。

用九：见群龙无首，吉。

---

① 姬昌：《周易大全》，华文出版社，2009，第28~46、98~102、321~325页。

《彖》曰：大哉乾元！万物资始，乃统天。云行雨施，品物流形。大明终始，六位时成。时乘六龙以御天。乾道变化，各正性命。保合大和，乃利贞。首出庶物，万国咸宁。

《象》曰：天行健，君子以自强不息。

该卦的卦辞是说，乾卦象征天，具有万物创始的伟大根元，亨通顺利，祥和有益，贞正坚固。《象》也解释说，日月星辰，天道的运行刚健有力，君子也应坚强振作，不断努力。

乾卦告诫人们对宇宙自然应敬畏、尊重，追求天人合一，要自强不息才能生存、发展，不要迷信神力。

2. 坤卦

坤：元亨，利牝马之贞。君子有攸往，先迷，后得主，利。西南得朋，东北丧朋。安贞吉。

《彖》曰：至哉坤元，万物资生，乃顺承天。坤厚载物，德合无疆。含弘光大，品物咸亨。牝马地类，行地无疆，柔顺利贞。君子攸行，先迷失道，后顺得常。西南得朋，乃与类行；东北丧朋，乃终有庆。安贞之吉，应地无疆。

《象》曰：地势坤，君子以厚德载物。

该卦的卦辞是说，坤卦象征地，具有伟大的、元始亨通的德行，如同雌马一样守持正固。君子有所往求，如果遇事争先居首则会迷失方向，如果跟随人后，就会找到主人，因而获得利益。只要安顺地坚守正固，就会吉祥。《象》也解释说，坤象征地，地的特点是顺从、宽厚。大地地势顺天而行，君子应效法大地，凭着宽厚的德行来容载万物。这一卦象告诫人们遵循客观规律办事的重要性，而宽厚为怀则是做人的基础。

二　君子修德

1. 谦卦

谦：亨，君子有终。

《彖》曰：谦亨，天道下济而光明，地道卑而上行。天道亏盈而益谦，地道变盈而流谦，鬼神害盈而福谦，人道恶盈而好谦。谦尊而光，卑而不可逾，君子之终也。

《象》曰：地中有山，谦；君子以哀多益寡，称物平施。

该卦的卦辞是说，谦卦象征谦虚卑退之意，有谦德之君子万事皆亨通，而且行谦有始有终。《彖》说，谦逊，亨通顺利。天的规律是阳气下降救济万物而天体愈见光明，地的规律是阴气从低处源源上升。天的规律是使满盈亏损，使谦虚得到增益；地的规律是改变满盈，充实谦虚；鬼神的规律是加害满盈，降福谦虚；人的规律是憎恶满盈而喜好谦虚。谦逊者居尊位而自身愈加光大，下处卑贱时，常人亦难超越，只有君子能够自始至终保持谦逊的美德。《象》也解释说，上坤下艮，高山隐藏在地下，象征谦逊；君子效法此德，减损多余的而增益缺欠的。该卦中的"初六"爻辞"谦谦君子。用涉大川，吉"，意思是，注意谦虚的君子，可以涉越大江大河，吉祥。谦卦是64卦中唯一一个每个爻都是吉利的卦象，从中可以看到谦卑是最有益的为人处世之道。

2. 涣卦

涣：亨，王假有庙，利涉大川，利贞。

《彖》曰：涣亨，刚来而不穷，柔得位乎外，而上同。王假有庙，王乃在中也。利涉大川，乘木有功也。

《象》曰：风行水上，涣；先王以享于帝，立庙。

该卦的卦辞是说，涣卦象征涣散，亨通顺利，君王以至诚之心到宗庙祈祷保有庙祭，利于涉越江河巨流，利于坚守正固。《彖》说，涣散，亨通顺利。阳刚前来居阴柔之中而不致穷困，阴柔获得外卦之正位并与阳刚同德同心。"君王以至诚之心到宗庙祈祷保有庙祭"说明君王居众人之正中，"利于涉越江河巨流"说明乘着木舟而得风助必有渡济之功。《象》也解释说，风行水上，象征涣散。先代君王体察于此，因此祭祀上天，建立宗庙，以归系人心。该卦中的"六四"爻辞"涣其群，元吉。涣有丘，匪夷所思"，意思是说，涣散小团体，十分吉利。涣散的人群聚集起来形成像山丘一样巨大的力量，不是平常人想象到的。它喻指，我们应该放弃狭隘的小团体思想，联合更多的人去实现组织共同的目标。

三 《易经》的重要思想

在《易经》诠释的天地宇宙、万事万物运动、发展、变化规律当中，有三个基本原理对现代管理特别具有借鉴意义：一是尚变；二是贵中；三是趋时。

1. 尚变

《易经》特别推崇变，唯变所适，易穷则变，变则通，通则久。事物发展到极点，就叫作穷；事物发展到极点，那么可能就要发生变化；发生了变化，进行了变革，事物就通达顺畅了。它的思想基础是物极必反。《易经》提醒我们要有忧患意识，应当居安思危，安而不忘危，存而不忘亡。只有这样，人们才能身安、家齐，国家可保。历代的思想家、改革家，像王安石变法，张居正改革，魏源、龚自珍强调变法，康有为、谭嗣同的戊戌变法，都深受《易经》当中变通思想的影响。

2. 贵中

《易经》告诉我们要有忧患意识，要居安思危，思则有备，有备无患。那么，具体如何去做才能使我们的社会不断地前进，而不是走向衰落呢？对此，《易经》提出了两个原则，其中一个就是贵中，强调中和。

中与和是连在一起的，不中就不能和，中是和的必要条件。在《易经》当中特别强调"中"，一般来说处在中爻的，是上卦的第五爻、下卦的第二爻，大部分都是吉利的。如果既处在中爻，同时又是阳爻处在阳位，阴爻处在阴位，如阳爻处在五的位置，阴爻处在二的位置，这就是既中又正，它强调中正。例如，豫卦的六二爻辞："介于石，不终日。贞吉。"这句话的意思是，耿介如石，坚刚如石。做事情不要等到天黑，发现了事物苗头马上就去做，这样做是吉利的。为什么坚持耿介会吉利？是因为这一爻的中正位置，《象》解释为"不终日贞吉，以中正也"，既中又正。

3. 趋时

"趋时"是《易经》中的一个非常系统的理论观念，强调时机未到时要待时而动。《易经》指出，"君子藏器于身，待时而动，何不利之有"。把器具打磨精良，引而不发，等待时机。用现在的话来解释，就是要做好充分的准备，一旦时机成熟，就要坚定果敢，立即行动，就会取得非常大的成就，这就是待时而动。"与时俱进"在《易经》中出现了三次。乾卦的《文言传》讲，"终日乾乾，与时偕行"意指白天奋勉努力，从不懈怠，到了晚上就应该安闲休息。损卦中有"损益盈虚，与时偕行"。益卦则提到"凡益之道，与时偕行"。无论是减损还是增加，盈满还是亏缺，都应该根据不同的时机采取不同的措施。艮卦又讲，要"时止则止，时行则行，动静不失其时，其道光明"，也就是说不管待时而动也好，还是与时偕行也好，与时俱进也好，都应该以不失时机作为一个基本的准则。我们做什么事情，既要有所为，也要有所不为。中国古人讲"知止"，当然是从道德的角度讲，要"止于至善"，可是如果我们把它引申开来，从《周易》这一段话我们可以看到，它不仅仅是一个道德上的止于至善，而且你的事业、工作，以及所开拓的各个方面的东西，是不是可以到此为止，另谋新路？这恐怕是现实社会当中很重要的一个考验，也是很重要的一个思维。这是讲时机未到要待时而动，时机已到，要与时俱进。那么，如果时机变了，时机、时运、时势发生了变化，《易经》认为就应该"趋时"，就要"变通"，"变通趋时"就是紧紧追随时势的发展，抓住新的恰当的机遇。放到当今社会环境中，无论是个人工作还是国家发展，趋时都是很重要的一个考验，也是很重要的一个思维。

四 《易经》管理思想的现代意义与价值

有文字记录的《易经》虽然与我们相隔了三千多年，但从各种不同的角度来讲，它依然适用于当今不断发展变化的社会，理解当中的观念对我们每一个人来说都有积极的影响。

在当今世界上，存在一系列冲突。就全球范围而言，有各种文明之间的冲突，也有各个地区之间的冲突。就一个国家的内部而言，有个体与群体之间的冲突，也有不同利益集团之间的冲突。

至于解决这些冲突的方法，可以有两种不同的选择：一种是立足于斗争，把冲突的双方看成二元对立，采取激烈斗争的方法，进行强制性的控制，建立单向度的统治与服从的关系；另一种是立足于和谐，清醒地面对现实，对冲突的根源做出理性的分析，同时采取求同存异的方法，进行双向互动的批判调整，尽可能地化解矛盾，增强共识，把冲突的双方纳入一种相反相成的关系之中，使之并行不悖、协调发展。从古今中外人类所积累的大量实践经验来看，前一种方法并不能有效地解决冲突，只能使之更加激化，而后一种方法才是正确的选择。

《易经》的阴阳哲学围绕着太和的核心思想进行了系统的研究，提出了立足于和谐的解决冲突的方法，凝聚了丰富的智慧，其虽然形成于古代，在现代仍然具有强大的生命力和普遍的指导意义。中国人受《易经》影响形成的管理文化，为新时代中国建设社会主义强国、应对国际挑战、推进

"一带一路"建设和打造人类命运共同体创造了良好的精神环境，并积累了丰富的管理智慧。

管理案例分析

天行健，君子以自强不息——毛泽东与新中国工业化的奠基

毛泽东对中国 20 世纪 50 年代初落后程度的描述："现在我们能造什么？能造桌子椅子，能造茶碗茶壶，能种粮食，还能磨成面粉，还能造纸，但是，一辆汽车、一架飞机、一辆坦克、一辆拖拉机都不能造。"[①] 在当时这样一个落后的农业国，如何实现工业化？如何建立一个以大工业为基础的新中国？这成为以毛泽东为核心的中央领导层思考的重要问题。在建设新中国的过程中，毛泽东在关键时刻对国家工业化目标的把握和符合中国实际的创造，主要表现在三个方面。

第一，经过深刻的社会变革，建立起社会主义基本制度，为优先发展重工业化提供必要的财力、物力和人力。毛泽东有以下概括："重点是用一切方法挤出钱来建设重工业和国防工业。"[②] 在社会主义改造的过程中，中国实行了计划经济体制和对粮食等主要农产品的统购统销政策。计划经济体制和统购统销政策在当时起了重要作用，不仅稳定了市场，而且基本满足了工业化建设对大宗粮食的需要。还应看到，在"一五"计划期间，优先发展重工业，主要体现在重点建设苏联援建的 156 项骨干工程。这些重点工程项目的建成，不仅为工业化打下冶金和制造业的基础，增强了国防实力，而且为中国建立比较完整的基础工业体系和国防工业体系奠定了重要基础。

第二，独立自主地探索中国工业化道路，为后来形成中国特色社会主义道路提供了思想积累。"一五"计划时期中国以苏联为榜样，同时也注意从中国实际出发，探索中国的工业化道路。在苏联模式暴露出一些问题后，毛泽东明确提出"以苏为鉴"、走自己的路。在这个过程中，毛泽东对中国

---

① 《毛泽东文集》第 6 卷，人民出版社，1999，第 329 页。
② 《中共中央文件选集（一九四九年十月～一九六六年五月）》第 7 册，人民出版社，2013，第 297 页。

工业化道路提出了一些重要思想，如要从中国是一个农业大国的实际出发，坚持以农业为基础、以工业为主导，发展工业和发展农业同时并举；在优先发展重工业的同时，对国民经济各部门进行统筹兼顾、全面安排，实现各部门之间的综合平衡，使国民经济有计划按比例地协调发展。

第三，中华人民共和国成立后，面对帝国主义的经济封锁，以及中国与世界大国存在的巨大差距，以毛泽东同志为核心的党中央始终坚持独立自主、自力更生的方针。在工业化建设上，毛泽东不仅确定优先发展重工业，而且提出建立"独立完整的工业体系"。他说："没有完整的工业体系，怎么能说有了社会主义工业化的巩固基础？"① 因此，建立独立完整的工业体系成为中华人民共和国这一时期的奋斗目标。建立独立完整的工业体系，并不等于闭关自守、盲目排外。根据国际形势的发展变化，这一时期中国先后三次从苏联、西方资本主义国家引进技术设备。对外引进使中国学习、吸收了国外先进的技术、工艺和管理经验，为中国经济的发展打下了重要基础。

20世纪60年代初期，在复杂的国际环境中，以毛泽东同志为核心的党中央领导人民团结一致、艰苦奋斗，在全国凝聚起不甘落后、奋发图强的力量。在工业战线，出现了大庆油田这样的典型。以王进喜为代表的石油人在一片荒原上风餐露宿，终于打出石油，使国家摘掉了"贫油"的帽子。在科技战线，出现了以钱学森、邓稼先、王淦昌等一批在海外卓有建树的科学家，他们放弃国外优越的科研条件和物质待遇回到国内，在戈壁高原上隐姓埋名，默默无闻地为国防尖端科技事业做贡献。在这些为了国家富强而甘于吃苦、乐于奉献的农民、工人、知识分子身上，体现出毛泽东时代中国人特有的精神风貌。英国陆军元帅蒙哥马利在两次访问中国后说："毛泽东是个了不起的人物，他建设了一个统一的、人人献身和有目的感的国家。他的人民正在进行一场伟大的奋发图强的社会主义建设事业。有些成就已经可以让全世界震惊。"

回顾这一时期中国人的精神风貌，可以说，是毛泽东以为国为民的大情怀和变农业国为工业国的大目标，影响了几亿中国人，形成了全国上下

---

① 中华人民共和国国史学会编《毛泽东读社会主义政治经济学批注和谈话》，中国社会科学出版社，1998，第204页。

万众一心、奋发图强的精神，这是毛泽东时代中国人特有的精神风貌，也是中华民族数千年来"天行健，君子以自强不息"精神的时代写照。

资料来源：

张化：《毛泽东与新中国工业化的奠基》，中国共产党和文献研究院，https：//www.dswxyjy.org.cn/n/2014/0815/c218997-25475431.html。

复习思考题

1. 对《易经》和马克思唯物辩证法做比较分析，谈一谈你对世界万物运动、发展、变化规律的认识。

2. 介绍你对《易经》中"大道相通，大道至简，阴阳对立"哲学思想的认识和理解，并谈一谈如何有效地应用到今后的管理工作中去。

3. 介绍你对乾卦卦辞的理解和认识，并谈谈如何才能有效地应用到今后的管理实践中。

4. 介绍你对谦卦卦辞的理解和认识，并谈谈如何才能有效地应用到今后的管理实践中。

5. 介绍你对涣卦卦辞的理解和认识，并谈谈如何才能有效地应用到今后的管理实践中。

第四章　道家、儒家的管理思想

本章提要

　　本章主要介绍道家、儒家的管理思想，从引导案例——《孔子和老子的对话，流传百世的千古智慧》入手，首先介绍道家、老子的管理思想和庄子的管理思想；其次进行儒家概述，介绍孔子、孟子的管理思想及宋明理学。通过管理案例分析，展示道家管理智慧中的辩证思维、儒家管理智慧中的中庸之道。

重点难点

　　本章的重点是既要把握好道家、儒家管理思想的精髓，又要注意区分两者的不同，两者的学习都是重点。难点是道家思想比较缥缈，哲理深刻，需要结合实践多思考、多总结才会不断取得进步；而儒家思想中的中庸之道用在适度管理方面，如何把握这个"适度"也是一个难点。

引导案例

孔子和老子的对话，流传百世的千古智慧

　　老子送别孔子，赠言道："吾闻之，富贵者送人以财，仁义者送人以言。吾不富不贵，无财以送汝，愿以数言相送。当今之世，聪明而深察者，其所以遇难而几至于死，在于好讥人之非也；善辩而通达者，其所以招祸而屡至于身，在于好扬人之恶也。为人之子，勿以己为高；为人之臣，勿以己为上，望汝切记。"孔子顿首道："弟子一定谨记在心！"

　　老子道："天地无人推而自行，日月无人燃而自明，星辰无人列而自序，禽兽无人造而自生，此乃自然为之也，何劳人乎？人之所以生、所以无、所以荣、所以辱，皆有自然之理、自然之道也。顺自然之理而趋，

遵自然之道而行，国则自治，人则自正，何须津津于礼乐而倡仁义哉？津津于礼乐而倡仁义，则违人之本性远矣！犹如人击鼓寻求逃跑之人，击之愈响，则人逃跑得愈远矣！"

老子手指浩浩黄河，对孔子说："汝何不学水之大德？"

孔子曰："水有何德？"

老子道："上善若水：水善利万物而不争，处众人之所恶，此乃谦下之德也；故江海所以能为百谷王者，以其善下之，则能为百谷王。天下莫柔弱于水，而攻坚强者莫之能胜，此乃柔德也；故柔之胜刚，弱之胜强坚。因其无有，故能入于无间，由此可知不言之教、无为之益也。"

孔子闻言，恍然大悟道："先生此言，使我顿开茅塞也：众人处上，水独处下；众人处易，水独处险；众人处洁，水独处秽。所处尽人之所恶，夫谁与之争乎？此所以为上善也。"

老子点头说："与世无争，则天下无人能与之争，此乃效法水德也。水几于道：道无所不在，水无所不利，避高趋下，未尝有所逆，善处地也；空处湛静，深不可测，善为渊也；损而不竭，施不求报，善为仁也；圆必旋，方必折，塞必止，决必流，善守信也；洗涤群秽，平准高下，善治物也；以载则浮，以鉴则清，以攻则坚强莫能敌，善用能也；不舍昼夜，盈科后进，善待时也。故圣者随时而行，贤者应事而变；智者无为而治，达者顺天而生。汝此去后，应去骄气于言表，除志欲于容貌。否则，人未至而声已闻，体未至而风已动，张张扬扬，如虎行于大街，谁敢用你？"

孔子道："先生之言，出自肺腑而入弟子之心脾，弟子受益匪浅，终生难忘。弟子将遵奉不怠，以谢先生之恩。"说完，他依依不舍地告别老子。

据说孔子回到鲁国，众弟子问道："先生拜访老子，可得见乎？"

孔子道："见之！"

弟子问："老子何样？"

孔子道："鸟，吾知它能飞；鱼，吾知它能游；兽，吾知它能走。走者可用网缚之，游者可用钩钓之，飞者可用箭取之，至于龙，吾不知其何以？龙乘风云而上九天也！吾所见老子也，其犹龙乎？学识渊深而莫测，志趣高邈而难知；如蛇之随时屈伸，如龙之应时变化。老聃，真吾师也！"

孔子晚年思想受老子影响，专心著书育人，思想转向中庸，但他的著作多为其弟子整理其言其行所著，其倡导仁与礼的核心思想依然没有改变。

这也为传统管理思想发展提供了坚实的理论基础和方向指引。

资料来源：

冯之浚：《老子赠言孔子》，《科学学与科学技术管理》2001 年第 10 期。

司马迁：《史记（点校本二十四史修订木）》，中华书局，2013、第 2604～2605 页。

第一节　道家的管理思想

一　道家概述

道家是中国古代重要的思想流派，最早可追溯到上古时期。春秋时，老子集古圣先贤之大智慧，总结了古老的道家思想的精华，形成了道家完整的系统理论。其学说以道为最高哲学范畴，认为道是世界的最高真理，道是宇宙万物的本原，道是宇宙万物赖以生存的依据。

道家以"道"为核心，认为天道无为，主张道法自然，提出无为而治、知雌守雄、以柔克刚、刚柔并济等政治、军事、处世策略，具有朴素的辩证思维，对中国乃至世界的意识形态都产生了巨大的影响。

道家学说以老庄自然天道观为主，强调人们在思想、行为上应效法道的"生而不有，为而不恃，长而不宰"。政治上主张无为而治，"不尚贤，使民不争"。伦理上主张绝仁弃义，以为"夫礼者，忠信之薄而乱之首"。其后，道家思想与名家、法家相结合，成为黄老之学，为汉初统治者所重。到汉武帝独尊儒术，黄老之学渐衰。同时，道家思想流入民间，对东汉末年农民起义运动中道教思想的产生有所影响。魏晋间玄学盛行，促成儒、道融合。佛学传入中国后，佛教徒用老庄诠释佛典，又有释、道合流之势。宋明理学家力倡儒家道统，佛、老并斥，但对道家思想仍有某些吸收。道家思想对中国政治、思想、科技、文化、艺术等方面，都有深刻影响，是中国传统文化中的重要组成部分。道家主张如下的管理原则。

1. "道法自然"，管理应该符合科学规律

任何事物都有一定的规律性，管理也是一样，科学管理是管理绩效的源泉，有助于提高组织的创新能力和竞争力，有助于员工素质的提高。在

组织管理过程中，只有充分重视科学管理，全面引入科学的方式方法，努力提升科学管理的思维理念，把握运用好科学，才能增强组织的凝聚力，提高核心竞争力。科学管理首先要遵守法律法规，要充分认识法治思想在加强科学管理中的重要性；其次，要建立健全科学完整的有利于组织加强科学管理的规章制度体系。管理活动最终是要通过员工表现出来的，在管理过程中还要充分发挥员工的作用。

2. 领导者要秉承"无为而治"的管理原则

"无为"在最初的道家思想中是指避免反自然的行动，强调顺应自然规律，因势利导的"无为而治"，实际上是以最少的管理行为取得最大管理效果的科学管理哲学。企业家运用这种理念开展管理工作，可以达到选拔人才、笼络人心、调动下属积极性与主动性的目的。

"无为而治"的管理实际上是一个由"无为"到"无不为"再到"无为"的闭合圈。在此过程中，领导者本身工作素质的影响是无处不在的，要求领导者能扬长避短，防患于未然，即所谓的"四两拨千斤"。最后，领导者通过考核评价，审视最初的规划及运行过程，从而开始新的循环。

3. 领导者要保持清虚自守、知人善任的品质

道家非常强调领导者的表率作用，提出"问能而仕"的用人原则，指出"知人者智"，认为善于用人的领导者是谦虚的，主张顺应自然，尊重人的不同特点，根据人的不同才能、特长任用人。领导者要知人更要自知，要保持清醒的头脑，在成绩面前不骄傲，在挫折面前不气馁。慈、俭、退让是道家三宝，要求领导者"少私寡欲"，保持清虚自守的品质。

4. 以人为本、善用众智的管理原则

道家主张领导者不自以为是，不自大自满，"不自见，故明。不自是，故彰。不自伐，故有功。不自矜，故长"，暗含着以人为本、听取众人意见的思想。人本管理是以人为核心，充分发挥人的主观能动性和创造性的科学管理方式，是组织管理的最高境界。每个员工都有各自的优势和劣势，领导者要善于发现，加以引导，扬长避短，合理利用，让每个员工的优势与潜力都得以充分发挥，为组织发展做出更大的贡献。管理要以人性化为核心，把员工作为组织最重要的资源，为员工科学合理地安排工作，充分

考虑员工的成长和价值提升。①

二 老子的管理思想

老子（约公元前 571～前 471 年），姓李名耳，字伯阳，思想家，道家学派的始祖。相传生活在春秋时期。老子著有《道德经》，他的学说后被庄周发展。道家后人将老子视为宗师，与儒家的孔子相比拟。历代统治者往往"内用黄老，外示儒术"。老子的思想博大精深，涉及管理原则、管理环境、管理策略、管理方法等各个方面，孕育着丰富的管理思想。

老子哲学的最高范畴是"道"，"道"是宇宙的本体，是宇宙间一切事物形成的最终根源，"道生一，一生二，二生三，三生万物"。"无为"是在遵循自然的前提下，有所作为和无所作为的总和。按照自然的规律行事，一切工作就能够通过道的运行，自然而然地功成事遂，这就叫"无为而无不为"。反之，如果人们行事不顺应自然而是凭自己的主观意愿违背自然而强为，那就只会干扰、妨碍"道"的自然运行而导致失败。

1. 无为的管理思想

无为是道家管理哲学的最高原则，它具有以下几个明显的特点。

（1）无为是一个普遍适用于任何管理过程的原则，不论是政治管理、经济管理、军事管理或社会文化管理，概莫能外。

老子反对法令滋彰，认为国家政权为管理人民而制颁的法令规章越多，人们为规避、利用这些法令规章而采取的手段越多，国家为禁制人民而使用的刑罚越繁苛，人们的反抗越强烈，社会也就越乱，越不安宁。"其政察察，其民缺缺""法令滋彰，盗贼多有""民不畏威""民不畏死，奈何以死惧之"。

老子也反对以礼教作为治国手段，认为以德、礼治国、和以政、刑治国，同样是有为。其激烈地抨击"夫礼者，忠信之薄而乱之首""大道废，有仁义"。

（2）无为的原则是适用于一切人的，但首先是对上层统治者尤其是对君主的要求。老子非常强调统治者、领导者自身的倡率作用，这和儒家的风行草偃论近似，即以领导者自身的良好道德修养影响被领导者，以化民从善。

---

① 潘承烈：《中国古代管理思想之今用》，中国人民大学出版社，2003，第 1～34 页。

（3）无为作为一个宏观的管理原则，意味着国家对私人的活动（尤其是经济活动）采取不干预、少干预的态度，也即采取放任的态度。[1]

2. 无为的管理原则

（1）清静。要使管理活动能顺应道之自然，必须首先以清静、持重的态度处事，克服轻率、躁扰的弊病，不看准方向和时机，不采取行动；一旦看准了，就坚定不移地采取行动，不轻易变迁、更改。"清静为天下正""我好静而民自正""重为轻根，静为躁君。轻则失本，躁则失君"。"治大国如烹小鲜"则以极其精练、生动的语言揭示了一个具有普遍性的管理原则：管理的单位范围越大、人数越多、情况越复杂，管理工作就越需要镇定、持重和有条不紊。

（2）寡欲。老子认为多欲和纵欲势必要采取各种手段以求得欲望的满足，这就意味着在经济、技术、文化及政治、军事等方面有为，而君主或统治者的多欲、纵欲必然导致赋税、徭役的增加，导致国家政权的有为。同时，这又将激起百姓的抵制、反抗，而使整个社会陷于纷乱和不宁。老子把"寡欲"看作实现无为之治的一个先决条件，提倡"见素抱朴，少私寡欲""不欲以静，天下将自定"。

（3）下民。老子从春秋时期的剧烈社会变动中认识到："贵以贱为本，高以下为基。"因此，《老子》中提出了统治者、领导者必须"下民"的管理思想，强调"欲上民必以言下之，欲先民必以身后之"，并且以百川归海做比喻，"江海所以能为百谷王者，以其善下之"。

3. 反者道之动，弱者道之用

老子认为事物是运动的，对立着的矛盾双方在斗争中各依一定的条件向自己的对立面转化，强和弱、大和小、先和后、刚和柔等莫不如此。老子把这种认识概括为"反者道之动"。同时，老子还认为，"弱之胜强，柔之胜刚，天下莫不知，莫能行"。他将其概括为"弱者道之用"，包含以下几方面的内容。

（1）"哀者胜"——以弱胜强的基本条件。《老子》中的"哀者"有双重含义：哀痛和哀怜，或者是悲愤和同情。前者指战争中的弱势一方，全军、全民对强敌侵凌一致悲愤，同仇敌忾；后者指它得到交战双方之外的

---

[1] 林语堂：《老子的智慧》，群言出版社，2010，第45~46页。

势力（包括敌国中反对战争的人民）的广泛同情。为了创造这些条件，老子主张：对内要教育群众，使本国军民充分了解自己所进行战争的意义，并憎恨敌人的凶残和不义，从而树立起坚强的决心和信心；要进行艰巨的组织工作，把前方、后方一切物质和精神力量都动员起来，对外要做广泛的宣传工作和外交联络工作，多方争取支持和援助，分化瓦解敌人。只有这样，才能把"哀者胜"由可能的条件变为现实的结果。

（2）"以正治国"——以弱胜强的基础。要想在战争中取胜，国家首先要做好内治工作来增强自己的实力，包括将帅及各级军事干部的选拔、培养、考察，战士的征集、编组、训练，武器和其他军事物资的准备，以及整个国家的政治、经济情况的改善；等等。这些治国、治军的工作，事先做得越充分，国家的战斗实力就越强大。这些治国、治军的工作必须做得非常周密、一丝不苟。《老子》中对"以正治国"的要求很严，不但要求对大事、难事必须十分认真，谨慎地干，对小事、细事和似乎简单、容易的事也不得大意。"图难于其易，为大于其细。天下难事，必作于易；天下大事，必作于细""合抱之木，生于毫末；九层之台，起于累土，千里之行，始于足下"。

（3）"后动制敌"——以弱胜强的战略、策略。老子的"弱用"思想，除了要求"以正治国"外，还要求以奇用兵，即后敌而动、伺机制敌的原则。"用兵有言：吾不敢为主而为客，不敢进寸而退尺"，这里"主"指先发进攻，"客"指后发应战或防御。防御也不是固守阵地同占优势之敌死打硬拼，而是可在强敌进攻下首先撤退，以避免在不利形势下同强敌决战。《老子》以"退尺"为喻，说明退却可以大踏步后退，以便远远甩开敌军。

《老子》的"三宝"："我恒有三宝，持而宝之。一曰慈，二曰俭，三曰不敢为天下先。""不敢为天下先"既然是"三宝"之一，那就是有普遍适用性的，不仅势弱的一方不应争上、抢先，即使是力量较强的、占优势的一方，也能从"居后""处下"中得到更多好处。在君和民的关系中，老子主张君先下民；在国和国的关系中，则主张"大国以下小国"①。

---

① 李聃：《道德经》，乙力注释，三秦出版社，2009，第103页。

三 庄子的管理思想

庄子（约公元前369～前286年），名周，战国时期宋国蒙人，战国中期思想家、哲学家、文学家，道家学派代表人物，与老子并称"老庄"。庄子的核心思想是"道"。庄子在哲学上，继承发展了老子的思想，认为"道"是客观真实的存在，把"道"视为宇宙万物的本源。他认为"道"是无限的，"自本子根""无所不在"的，强调事物的自生自灭，否认有神的主宰。后世道教继承道家学说，经魏晋南北朝的演变，老庄学派取代黄老学派成为道家思想的主流。对于庄子在中国文学史和思想史上的重要贡献，封建帝王尤为重视，把庄子神化，奉之为"神灵"。

1. 朴素的辩证法

庄子的思想包含着朴素辩证法因素。他认为一切事物都处在"无动而不变，无时而不移"中，认为"天下莫大于秋毫之末，而泰山为小；莫寿乎殇子，而彭祖为夭"。庄子的朴素辩证法思想对中国后世哲学、艺术、宗教都产生了深远的影响。

2. 乘物以游心，逍遥游无为

庄子强调"乘物以游心"。"物"即外在的物；"乘"即凭借；"游心"即心游，心灵的自由。外物只是心游的凭借或根据，心游才是最宝贵和关键的，才是目的。《史记·老庄申韩列传》中写道，"楚威王闻庄周贤，使使厚币迎之，许以为相"，庄子不为所动。[①]《庄子·秋水》介绍"惠子相梁，庄子往见之，或谓惠子曰：'庄子来，欲代子相'"[②]，而庄子将卿相之位比作腐鼠。庄子的所作所为、所赞所鄙，都是在赞颂一种自由、自主、自在的精神，都是为了追求一种宁静而又淡泊的精神生活。

"逍遥游"的主体是人的心灵，达到"逍遥游"的境界是庄子所认为的最高人生境界，这时的人就进入一种虚空清澄的状态，感觉好比站在空中俯视众生一样，尽可以遨游天地六合，任意驰骋于宇宙之中，无拘无束、无牵无挂，任何外物都不能扰心，一切外物都可遗弃。这样就实现了心灵与宇宙、人与自然的统一，这样才能进入一种最高深的管理境界，以达到

---

① 司马迁：《史记》，李明亮主编，吉林摄影出版社，2002，第784页。
② 庄周：《庄子》，宁远航译注，陕西师范大学出版社，2010，第249页。

无为而治的功效。

3. 管理之道在基层

《庄子·知北游》中写到，东郭子问于庄子曰："所谓道，恶乎在？"庄子曰："无所不在。"东郭子曰："期而后可。"庄子曰："在蝼蚁。"曰："何其下邪？"曰："在稊稗。"曰："何其愈下邪？"曰："在瓦甓。"曰："何其愈甚邪？"曰："在屎溺。"

这就是庄子名言"道在屎溺"。以道眼观一切物，物物平等，本无大小、高低、贵贱、善恶之分。即使是在最低贱的事物中都有"道"的存在。大道也是同样的道理，道无所不在、无所不周。如果只是从那些光鲜伟大的地方看，不足以体现道，就和猪肚子不能体现猪是否肥一样。只有屎溺这种最卑贱低下之物都能体现道的存在，才能表现出大道无所不在。运用在管理上就是要注重细微，从基层、一线开始，在扁平化管理中体现管理之道。

4. 人皆有管理视野的局限

《庄子·秋水》中写道："井蛙不可以语于海者，拘于虚也；夏虫不可以语于冰者，笃于时也；曲士不可以语于道者，束于教也。"[1] 意思是说，不能和井里面生活的青蛙谈大海是什么样的，因为它受空间限制自己不了解；不能和生命只有一个季节（夏生夏死）的小虫子说冰是什么样的，因为它受限制于时令而不能理解；不能和乡曲之士（孤陋寡闻的人）谈论"道"，因为他受见识的限制而不能理解。

每个人在一个相对的领域、行业、系统中，都有可能是井蛙或夏虫。一个熟悉建筑的人，未必熟悉古典文化的研究；一个生物学家，未必对手机和笔记本电脑具有专业性的了解。不同的人在不同的相对领域中，都在不同程度上扮演着井蛙或夏虫的角色，也就是说人人都有管理视野的局限。

5. 盗亦有道

《庄子·盗跖》讲述了一个故事，相传"盗跖从卒九千人，横行天下，侵暴诸侯"，"所过之邑，大国守城，小国入保"[2]，说的是战国时期有一个大盗名为柳下跖，是柳下惠的弟弟，哥哥为名士，而弟弟为盗首。盗跖武

---

① 庄周：《庄子》，宁远航译注，陕西师范大学出版社，2010，第280页。
② 任思源：《庄子彩图全解译注》，中国华侨出版社，2012，第34页。

艺高强，能言善辩，吸引了很多人主动来投奔他，跟随他的部众有九千余人，而且战斗力极强，锋芒所致，无人能挡，在诸侯国中横行无忌，所过之处，大国紧闭城门，全力防守，小国无奈，只能求友邦大国保护。

盗跖不像战国时期的春申君、孟尝君、信陵君、平原君，这四大公子都是王公贵族，财力雄厚，而盗跖一穷二白，不管饭，还要冒杀头风险去为盗，但是所从之众也声势浩大。那么盗跖何以能拥有这样的领导力？《庄子·胠箧》中做了回答，一天，盗跖的一个徒弟问盗跖曰："盗亦有道乎？"跖曰："何适而无有道邪？夫妄意室中之藏，圣也；入先，勇也；出后，义也；知可否，知也；分均，仁也。五者不备而能成大盗者，天下未之有也。"①

白话过来就是，徒弟问盗跖"盗亦有道吗？"盗跖回答说："怎么没有呢？你能猜中屋内藏什么东西，就是圣明；能带头冲进去，就是勇敢；能最后退出，就是义气；能预计事情是否能成功，就是智慧；能把钱分公平，就是仁爱。天下从来没有这五个方面不具备，而能成大盗的人。"故盗亦有道，盗之道，是圣勇义智仁。联系到今天的管理，可以做如下解读。

第一是圣明，是企业进不进一个行业的判断力，也就是在变幻莫测的环境中，对商机的把握能力，判断往什么方向去，这是战略能力。

第二是带头冲的勇，创业的领导，需要身先士卒、身体力行、以身作则，我们称之为"三身原则"，这是树立威信和凝聚队伍的重要方式。

第三是最后退的义，领导总是做最难的工作，做牺牲最大的准备，扛最重的责任，创业不成，部属跳槽，领导只可能"留守"，义是吸引人才加入的核心。

第四是谋事成事的智，这是运筹帷幄的战术规划分解的能力，不仅有勇还有谋，不仅有战略还有战术执行力，这是打胜仗的基础。

第五是分钱公平的仁，赚钱容易分钱难，钱没分好，要么窝里斗，要么人心散，一个领导分钱要让大家心服口服，一是论功行赏，二是分钱的人最后一个拿钱。

一个企业或组织如果做到战略清晰、上下同心、分配合理、人才涌现、士气高昂，事业就会风生水起。

---

① 任思源：《庄子彩图全解详注》，中国华侨出版社，2012，第113页。

第二节　儒家的管理思想

一　儒家概述

儒家是先秦时期"百家争鸣"中的一个重要学派，其创始人是孔子，另外一个代表人物是孟子。汉代以降，儒家学说一直是国家管理的指导思想，因此历代的思想家、政治家都对儒家管理智慧的发展与实践做出了重要的贡献。宋代儒家学者把《论语》《孟子》《大学》《中庸》合称为"四书"，与"五经"（《诗经》《尚书》《三礼》《易经》《春秋》）并列，成为传统儒学的基本读物。儒家思想的重要来源是周代以前的文物典章制度，其中记录着从传说中的尧舜禹到夏商周三个朝代治理国家的经验教训。因此，儒家思想从一开始就与管理活动结下了不解之缘。先秦儒家的主要代表人物孔子、孟子、荀子均以"治国平天下"为己任，孔子本人还先后担任过从基层官员到国家大臣一系列大大小小的管理职务，他的学生中也有不少人出任当时各诸侯国的各级官吏。因此，在先秦儒家的典籍中，有众多关于"闻政""问政""为政"等管理活动的记录。

儒家管理智慧的基本精神是，以人为本，以德为先，以义为重，以和为贵，以中为用。其内容主要如下。

第一，"为政以德"的管理方式。突出管理活动中的价值取向，重视领导者以身作则的引导作用，兼顾宽严并济的控制手段。

第二，"修己安人"的领导方式。从"修己"——管理者的自我管理，到"安人"——对管理人员的管理，再到"安百姓"——满足民众的需求，循序渐进，融为一体。

第三，"义利合一"的经营方式。主张义以生利、见利思义、取之有义、先义后利、重义轻利，力图解决义与利二者之间的矛盾，把精神价值与物质价值融合起来、统一起来。

二　孔子的管理思想

孔子（公元前 551～前 479 年），名丘，字仲尼，鲁国陬邑（今山东省曲阜市）人，中国古代伟大的思想家、政治家、教育家，儒家学派创始人。

孔子开创私人讲学之风，倡导仁义礼智信。其有弟子三千，其中贤人七十二。孔子曾带领部分弟子周游列国十四年，晚年修订六经（《诗》《书》《礼》《乐》《易》《春秋》）。孔子去世后，其弟子及再传弟子把孔子及其弟子的言行语录和思想记录下来，整理编成《论语》，该书被奉为儒家经典。

孔子是当时社会上最博学者之一，在世时就被尊奉为"天纵之圣""天之木铎"，更被后世统治者尊为孔圣人、至圣、至圣先师、大成至圣文宣王、万世师表。其思想对中国和世界都有深远的影响，被评为"世界十大文化名人"之首。

1. 仁者爱人的民本思想

先秦儒家提倡行仁德之政，如孔子就说过，"因民之所利而利之，斯不亦惠而不费乎""为政以德，譬如北辰，居其所而众星共之"。① 孔子强调管理活动要以民为本，重视人的因素，提倡德治和仁政，主张群体本位而非个体本位，重视团体利益。

管理从某个层面上说，是协调各种矛盾的工作，最基本的是协调人与人之间的各种矛盾。人际关系的协调最重要的是启发人的道德自觉，而达到道德自律。如果人人都具有高尚的道德情操，又能严于律己，人与人之间的矛盾就会减少很多，即使有了冲突和矛盾也容易得到解决。在儒家的若干道德规范中，孔子把"仁"作为最高的道德原则、道德标准和道德境界。他第一个把各种道德规范集于一体，形成了以仁为核心的伦理思想结构，包括孝、忠、恕、礼、知、勇、恭、宽、信、敏、惠等内容。"仁"的内涵很丰富，但它的基本内涵是"爱人"。"爱人"首先要从孝顺父母、尊敬兄长开始。孝悌是实现"仁"的根本，也是塑造人性、建立人性管理模式的开始。仁爱思想是组织管理者必须具有的基本道德素质，是实现组织目标的有效价值选择。

2. 和而不同的人和思想

礼之用，和为贵；君子和而不同，小人同而不和。社会成员间的协调与和睦，不是无原则地苟同与同流合污。"人和"在现代管理中可以理解为组织成员之间通过彼此理解和沟通，建立良好的人际关系，同心协力，完

---

① 孔子：《论语》，张晓林主编，东北师范大学出版社，2010，第16页。

成组织目标。广义上看，"人和"还包括组织与外部环境之间、部门之间协调和平衡。市场条件下，和与争都不可缺少，应和争互补、和争相济。

3. 管理中的中庸之道

仲尼曰："君子中庸，小人反中庸。君子之中庸也，君子而适中；小人反中庸也，小人而无忌惮也。"中庸思想体现孔子认识事物的三分法，即"过""中""不及"，主张要把握住两个极端，而用中庸去引导人们。启发人们认识在管理工作中存在一个度的问题，如用财有度、用人有度、赏罚有度、批评有度、处理人际关系有度等。

4. 管理中的义利观

"义"指礼义道德，"利"指利益和功利。君子喻于义，小人喻于利。君子可以理解为管理者，价值取向应是先义后利，先人后己；对被管理者则是先利，先富之，后教。对人的管理既要重视物质利益，又要重视精神因素。在管理中，就是精神价值认识上的见利思义、行为准则上的取之有义、实际效果上的先义后利，以及价值评判上的义利合一。

5. 管理的信用思想

孔子曰："人而无信，不知其可也。大车无輗，小车无軏，其何以行之哉？"他将人与人之间普遍的诚实和信赖看成维持社会正常运行的基本力量，强调信用的重要作用，认为讲究信用足以教化民众进而形成良好的风俗，使国家强盛。孔子的信用思想有三层含义：一是指忠诚无欺，言而有信；二是指内在诚实品德与外在不欺诈行为的统一，做到童叟无欺；三是指人们立身处世及社会存在和有序发展的一种必要条件。

6. 以礼为基础的管理思想

"礼"是儒家伦理道德思想的基本范畴，泛指各类典章制度和道德规范。相对内在的道德感情和伦理思想的"仁"而言，"礼"是外在的伦理行为与社会制度，它起到调节人际关系、促进社会和谐安宁的作用。孔子说："不学礼，无以立。"不懂得"礼"就不懂得协调人际关系的行为规范，就不能立身处世，就不可能获得事业的发展和进步。中国一向有"礼仪之邦"的盛誉，儒家十分重视"礼"在管理活动中的作用，并认为"礼"是管理者修养的标准、治民的标志、治国的依据。"礼"是外在的道德规范，在现代文明社会里具有更广阔而丰富的内涵。组织是处于社会中的有机体，它的成员是社会中的个人，必须遵循社会的一些公共准则，这样才能维持组织的生存并逐步发展壮大。"礼"不仅是一种传统的美德，也是组织茁壮成长的必然选择。①

三 孟子的管理思想

孟子（约公元前 372~前 289 年），名轲，字子舆，邹国（今山东邹城东南）人，战国时期哲学家、思想家、教育家，是孔子之后儒家学派的代表人物，与孔子并称"孔孟"。

孟子宣扬"仁政"，最早提出"民贵君轻"思想，被韩愈列为先秦儒家继承孔子"道统"的人物，元朝追封其为"亚圣"。孟子的言论著作收录于《孟子》一书。其中，《鱼我所欲也》《得道多助，失道寡助》《寡人之于国也》《生于忧患，死于安乐》等被编入教科书中。

孟子曰："民为贵，社稷次之，君为轻。""诸侯之宝三：土地，人民，政事。宝珠玉者，殃必及身。"②他提倡"王道"政治，目的是劝告统治者重民、安民、富民。这一时期学者阐释孟子民本思想，期盼治国安邦者能重民、贵民、安民、恤民、爱民、富民，并且能胸怀百姓、善待百姓，认为百姓安则天下安，民富则国强。

1. 管理的性善论

孟子的思想是建立在性善论的哲学基础之上的，孟子所说的人性是指能区别人与其他动物的意识活动，使人之所以成为人的特性。他认为只有人具有恻隐之心、羞恶之心、辞让之心、是非之心，动物不具有此四心，四心是仁、义、礼、智发生的根源。人的四心所产生的仁、义、礼、智属于善的品德，人心向善，故人性善。这是孟子管理思想的基本出发点和前提，也是其管理活动的思想基础。

2. 管理的仁爱论

孟子认为，"仁者爱人，有礼者敬人。爱人者，人恒爱之；敬人者，人恒敬之"③。孔孟的"仁"是一种含义极广的伦理道德观念，其最基本的精神就是"爱人"。孟子从孔子"仁"的思想出发，把它发展成包括思想、政

---

① 张晓林：《论语的智慧》，东北师范大学出版社，2010，第 27 页。
② 杜玉俭、刘美嫦译注《孟子》，广州出版社，2001，第 221 页。
③ 杜玉俭、刘美嫦译注《孟子》，广州出版社，2001。

治、经济、文化等各个方面的施政纲领，就是仁政。仁政的基本精神是对人民有深切的同情心和爱心。现代管理应发扬孟子的仁政和仁爱思想，重视人的作用，提倡以人为本，让员工发扬主人翁精神。尊重人的价值，尊重人的地位、尊严和物质需要。在管理者与被管理者这对矛盾中，重视被管理者的感受，在领导者与员工之间，突出员工的利益和价值，将员工视为组织发展不可或缺的资源，把重视人、关心人、塑造人作为发展的关键来抓，组织才能不断发展。

3. 管理的民心论

孟子从"民贵君轻"论出发，进一步讨论了民与君的关系，指出得民心者得天下。在现代管理中，在组织内部，如果实行人性化的管理，尊重员工的尊严、地位，维护他们的利益，让他们得到自我满足，实现管理者与被管理者之间关系的和谐，赢得被管理者的肯定和认同，组织就可以在良好的氛围中实现良性循环。

4. 管理的权变论

孟子具有通权达变的思想，被誉为"中国古代权变管理大师"。他认为应以时间、空间、对象、条件为转移将求变求新的权变思想作为治理社会的指导思想，"可以速而速，可以久而久，可以处而处，可以仕而仕"[1]，强调做事应随时间、条件的变化而变化，对现代管理学具有深远的影响。孟子的权变思想，重点在于"变"，突出一个"活"。他认为遵"道"若缺乏灵活性和变通性，就会陷入死板僵化。管理者应根据环境的变化随机应变，以保证管理活动少走或不走弯路。组织是开放的权变系统，受外界多种因素影响，内外环境是在不断变化的，不可能有一成不变和放之四海而皆准的管理模式，一切需依环境变化而变化。

四　宋明理学

宋明理学也称"道学"，是一种既贯通宇宙自然（道教）和人生命运（佛教），又继承孔孟正宗（根本），并能治理国家（目的）的新儒学，是宋明时代占主导地位的儒家哲学思想体系。理学是中国古代最为精致、最为完备的理论体系。理学的天理是道德神学，同时是神权和王权的合法性

---

① 杜玉俭、刘美嬉译注《孟子》，广州出版社，2001。

依据，至南宋末期被采纳为官方哲学。理学的中心观念是"理"，把"理"说成是产生世界万物精神的东西，对后世社会政治、文化教育及伦理道德都产生了深远影响。

宋明理学的发展是儒、释、道三教长期争论和融合的果实，也是春秋战国到汉代这一历史时期所形成的儒学在新的历史条件下的思想体系的完善过程，以程朱理学和陆王心学的形态呈现。程朱理学的核心是天理说和格物致知论；陆王心学是理学发展的新阶段，其核心是"心即理""心外无物""知行合一"，但强调知和行都产生于心。程朱理学在南宋以后成为长期居于统治地位的官方哲学，陆王心学在明中期以后得到广泛传播。

理学认为天理是万物的本原，主宰万物，也就是说先有理而后有物，这是理学的核心思想。理学专求"内圣"的经世路线的致思趋向，将传统儒学的先义后利发展成为片面的重义轻利观念。应该看到，理学强调通过道德自觉达到理想人格的建树，也强化了中华民族注重气节和德操、注重社会责任与历史使命的文化性格。顾炎武在明清易代之际发出"天下兴亡，匹夫有责"的慷慨呼号。文天祥、东林党人在异族强权或腐朽政治势力面前，依然正气浩然、风骨铮铮，无不浸润了理学的精神价值与道德理想。

宋明理学是"性理之学"，理学的基本观点包括以下三点。①理一元论的唯心主义体系，认为理或天理是自然万物和人类社会的根本法则。②理一分殊，认为万事万物各有一理，此为分殊；物、人各自之理都源于天理，此为理一。③存天理、灭人欲，天理构成人的本质，在人间体现为伦理道德"三纲五常"。人欲是超出维持人之生命的欲求和违背礼仪规范的行为，与天理相对立。

这种"性理之学"不仅仅是程伊川、朱子提出的"性即理"，还含有"本心即性"的"性理"，此乃陆象山、王阳明提出的"心即理"，我们可以称之为心性之学或内圣之学。心学的代表人物王阳明身处逆境险境，于龙场悟道，提出"心即理"的主张，主张心理不二，化知识为德性，化德性为德行，呼唤良知，谋求"致良知"，强调"知行合一"的践履功夫，在人生磨砺中发现本心，培育良知，将理念与规范化为个体的自觉行为，从而内化于心；又将良知外化于行，追求事功，摒弃虚无，有所作为。

宋明理学反映了中国古代社会后期有思想、有见识的中国人在思考和解决现实社会问题与文化问题中所展现出来的哲学智慧，它深深影响了中国古代社会后半期的社会发展和文明走势。我们研究理学哲学智慧，不仅在于了解它对当时社会与文化问题做了怎样的解答与回应，更重要的还在于通过对其的分析来帮助我们思索一些诸如"什么是中华民族的精神""如何正确回应外来文化""如何正确面对和处理社会成员中普遍存在的信仰危机和道德危机"等对当代至为重要的哲学问题，重新树立国人对传统文化的信仰，这正是理学智慧的意义所在。①

管理案例分析

反者道之动，弱者道之用——星星之火，可以燎原

《道德经》指出，"反者道之动"，道的法则，就是事物的两种属性之间，总是相互向着对立面运行，在临界点返回，如此反复循环；"弱者道之用"，是指道在柔弱的状态下发挥作用。

总结毛泽东同志领导中国革命取得成功的经验，我们发现正是毛泽东把马列主义与中国传统管理智慧相结合，使中国革命的星星之火取得了燎原之势，最终取得中国革命的胜利。分析毛泽东同志早期的革命生涯，我们发现以下三个方面具有突出的"反者道之动，弱者道之用"的唯物辩证法特征。

（1）1925年，毛泽东在《中国社会各阶级的分析》中指出："谁是我们的敌人？谁是我们的朋友？这个问题是革命的首要问题。"②

毛泽东此文是为反对当时党内存在的两种倾向而写的。当时党内的第一种倾向，以陈独秀为代表，只注意同国民党合作，忘记了农民，这是右倾机会主义。第二种倾向，以张国焘为代表，只注意工人运动，同样忘记了农民，这是"左"倾机会主义。这两种机会主义都感觉自己力量不足，而不知道到何处去寻找力量，到何处去取得广大的同盟军。毛泽东指出中国无产阶级的最广大和最忠实的同盟军是农民，这样就解决了中国革命中的最主要的同盟军问题。毛泽东预见到当时的民族资产阶级是一个动摇的

① 陈来：《宋明理学》，北京大学出版社，2020。
② 《毛泽东选集》第1卷，人民出版社，1991，第3页。

阶级，他们在革命高涨时将要分化，其右翼将要跑到帝国主义方面去。1927年蒋介石、汪精卫发动的反革命事变，即证明了这一点。

（2）1927年，毛泽东考察了湖南湘潭、湘乡、衡山、醴陵、长沙地区的农民运动，写成了《湖南农民运动考察报告》，提出了解决中国民主革命的中心问题——农民问题的理论和政策。其主要内容包括：①充分估计了农民在中国民主革命中的伟大作用；②明确指出了在农村建立革命政权和农民武装的必要性；③科学分析了农民的各个阶层；④着重宣传了放手发动群众、组织群众、依靠群众的革命思想。

正是基于实地调查，毛泽东在报告中对湖南农民运动有了自己的认识和看法，澄清了关于农民运动的不实之词。针对农民运动"糟得很"，农会的举动"太过分"、有一点"乱来"，农民运动是"痞子运动""惰农运动"等说法，毛泽东得出了完全相反的结论。在他看来，农民运动"好得很"，成就了"奇勋"；农会的所谓"过分"举动具有"革命的意义"；农民是"革命先锋"。国民党右派关于农民运动的种种说法是道听途说、缺乏调查基础的，而毛泽东关于农民运动的结论基于实地调查，因而具有较强的说服力，在舆论混杂、是非难辨的情况下，有利于赢得话语优势和话语主动权。

（3）1930年，毛泽东在回答"井冈山的红旗能扛多久"的疑问时，在回信中说："中国是全国都布满了干柴，很快就会燃成烈火。"[1] 这正是对时局发展的适当描写。

毛泽东在回信中运用唯物辩证法，科学地分析了国内政治形势和敌我力量对比，批判了夸大革命主观力量的盲动主义和看不到革命力量发展的悲观思想，认为这是"于中国革命的实情不适合的"。回信中充分估计了建立和发展红色政权在中国革命中的意义和作用，提出了农村包围城市、武装夺取政权的思想。他明确指出，"红军、游击队和红色区域的建立和发展，是半殖民地中国在无产阶级领导之下的农民斗争的最高形式"，"是促进全国革命高潮的最重要因素"[2]。

---

[1] 《毛泽东选集》第1卷，人民出版社，1991，第102页。
[2] 《毛泽东选集》第1卷，人民出版社，1991，第98页。

资料来源：

《毛泽东选集》第 1 卷，人民出版社，1991。

复习思考题

1. 结合管理实践，分别谈一谈你对传承、发扬儒家、道家管理思想的认识和体会。

2. 结合庄子"鲲"化为"鹏"、"家天下"、"无为而治"、"以性养知"等思想，谈一谈其对现代企业管理的指导作用。

3. 结合一具体的管理案例，分别谈一谈如何应用儒家、道家的管理智慧。

4. 浅谈如何将道家提出的"效法自然"运用到企业管理中去。

第五章　墨家、法家的管理思想

本章提要

　　本章第一节介绍墨家的管理思想，以及墨子的言论所体现的管理智慧。第二节梳理春秋法家先驱管仲，战国法家先贤及改革家李悝、吴起、商鞅、申不害，以及战国末期法家集大成者韩非等法家代表人物的思想，重点论述法家依法治国的管理方略与法、势、术相结合的领导理论。

重点难点

　　本章的重点是掌握墨家的交相利、兼相爱、尚贤、非命、尚同、节用等管理思想，以及法家依法治国的管理思想和法、势、术相结合的领导艺术。难点是吸取墨家和法家的管理思想精髓，理解人治和法治在中国社会管理中的有机结合与应用，进而认识墨家和法家在现代管理及中国当代法治建设中所具有的深远影响。

引导案例

墨子"止楚攻宋"和商鞅"徒木立信"

　　《墨子·公输》记载，公元前440年，楚国准备使用请工匠鲁班制造的攻城的云梯等器械攻打宋国。墨子得知后，立即派大弟子禽滑厘等三百精壮弟子前往宋国，以助其准备防御，同时墨子从鲁国出发前往楚国，意图说服楚王不要发动战争。墨子抵达楚国都城，先找到鲁班，想说服他停止制造攻宋的武器，鲁班引荐墨子见楚王。见到楚王，墨子问，有个人丢掉自己的彩饰马车，想去偷邻居家的破车；有衣裳华丽，想去偷邻居家的粗布衣；有美食，还想去偷邻居家的糠菜，这算是什么人？楚王不假思索地答道：此人一定有偷窃的毛病。墨子趁机提醒楚王说，楚国幅员辽阔、物产丰富，而宋国疆域狭小、资源匮乏。两国相比，不正如彩车之于破车、锦绣之于破衣？楚国若攻打宋国，无异与该偷窃之人同类。

楚王理屈词穷，以鲁班已造好攻城器械为由，拒绝放弃攻宋的决定。墨子进而劝阻楚王说：鲁班制造的攻城器械并非取胜法宝，我可以破解。如若不信，让我与鲁班当面演习一下攻守战阵。楚王答应后，墨子用革带、小板等器具模拟城池和守城器械，和鲁班模拟了一场攻守斗争。历经九次试验，鲁班用尽器械，而墨子防守有余，最终获胜。鲁班认输后故意说他知道怎么对付墨子，但他不会说出来。墨子也说自己知道鲁班想怎样对付自己，但他也不会说出来。楚王感到纳闷。墨子义正词严地说到，他早已布置好，让大弟子禽滑厘一起严阵以待，用墨家制造的器械守城，即使杀了墨子，楚国攻打宋国也无法取胜。这番话彻底打消了楚王攻宋的念头，放弃了攻打宋国的计划。

墨子救宋的故事，是墨子及其弟子用智谋成功制止倚强凌弱的最著名例子。这个典故体现了墨子作为一位伟大的人道主义者，崇尚和平、反对战争、主张兼爱、厌弃攻伐的思想，并将生死置之度外，运用杰出智慧、辩才和胆略去实现和平理想，践行救世主张。

《史记·卷六十八·商君列传》记载，秦孝公任命商鞅变法，法令已经完备，尚未公布。变法面临的阻力巨大，除了既得利益的顽固势力抵制外，百姓也对新的政策存有疑虑。商鞅担心天下人非议自己，也为获得百姓信任，便在国都市场南门立下一根三丈长的木杆，宣称若有人能够将此木杆搬到北门，就赏金十镒。百姓对此感到惊讶，但没有人敢去。商鞅又宣布：有人能搬过去就赏金五十镒。有一个人做到了，商鞅立即赏其五十镒金，以示诚信，表明没有欺诈。这件事为商鞅赢得了信誉，他赢得了百姓的信任，也为国家树立了公信，为变法笼络了人心。随后，商鞅颁布新法令，并顺利推行。商鞅变法使秦国迅速国富民强，为统一六国打下了基础。

毛泽东在学生时代便具有法治精神，在湖南省立高等中学上学时，读完"徙木立信"的故事后，对商鞅的做法赞赏有加，于是做《商鞅徙木立信论》一文，论述了以民为本、取信于民、以法治国和"言必信，行必果"的法治思想："法令者，代谋幸福之具也。法令而善，其幸福吾民也必多，吾民方恐其不布此法令，或布而恐其不生效力，必竭全力以保障之，维持之，务使达到完善之目的而止。政府国民互相倚系，安有不信之理？"该文紧扣"立信"二字，从立法的角度论述法与民的关系，强调为政者要取信于民，法律、政策须以民为本。法律利于民，人民会自动维护。政策有损人民的利益，人民便会对立。该文也从执法的视角，阐明执法要严明公正。有法必依，执法必严，对事不对人，才能取信于民。毛泽东赞赏商鞅变法："商鞅之法，是好法，是富国利民之法。"毛泽东进而论述，像这样的好法，最初人民为何"惮而不信"呢？为何要"徙木立信"呢？因为变法前的秦国政府失信于民，"黎民惧焉"。毛泽东将笔锋一转，指向袁世凯当局，指出执政者的腐败、欺压，是中国几乎"陷于沦亡惨境"的深层原因。

资料来源：

唐振南：《以民为本，取信于民——〈商鞅徙木立信论〉初显毛泽东法治意识》，中国共产党新闻网，http：//dangshi.people.com.cn/n/2015/0514/c85037-27000741.html。

思考题

1. 墨子能够"止楚攻宋"的原因有哪些？
2. 商鞅变法的第一步为什么是"徙木立信"？

第一节　墨家的管理思想

一　墨子简介

墨子（约公元前439~前393年），又名墨翟，是春秋战国时期著名的思想家、政治家、教育家、科学家、军事家和社会活动家，也是墨家学派的创始人。墨子出身贫寒，自称"贱人"，是一个农民出身的哲学家，也是知名外交家，游走各国宣传非攻思想，成功阻止70多场战争。墨子还创立了以几何学、数学、物理学、光学、声学、静力学、逻辑学等为核心的一整套科学理论，是中国历史上知名的科学家。

墨子年少时师从儒者，称道尧舜大禹，学习《诗》《书》《春秋》等儒家典籍。后因不满儒家推崇的繁文缛节和贵族礼乐，最终摒弃儒学，他在各地聚众讲学，以激烈的言辞抨击儒家和各诸侯国的暴政。墨子的思想和主张在当时很受中下层人士的欢迎，大批的手工业者和下层士人开始追随墨子，逐渐形成了墨家学派。墨子出身贫寒，关注社会难题，思想更偏重实用。最终，墨家走到了儒家的对立面，出于儒而非儒，对儒家学说进行了激烈的批驳。①

墨家是一个宣扬仁政的学派，提出了兼爱、非攻、尚贤、尚同、天志、明鬼、非命、非乐、节葬、节用等观点，以兼爱为核心，以节用、尚贤为支点。墨家也是一个有着严密组织和严明纪律的团体，最高领袖被称为"巨子"，墨家的成员都称为"墨者"，必须服从"巨子"的领导。②

墨家在当时影响很大，与儒家并称"显学"。在当时的百家争鸣中，有"非儒即墨"之说。

事实上，墨子不仅是一位伟大的思想家，自然科学研究方面在当时也领先于世界，特别是在数学、几何学、力学、光学、军事科技等方面的成就，在先秦诸子中独树一帜。例如，在光学方面，墨子很早就发现了光的直线传播、光的反射、平面镜成像、凹凸面镜成像等现象，并做出了比较科学的解释。③ 英国学者李约瑟在《中国科学技术史》中表示墨家光学研究的开始，远比希腊人的研究更早。2016 年 8 月 16 日，中国首颗量子卫星"墨子号"成功发射，在世界上首次实现了卫星与地面之间的量子通信。在谈到为什么要将这颗量子卫星命名为"墨子号"时，首席科学家潘建伟院士解释说，墨子最早发现并提出了光线沿直线传播，设计了小孔成像实验，为光通信和量子通信奠定了基础。④

二 墨子的管理思想

1."交相利"的思想

"交相利"是墨子从兼爱说演变出来的人己两利、各不相害的思想，兼爱是建立在实际利益基础上的，具有互利性，而"交相利"是实现"兼相爱"的根本途径。与儒家的义利观不同，墨子以利作为社会伦理规范的基础，以行为是否利于人作为判断义与不义的标准，利于人则义，不利于人

---

① 《墨子》，李小龙译注，中华书局，2011，前言第 2~3 页。
② 张静：《浅论墨家学派的继承发展》，《吉林省教育学院学报》（学科版）2010 年第 3 期。
③ 于光胜、刘长明：《墨子的科技思想及其当代价值》，《自然辩证法研究》2015 年第 4 期。
④ 刘诗瑶：《"墨子号"升空，无条件安全通信成可能》，《人民日报》2016 年 8 月 16 日。

则不义。① 在墨家思想中，爱、利、义是一致的，"兼相爱"等于"交相利"，重利就是贵义。也就是说，无论是爱和利的付出者还是接受者，爱和利都不能有内外之分。

墨家的义利观强调人与人相互帮助，不损人利己、自私自利。"交相利"的基本内容是"利人者，人必从而利之""害人者，人必从而害之"（《墨子·兼爱中》）。墨子将个人利益与社会利益糅合在一起，认为利人即利己，损人即损己，只有人们各不相害，彼此有利，才可以兴天下之利，除天下之害。墨家认为，为了天下之利，可以牺牲自己的一切，包括生命。当个人的生和死给天下带来的利益相同时，不应该在生死之间徘徊，需要生则生，需要死则死。

亚当·斯密的"通过自利达到互利"之说，是西方市场经济的基本价值观念。墨子的利人利己利国达到互利的"交相利"思想，是中国最早的朴素的市场交换思想。

2. "兼相爱"的思想

兼爱是墨子的重要思想之一。所谓兼爱，就是主张人们爱别人就像爱自己，对待别人就像对待自己，没有任何区别地相亲相爱。

墨子是手工业者出身的知识分子，生活在社会的底层，对当时的社会状况有深刻的认识，认为治理好天下混乱的状况必须先了解发生混乱的原因。墨子认为社会失序、政权更迭、道德失控等是君臣、父子、夫妇、兄弟及朋友不相爱导致的。

墨子坚信，只要天下的人们都遵循兼爱，就必然能够兴利除害，国泰民安，天下和平，并从个人、社会和国家三个层面详细论述了"兼相爱"思想。在个人层面，他呼吁天下人彼此相爱，爱别人就像爱自己一样，这样就不会存在不孝顺、不慈爱的事情。在社会治理方面，他认为：如果看待别人的家就像看待自己的家，社会上就没有偷窃；看待别人的身体就像自己的身体，社会上就不会有伤害。在国家层面，墨子认为如果看待别人的国家就像自己的国家，就不会有战争。

墨子把与兼爱相反的思想和行为称为"别"，他认为把自己和别人相区别，是产生大祸害的原因，主张"兼易以别"。他表示只要天下之人能够做

---

① 沈尚武：《墨家"交利论"的哲学探析》，《兰州学刊》2006年第12期。

到"视人之国，若视其国；视人之家，若视其家；视人之身，若视其身。是故诸侯相爱，则不野战；家主相爱，则不相篡；人与人相爱，则不相贼；君臣相爱，则慧忠；父子相爱，则慈孝；兄弟相爱，则和调"，那么将实现"天下之人皆相爱，强不执弱，众不劫寡，富不侮贫，贵不敖贱，诈不欺愚"（《墨子·兼爱中》）的大同世界。由此可见，墨子的兼爱是一种不分差别、不分等级的爱，从自爱到他爱，从利己到利他，打破血缘亲疏、贫富贵贱的传统等级界限，与儒家提倡"亲亲有术，尊贤有等"的仁爱有本质区别。

3. 服务于上述两大思想的其他主张

（1）非攻：反对侵略战争，维护人类和平。墨子认为，国君觊觎别国的领土，家长觊觎别家的基业，人人觊觎别人的功利，从而导致以争斗的方式来夺取所觊觎的利益，最终上升为一国吞并另一国的战争。[①] 同时，发动战争对攻守双方都是巨大的摧残，也会耗费国家的积蓄和财用，使国库空虚，这样百姓就不能安居，国家就不会安定。

（2）尚贤：不分身份贵贱地推荐、选拔、使用德才兼备的人。墨子认为尚贤是为政之本，是选才用人的重要目标。对一个国家而言，"贤良之士众，则国家之治厚；贤良之士寡，则国家之治薄"（《墨子·尚贤上》）。对于贤能之人，不仅要储备，而且要委以重任，并给予丰厚的报酬，要"高予之爵，重予之禄，任之以事，断予之令"（《墨子·尚贤上》）。在选贤方面，他主张打破门第、血缘、远近、亲疏关系，无论是农夫还是工匠，有才能就应该被选拔。

（3）非命：反对命运之说，主张强力从事。"非命"是针对儒家"天命"思想和贵贱等级观念而提出的，提倡人定胜天、事在人为的生存态度，鼓励人们强力从事、改变现世中的不平等状态。他坚信勤劳才是创造财富、实现国富民强的根本。

（4）尚同：政令、思想、言语、行动等要与圣王的意志相同。墨子认为，政令不一，只能导致社会纷乱。尚同与尚贤一样，是为政之本。墨子的尚同思想是高度的集权主义，实施自上而下的控制与有效管理，要求一切统一于上级，从组织系统的领导关系到思想意识，都要绝对地统一于上级、服从于上级，绝对不许反其道而行之。他指出，"上之所是，必皆是

① 肖晞、刘笑：《墨家思想对中国国际战略定位的启示》，《国际观察》2011 年第 2 期。

之；所非，必皆非之。上有过则规谏之，下有善则傍荐之"（《墨子·尚同上》）。墨子主张"一同天下之义"，即把天下人的思想统一起来。① 墨子认为尚同是行政管理之根本，只要为政者举措适宜，就一定能统一全国上下的思想，实现民富国强。

（5）节用：反对奢侈浪费，主张勤俭节约。墨子认为，圣明的君王治理天下，不追求华美而只在乎实用，一个国家财力的成倍增长，不是对外夺取土地，国家的各项开销应以适度为准则。墨子在饮食、穿着、甲兵、舟车、宫室、丧葬等各个方面都提倡实用和节约，反对浪费。他表示，古代贤明的君主圣人之所以能够称王于天下、匡正诸侯，是因为他们衷心地爱护百姓，宽厚地为百姓谋利，尽心和信义联系在一起，使人民看到利益，所以人民对君王终身不厌弃，毕生不倦怠。

（6）节葬：反对厚葬久丧，主张薄葬短丧。节葬是墨子节用思想的重要组成部分和延伸。当时的统治阶层提倡厚葬，死后的埋葬物品很丰厚。同时，居丧的要求也极多。墨子认为厚葬花费了人民大量的原本用于衣食的财物，久丧则占用了百姓从事生产的时间。因此，墨子提倡节葬，是站在国家利益和人民富足的角度对儒家重礼仪、守孝、厚葬之风的有力抨击。

（7）非乐：反对奢靡的音乐活动，提倡节约人财物力。墨子认为制造乐器会花费百姓用于衣服食物的财物，演奏音乐会占用百姓从事生产的时间，欣赏音乐会使统治者疏于治理政务，音乐虽能使人愉悦，却上不利于天、下不利于民，完全是无用的。墨子反对以乐作为所有享乐文化的代表，认为王公大人鼓瑟吹笙的行为是一种奢侈腐化的享乐行为，是以牺牲百姓利益为代价的，统治阶层应当提倡适度清廉的文化生活。

三 墨子的管理智慧②

1. 《大雅》之所道曰："无言而不雠，无德而不报，投我以桃，报之以李。"古者有语曰：君子不镜于水，而镜于人③

该两句分别出自《墨子·兼爱下》和《墨子·非攻中》。第一句的意思

---

① 李少惠：《墨子的管理思想及其特征》，《兰州大学学报》（社会科学版）1997年第2期。
② 方勇译注《墨子（第2版）》，中华书局，2015。
③ 《墨子》，马德勇评注，吉林大学出版社，2015，第92、100页。

是，不正直的言行自然不会得到别人的信任，没有恩德自然不会有回报，你送给我桃子，我回报你李子。第二句的意思是，君子不用水做镜子而用人做镜子。

墨子的"镜子学说"是劝导人们要像君子那样，不要以水为镜，而应以人为镜。"以人为镜"是一个人成熟的标志，也是一个人懂得完善自己、理解他人的体现，更是一个人能够立足于世的基本法则。

2. 夫尚贤者，政之本也。以德就列，以官服事，以劳殿赏，量功而分禄。故官无常贵，而民无终贱。有能则举之，无能则下之[①]

该句出自《墨子·尚贤上》，意思是，崇尚贤能的人是治理国家的根本。按照品德高低依次序出任官职，按照职责范围行事，按照功劳决定赏赐，衡量功绩而分发俸禄。因此，做官的人没有永远的尊贵，百姓也不是永远不变的低贱，有能力就选拔他，没有能力就罢免他。

墨子主张尚贤选贤，不辨远近亲疏；主张任人唯贤，反对任人唯亲。这种人才理论突破了当时的宗法等级制度。墨子的管理思想对当代企业管理、现代化国家治理体系的构建具有重要的启发意义。

3. 处大国不攻小国，处大家不篡小家，强者不劫弱，贵者不傲贱，多诈者不欺愚

该句出自《墨子·天志上》，意思是居于大国地位的不攻打小国，居于大家族地位的不篡夺小家族，强大的人不劫掠弱小的人，富贵的人不轻慢贫贱的人，有智谋的人不欺负愚笨的人。

墨子认为，"攻"是违反天意的暴力政治，如果人们相爱而互利，自然可以实现天下和乐、百姓富足的目标。只要国与国之间坚持平等互利的原则，自然可以消除战争，共享和平与安宁。墨子的"兼相爱，交相利"思想对于新环境下中国国际战略定位有重要启示。

4. 君必有弗弗之臣，上必有咱咱之下。分议者延延，而支苟者咱咱，焉可以长生保国。臣下重其爵位而不言，近臣则喑，远臣则吟，怨结于民心，谄谀在侧，善议障塞，则国危矣

该句出自《墨子·亲士》，意思是君主必须有敢于矫正君主过失的臣子，君上必须有直言争辩的臣下。持有不同观点的人敢于长久地坚持自己

---

① 《墨子》，马德勇评注，吉林大学出版社，2015，第30页。

的意见，相互争辩的人也敢于直言不讳，只有这样，君主才可以长久地保全自己的国家。如果臣子都看重自己的爵位而不敢直言进谏，左右亲近的大臣都缄默不语，远处的臣子只能嗟叹无言，那么就会在百姓中产生怨言，而身边全是阿谀奉承之人，正确的建议就会被阻塞，那么国家就危险了。

在墨子看来，任用贤人就要宽容对待他们，允许他们直言进谏，只有这样才能广开言路，否则就会偏听偏信，遭到蒙蔽，最终导致国家衰败。

5. 故古者圣王唯而审以尚同，以为正长，是故上下情请为通。上有隐事遗利，下得而利之；下有蓄怨积害，上得而除之①

该句出自《墨子·尚同中》，意思是古代圣明的君王，因为能够审查任用和上面统一的人，让他们做行政长官，所以上下的情意相通。上面如果有未看到的事和忘记的利益，下面的人会提醒他去做；下面的人有蓄积的怨恨和祸害，上面的人知道了会及时将它去除。墨子认为，人各怀其义，彼此不同，都以己义为是而以他人之义为非，矛盾冲突由此产生。如果上下同义，天下就治而不乱了。在他看来，尚同是治理政务的根本和治理国家的要领。

千百年来，墨子的管理思想在民间代代相传。"王侯将相宁有种乎！"陈胜、吴广喊出了几千年来百姓心中的真实愿望，人人平等，不分高低贵贱。北宋农民起义提出"等贵贱，均贫富"的思想否定了维护封建制度的"生死有命，富贵在天"的天命观。墨子让更多贫苦百姓坚信命运掌握在自己的手中，只有靠自己的努力才能改变不平等的命运。

四　墨子管理思想的历史影响

墨子是代表劳动人民的思想家，虽然秦朝以后墨家思想就备受历代统治阶层打压，但在劳动人民当中一直代代相传，对广大中下层人民的影响甚至超过儒家思想，墨子是替下层人民说话的思想家，其兼爱、非攻、节用、节葬、尚贤、尚同、非命等主张曾经风靡一时，在中国历史上影响深远。墨学兴盛时期足以与儒学相抗衡，由于汉代以后历代统治者尊奉儒术，墨学长期衰落，直到晚清西学东渐，国人才重新认识到墨学的价值，于是纷纷主张"墨学救国"。新文化运动前后，墨学复兴达到高潮。马列主义传

---

① 《墨子》，马德勇评注，吉林大学出版社，2015，第62页。

入中国后，很多中共早期领导人都将墨学与马列主义融通，在革命实践中躬身践行墨家精神。

陈独秀、毛泽东、蔡和森、邓中夏、萧楚女等早期共产主义者，在接触马列主义前就比较认同墨学主张。陈独秀对墨子情有独钟，表现出对墨学的无限推崇："墨氏兼爱，庄子在宥，许行并耕。此三者诚人类最高理想，而吾国之国粹也。"① 墨家是中国传统文化中最讲互助的。巴黎和会中国外交失败后，陈独秀从强调竞争转而强调互助，提倡"爱世主义与互助主义"。这种泛爱互助的思想使陈独秀的目光转向对民众疾苦的关注，这种转变正是受他所推崇的墨家思想的自然指引。

深谙中华优秀传统文化的青年毛泽东，在墨子的兼爱理论中增添了许多新内容。延安时期，根据地发动大生产运动，毛泽东在抗日军政大学生产运动初步总结大会上的讲话中指出，历史上的禹王，他是做官的，但也耕田；墨子是一个劳动者，他不做官，但他是一个比孔子高明的圣人。孔子不耕地，墨子自己动手做桌子和椅子。毛泽东还进一步发挥说："马克思主义千条万条中心的一条就是不劳动者不得食。"② 这与墨子"赖其力则生"的劳动观不谋而合。

毛泽东的挚友蔡和森、邓中夏、萧楚女均受墨学的影响，以墨子为先驱和榜样，经由墨学而接受马列主义，最终确立了自己的共产主义信仰。学墨信墨的蔡和森，立志效法墨翟的献身精神，推动中国社会的进步与发展。1918年，他致信毛泽东："只计大体之功利，不计小己之利害。墨翟倡之，近来俄之列宁颇能行之，弟愿则而效之。"③早期共产主义者萧楚女，高度评价传统墨学的献身精神，指出："裂裳裹足，以急宋难；摩顶放踵，以利天下，无非是由于他时时刻刻只记得他人，不记得自己而已！"他奋臂疾呼："在我们现在这个时代，我们需要墨翟，不需要陶潜、李白。"④

墨家思想在许多方面与马列主义具有内在关联性、本质同一性和逻辑兼容性。当年，亟待墨子解决的兼爱交利、民主尚贤、共享财富、非攻止

---

① 《陈独秀著作选》第1卷，上海人民出版社，1993，第315页。
② 郑林华：《中共早期领导人对墨家思想的继承和弘扬》，《党史博览》2018年第1期。
③ 《蔡和森文集》，人民出版社，1980，第8页。
④ 中央党史研究室《萧楚女文存》编辑组、广东革命历史博物馆编《萧楚女文存》，中共党史出版社，1998，第71~72页。

战、俭以养德等问题，在今天同样也是人类所面临的共同挑战。所以说，墨家思想对当今社会主义核心价值体系建设、在高质量发展中实现共同富裕、构建人类命运共同体和开展好现代管理工作仍有重要启示和借鉴作用。

第二节　法家的管理思想

一　法家简介

1. 法家思想的形成与发展

春秋时期，管仲、子产等纷纷颁布法令、刑书，改革田赋制度，促进封建化过程，成为春秋时期法家学派的思想先驱。战国时期法家先贤李悝、吴起、商鞅、申不害等相继在各国变法，废除贵族世袭特权，使平民能够拥有土地、担任官职，进而瓦解了周朝的等级制度。在此期间，法家学说得以大力发展，逐渐发展成一个学派。战国末期，韩非对法家先贤的学说加以综合总结，成为法家之集大成者。

法家是诸子百家中最重视法律的一个学派，也是中国历史上提倡以法治为核心思想、研究国家治理方法的重要学派。法家推行"以法治国、富国强兵"的国策，并提出一套完整的理论和方法。在政治上可谓独步天下。"法家不别亲疏，不殊贵贱，一断于法"（《史记·太史公自序》）。法家主张"君臣上下贵贱皆从法"（《管子·任法》），"法不阿贵，绳不挠曲……刑过不避大臣，赏善不遗匹夫"（《韩非子·有度》）。法家思想为秦朝建立中央集权统治提供了有效的理论基础。其后，汉朝继承了秦朝的中央集权制度和法律体制，奠定了中国封建社会政权和法治的基石，对中国两千多年封建社会的国家治理产生了深刻的影响，也给现代社会的法治建设带来了有益的启发。

2. 代表人物

管仲（约公元前723～前645年），名夷吾，字仲，颍上（今安徽省颍上县）人，被尊称为管子，为周穆王的后代，春秋时期法家代表人物，被誉为"法家先驱""圣人之师""华夏第一相"。管仲辅佐齐桓公治理齐国，既主张弘扬礼义廉耻的教化作用，又强调法律法规的法治作用，是中国历史上第一个提出"以法治国"之人。战国时期，齐国成为中国历史上第一次思想解放运动和百家争鸣的策源地，继承弘扬管仲思想的一批稷下先生形成了管仲学派。管仲学派兼重法教的法治思想是先秦法家学派的最高成就。

李悝（公元前455~前395年），战国时曾任魏文侯相，在魏国主持变法。他在经济上推行"尽地力"和"平籴"，在政治上实行法治，废除世卿世禄制度，奖励对国家有功之人，使魏国成为战国初期的强国之一。李悝在魏国的变法是中国历史上第一次轰轰烈烈的全国性变法，并影响了后来的商鞅变法、吴起变法。

吴起（公元前440~前381年），战国初期军事家、改革家、兵家代表，通晓兵、法、儒三家思想，内政军事成就卓越。他在楚国辅佐楚悼王，进行大刀阔斧的变法。总结李悝的魏国变法经验，吴起制定法令公布于众，减爵禄，废除贵族世卿世禄制，整顿吏治，保证军队给养、加强训练。吴起变法在一定程度上使楚国富国强兵，加速了封建化的进程。

商鞅（约公元前395~前338年），战国时期政治家、改革家、法家代表人物。辅佐秦孝公实行变法，史称"商鞅变法"。商鞅第一次变法实行《法经》，增加连坐法，轻罪重刑；重农抑商，奖励耕织，以农业为"本业"；焚烧儒家经典；废除旧世卿世禄制度，奖励军功；强调"以法治国"，要求国家官吏学法、明法，百姓学习法律、以吏为师。第二次变法废除贵族井田制；推行县制，迁都咸阳；统一度量衡，编订户口，按人口征收军赋；革除残留的戎狄风俗，规范社会风俗。

慎到（约公元前390~前315年），尊称慎子，早年学黄老道德之术，齐宣王时在稷下讲学。其思想结合道、法二家，主张抱法处势和无为而治，被称为道法家，是法家极其重要的创始人之一。慎到主张法治，在治国上提倡重"势"和无为而治。重"势"是为了重视法律，君主只有掌握权势，才能令行禁止。慎到的无为而治，强调国君不要去做具体工作，尽量调动臣子积极性，发挥其才能，从而达到"事无不治"的目的。

申不害（约公元前385~前337年），战国法家重要创始人之一，以"术"著称，著有《申子》。申不害在韩国担任丞相，主持改革，推行法治、术治、限制贵族特权、加强君主专制，使政局稳定、人民生活富裕、国家强盛，促使韩国成为强国。申不害认为，为政之要首先在于有效地治理和驾驭官吏队伍。"术"就是管理臣子的策略和手段。申不害强调"行术修道"，突出术在治国中的地位，也强调法的作用，但更多是为了维护君主权威和权力的统一。

韩非（约公元前280~前233年），又称韩非子，战国末期韩国人，中国古代思想家、哲学家和散文家，法家思想之集大成者。其学说整合商鞅的"法"、申不害的"术"和慎到的"势"，并融入老子的辩证法、朴素唯物主义，是中国封建统治阶级管理思想的基础。其著有的《孤愤》《五蠹》《内外储》《说林》《说难》等文章，被后人编纂成《韩非子》。这些文章重点宣扬法、术、势相结合的法治理论，达到了先秦法家理论的顶峰，为秦统一六国提供了理论武器，也成为后来封建君主专制的理论根据。

二 法家有代表性的管理思想

1. 以法治国的管理方略

法家思想以"人性自私论"为基础，反对儒家的仁义说教，主张法治。与孟子的性善论相反，荀子认为人性本恶，有与生俱来的好利恶害的本能。法家继承和延续了荀子的性本恶思想，认为人有趋利避害的本性。管仲指出，"夫凡人之情，见利莫能勿就，见害莫能勿避"（《管子·禁藏》）。商鞅认为人性好利。韩非受荀子性恶论的影响，同时也继承了商鞅的观点，即"夫安利者就之，危害者去之，此人之情也"（《韩非子·奸劫弑臣》）①。

因此，法家主张用法律治理国家，"奉法者强，则国强；奉法者弱，则国弱……能去私曲就公法者，民安而国治；能去私行行公法者，则兵强而敌弱……故以法治国，举措而已矣"（《韩非子·有度》）。追求以战去战、以刑去刑。法家认为，"人情者，有好恶，故赏罚可用；赏罚可用，则禁令可立而治道具矣"（《韩非子·八经》），因此提出要实行"壹刑"的主张。

法家宣扬的法治本质还是为了维护专制主义和中央集权，维护新兴统治集团，并不能代表整个社会成员的利益，是王道之法，与当今保护受害者的权益、处罚违法之徒的法治有本质的区别。

2. 管理的创新思想

（1）不法古、不循礼的进步历史观。法家反对保守的复古思想，认为历史是向前发展的，主张锐意改革，一切的法律制度都要随历史的发展而发展。② 商鞅明确提出不法古的思想。韩非进一步发展了商鞅的观点，认为历史是向

---

① 李新纯编《韩非子》，云南人民出版社，2011，第 86 页。
② 李总、居水木：《浅谈法家、道家、儒家管理思想在现代企业管理中的运用》，《技术经济与管理研究》2008 年第 3 期。

前发展的，当代必然胜过古代，应该按照现实需要进行政治改革，不必遵循古代传统，"不期修古，不法常可""世异则事异"（《韩非子·五蠹》）。法家学派代表新兴地主阶级的利益，其历史观为当时变法改革提供了理论根据，对当今的政府和企业的管理也有现实意义。

（2）改变世袭制度、广纳贤士的平民观。法家主张整顿吏治、改变官禄世袭、广纳贤士。李悝提出废除贵族的世袭制，同时提出了唯才是举的主张。吴起在楚国变法，整顿吏治，"罢无能，废无用，损不急之官"（《战国策·秦策三》），对有功之士授予爵禄，同时废除贵族世袭制，"废公族疏远者，以抚养战斗之士"（《史记·吴起列传》），以保证军队得到给养。商鞅在秦变法，奖励农战，凡勤于耕织而多缴粟帛者可改变原来身份，有军功者可授以爵位。

（3）法、势、术相结合的领导管理理论。法、势、术是对法家所推崇思想的高度集中概括。"法"以商鞅推崇的以严刑厚赏来推行法令为宗，"势"以慎到提倡的"贵势"的思想为宗，"术"以申不害主张的权术为宗。韩非将老子、荀子等的思想，以及商鞅的法、慎到的势、申不害的术融会贯通，形成以法、势、术为核心，三者相辅相成、服务于统治者的"王者之道"。韩非认为，君主只要能够灵活运用法、势、术三大要素，就能成为最高权力的拥有者和运用者，即"明君"。该思想有浓厚的实用主义和功利色彩，对后世政治管理产生了深远的影响。

①法。法家认为要把被统治者牢牢控制起来，使之"出于治，合于道"（《荀子·性恶》），首先必须建立法，因道全法、法道万能，遵循客观规律，一切依法办事。

韩非主张利用人性的弱点建立法制，从而治理天下，"凡治天下，必因人情。人情者，有好恶，故赏罚可用。赏罚可用，则禁令可立而治道具矣"（《韩非子·八经》）。为推行和维护法治，韩非提倡要掌握"刑德"二柄，即奖惩两种手段，明君要将赏罚两种权力牢牢掌握在手中，以驾驭群臣。

②势。君主执法需要"势"，即君主统治所依托的权力和威势。韩非强调法在统治中的地位，同时也突出势的重要性，告诫君主，必须牢牢掌握势，不可松懈。韩非提出法必须与势结合统一，统治者要兼具立法和施法的两种权威，拥有权势才能对臣民形成威慑力和统治力。

韩非将"势"分为自然之势和人为之势。自然之势指一开始存在于特定政治统治中的权势，人为之势指经过统治者的努力而扩大和加强的权势。韩非认为后者更重要，其理论体系也是为人为之势展开的，主张君王要将一切政治权力集中在自己手中，要独擅、独断，成为绝对权威，与现代的领导权力、权威及领导理论近似。

③术。术即政治权术，指君主统治所使用的各种手段和策略，包括对各级官员的任免、考核、赏罚等手段，就是所谓的刑名之术、察奸之术等。韩非认为要治理好国家，"术"和"法"同等重要，法是明文公布的，是公开和相对静止的；而术作为统治者控制臣下的技巧，应藏于胸中，不轻易示人，择机而用，因此是相对隐秘和变化的。

受慎到法治思想的影响，韩非主张君无为而臣任劳。术的目的在于使统治者以王者之姿从烦琐的统治事务中解脱出来，无须事无巨细、事必躬亲。君主治民先治吏，民是目，吏是纲，纲举目张。治吏要有"术"，即领导艺术。

当然，法家思想有不少缺点，推行的先决条件具有明显的局限性：明君和能法之士要同时具备，即既要有执法公正的明君，又要有强毅而劲直的能法之士，才能以法治国，这在封建社会是难以想象的，这就夸大了法律的有效性，容易造成"苛政猛于虎"的后果。

3. 法家思想的实践及对当代管理的影响

法家思想影响深远，对当代管理具有积极的借鉴作用和现实意义，不少现代管理实践中都能看到法家思想的痕迹。

（1）认清人性。法家强调性恶论，认为人具有趋利避害的本性。这种自利的本性决定了人和人之间的关系既可以对立又可以统一。利益可以成为人际纽带。从经济上来看，无论是企业还是个人，基本行为都是逐利的。如果企业不追求利润，可能就会倒闭；如果员工不为自己谋划，就无法获得优渥的福利和报酬。企业的一切管理归根到底都是对人的管理。把人力资源管理好，才能把业务做好，企业才能做大做强。人的利益不尽相同，如果眼里只有自己的利益，对他人的利益不管不顾，必然会遭到对方的排斥，而难以实现自我之利。因此，管理者必须明白"与人为利"的本质并不是"利他"而是"利己"。在利他中利己是企业管理中十分重要的一种经营手段，也是企业管理成功的诀窍之一。当企业和员工之间做到"与人利己"，就能实现共赢。

（2）依法治企。韩非子云："故欲成方圆而随其规矩，则万事之功形矣。"（《韩非子·解老》）也就是俗语所说的无规矩不成方圆。韩非认为，只有实行法治，君主才能得到绝对的尊崇，官员才能得到制约，民众长远利益才能得到保证，国家的实力才能迅速强大起来。

企业也是如此。在实践活动中，越来越多的企业认识到企业法规是规范企业管理的一种重要手段，并根据国家相关的法律法规、结合企业自身的实际情况制定相应可行的企业规章制度。完善、合理的企业制度能保障企业规范、平稳、高效地运行。但企业规章制度的制定并非一劳永逸，需要根据实际情况，不断修改、补充和完善。

（3）论功行赏。管子认为，法律是用来提倡立功、威慑行暴的。从企业管理的角度来说，"兴功"是一种行之有效的管理手段，管理者利用奖励去提升员工的积极性和创造性，激发员工为企业的发展做出重大贡献。适当的奖励不仅能有效地鼓舞人心、提高士气、提升团队凝聚力，还能提高员工素质和企业精神，为企业能够在竞争激流中提供生存动力。

奖罚须遵从以重为上。韩非云："是故欲治甚者，其赏必厚矣；其恶乱甚者，其罚必重矣……欲治者何疑于厚赏！"（《韩非子·六反》）从重精神是韩非最具特色的赏罚思想之一，这对现代企业管理有一定的借鉴意义：重奖要考虑奖励内容能否有效调动员工的积极性，重罚则要考虑能否让受罚者付出的代价超过利益所得。同时，赏罚必须用规章制度固定统一的标准去执行，才能体现公正，从而服众。

管理案例分析

美国总统里根遇刺

1981 年 3 月 30 日中午，罗纳德·里根在希尔顿酒店与美国劳工联合会—产业工会联合会的代表共进午餐并发表了讲话，在离开酒店时，一位叫约翰·欣克利的青年在 1.7 秒内朝里根连开 6 枪，打伤了里根总统随行的多名人员，第 6 枪则先是击中了轿车的防弹装甲后反弹从里根总统腋下击中肺部，距心脏仅约 2.5 厘米。

约翰·欣克利行刺总统的动机与任何政治阴谋都没有关系，而是源于他对一位女演员朱迪·福斯特长时间的痴迷。他多次追求福斯特，但福斯特表示对他不感兴趣，但是欣克利坚信如果成为全国知名人物，就一定能够让梦中女神另眼相看。欣克利决定以刺杀总统的举动来引起轰动。于是，他开始跟踪当时的总统吉米·卡特。他意外发现，自己可以很轻易地走到总统身边，其中一次甚至只有一步之遥。1980年10月，他在纳什维尔国际机场因非法携带武器被捕。不过，虽然当时卡特总统在当地为竞选连任拉票，但联邦调查局并没有将两件事情联系起来，因此也就没有通知美国特勤局。后来因为卡特总统离任，里根竞选当上了总统，所以里根就成了欣克利的刺杀目标。里根被子弹击中肺部，造成严重的内出血，但由于抢救及时得以迅速康复。最终，整个事件并未导致任何人丧生。

行凶者欣克利的父亲聘请律师为其辩护。陪审团接受辩方律师的辩护：欣克利毫无政治动机，冒杀身之祸，以荒诞不经的方式追求女明星，其想法和行为异于常人。从医学角度来看，他是一个典型的妄想狂型精神病患者，把自己与电影《出租车司机》中的虚构角色混为一谈，异想天开，神志错乱。因此，欣克利不应负任何刑事责任。1982年6月21日，法院宣判约翰·欣克利在开枪射击里根的那几分钟里，精神病突发从而精神失常，因而罪名不成立。审判结束后欣克利写到，这次枪击是"世界历史上最伟大的爱情表白"，并且没有表现出任何的悔恨之情。约翰·欣克利被证明可能患有精神病，具有极其危险的暴力倾向，需要治疗，被送往哥伦比亚特区的圣伊丽莎白医院进行治疗。

当时，美国人对这一判决感到十分震惊。民众普遍认为，美国法院对欣克利案的判决简直就是天大的笑话。该案件判决后，联邦国会和多个州都改写了有关精神障碍辩护的法律。此案也成为美国历史上极具争议的刑事判例之一。

这一案例说明，完全靠法律制度进行社会管理存在不少漏洞，会让少数害群之马有空子可钻。要治理好社会，需要多种举措协调配合，其中道德体系建设和教化很重要。对民众加强道德层面的教育，倡导仁爱，健全法制，提高道德水平，加强心理健康建设，法治与仁治并举，才能减少精神问题导致的犯罪行为，降低法律不健全导致罪犯逃脱惩罚的概率。

本书认为，就当今的中国而言，从长远的角度来看，开展社会和企业管理，要法治和仁治并举，公民与员工要培养和坚持"四个自信"。只有坚持制度自信，才能确保中国特色社会主义制度体系的完善，只有坚持文化自信，才能确保中国特色社会主义精神文明的进步。

资料来源：

韩振峰.《坚持"四个自信"的内在依据和重大意义》，新华网，http：//www.xinhuanet.com/politics/2016-10/27/c_1119795391.htm。

赖早兴：《美国刑事法中的能力减弱辩护制度及其启示》，《法商研究》2012年第5期。

复习思考题

1. 根据课程内容，结合个人经验和体会，谈谈墨家管理思想给你的启示。

2. 结合当今法治社会建设，谈谈法家管理思想给你的启示。

3. 在你所熟悉的企业中，哪些企业的管理制度体现了墨家或法家的管理思想？

4. 结合墨家"兼相爱，交相利"思想，谈谈你对人类命运共同体的认识。

5. 墨家的选人和用人思想对今天的人才选拔制度有何借鉴意义？

第六章　兵家、纵横家的管理思想

本章提要

　　本章围绕兵家和纵横家的管理思想展开论述和案例分析。第一节介绍兵家的管理思想，选取《六韬》《孙子兵法》中的管理思想进行论述。第二节介绍纵横家的管理思想，选取《鬼谷子》中的管理思想进行论述。其中的同利共治、安国保民、兵者诡道、胜于易胜、视卒如爱子等管理智慧对现代管理具有重要的借鉴意义。

重点难点

　　本章的重点是能够读懂兵家、纵横家的管理思想，学会用兵家、纵横家的思想分析解决现实中的管理问题，结合管理学、经济学中的相关理论和实践案例，理解和把握兵家、纵横家的管理智慧；难点是如何理解和把握兵家、纵横家的管理思想，学会与现代管理理论融合并指导管理实践。

引导案例

张仪三戏楚怀王

　　张仪是魏国人，和苏秦都是鬼谷子的高徒，是春秋时期著名的纵横家。张仪早年师从鬼谷子完成学业后，为了谋取高位，实现其政治抱负，便拜在了楚相门下。有一天，楚相宴请宾客，席间丢失了一块宝玉，因门客大多数是名门望族，唯独张仪乃一介书生，于是大家认定是张仪偷了宝玉，把他暴打一顿之后逐出了相府门。回到家后，张仪的妻子说："要不是你读那么多书，还到处去游说，怎么会受到今天这样的侮辱？"张仪只是问妻子："你看我的舌头还在吗？"妻子说："在呀！"张仪冷笑着说："只要我的舌头还在就行了，我绝对有翻身的那一天！"这就是《张仪受笞》的典故。

　　张仪是游说天才，拥有三寸不烂之舌。当时的秦国已经完成了商鞅变法，国力强盛，张仪在当上了秦国国相之后，开始实施连横的外交政策，为秦国统一六国做准备。为说服魏国跟秦国连横、臣事秦国，张仪辞去秦国国相去魏国任相，促使魏国宣布退出南北合纵。后来张仪又回到秦国二度担任国相，并带领军队打败了巴国和蜀国，从此名震天下。

　　公元前313年，秦国欲攻打齐国，但齐国与楚国已经结盟，秦王就派张仪去游说楚国，让楚国放弃与齐国结盟。楚怀王看到张仪的到来，用很高的礼节接待了他。张仪告诉楚怀王说他是奉秦王之命与楚国商讨两国结盟之事。秦国国力强盛，军事实力雄踞天下，经济民生也得到了蓬勃发展，若楚秦两国结盟必能有利于天下太平。如果楚王答应与齐国断绝盟约，转而与秦国结盟，他将说服秦王向楚怀王献上商於六百里的土地并奉上秦国美女来服侍楚怀王，作为双方缔结盟约的条件。楚怀王听后大悦，当场就答应了联盟的要求，还准备了礼物和使臣跟张仪一道回秦国去接收土地。

　　张仪在回程途中假装从马车上跌落，称病在家休养，一连三个月闭门不出，也不上朝，楚国使臣等了很久都没有结果，楚怀王以为是秦国担心他与齐国断绝关系不彻底，就派一位勇士持符节到齐国城下大骂，齐宣王大怒，一气之下斩断符节，转而与秦国结交。秦国、楚国建立了邦交之后，张仪才上朝，对楚国使者说："我有秦王赐予我的六里封地，愿把它献给楚王。"楚国使者则说："我奉楚王的命令，来接收商於之地六百里，从来没听说要收什么六里土地。"楚怀王知道被骗后，立马兴兵攻打秦国，结果在秦国、齐国和魏国的共同夹攻下很快就被打败了。楚军损失八万名将士，被迫割让了几座城池给秦国。这是张仪一戏楚怀王。

　　到了公元前311年，秦国提出用武关的土地来交换楚国黔中的土地。为了报复张仪上次的戏弄，楚怀王赌气说："我不用交换土地，只要得到张仪，愿献出黔中地区。"张仪于是主动请缨，到了楚国，楚怀王立马把他囚禁起来，要杀掉他。实际上，张仪早就料到楚怀王的心思和弱点，提前买通了楚国的权臣靳尚和宠妃郑袖，在两人的劝说下，楚怀王很快就释放了张仪，还像过去一样优厚地款待他。张仪没有立即离开楚国，而是又去游说楚怀王："我可以说服秦王不要黔中的土地，只要两国各派太子到对方做人质，并把秦王的女儿许配给你，两国永结兄弟邻邦。"大夫屈原极力反对，请求楚怀王处死张仪，不要再相信他的话。楚怀王不听屈原的劝告，听信张仪的建议，背离"合纵"与秦国结盟亲善。这是张仪二戏楚怀王。

到了秦昭襄王时期，楚怀王又接到秦王的邀请到武关开联盟会议。大夫屈原再次苦劝楚怀王不要参加，但是楚怀王仍然不听劝告，反而听信权臣靳尚和宠妃郑袖，乘车出席秦国的会议，这次同样又是张仪向秦王献的计策。楚怀王一到武关，便被秦国扣押，从此作为人质被终身监禁。公元前296年，楚怀王老死在秦国，享年59岁。这是张仪三戏楚怀王。

楚国是春秋战国时期的大国，最终却被秦国灭国，张仪的连横策略、三戏楚怀王在其中起到了关键的催化作用，这也引发了楚地民众对秦王朝的不满和反抗，在历史上留下了"楚虽三户，亡秦必楚"的谶言，后来起义推翻秦朝统治的陈胜、吴广、项羽、刘邦，他们都是楚国遗民，从这个历史角度来看，可以说是一语成谶了。

资料来源：

傅海燕：《苏秦、张仪与合纵连横》，《前线》2019年第8期。

王健：《纵横战争与楚怀王擒纵张仪原因辨析》，《中国史研究》1998年第4期。

思考题

1. 从张仪三戏楚怀王的故事，谈一谈你对兵家、纵横家谋略的认识和体会。

2. 分析"楚虽三户，亡秦必楚"的历史启示，谈一谈如何才能正确运用兵家、纵横家的管理思想。

第一节　兵家的管理思想

一　兵家简介

兵家是中国先秦、汉初时期研究军事理论、从事军事活动的学派。春秋战国之际，分封制度的解体导致上层贵族地位的下降和下层庶民地位的上升。于是，在贵族和庶民之间兴起了一个士阶层，特别是在战国时期，诸侯之间不断爆发战争，总结军事方面的经验教训、研究制胜规律的有识之士迅速增加，并为统治者所重视，一时"礼贤下士"之风大盛，统治者招徕并敬重贤士，以谋富国强兵。兵家的代表人物除孙武外，还有春秋时代的司马穰苴，战国时代的孙膑、吴起、尉缭、赵奢、白起，汉初的张良、韩信等。兵家的主要著作有《孙子兵法》《孙膑兵法》《吴子》《六韬》《尉缭子》《握奇经》等。据估计，从先秦时期到清朝末年，兵家著作有将近3380部。

中国古代兵家著作中含有丰富的朴素唯物论和辩证法思想，其军事思想包括若干科学的管理观点，把政治、经济、军事、天文、地理、国际关系等各种客观因素作为决定胜负的条件，同时把战争的决策、指挥、组织、运筹等军事素质作为一项基本因素，并由此引出争取战争胜利的一系列战法。兵家管理思想吸收了儒家、道家、法家等先秦诸子的思想精华，形成了一个以制敌思想（竞争战略管理思想）为核心内容，融合治身（自我管理）、治国（国家管理）、治军（军队管理）等思想为一体的、相互关联的战略管理思想体系。如今，这些理论成为越来越多的政治家和管理者治理国家和管理组织的有效手段，相关的经典著作也成为国内外各行各业不断效仿、竞相学习的经典。

在兵家著作中比较有名的代表作是《六韬》和《孙子兵法》，本书将选取其中的管理思想结合现代管理进行讲述。

二　《六韬》和《孙子兵法》的管理思想

（一）《六韬》的管理思想

《六韬》又称《太公六韬》《太公兵法》，是中国古代先秦时期著名的黄老道家典籍《太公》的兵法部分，也是先秦军事思想的集大成之作，其内容博大精深，对后来的军事思想有着很大的影响，被誉为兵家权谋类的祖典。《六韬》全书有六卷，共六十篇，内容十分广泛，对战争有关各方面的问题几乎都有涉及，其中最精彩的部分是它的战略论和战术论，对后世影响很大。

从现代管理的角度来看，《六韬》把军事战略管理分为战略分析、战略方案评价和战略实施三个阶段，其思想观点不只言兵，还凸显了中国传统管理智慧，特别适合应用于现代管理实践，能够为现代组织的战略管理提供有益的借鉴。

1. 同利共治

《六韬》提出"同天下""天下同利",强调"天下非一人之天下,乃天下之天下也""同天下之利者,则得天下;擅天下之利者,则失天下"[1]。用现代的话来说就是:天下不是一个人的天下,而是天下所有人共有的天下。能同天下所有人共同分享天下利益的,就可以取得天下;独占天下利益的,就会失掉天下。

《六韬》的"同天下"思想,与儒家"天下为公,选贤与能"的思想非常相似,都表达了天下是人们所共有的民本思想,我们可以将其概括为同利共治的思想,这一思想在中国历史文化中有很大的影响。《史记》记载,张良曾多次解救刘邦于困局,用的就是"同天下""天下同利"思想指导下的谋略。《资治通鉴》也曾记载了唐太宗天下共治的思想。唐太宗采取开明宽柔的民族政策,对周边的少数民族采取怀柔政策,与少数民族政权和亲,这种以恩惠抚和为主的开明友善的民族政策在唐代实行了较长时期,赢得了各族人民的拥护,大大减少了汉族和少数民族间的隔阂与摩擦,促进了各民族间的广泛融合,实现了多民族共同发展进步的局面,少数民族尊他为"天可汗"。

北宋诗人、史学家王禹偁说:天下不是一个人的天下,而是天下人的天下。治理符合道理,老百姓就会归附;治理不合道理,老百姓就会离去。老百姓如果离去了,又有谁来一起拥有天下呢?这一主张也成为两宋士大夫与君主共治天下的文化基础和普遍共识。

从现代企业管理的角度看,兼顾各方利益和实施协同共治是管理工作必须关注的重点。共赢可以分为外部共赢和内部共赢。外部共赢是指企业为了追求效益最大化,所实行的企业间的联合。例如,成立集团公司,形成产业集群,整合上下游产业链,寻求合作伙伴,搭建平台服务公司,等等。内部共赢是指企业为平衡股东、客户、员工间的各方利益所采取的一系列合作共赢原则。共赢的思维要求管理者具备共赢的品格,明确共赢的目的,懂得建立共赢的人际关系和经营思想,适时建立共赢的制度和管理的方法,最终实现共赢发展。

---

[1] 徐玉清、王国民注译《六韬》,中州古籍出版社,2009,第 46 页。

2. 尊贤任能

《六韬》提出了有关人才选拔的办法。"所谓五材者,勇、智、仁、信、忠也。勇则不可犯,智则不可乱,仁则爱人,信则不欺,忠则无二心。"用现代的话来说就是:勇敢、明智、仁慈、诚信和忠贞。勇者不惧,故不被侵犯。智者多谋,故不被惑乱。仁者爱人,故能得众心。信者不欺,故能表里如一。忠者不二,故可一心为国。从实践的观点出发,其主张通过一系列的手段来考验一个人是否符合用人的标准。例如,让他富裕,看他能否不逾越礼法;给他高的地位,看他能否不骄不躁;给他安排重要的任务,看他能否坚定不移地完成;授权他去处理新问题,看他能否不隐瞒欺骗;让他身临危难,看他能否临危不惧;让他处理突发的事件,看他能否从容应对。如果此人在富裕的时候不超越礼法,就证明他有仁爱之心;给他尊贵的地位,而他不会骄傲,就证明他有正义的秉性;他能坚定不移地完成重大任务,就是一个忠诚的人;处理新问题的时候,能不隐瞒、不欺骗,他一定是一个讲诚信的人;能临危不惧,他就是一个勇敢的人;能从容应对突发事件,他就是一个足智多谋的人。

在现代管理中,人才是组织发展的第一资源,要保证组织顺利发展,必须着力发现、培育、提拔、使用人才,并为人才的工作、生活、成长创造条件。《六韬》尊贤任能的思想和选拔考察人才的方法很值得现代管理者学习、借鉴。

3. 公正明辨

《六韬·文韬·大礼》中说:"勿妄而许,勿逆而拒。许之则失守,拒之则闭塞。高山仰之,不可极也;深渊度之,不可测也。神明之德,正静其极。"意即管理者不能轻率接受和拒绝别人的意见,轻易接受就会丧失主见,而轻易拒绝就会闭塞言路。管理者要像高山那样,使人仰慕效法;要像深渊那样,莫测其深。因此,英明正确、镇静公正就是管理者需要做的。

《六韬·文韬·明传》中还说:"见善而怠,时至而疑,知非而处,此三者,道之所止也。柔而静,恭而敬,强而弱,忍而刚,此四者,道之所起也。故义胜欲则昌,欲胜义则亡,敬胜怠则吉,怠胜敬则灭。"意即君主见到应做的好事却懈怠不做,时机成熟应该行动的时候却犹豫不决,明知行为不对却毫不在意,这三种情形就是古代圣贤治国之道被废弃的原因。能做到安详冷静,能谦恭尊敬地对待他人,能严厉而又宽容地对待事物,能刚柔相济地去处事，这四种情形就是先贤治国之道能推行的原因。因此，正义胜过私欲，国家就会昌盛；私欲胜过正义，国家就会衰亡；勤恳胜过懈怠，国家就会吉祥；懈怠胜过勤恳，国家就会灭亡。

这些论述与现代管理强调的公正无私、言路畅通、善于决断、清正廉洁、是非分明的思想如出一辙。

4. 赏信罚必

《六韬·文韬·赏罚》中文王问太公曰："赏所以存劝，罚所以示惩，吾欲赏一以劝百，罚一以惩众，为之奈何？"太公曰："凡用赏者贵信，用罚者贵必。赏信罚必于耳目之所闻见，则所不闻见者莫不阴化矣。夫诚，畅于天地，通于神明，而况于人乎！"其意思是，文王问太公："奖赏是为了鼓励人的，惩罚是为了惩戒人的。如果想通过奖赏一人鼓励百人，惩罚一人警戒众人，应该怎样做呢？"太公回答说："如能够对于所见所闻的事都做到赏信罚必，那么那些未见未闻的事也会因此而潜移默化了。赏信罚必就是要讲求诚信，诚信可以畅行于天地，上达神灵。"

从现代组织管理的角度看，"赏信罚必"常用于绩效管理。绩效管理是通过一系列的评判标准对组织、团队和个人在一定时间内的业绩进行考核的过程，可以有效地激励和约束员工的行为。绩效管理包括总部对成员企业的考核、企业对各部门的考核，以及企业对员工的考核，一般是从薪酬、奖惩、晋升、培训等方面进行评估。在组织管理的发展过程中，出现了许多有效的绩效管理方法，如关键绩效指标法、目标管理法、平衡记分法、经济增加值等，这些方法都渗透着"赏信罚必"的思想。

5. 合理授权

《六韬·龙韬·立将》曾提道："君亲操钺持首，授将其柄，曰：'从此上至天者，将军制之。'复操斧持柄，授将其刃曰：'从此下至渊者，将军制之。'"意思是君王亲自拿着钺的上部，把钺柄交给主将，宣布："从此开始，军中上至于天的一切事务全由将军处置。"然后又亲自拿着斧柄，将斧刃授予主将，说："自此，军中下至于渊的一切事务全由将军裁决。"然后对主将说："见其虚则进，见其实则止。勿以三军为众而轻敌，勿以受命为重而必死，勿以身贵而贱人，勿以独见而违众，勿以辩说为必然。"[1] 这

---

① 徐玉清、王国民注译《六韬》，中州古籍出版社，2009，第95页。

是要求主将在战场上见到敌人虚弱就进攻，见到敌人强大就停止，不要认为我军众多就轻敌，不要因为任务重大就拼死，不要因为身份尊贵就轻视部下，不要认为自己意见独到而违背众意，不要由于能言善辩而自以为是。这里讲述了在出征仪式上，君王通过合理授权和教导将帅如何履职，鞭策将帅和鼓舞士气，激励他们竭尽全力去战斗，以获取战争的胜利。

合理授权是现代组织管理的一个重要方法。由于管理者的时间有限，合理的授权既能让下属分担工作，又可以人尽其才，有效激励员工并提高其工作水平。授权需要让相关部门和人员了解到被授权人的工作目标、工作内容、权力范围等，从而避免被授权人在后续开展工作时遇到不必要的阻力。员工必须了解自己在授权下必须达到哪些具体目标，以及在什么时间内完成，明确行动方向。授权不只代表责任的转移，同时还要进行相应的资源转移，让被授权人可以顺利行使职权开展工作。

（二）《孙子兵法》中的管理思想

《孙子兵法》出现在动荡的春秋时期。这个时期是中国从奴隶社会向封建社会过渡的时期，诸侯割据、战争频发，给兵家思想的萌生创造了条件。孙子是中国历史上第一个将军队的管理和训练放在战略高度来考察的军事理论家和实践家。根据《左传》和《史记》，《孙子兵法》的军事思想与诸子百家的思想相辅相成，既有狡黠鬼蜮的兵家文化，又包含了商周以来的民本思想，是中国古代最早、最完整的军事理论著作，在中国和世界军事史上占有重要的地位。

三国时期，曹操曾赞扬孙子说：我读过的兵书和战策很多，孙武所著的兵法是最为深刻的。毛泽东在《中国革命战争的战略问题》《论持久战》等著作中也多次引用了《孙子兵法》的论述，并对孙武的观点做出了高度的评价。例如，毛泽东引用"避其锐气，击其惰归"[1]，就是指在作战中需要避开敌人初来时的凶猛气焰，等待敌人疲劳松懈想要退兵的时候，再给予打击，减少其优势。孙子的"知己知彼，百战不殆"阐述了获取信息的重要性，特别是在如今的信息化时代、"大数据"时代，仍是十分可取的科学管理思维。

---

① 徐瑜编撰《孙子兵法》，中国友谊出版社，2013，第 184 页。

1. 不战而屈人之兵

孙子在《孙子兵法·谋攻篇》中提出"不战而屈人之兵"[1] 的思想，他提倡在战略谋划上做到胜敌一筹，在力量对比上争取占有优势，通过不断加强自己的实力创造有利于打败敌人的条件，当自身的实力能够对敌人形成绝对优势时，就可以使敌人屈服，达到不战而胜的目的。《孙子兵法·九变篇》中说："是故屈诸侯者以害，役诸侯者以业，趋诸侯者以利。"[2] 其意思就是采用各种战略手段让对手屈服，包括用对手最害怕的事情去威胁他们；把有害于对方的事情全部加在对方身上，使对方屈从于我；用对手不得不做的事情去驱使他们，使对手忙于应对，手忙脚乱，听从我们的摆布；用利益去诱导对手，使对手只顾利欲，无暇他顾。

孙子强调"不战"，倡导通过不战的形式实现"屈人之兵"的目的。虽然这样的方法有很强的功利性，但是在很大程度上保护了人民的生命财产安全，减少了军人伤亡，减少了战争对财力的巨大消耗，减轻了老百姓因赋税和劳役而带来的痛苦，体现了孙子对人性、对民本的重视。从历史上看，孙子上兵伐谋、不战而屈人之兵、寻求和平与安宁的观点，与作为显学的儒、道、墨学流派主张反战非攻的观点在一定程度上是一致的。

"不战而屈人之兵"是现代企业管理决策中常用的战略，即企业家通过制定战略目标，并不断创造有利于打败对手的条件，使自身的实力能够对对手形成绝对优势，迫使竞争对手屈服，达到孙子所说的"不战而屈人之兵"的目的。

2. 非利不动，非得不用

在战争问题上，孙子主张慎重对待战争，反对在战争问题上轻举妄动，其《火攻篇》说："非利不动，非得不用，非危不战。主不可以怒而兴师，将不可以愠而致战。合于利而动，不合于利而止。怒可以复喜，愠可以复悦，亡国不可以复存，死者不可以复生。故明君慎之，良将警之。此安国全军之道也。"[3] 他提出，没有利益就不要行动，没有取胜的把握就不要用兵，不到危急关头就不要开战。君主不可以因为一时的愤怒就轻易发动战

---

① 徐瑜编撰《孙子兵法》，中国友谊出版社，2013，第239页。
② 徐瑜编撰《孙子兵法》，中国友谊出版社，2013，第195页。
③ 徐瑜编撰《孙子兵法》，中国友谊出版社，2013，第239页。

争，将帅也不可以因为一时的不快而出兵作战。对于国家有利益的时候才能参与战争，不符合己方的利益就要马上停止。一时的怒气过后可以转怒为喜，但国家一旦灭亡就不复存在，那些在战争中逝去的人们也不能够重生。因此，对待战争，明智的国君应该慎重，贤良的将帅应该警惕，这是安定国家保全军队的基本原则。

因此，孙子指出，对待战争的方式，上策是"上兵伐谋"，依靠全胜的战略争胜于天下；中策是"自保而全胜"，不能追求一时之利而兴师致战，应当慎重考虑国家和军队的安全；下策是"伐兵""攻城""破人之国"（《孙子兵法·谋攻篇》）。孙子提出战争是双方斗智斗勇的过程，谋略的运用处于关键性的地位，同时提出应当在战争中尽可能避免攻城略地，将战争损失减到最少，达到对自己最为有利的结果。这种谋略的运用不单可以归结为军事决策智慧的高明，更是一种保护人类的生存和繁衍的人文思想。

"非利不动，非得不用"对企业管理的启示是，企业应该注意，决策应有价值，不能创造利润的行为就应该立即停止。如果企业真的有市场，具备市场竞争力，可以创造真正的价值，就应该认真组织，建立新的组织架构，打造新的盈利模式，争取在竞争中取胜。

孙子还谈道"兵以诈立，以利动""因利而制权"，这是从利与害、投入与结果方面做比较。从企业管理的角度看，这就是我们所说的经济效益最大化。企业经营的本质是获取利润，追求边际效益最大化和生产率的提高，实现经济效益最大化。因此，企业经营必须根据市场需求情况，以及资本逐利的动因，判断能否盈利，来展开相应的经营管理。《孙子兵法·始计篇》中说："势者，因利而制权也。"借鉴孙子任势、造势的观点，现代企业管理应利用有利的形势或营造对自身有利的环境。例如，通过引进资本、建立产业集群、打造企业价值链、收购和并购弱小的企业，或者控制某个行业的绝对市场份额、打造产品美誉度、提升品牌价值等手段，进行企业的"任势"与"造势"，形成企业在竞争中的"势能"。

3. 兵者诡道：以正合，以奇胜

《孙子兵法·始计篇》中说："兵者，诡道也。故能而示之不能，用而示之不用，近而示之远，远而示之近；利而诱之，乱而取之，实而备之，强而避之，怒而挠之，卑而骄之，佚而劳之，亲而离之。攻其无备，出其不意。此兵家之胜，不可先传也。"这里描述了用兵打仗之道在于千变万化、出其不意，需要运用各种方法迷惑敌人。因此，在打仗中明明能征善战，却向敌人装作软弱无能；本来准备用兵，却伪装成不准备打仗；要攻打近处的目标，却给敌人造成攻击远处的假象；要攻打远处的目标，却伪装要在近处攻击；敌人贪心，就用小利来引诱他上当；敌人混乱，就乘机攻取他；敌人实力雄厚，就谨慎防备；敌人强大，就暂时避其锋芒；敌人容易冲动发怒，就设法挑逗他，使其失去理智；对于小心谨慎的敌人，要千方百计骄纵他，使其丧失警惕；敌人安逸就设法骚扰他，搞得他疲劳不堪；内部团结的敌人，要设法离间他们，让他们分裂。在敌人没有准备时，突然发起进攻，在敌人意料不到的情况下采取行动。这些战术就是军事家用兵取胜的奥妙，只能随机应变灵活运用，是无法传授的。

此外，孙子还指出，"三军之众，可使必受敌而无败者，奇正是也""凡战者，以正合，以奇胜。故善出奇者，无穷如天地，不竭如江河"（《孙子兵法·兵势篇》）。他提出可以使三军之众在受到攻击的情况下一定能获胜的战法，也就是奇正战法。用兵作战，总是以正兵当敌，以奇兵取胜。因此，善于出奇制胜的人，其战术变化就像天地万物那样无穷无尽，像江河之水那样涌流不竭。在战斗中，在正面当敌，或攻或守，甚或且战且退，以牵制敌之主力者，统谓之正兵。由侧面迂回、包围、袭击，出敌不意以取胜者，统谓之奇兵。孙子的这些观点，反映了他高超的策略思想。

从现代管理的角度来看，以正用兵，就是企业在正面战场上，苦练企业基本功，把基础的事做好，扎实调研、详细规划、做好产品及稳固市场。以奇用兵则体现在管理方式的灵活多变、管理手段的日新月异，这是非常有必要的。企业在选择管理方式、实施管理办法时都应以变应变，根据时间、空间和势态的变化，不断调整管理方式，奇正多变、避实击虚，最终达到管理的目的。

从应对竞争对手的角度看，"兵者诡道"给我们的启示是，在面对竞争对手的时候，企业可以隐藏自己的真实意图，诱导对手依照己方的意图行事，或诱导对手判断失误，使其陷入被动、消极防御甚至处处挨打的境地，最终导致对手失败。

4. 胜于易胜

《孙子兵法·军形篇》中说："古之所谓善战者，胜于易胜者也。故善战者之胜也，无智名，无勇功。故其战胜不忒，不忒者，其所措必胜，胜已败者也。故善战者，立于不败之地，而不失敌之败也。"① 意即古代善于作战的人，总是战胜容易战胜的敌人。因此，善于打仗的人打了胜仗，既没有卓越过人的智慧，也没有勇武显赫的名声。他们进行的战争胜利不会有差错，之所以不会出现差错，是因为他们作战的措施建立在必胜的基础上，在态势上已战胜了敌人。善于作战的人，总是使自己立于不败之地，而不放过进攻敌人的机会。此外，《孙子兵法·军形篇》中又说："昔之善战者，先为不可胜，以待敌之可胜。不可胜在己，可胜在敌。"② 意即以前善于用兵作战的人，总是首先创造自己不可战胜的条件，并等待可以战胜敌人的机会，要使自己立于不败，其主动权应该掌握在自己手中。敌人能否被战胜，在于敌人是否给我们可乘之机。《孙子兵法》还提出"道、天、地、将、法"，认为"知之者胜，不知者不胜"。③《孙子兵法》讲求顺应天时，顺势而为，行动暗合形势发展需要，并借地势选择有利的战场，任命具备智慧和信实的将帅，组织和编制纪律严明、奖惩分明的军队，并迎合民众和士兵的想法，即得道多助，失道寡助，用"道"来获得民众的支持，就可以无往不胜。

从现代企业管理角度看，"道"就相当于企业经营的核心价值是否符合消费者的价值需求，能否解决社会的实际问题，是否符合社会发展方向。"天时"体现在一个时代背景下企业一段时期内对国家政策和经济发展趋势的把握，也体现在对竞争对手水平和在行业产业内所处阶段的了解上。"地利"对企业也很关键，除了狭义所表示的所在区域位置的好坏以外，从广义上讲，更加强调的是企业根据自身需要，与资源或市场进行有利的整合，从而达到更加有利的空间上的优势。"将帅之才"在现代企业中更多地体现在管理者的领导力和执行力方面，体现在企业的组织管理及考核机制上，这是决定一个企业能否上下一心，形成凝聚力、战斗力，并实现企业效益最大化的根本保证。

5. 为将的"五德"

《孙子兵法·始计篇》十分重视人的因素，认为精通军事的将领是国家

---

① 徐瑜编撰《孙子兵法》，中国友谊出版社，2013，第150页。
② 徐瑜编撰《孙子兵法》，中国友谊出版社，2013，第150页。
③ 徐瑜编撰《孙子兵法》，中国友谊出版社，2013，第118页。

重要的辅佐者，因此要提高将帅的素质。孙子对将帅提出了"五德"的要求，即智、信、仁、勇、严。就是说将帅必须具备才智、诚信、仁爱、勇猛、严明的基本素质。将帅有勇无谋乃兵之大忌；有诚信才能令士卒信服，才能让军队内部团结一致；有仁爱才能民心所向，受到百姓的拥护；要勇敢决断，将勇则兵强，士兵才会英勇善战；要纪律严明，军队才能成为能打胜仗的军队。孙子还认为在战争中将帅素质关系到国家的安危，是军队建设的核心，强将手下无弱兵，军队只有由良将带领才能实现立国安邦。

在治军方面，孙子还从仁爱的观点出发，重视士兵与人民在战争中的主体作用。《孙子兵法·地形篇》说："视卒如婴儿，故可与之赴深溪；视卒如爱子，故可与之俱死。厚而不能使，爱而不能令，乱而不能治，譬若骄子，不可用也。"① 意即将帅对待士卒像婴儿，士卒就可以和他一起去跳急流深谷；对待士卒像爱子，士卒就可以和他一起去战场赴死。但是，厚待士兵却指使不动他们，溺爱却指挥不动他们，士兵违法乱纪却不能惩罚他们，这样的士兵就像被宠坏的孩子一样，是不能用来打仗的。因此，孙子主张上下同欲、明法审令、刑赏并用、爱护士卒，尽量减少士兵的牺牲、善待俘虏等。"五德"和"善卒"体现了孙子思想的人文关怀，他注重文德与武备兼顾。人是战争的第一要素，统治者只有爱民才能得到人民的拥护，统治才能稳固；将帅只有爱惜士兵才能让士兵愿意奔赴战场、奋勇杀敌，赢得战争的胜利，实现国家的政治目标。

《孙子兵法·用间篇》里还提道"故三军之事，莫亲于间，赏莫厚于间，事莫密于间，非圣贤不能用间，非仁义不能使间，非微妙不能得间之实。微哉微哉！无所不用间也"②，主张将帅要有仁德，要有价值观的引领，这样众人才愿意投奔。在今天的企业管理中，也就是管理者要争取有更多的人愿意与之分享商业机会、商业信息。

对于现代企业管理来说，企业负责人就像古代的将帅，是企业的核心，决定着企业的发展方向，塑造着企业的价值和影响力，影响着员工的工作积极性、主动性和创造性。企业负责人对企业的发展十分重要，因此，管理的人本原理要求企业负责人具备较强的领导能力和组织能力，具备善于

① 徐瑜编撰《孙子兵法》，中国友谊出版社，2013，第217页。
② 徐瑜编撰《孙子兵法》，中国友谊出版社，2013，第247页。

研究人的心理和行为变化的能力，具备创新精神和对资源的整合能力，具备不断提升自身专业水平、有效开展管理创新的能力，以及具备能够促进整个组织成员团结一致、积极向上、拼搏进取的能力。

以上几个方面，只是兵家管理思想的部分内容。中国古代兵家管理思想十分深邃，它所蕴含的管理思想为人们在各个领域开展管理活动提供了很好的借鉴，非常值得我们学习研究。

第二节　纵横家的管理思想

一　纵横家简介

纵横家出现在战国至秦汉时期，是一群声名显赫的政治人物，专门从事政治外交活动。纵横哲学来自中国传统的阴阳相对和变易转化思想，但其价值目标单一化，聚焦于现实功利。纵横家以游说列国作为达成目标的主要手段，他们的主要兴趣集中于"术"而不是"学"。与其他管理思想不同的是，纵横家特别强调进取，以发展求生存。在具体策略上，纵横家具有明显的机会主义特征，追求"四两拨千斤""空手套白狼"，并由此形成了比任何一个学派都要精密的言说技巧，它从主观的政治要求出发，设计和谋划王权的稳固和统一。战国时代的诸侯国或想通过联盟、弃盟、威慑、引诱甚至战争威胁巩固其统治地位，或想以最小的代价获取最大的利益，这就给纵横家带来了极大的活动空间。

战国至秦汉时期，各个地方割据纷争，秦、齐两个强国相互对立，不断扩充势力范围，危及其他邻国。当韩、赵、魏、燕、楚等国被秦、齐两国欺凌的时候，它们就会寻求其中一个大国的支援和保护，或是联合其他几个弱小的国家来共同抗击这个强国。韩、赵、魏等国分别与秦国和齐国联盟，寻求它们的支持，并分化成两大阵营。秦、齐两国为了孤立对方、壮大自己的实力，也展开了对弱国的争夺，军事冲突不断加剧，结合外交上的斗争与结盟，就形成了当时"合纵连横"的态势。从地域上来看，韩、赵、魏、燕、楚、齐六国南北合成一条纵线，西抗秦国形成"合纵"；同时，这些国家中的几国，西与秦国连成一条横线，进攻其他弱国是为"连横"。"合纵"是弱小的国家形成联盟去抵抗强大的国家，"连横"则意味着被攻击的一方想方设法打破这一联盟，削减其威力。前者用外交手段联合团结，是为阳谋多而阴谋少；后者以破为主，利用国与国的矛盾和利益制造裂痕，是为阴谋多而阳谋少。纵横家在各个国家游说，依靠合纵连横的外交活动来帮助君王抗衡别的国家，建立自己的霸业。历史上非常著名的合纵派的主要代表是苏秦，连横派的代表是张仪。张仪在秦国推行连横政策，帮助秦国获得了成功，瓦解了其他六国的合纵，实现了秦国的霸业。

纵横家的开创者是鬼谷子（公元前 400～前 320 年），姓王名诩，又名王禅、王利，号玄微子。他是道家代表人物、纵横家的鼻祖，因隐居鬼谷而得名。两千多年来，兵法家尊他为谋圣，纵横家尊他为始祖，算命占卜的尊他为祖师爷，道教则将他与老子同列，尊他为王禅师。鬼谷子的怪异，在于其惊世骇俗的多种高精尖学问，不是治一学而成大家，而是治多学皆成大家。他崇尚法治、权谋与兵学，认为只有这些强力而神秘的东西才能消灭人的恶性。他诋毁一切迂阔无用的儒家、道家、阴阳家，其门下弟子不是治国大才就是军中上将，前者如李悝，后者如庞涓、孙膑，以及后来赫赫有名的苏秦、张仪等。

纵横家思想的核心在于阴阳转化，就是在由若干要素构成的系统中，事物可能产生具有对立消长关系的融合方式或发展趋势。鬼谷子除了在游说时根据人物的特点，使用不同的方法和不同的语言之外，还认为要阴阳并用，使之产生交互作用，既要用阳言崇高之意开导，又要用阴言卑小之意警悟。鬼谷子认为，阴阳既对立又相互依存，两者是相互转化的。例如，以合纵有利于"弱国图存"为阴，那么连横有利于"强国兼人"则为阳，这个过程在阴阳之间不断转化。与探讨人与自然之间关系的阴阳家不同，鬼谷子研究的是人与社会之间的关系，更像现代的外交家。

二 纵横家有代表性的管理思想

《鬼谷子》是一部关于游说的书，对于现代来讲，它也是一部关于外交、政治、军事的书。该书撰写了许多精妙的技巧，如揣阖术是料对方之实情，最大限度地获取对方的信任；反应术是"察言见形""得其情诈"；[①]内揵术是建立和不断巩固游说者与游说对象之间的亲密关系；抵巇术是弥

---

① 王立平译评《鬼谷子》，吉林文史出版社，2011，第 15～17 页。

补事情的漏洞，使事情免于溃败；飞箝术是权衡局势、控制局面的谋略；忤合术是在顺应和相悖中不断转化，以此求彼；揣术是探求实情的计谋；摩术是了解对手心理状态和行为状态的谋略；权术是判断对方的个性，选择适当言辞的谋略；谋术是策划事情的谋略；决术是说明有哪些事情值得努力去做，应该如何决断；符言术是指地位的谋算。从现代管理学的角度来看鬼谷子的管理策略，有以下值得借鉴的地方。

1. 善于循序渐进，积累成功因素

《鬼谷子·谋篇》说："故为强者，积于弱也；为直者，积于曲也；有余者，积于不足也，此其道术行也。"[①] 意即弱小可以蓄成强大，弯曲可以变成笔直，不足可以积成有余，就看策略运用是否得当。从现代管理来说，一个组织要做大做强，必须坚持循序渐进的原则，通过不断地积累方法、经验和资源，创造更高的成就，最终实现跨越式发展，超越竞争对手。

2. 善于握权主动，立于不败之地

《鬼谷子·谋篇》说："可知者，可用也；不可知者，谋者所不用也。故曰：事贵制人，而不贵见制于人。制人者，握权也，见制于人者，制命也。"[①]意即在用人方面，只有你彻底地了解他，才能任用他；如果你不够了解他，那么用计谋的时候就不要使用他。所以说，任何事情都贵在制约别人，而不是被别人控制。控制了别人，自己就掌握了主动权，就可以操纵别人的命运。被别人控制，自己的命运也就操控在别人的手中。

从管理的角度来看，鬼谷子告诉我们，必须通过各方面的观察，采取最有效的方式来使自己始终掌握主动权。只有掌握了主动权，组织发展的命运才会真正掌握在自己手中，才能居于不败之地。

3. 善于因地制宜，实现组织目标

《鬼谷子·谋篇》说："摩而恐之，高而动之，微而证之，符而应之，拥而塞之，乱而惑之，是谓计谋。"[①]意即揣摩对方的弱点后对其进行恐吓；抬高对方之后加以策动，如夸奖对方智慧水平和地位高后，策动对方给你所期待的结果；削弱对方后加以扶正；假装符合对手的想法，来达到麻痹对手的目标；拥戴对方后，使对方只重视你，把别人都排挤到视线以外；当对方被迷惑时，可以把局势引向对自己有利的方向。

---

① 王立平译评《鬼谷子》，吉林文史出版社，2011，第73页。

从企业管理角度看，企业要想在激烈的竞争中取胜，既要敢于竞争，还要善于竞争，要有针对性地采取各种谋略，迷惑竞争对手，在人为的乱象中掌握竞争的主导权，从而取得竞争的胜利。

4. 善于着眼全局，制定正确决策

《鬼谷子·决篇》中说："凡决物，必托于疑者。善其用福，恶其用患；善至于诱也，终无惑偏。有利焉，去其利，则不受也，奇之所托。若有利于善者，隐托于恶，则不受矣，致疏远。故其有使失利者，有使离害者，此事之失。"[1]意即为人处世，凡出谋划策决断事物，必是心中有疑难之事。善于决断就会带来福利，不善于决断就会带来祸患。做出决断前要先诱导得出对方的实情，行动起来就不会有疑惑和偏颇。为对方决断要对其有利，如果于对方不利其就不会接受，这要借助于奇计的使用。如果决断总体上有利于对方，但暗地里对其有所损害，对方也不会接受，反而会使双方的关系疏远。因此，做出决断而不能使对方获益，甚至使对方遭受祸患，都是决断失误的表现。

从企业管理角度看，企业的决策必须从着眼全局的角度去进行。这就需要决策者能够提高站位，发现清晰明确的问题，然后进行全面、理性、客观和符合逻辑的分析，并在决策过程中聚焦重要事物，把握事物的整体逻辑性和连贯性，注意方式方法的灵活多样，实现组织利益的最大化。

5. 善于言谈技巧，以四两拨千斤

《鬼谷子·内楗》中说："君臣上下之事，有远而亲，近而疏；就之不用，去之反求；日进前而不御，遥闻声而相思。"[1] 意即君臣上下之间的事情，有的距离很远却很亲密，有的距离很近却很疏远。有的在身边却不被使用，有的在离去以后还受聘请。有的天天就在君主眼前却不被信任，有的距离君主十分遥远却被君主思念。因此，鬼谷子认为"内者，进说辞也。楗者，楗所谋也。欲说者务稳度，计事者务循顺。阴虑可否，明言得失，以御其志"[1]，意即在采纳意见和进献计策的时候，想要说服他人，务必要先悄悄地揣测、度量、策划事情，务必要循沿顺畅的途径，暗中分析是可是否，透彻辨明所得所失，以便影响君主的思想。

纵横家很重视言说中的权衡和谋略。"权谋"言说的是权衡和谋略。言说

---

① 王立平译评《鬼谷子》，吉林文史出版社，2011，第21页。

能够成事，也能坏事，故要格外谨慎。鬼谷子说的权在古代就是秤砣的意思，向左或向右控制平衡，因此掌权就是指一种和谐的平衡文化。鬼谷子认为，运用语言来获得他人的认可与重视，需要学会在言说时注意权衡言语表达技巧，有所言而有所不言，注意言说忌讳，针对不同对象采用不同的说话策略。与智慧者交谈，就要依靠广博的知识；与笨拙者交谈，就要善于巧辩；与善辩者交谈，就要依靠简明扼要来取胜；与地位显赫者交谈，就要用气势来取胜；与富贵之人交谈，就要用高雅来取胜（《鬼谷子·权篇》）。

　　言说除了权衡还需要谋略。言说谋略就是要"得其所因，以求其情"[1]，即调查对方的心理状态，并掌握这个人的本性。面对不同的言说对象，要有不同的言语侧重。在言说的计谋上"公不如私，私不如结，结比而无隙者也"[2]，即公开不如私下，私下不如结为一体。交深忌言浅，交浅忌言深。交深言浅会疏远，交浅言深会招祸。

　　从企业管理的角度来看，预先判断客户的意图、需求，并顺应客户的需求来说话，会让客户感到你的想法符合他们的需求，从而让你成为客户信赖的伙伴。在发表意见时，要表现出你的知识渊博，广博的知识往往会给他人留下智慧的印象，引起别人对你的重视。此外，话语要果断。与客户交流时，果断的话语会使你在客户心目中留下良好的印象。另外，讲话也要符合逻辑，摆事实，讲道理。例如，要推出某个方案时，应列出一些有说服力的证据，通过对比的方式，将方案的优劣、长短进行比较分析，从中找出最佳方案，这样可以增加客户对你的信任。总之，在现代管理中，一个管理者的才能和成就很大程度上体现在其卓越的言谈技巧中。

　　纵横家与兵家的管理思想可以说是相辅相成的，只是《孙子兵法》侧重于总体战略，而《鬼谷子》则专于具体技巧。鬼谷子的弭兵思想也同样体现了民本思想，这也是其思想的核心。他指出用兵之术在于战胜，用兵之道在于息争，指的就是希望天下没有战争。在当今的时代，外交战术得益与否，关系国家的安危兴衰；而生意谈判与竞争策略是否得当，则关系企业经济上的成败得失。即使在日常生活中，言谈技巧也关系到每个人为人处世的得体与否。

---

① 《鬼谷子》，王立平译评，吉林文史出版社，2011，第 71 页。
② 《鬼谷子》，王立平译评，吉林文史出版社，2011，第 75 页。

管理案例分析

吉利收购沃尔沃

李书福所创立的浙江吉利控股集团有限公司（简称吉利）始建于 1986 年，属后起之秀，在汽车行业的发展中做出了无数艰辛的努力。2021 年，吉利旗下各品牌车型累计销量超过 132.8 万辆，相较于 2014～2018 年的销量 215 万辆，又一次实现了跨越式的发展。2019 年，吉利汽车位列国产汽车销量榜首，在《财富》杂志公布的世界 500 强企业中，吉利位列第 220 位。吉利的成功并非偶然，它的发展离不开李书福的管理策略，而这些策略与古代兵家、纵横家的思想又有着许多相似之处。李书福着眼企业发展全局，应势而谋，使吉利实现了从行业的底层到行业领导者的逆袭，发扬了中华民族的管理智慧。这一切要从吉利收购沃尔沃轿车公司（以下简称沃尔沃）说起。

2002 年，李书福第一次表露出想要收购沃尔沃，当时大家认为李书福所谓收购沃尔沃的计划，就好比一家小型连锁超市打算收购大型的沃尔玛超市，简直是天方夜谭。然而，李书福是非常认真的，之后他就成立了沃尔沃收购小组，时刻紧盯沃尔沃的新动向。李书福认为，要么坚持独立研发，十年磨一剑，必能成功，要么直接购买一个有技术的汽车公司，师人长技以自强，从而实现从模仿到超越。李书福清楚地知道，在吉利不断苦练内功的同时，高端品牌的建立和技术的提升，绝非一日之功，他必须给吉利找一个"好老师"，因此选择了第二条路，开启了收购沃尔沃之旅。

吉利之所以选择收购沃尔沃，是因为沃尔沃是一家有着 70 年造车历史的瑞典高端汽车品牌，造车技术和安全性堪称一流。沃尔沃曾被卖给美国福特汽车公司（以下简称福特），但并未得到重视，一直销量平平，更有甚者，2008 年金融危机爆发，福特为了缓解自身的财务困境，决定出售沃尔沃以换取现金。这就为吉利成功收购沃尔沃创造了条件。

2008 年，吉利启动收购沃尔沃事宜。收购主要由高盛和罗斯柴尔德两大银行经手。福特为了把沃尔沃炒出高价，实现大赚一笔的目的，巧妙地安排自己的华尔街顾问——高盛的肯尼斯和吉利的顾问梅瑞克·考克斯共同推进收购事宜。两位顾问都曾在高盛任职，交情甚笃。福特想要联合高盛，通过控制买卖双方的顾问，费尽心机地打造一个以吉利为套路对象的"局中局"。李书福早已察觉这一套路，与在老牌投资银行罗斯柴尔德银行工作的前沃尔沃总裁奥诺夫成功会面，奥诺夫被李书福的愿景打动，开始全力辅助吉利。

一开始吉利出价 35 亿美元，福特并不认可。每当谈判陷入僵局，罗斯柴尔德银行方面立即派人从中斡旋，名义上是帮助双方，实际则是帮吉利促成收购交易。但随着次贷危机的影响越来越大，双方的局面和心态都产生了明显的变化，福特先松了口，吉利在支付了 18 亿美元买价和 9 亿美元的初期运营费用后，获得了沃尔沃全部资产的所有权，也包括沃尔沃的 10963 件知识产权。

自此，这场汽车行业的"世纪收购"也落下帷幕。通过这次收购，全世界都认识了来自东方的汽车集团——吉利，也看到了中国汽车制造业的雄心。被收购的沃尔沃在李书福实行的自主管理模式下，一改往日阴霾，从一家主要依赖北欧市场的区域性公司，逐步发展成为走向欧洲、亚洲和北美洲三大主流市场的全球性公司。中国市场也成为其主要的增长市场。仅 2021 年上半年，沃尔沃汽车全球销量已达到 38 万辆，成为沃尔沃创立 94 年以来增长最快的时期。

吉利正是在李书福的不服输、坚持打造中国汽车工业的自主品牌和实现自主技术核心的信念中产生的。公司的整个发展战略是李书福谋定公司未来发展全局，根据自身的优势和劣势进行判断、行动，从而顺应形势、谋定策略、获得成功的方法，与国学中兵家、纵横家的思想如出一辙。

资料来源：

60 秒商业解读：《27 亿收购沃尔沃，吉利被华尔街算计了？李书福：自以为聪明的猎物》，腾讯新闻，https：//view.inews.qq.com/a/20220121A0CPH900？uid = 2200534025461&chlid = news_news_tp&shareto = wx。

《官方声明：吉利控股集团完成对沃尔沃轿车公司的收购》，网易财经，https：//www.163.com/money/article/6D5D9QTT0025421N.html。

复习思考题

1. 在学习上述内容的基础上，结合自己的经验与体会，谈一谈如何运用兵家、纵横家的管理思想指导现代管理。

2. 学习了兵家、纵横家的管理思想后，你对用其提高管理水平最深刻的感受是什么？

3. 在兵家、纵横家的管理思想中，哪些是你最值得学习借鉴的？在现代管理中有何现实意义？

4. 结合实际管理案例，试分析兵家的管理思想在现代企业管理中的应用。

5. 结合你的生活经历，请举一个与纵横家的管理思想有关，并能够在实践中应用的例子。

第三篇　中国管理思想与实践的历史演进

第七章　春秋到隋唐时期的管理思想与实践的历史演进

本章提要

本章主要包括两节内容。第一节介绍基于农耕文明与游牧文明碰撞、融合的历史演进，包括中华地理分析，农耕文明与游牧文明的碰撞。第二节梳理、总结春秋到隋唐时期的管理思想与实践，包括春秋战国时期、秦朝、汉朝、三国两晋南北朝、隋朝、唐朝各时期的管理思想与实践。

重点难点

本章的重点是掌握人类文明产生过程中管理的作用及其与中国古代管理思想的历史渊源；难点是了解春秋到隋唐时期主要的管理思想及其代表人物，学习优秀的中华传统管理思想与文化。

引导案例

曹操的"五湖四海"与刘备的"桃园小圈子"

中国古典四大名著之一的《三国演义》中第一个故事便是"桃园三结义"，讲述当年刘备、关羽、张飞三位仁人志士，为了共同干一番大事业的目标，意气相投、言行相依、举酒结义、对天盟誓、有苦同受、有难同当、有福同享，共同实现人生美好理想的英雄故事。

许多人十分向往"桃园三结义"，人生在世能有这样的结拜兄弟，大家可以轰轰烈烈地做一番事业，认为"桃园三结义"是一个很励志的故事，但在管理思想中，这样一个"小圈子"文化与曹操"五湖四海"的管理文化存在较大差异。

刘备当年以"桃园三结义"的方式，与他的另外两个兄弟关羽、张飞，形成了蜀国政权的核心圈子，无论大事小事，几乎都是这三兄弟说了算，在蜀国管理系统中形成了这样一个小圈子文化，极不利于蜀国政权吸引接纳更多的人才。即使后来投奔刘备的赵云（字子龙），虽然被刘备称为四弟，但是这个四弟和前面的三位大哥差距是很大的，在《三国演义》中几乎没有哪个地方能看出来关羽、张飞真心接纳赵云作为他们的四弟，赵云也一直没有能够进入刘关张桃园三结义的核心小圈子。虽然蜀国建国后刘备封了五虎上将，但这样的小圈子极大地阻碍了蜀国对人才的吸引，导致蜀国在三国争霸中越来越处于劣势。

反观同一时代的曹操，在用人方面却不拘一格，下令只要是人才，不管出身高低贵贱、品行如何，都可以举荐。例如，当年曹操举荐魏种为孝廉，一直认为魏种对他十分忠心。兖州叛乱的时候，他说："只有魏种不会背叛我。"谁知魏种早就跑了。曹操觉得很没面子，发怒道："魏种，除非你跑到胡、越这种我去不了的地方，否则我绝对不会放过你！"后来魏种被曹操俘虏，曹操却说："我只考虑到他是个人才。"曹操便吩咐给魏种松绑，并继续任用他。因此，曹操能吸纳来自五湖四海的人才，他手下谋士如雨，猛将如云，连给他守门的人都是勇力过人的威武将军典韦。这些人才帮助曹操整顿内政，发展军事，使曹操的魏国成为三国中势力最强大的国家。

总的来看，用人的境界不同会导致管理实践的效果大相径庭。在东汉这种群雄纷争割据的情况下，谋士与将才选择主公时首先考虑的便是他们的综合实力。虽然曹操无论从财力还是从正统性来讲均不占优势，但其阵营发展得越来越强大，这与其高超的驭人术密不可分。反观刘备则是搞自己的小圈子，就算有人才想投奔刘备，却也得不到重用，长此以往，人才便越来越少。刘备去世后，其赖以留人的感情也失去了依托，那些没有受到刘备恩泽的人才，只看到了后主刘禅的昏庸无能，看不到蜀国的前途，自然也没有了投奔蜀国的理由。随着诸葛亮等一批老臣的相继去世，蜀国的人才也凋零到"蜀中无大将，廖化为先锋"的尴尬局面。

资料来源：

翟文明：《二十五史故事》，华文出版社，2009。

思考题

1. 请分析曹操和刘备管理思想上的异同。
2. 请评价曹操和刘备的用人思想。

第一节　基于农耕文明与游牧文明碰撞、融合的历史演进

一　中华地理分析①

地理条件对人类早期文明的产生和发展有着不可替代的作用，它为文明的形成和演进提供了天然的、必要的外部环境，关于人类早期文明的发祥地，即世界古文明的发祥地，学术界有很多看法。世界四大文明古国（古埃及、古巴比伦、古印度和中国）之说是一种出现较早的传统学说。英国历史学家汤因比（Toynbee）曾提出过古代埃及、苏美尔、米诺斯、古代中国、玛雅和安第斯世界六大文明古国学说。② 英国考古学家格林·丹尼尔（Glyn Daniel）也认为世界文明有六大发祥地，即埃及、两河流域、印度、中国、墨西哥和秘鲁。③ 本书以上述观点为背景，结合中华文明发展的具体情况，分析人类早期文明发展的地理条件。

适度的自然条件是人类文明产生发展的必备前提。英国历史学家亨利·托马斯·巴克尔在其《英国文明史》中指出，地理条件优越的地方，生产的粮食必然丰富，粮食的丰富使得一部分人可从体力劳动中脱离出来从事智力活动，因而在地理条件越优越的地方，它的文明就越发达。④ 但是，过于优越的自然条件使得早期人类产生了对自然界的过分依赖，易于养成惰性，缺乏文化和文明发展的内在需求与动力；而过于恶劣的自然条件使得生产力水平极为低下的早期人类在自然界面前感到无能为力，缺失了文化和文明发展的内在动力。因此，只有适度的自然条件才是人类早期文明产生发展的必备要因。中华文明最早兴起于黄河流域和长江流域，而

---

① 毛曦：《中华文明形成的地理条件分析》，《西安联合大学学报》2002 年第 3 期。
② 〔英〕汤因比：《历史研究》，曹末风等译，上海人民出版社，1986。
③ Daniel G., *The First Civilization：The Archaeology of Their Origins*, London：Thames and Hudson, 1968.
④ 转引自王恩涌《文明起源的地理分析》，《北京大学学报》（哲学社会科学版）1995 年第 2 期。

不是北方草原荒漠地带和华南地区，就足以诠释这一点。

相对封闭的地理环境是本土文明起源和多元发展的重要原因。人类文明在形成过程中是相对脆弱的，因此，人类早期文明一般诞生在相对封闭和隔绝的地理环境中，这种地理环境为其发展提供了天然的安全屏障，避免了邻近强悍部族的入侵导致自身文明在形成过程的中断。因而，相对封闭与隔绝的地理条件对于人类文明的形成就有了特别重要的意义。中华文明的产生也是在中国处于相对隔离的自然地理条件下完成的，受地理环境的影响，中华文明就有了本土起源性和多元性的特点。

河湖沿岸的平原地区是人类文明最早形成的地区。就地理条件而言，河湖沿岸的平原地区为人类文明的形成提供了必要的条件。河湖不仅为早期人类提供了生产和生活的便利，也提供了交通的便利。正因为如此，河湖沿岸的平原地区就成为人类文明形成最早的地方。长江黄河流域的水利使航运极为便利，又为基础农业的灌溉提供了充足方便的水源。

中国古代不仅存在南方的农耕文明，还存在北方的草原游牧文明。中国北方草原地带泛指长城沿线及以北地区，位于中原农耕文明以北，其自然环境、经济类型、居民的生活方式及价值观念都有别于中原文化。南方温度适宜、湿度充分、阳光充足、纬度较低等特点，使得农业成为南方的支柱产业，而北方干燥、寒冷的气候特点使得畜牧业得以大力发展。

二 文明的碰撞：中华文明演进的历史线索

历史上农耕文明与游牧文明的长期对抗与融合，是中华文明演进的一个重要因素。

随着南方农耕文明种植技术的改进、种植范围的扩大，以及渔业和手工业的发展，南方经济得到快速发展。相比较而言，农耕民族文静柔弱，其生活方式也较为稳定和有规律。农耕民族长期维持着一种以农为本、自给自足的自然经济，安土重迁，彼此隔绝，具有狭隘的地方性特点。然而，定居的农耕生产方式却比迁徙的游牧生产方式创造出了更为丰盛的生活资料，从而使一部分社会成员有可能从基本的生存劳作中解脱出来，去从事冶炼、建筑、水利灌溉、商业贸易、社会管理、宗教祭祀及其他各种文化活动。

生活在北方的游牧民族无城郭、耕地，迁徙不定，以游牧为生，只有当牧区水草丰盛时，才能自给自足。众多游牧民族没有文字，全民擅骑战，民风彪悍，具有很强的军事实力和对外开放的态度。长期的恶劣环境和简朴的生活使其顽固地保持着传统的氏族公社制度，迁徙不居的游牧习性则使得这些民族喜好马背上的游牧征战，而不耐耕作之苦，但迁徙不定的生活方式又极大地阻碍了生产力的发展和发达文明的产生。

在草枯水乏之际，贫困饥荒使得北方游牧民族躁动起来，故而时常南下对南方农耕人口的生产资料、生产工具和财产进行侵略掠夺。这样一来，北方草原游牧文明与南方农耕文明就进行了激烈的碰撞。这种碰撞，一方面可以迫使故步自封的南方农耕文明打开域外之窗；另一方面它使北方游牧文明学习吸收来自南方农耕文明的生产方式和文字礼仪知识等成为可能。游牧民族在入侵农耕民族的过程中反过来被后者的文明生活方式征服和同化。

正因为中国特殊的地理条件，促使北方游牧文明和南方农耕文明的长期碰撞与交流，促进了中华文明的历史发展进程。国家的逐步统一、多元民族的不断融合，撞出了中华文明演进的系列火花，使得中华文明具有了今天包容大气和丰富灿烂的文化特征。

第二节　春秋到隋唐时期的管理思想与实践

一　春秋战国（公元前 770~前 221 年）①

随着周王朝的崩溃，春秋战国时期开始。第一，在政治因素方面，当时社会处于大变革时期，各诸侯国林立纷争；第二，在经济因素方面，由于当时经济有了极大发展，人们有时间从事自己的学术活动；第三，在科技因素方面，科学技术取得了较大进步；第四，在文化因素方面，当时"天子失官，学在四夷"，打破了"学在官府"的局面，致使"私学勃兴"；第五，在教育因素方面，官学的衰落必然导致私学兴起，而各学术团体对于政治权势是相对独立的。教育体系和知识资源从原本的朝廷垄断，整体下移进入了广大的士大夫手中。另外，由于各诸侯国征战不休，加之周朝道德礼仪的崩溃，每一个诸侯国的统治者都需要一套全新的思想体系和理

---

① 童书业：《春秋史》，商务印书馆，2010；刘向：《战国策》，缪文远译，中华书局，2012。

论来支持自己的统治，维护自己的权威，扩大自己的势力范围，因此，春秋战国时期出现了许多颇有政治影响的学派，其中广为人知的有儒家、道家、墨家、法家等，这些学派大放异彩，成就了传承千年的思想精华，形成了诸子百家争鸣的繁荣局面，被称为中国文化的"轴心时代"。

（一）春秋战国时期的管理思想

1. 儒家管理思想

以孔子、孟子和荀子为代表的儒家学说，其管理思想的基础是"仁"的学说，核心就是把人放在首位。在管理手段中，孔子首推教育手段，孔子的经济管理目标是遵循"利观"而实现民众富足。孟子的"人和"与"以善养人"的管理思想尤其对现代企业管理中的情感管理模式、团队精神培育、弹性管理与正面激励具有重要的指导价值与学习意义。荀子的"隆礼重法"学说则推动了儒学伦理向"礼"和"法"的方向发展，并揭示了古代组织管理的基本规律。

2. 道家管理思想

道家管理思想产生于春秋时期，其中老子和庄子就是先秦时期诸子百家——道家的主要代表人物。道家依托其"道法自然"核心思想，采取"我无事而民自富"的管理模式，提倡"上善若水"的管理之道。总体来说，道家把"不争"和"无为"当作一种管理手段，从而达到"为无为，则无不治"，并主张轻税，反对压迫，提倡均富思想；反对工艺技巧，主张农本思想；提倡"无欲"的财富观、崇俭和知足的消费思想。①

3. 法家管理思想

法家形成于战国时期，其代表群体为新兴地主阶级，是先秦时期非常重要的政治派别。先秦时期的法家分为两个时期，即前期法家和后期法家。前期法家主要代表人物是战国初期出现的一批新兴地主阶级的改革家和政治家，如李悝、吴起、管仲、商鞅、慎到、申不害等，他们为当时的社会经济改革做出了重要贡献，发起了各种变法，如李悝变法和商鞅变法等。后期法家是指集法家之大成的思想家韩非，他总结和继承了前期法家政治经验和思想遗产的成果，即把商鞅的重"法"、申不害的重"术"、慎到的

---

① 李聃：《道德经》，乙力注释，三秦出版社，2008。

重"势"有机地结合起来，特别是为维护新兴地主阶级的统治和利益提供了理论依据，并提出应以社会分工为基础实现财富多元增值；提倡以农业为本业，认为"富国以农"。① 总体来说，法家主张施行以国家干预经济的政策来大力发展农业、增加人口的管理措施。

4. 墨家管理思想

墨家以墨子为代表，其主要表现为主张重视功利，把"利"当作判断经济活动的基本准则，讲究实际效用，认为"凡费财、劳力而不加利者，不为也"。当然，墨家提出：利人乎即为，不利人乎即止，以"义"为基本手段，希望通过"义"来达到"利"的目标。此外，墨子所提倡的以农业生产为基础、主张"兼爱"的社会平等观，"节用"的消费观，通过劳动致富的生财观等经营管理思想对当今社会的经营管理也具有很好的启示作用。②

总之，在春秋战国时期，中国先哲创造了我们至今仍在思考的管理基本范畴，形成了社会秩序赖以运转的管理思想，论述人们在探求生命意义的同时，怎样通过规划和控制事件的发展，才能够更好地协作互助、构建社会秩序，从而达到科学管理的目的。

（二）春秋战国时期的管理实践

1. 管仲治国

管仲是春秋时期的著名政治家和思想家，相齐四十年，辅助齐桓公成为春秋时期的第一位霸主，管仲在政治、经济、军事、外交等方面多有建树、功业卓著，充分展示了他济世安民的经天纬地之才。在管仲由鲍叔牙推荐，被齐桓公任命为卿时，齐国刚刚经过一场争夺国君继承权的战争动乱，内乱使齐国生灵涂炭，危机四伏。管仲受命于危难之际，实行了一系列的经济政治改革。没过几年，齐国国力大振，管仲把一个千疮百孔的齐国治理得秩序井然，齐国迅速强大起来。齐国之所以发生如此巨大的变化，是因为除了管仲实行的政治改革、军事建设与外交政策的成功之外，他所推行的经济改革起到了根本的推动作用。管仲以安民富民为治国之本，主张努力发展粮食生产，提倡多种经营，兴修水利，重视科学技术，主张农

---

① 李新纯编著《韩非子》，云南人民出版社，2011，第442页。
② 马德勇评注《墨子》，吉林大学出版社，2015，第18、73、138页。

业分户经营，矿业所有权与经营权分离，加强手工业管理，重视经济调节。在生产力尚为落后的古代，管仲系统的经济管理思想殊为可贵。

2. 范蠡和白圭的经营之道

范蠡，春秋末期楚国人，曾为越国大夫，辅佐越王勾践卧薪尝胆。后因越王猜忌功臣，遂去齐国为相。不久，他又弃官经商，"十九年之中三致千金"，成为巨富，人称"陶朱公"。

白圭，战国初洛邑（今河南洛阳）人，曾为魏文侯之相。他重视商业经营，主张兴办水利、减轻租赋，遂闻名于诸侯，也被后世尊为商祖。

范蠡主要有七大管理经营主张：一是掌握时机，储备待乏，根据"时用而修备"，在丰年时购粮储备，在歉收时抛售牟利，从而赚取差价；二是反向思维，逆向操作，"旱则资舟，水则资车"，经营者应当有较强的市场预见能力，克服短期行为，以便在需求变化后能尽快占领市场；三是限制物价，保护农商，谷物的价格应"上不过八十，下不减三十"，"农末（指商业）俱利"，国家应吞吐物资，调节供求，对物价加以合理限制，以保护农商两方面的利益；四是积货贸易，注重质量，强调"积著之理"（囤积货物）、"以物相贸"，并提出要"务完物"，即保证商品的高质量；五是易腐之物，不可久留，"易腐败而食之货勿留"，应及早抛售；六是预测价格，贵极必贱，"贵上极则反贱，贱下极则反贵"，因此，不可"居贵"，不可贪高价而迟迟不抛售货物；七是贵出如土，贱取如玉，当价格贵到一定程度时，应把商品当作粪土一样抛出，当价格便宜到一定程度时，应像对待珠玉一样收购廉价商品。

白圭的管理经营观主要表现为：掌握商机，不与人同。白圭认为经商者要有"智""勇""仁""强"的坚韧人格，"趋时若猛兽鸷鸟之发"，迅速行动，不失良机；从天时变化预测丰歉，从而掌握商机。趁"岁熟"——农民急于卖出粮食时"取谷"，趁"茧出"——农民无粮可食时"与之食"，这样，客观上调节了商品的供求，对生产者、经营者和消费者都有利；奉行薄利多销、给农民提供优良品种的管理经营原则。尤其令后人称道的是，白圭虽成了巨富，但他"能薄饮食，忍嗜欲，节衣服，与用事僮仆同苦乐"[1]，成为后世商人学习的榜样。

范蠡、白圭作为商祖，其管理经营思想具有共通的内核，即注重"时断"——预测市场、把握商机；"智断"——选准经营对象，讲究取予之道。此外，他们都反对投机居奇，强调商业道德、商人品德的重要性。这些思想在市场经济的今天，仍然具有极大的借鉴价值。

3. 赵武灵王胡服骑射

赵雍（约公元前 340~前 295 年），即赵武灵王，战国中后期赵国君主，政治家、改革家。赵雍即位时，赵国国力不强，常受中原大国欺侮，林胡、楼烦等游牧民族也不时骚扰，邻境较小的中山国也时常进犯。面对天下大乱，各国无暇干涉赵国内政的天赐良机，赵武灵王于赵武灵王二十四年（公元前 302 年）颁布命令，推行"胡服骑射"政策，对赵国的政治、军事、经济、文化领域进行了一次大改革。其间，赵武灵王主动打破华夏贵、戎狄卑的传统观念，坚持以能任官，大批出身低贱和有戎狄背景的人得到重用。通过推行"胡服"、教练"骑射"，全面游牧化赵国骑兵，取胡人机动性强的优势，弃其纪律性差的缺点，在与北方胡人的军事斗争中取得了一系列胜利。同时，赵武灵王在位期间消灭了长期为赵国心腹大患的中山国，消除了赵国分裂的外在威胁，使赵国发展成为当时的强国。

4. 李牧抗击匈奴

李牧（？~公元前 229 年），柏仁（今河北隆尧）人，赵国军事家。他受赵王之命镇守雁门郡，以防匈奴入侵。李牧抗击匈奴从一开始做的就是全局的谋划，他的目标并不是简单地确保赵国边境不受匈奴骚扰，而是要彻底打垮匈奴，让其再也没有能力威胁赵国边境安全。他的战略分为三步，第一步就是示弱，麻痹对手，让其骄傲自大放松警惕，进而在对手毫无防备的情况下给予其雷霆万钧之击。很显然李牧做到了，他不仅麻痹了匈奴，同时麻痹了赵国君臣，所有人都认为他软弱，由此可见李牧个性极为坚韧，忍辱负重，不为外界所影响，城府高深。第二步就是"蓄势"，他暗地里厉兵秣马，抓紧训练，提高军士待遇，憋足了一股劲，这股劲就演变成为李牧为国家赴汤蹈火、忠君报国的士气，可见李牧能洞悉人的心理情感并加以利用。第三步就是诱敌深入，围而聚歼。于是"大破杀匈奴十余万骑……其后十余岁，匈奴不敢近赵边城"①。

5. 合纵连横

战国时期，齐、楚、燕、韩、赵、魏、秦七雄并立。战国中期，齐、

---

① 司马迁：《史记》，李明亮主编，吉林摄影出版社，2002，第 974 页。

秦两国最为强大，东西对峙，互相争取盟国，以图击败对方。其他五国也不甘示弱，与齐、秦两国时而对抗、时而联合。由于大国间冲突加剧，外交活动也更为频繁，出现了合纵和连横的斗争。合纵连横的实质是战国时期各大国为拉拢盟国而进行的外交和军事斗争。

当时最著名的纵横家有苏秦、张仪和公孙衍等。合纵的一方是以苏秦、公孙衍为主导的六国集团，主张六国纵深合作，其目的是对抗随时都想着吞并六国的强秦。连横的一方是以张仪、秦惠文王为代表的秦国，主要与六国横向联合，以破解六国合纵。最终，由于六国集团各自心怀鬼胎，时刻把自家利益摆在首位，连横的一方取得了胜利。尽管如此，强大的秦国也在相当长时间内，不敢小视六国的合纵，故而合纵从一定程度上也对抗了强秦吞并六国的野心。

以史为鉴，合纵需要团结，连横需要发展。即合纵的各方，必须懂得放弃，运用"舍得"这种精神，大舍才有大得，不舍永远不得。连横的一方，必须知道在与别人合作的同时，不断深度发掘自身的潜能，强大自我。秦国就是在与六国连横的过程中，一方面击破了合纵，另一方面不断深挖本国的潜能，使国家不断富强，最终取得了统一霸业的伟大胜利。

二 秦朝（公元前 221～前 207 年）①

（一）秦朝的管理思想

1. 政治集权管理

秦始皇统一全国后，在政治上建立封建专制的中央集权制度，主要体现在以下三点。①皇帝大权独揽。秦始皇统一全国后，自诩"皇帝"，定帝位为世袭制，规定政事无论大小，全由皇帝一人裁决。②中央机构设立三公九卿，地方机构推行郡县制。秦始皇在皇帝之下设有三公九卿，推行郡县制，每县由皇帝任命县令，县下设乡、里、亭，从而形成一个组织严密、号令一致、权力高度集中的行政管理体系。③登记户籍制度，秦朝建立了趋于完备的户籍制度，男年十五应载明户籍，方便朝廷派遣劳役、收取赋税，大大提高了国家的行政效率。

---

① 田昌五、安作璋：《秦汉史》，人民出版社，2008。

2. 经济集权管理

秦王朝建立后加强经济集权管理，主要体现在以下四点。①实行土地私有制，按亩纳税。封建土地私有制是地主阶级统治的经济基础，封建政权保护土地私有制，有利于社会生产的组织，保证国家的财政收入，维护地主阶级的利益，从而巩固其统治。②统一度量衡，实施高度统一的计量管理，颁发了统一全国度量衡的诏书，规定一律以秦国在商鞅时期所制定的"斗桶、权衡、丈尺"为全国通用的计量单位。③统一货币。④统一车轨、驰道。

3. 文化集权管理

秦朝文化方面推行集权管理，主要包括以下三点。①书同文，即统一文字，小篆是当时的官方文字，民间则使用更加简易的隶书。②焚书坑儒，加强思想控制。③以法为教，以吏为师，规定教学的内容（法令）和教师的资格（吏师，当时设有专门担任教师的官吏）。秦朝只许官府办学，又规定了统一学习的内容，严禁私学，实行愚民政策，以达到巩固统治的目的。

4. 以法治国管理

秦始皇采用战国时期法家韩非的建议，"以法治国"，秦国制定的法律有两大特点，即轻罪重罚、繁密苛酷，除律之外，还有补充的"令"，以及以典型案例作为判决依据的"廷行事"。秦律的严酷还体现在"连坐法"，一人犯罪，不仅罪及妻儿家室，还罪及邻里。秦法是秦始皇加强皇权、巩固中央集权政治体制的工具，但同时也给人民带来了极大的苦难。

秦始皇为建立专制的中央集权的封建国家，推行了一系列治理国家的措施。但秦始皇妄想永固天下大业，实行极端专制，推行徭役繁重、赋税沉重的经济压迫政策，使得民穷财尽、民怨沸腾，最终其政权在农民起义中被淹没。

（二）秦朝的管理实践

1. 郡县制，以法为教，以吏为师

郡县制是中国古代分封制度之后出现的以郡统县的两级地方管理行政制度，起于春秋战国时期，再经秦始皇的改革，正式成为秦汉以后的地方政治体制。在郡县制下，共设三十六郡，每郡有守（相当于现代的省长）、尉（相当于现代的省军区司令员）和监（相当于现代的省监委主任）各一。

郡下辖县，郡（守）与县（令）各自有明确的职责分工，既相互配合，又彼此牵制，统治机构的最高统治权掌握在皇帝一人手中。这套金字塔般的统治机构的建立，标志着封建专制主义中央集权制度进一步强化。

战国中后期，商鞅、韩非倡行并在秦国实施法制教育，"以法为教，以吏为师"是韩非对法制教育的概括，其首倡者是商鞅。秦始皇三十四年（公元前 213 年），秦始皇采纳了李斯的建议，颁布了"挟书令"，并禁止私学，要求士人求学"以吏为师"，由政府统一实施法治教育。秦始皇统一全国之后，曾因袭战国末期齐、魏、秦等国设置博士官的做法，大量征召儒家、名家等充任博士，达七十人之多。博士官的职掌在于议政事，备咨询，掌故籍。自改用"吏师"制，执行"以法为教，以吏为师"之后，秦朝对于博士官则采取压抑政策。所谓"以法为教"，实际上是以法代教；"以吏为师"，实际上是取消学校教育制度。这种文教政策的实施，导致了教育的退废。

2. 制式兵器生产的质量管理

1974 年，秦始皇陵兵马俑坑集中出土了一批秦兵器，四万枚箭中仅有七支造型有点差异，其他都是一样的。从这几万枚箭镞中，随机抽取几百枚，我们会发现这些箭镞的尺寸误差仅为几微米。与箭镞配合使用的发射器具弩机，抽查一部分也会发现各零件尺寸基本相同，特别是销和销孔之间，间隙可以忽略不计，零件互换也不成问题。由此可见，秦代已有一套生产武器的标准流程，主要表现在以下几点。①统一的度量衡标准。以法律的形式，规定地方官员必须使用度量衡器，并且定期校准。如果在生产制造武器过程中，有误差则会给予相应的惩罚。法律法规措施保障统一使用度量衡，为实现武器生产标准化提供了基础。②"物勒工名"制度。每一件秦国兵器上均需刻上制作者姓名、生产时间及管理系统等信息，如果一件兵器出现生产质量问题，可以通过兵器上的铭文直接追究从工匠到兵工厂负责人（工师），再到"寺工"（秦国主管兵器生产机构的最高行政官员），直至"相邦"（政府机构最高负责人）的相关责任，堪称世界上已知的最早的生产质量管理系统。

3. 北击匈奴，南征百越

公元前 221 年，秦始皇为巩固中央集权统治，在完成了统一中原的大业之后，就着手制定北击匈奴、南征百越的战略。

战国时期中原各国忙于征战，无暇北顾，匈奴经常袭掠与其接壤的秦、赵、燕三国北部边地。横扫六国后，为解除匈奴对秦的威胁，秦始皇命蒙恬率三十万大军北击匈奴，经蒙恬两次反击战后，解除了匈奴奴隶主贵族的侵扰与破坏，使今河套内外、黄河南北的广大地区，在一段相当长的时间内摆脱了兵祸的灾难。秦朝反击匈奴的胜利，是中原王朝对匈奴贵族侵扰势力第一次最沉重的打击。

公元前218年，秦始皇发动了征服岭南百越族的战争，由于百越人熟悉地形，而秦军粮道被断，供给不足，百越人一度获胜，秦军主帅也被杀害，战争陷入了对峙阶段。为了扭转兵力不足、粮草供给困难的局面，公元前217年，秦始皇命人开凿了沟通湘水和漓水的灵渠，保证了秦军粮饷供应。公元前214年，秦军再次进攻百越各部族，势如破竹，很快击溃越族反抗，整个岭南地区从此被划入了秦朝的版图。秦平定岭南的战争是秦始皇统一中国战争的重要组成部分，岭南在历史上第一次被正式纳入中国的版图，它对促进汉越民族的融合及岭南社会政治、经济和文化的发展都起着不可忽视的作用。

4. 修长城，建驰道

战国时期，匈奴的氏族公社开始解体，向着奴隶制阶段过渡，匈奴贵族经常对中原地区进行掠夺。秦统一六国前夕，各诸侯国因忙于战争，匈奴乘机长驱直入，占领了河套地区。为了消除匈奴的威胁，维护北方地区的安全，秦始皇派蒙恬率兵三十万北击匈奴，迅速收复河南地区，同时，秦朝开始在北部大规模地修建防御工程，即万里长城。这种城防之类的建筑，早在战国时期，几乎遍及各诸侯国。秦击败匈奴之后，对原来秦、赵、燕三国北部的长城进行修葺、连接或扩建延伸，修筑成西起临洮（今甘肃岷县），东至辽东郡内，长达五千余千米的长城，号称"万里长城"。

驰道是中国历史上最早的"国道"，始于秦朝。由于原来六国各国境内道路宽窄不一，车辆无法通行，为畅通全国交通，秦始皇统一六国第二年（公元前220年），就下令把秦国和六国境内原有的旧道连接起来，加以扩建，名为驰道，并规定每条驰道宽五十步，车距六尺。以咸阳为中心，修建的通往全国各地的驰道中比较著名的有出今高陵通上郡（陕北）的上郡道，过黄河通山西的临晋道，出函谷关通河南、河北、山东的东方道。驰道的修建对于秦朝陆路交通的发达，以及促进经济文化交流和加强国家管理具有重大意义。

5. 苛政猛于虎

公元前 221 年，秦始皇灭六国，统一天下，全新的时代拉开帷幕。车同轨、书同文，揽天下民力，建长城、御匈奴，秦国之强盛，亘古未有。可富国强兵的背后，却是民生凋敝，苛政猛于虎。嬴政自称始皇帝，幻想千秋万代，江山永固，却不与民休养生息，统治阶级盘剥现象越发严重，统治者又大兴土木，肆意享受，举国上下民怨沸腾，却敢怒不敢言。

直至秦始皇驾崩后，秦二世登基，苛政更甚于秦始皇，其聚天下百万民力，修阿房宫、筑骊山墓、发配戍边。为此，天下百姓流离失所，转徙民夫不绝于路，丢失性命者不计其数。

在这些被迫服劳役的民众中，就有陈胜、吴广奉命率领的一批戍守渔阳的穷苦百姓，因为暴雨误了役期，就算他们拼命赶路到达目的地，按秦朝法律都要被判死刑，于是在"王侯将相宁有种乎"的呐喊声中，陈胜与吴广揭竿起义，敲响了秦王朝覆灭的丧钟。

三 汉朝（公元前 202~公元 220 年）[①]

（一）汉朝的管理思想

汉朝初期实行无为而治、轻徭薄赋，有利于生产的恢复和发展，出现了"文景之治"。汉武帝"罢黜百家，独尊儒术"，此后儒家思想成为历朝历代的统治阶级维护其统治地位的主要管理思想。

1. 行政管理思想

汉朝大力推广"汉承秦制"，也在许多方面进行了改进，如建立新的选官制度，用察举、征召的办法选拔人才，开创刺史制度，加强中央集权。

2. 经济管理思想

西汉初期统治者吸取秦王教训，实行"与民休息"的放任主义经济政策。到汉武帝时期，由于民富国强，又执行了干涉主义的经济政策。

3. 军事管理思想

汉朝末年局势动荡，纷争不断，长期的战争实践造就了一批杰出的军

---

① 田昌五、安作璋：《秦汉史》，人民出版社，2008。

事家，曹操、诸葛亮就是其中的代表。曹操的军事管理思想极为突出，如"唯才是举""选将量敌""褒亡厚往""赏罚分明"等，对当今的管理实践具有深远的借鉴意义。

4. 文化管理思想

汉武帝时期，为了适应政治上的大一统，采纳了董仲舒提出的"罢黜百家，独尊儒术"的主张，从此儒家思想成为中国封建社会的正统思想。

（二）汉朝的管理实践

1. 汉朝初期"无为而治"下的文景之治

刘邦即位之初，百业俱废，经济凋敝，哀鸿遍野，在这种严峻的社会形势下，稳定社会秩序、发展经济成了这个王朝生存下去的迫切目标。

第一，释放奴婢，罢兵归田。为了稳定社会秩序，首先必须解决人们的温饱问题，汉高祖通过释放奴婢和罢兵归田，增加了社会劳动力，对促进农业发展和稳定人心是十分重要的。

第二，轻徭薄赋，力主节俭。汉高祖为了让百姓能有休养生息之机，实行了轻徭薄赋政策，开国后，一再宣告要改变秦朝沉重的赋税、徭役制度，大大减轻了人民的负担。

第三，建立法制，减轻刑罚。这些基本准则为恢复和建设事业提供了条件。

第四，行政组织，"一承秦制"。汉高祖为了保持政权稳定，基本上沿用了秦朝旧制。

2. 隐忍的和亲外交

汉朝建立初期，国家疲弱，百废待兴，面对北方匈奴的威胁，汉朝选择了最稳妥的和亲政策，借此为国家休养生息赢得了宝贵的时间，也给后来汉武帝时期的强盛打下了基础。汉初的和亲是汉王朝向匈奴求和亲，意在以暂时的屈辱，换取宝贵的休养生息时间，是一种被动的、迫不得已的措施。后期的和亲则是匈奴在自身虚弱，慑于汉王朝强大的政治、经济、军事实力的情况下，主动向汉王朝臣服和求婚的，此时汉王朝和亲的目的是在其恩威并施的情况下，使匈奴永远臣服于汉朝。因此，汉朝对匈奴的和亲基本上可以说是处理敌对国家间关系的一种和平外交。

3. 两汉时期讨伐匈奴

两汉时期在抵抗匈奴侵略的历史上有着众多引以为傲的战绩，其中以"封狼居胥""勒石燕然"最为有名，成为后世景仰的丰碑。

西汉的霍去病用兵灵活，不拘古法，勇猛果断，善于长途奔袭、快速突袭和大迂回、大穿插作战，还会运用标志性的"斩首战术"，在漠北之战中，击败匈奴左贤王主力七万多人，一直追到狼居胥山（今蒙古国境内），在狼居胥山祭天，在姑衍山（今蒙古国肯特山以北）祭地，兵锋一直逼至北海（今俄罗斯贝加尔湖），即"封狼居胥"，此战以后，匈奴远遁，漠南无王庭。

东汉的窦宪则善于针对敌军的弱点，及时掌握和准确判断敌军的动向，采取主动出击的战略方针，调遣优势兵力与敌军主力决战，然后毁灭性地打击敌人。在稽落山（今蒙古国达兰扎达加德西北）大破北匈奴，兵临私渠比鞮海，出塞三千余里，到达燕然山（今蒙古国境内杭爱山），窦宪在此地刻石记功，即"燕然勒功"，又称"勒石燕然"，从此以后，北匈奴彻底灭亡。

4. 削藩与推恩令的实施

汉武帝时期的国势已相当强大。可是当时有三大问题存在：一是诸侯王尚有一定的政治、军事势力，是一个不稳定的因素；二是土地兼并严重，社会动荡不安，阶级矛盾不断激化；三是匈奴不断入侵，两越不停制造事端，使得西汉王朝边境不宁。这三个因素促使汉武帝下定决心进一步加强中央集权，以避免外敌还未进攻而王朝内部就先行瓦解的局面，在这样的情况下"推恩令"应运而生。

推恩令吸取了汉景帝时期晁错颁布的削藩令引起七国之乱的教训，规定诸侯王除了让嫡长子继承王位外，其余的庶子在原封国内封侯，新封侯国不再受王国管辖，直接由各郡管理，地位相当于县。规定诸侯王死后，由嫡长子继承王位，其他子弟分割王国部分土地为列侯，列侯归郡统辖。允许诸侯王推"私恩"把王国土地的一部分分给子弟为列侯，由皇帝制定这些侯国的名号。按照汉制，侯国隶属于郡，地位与县相当。因此，王国析为侯国，就是王国的缩小和朝廷直辖土地的扩大。推恩令下后，各王国纷纷请示把其属地分给其子弟。汉武帝以后，王国辖地不超过数县，其地位相当于郡。这样，诸侯王强大难制的问题就进一步解决了。

5. 张骞"凿通"西域

西汉初年，北方的游牧民族处于最为强盛的时期，他们屡次进攻骚扰中原的汉王朝，双方战争不断。如何彻底消除北方的威胁，一直是西汉统治者面临的一道难题，得知在西域的大月氏与匈奴也是世仇之后，汉武帝决定联合大月氏，夹攻匈奴，"断匈右臂"。

西汉建元二年（公元前 139 年），汉武帝派遣张骞正式从长安出发出使西域，虽然本来目的是联系大月氏打击匈奴，但张骞此行却开通了赫赫有名的"丝绸之路"，张骞先后两次出使西域，打开了中原与中亚、西亚、南亚甚至通往欧洲的陆路交通。

汉通西域，虽然起初是出于军事目的，但西域开通以后，它的影响远远超出了军事范畴。从西汉的敦煌，出玉门关，进入新疆，再从新疆至中亚、西亚的一条横贯东西的通道畅通无阻，这条通道就是后世闻名的"丝绸之路"。丝绸之路把西汉同中亚许多国家联系起来，促进了它们之间的政治、经济、军事和文化交流。西域的核桃、葡萄、石榴、蚕豆、苜蓿等十几种植物，逐渐在中原栽培。龟兹的乐曲和胡琴等乐器，丰富了汉族人民的文化生活。汉军在鄯善、车师等地屯田时使用地下相通的穿井术，习称"坎儿井"，在当地逐渐推广。此外，大宛的汗血马在汉代非常著名，名曰"天马"。那时大宛以西到安息国都不产丝绸，也不懂得铸铁器，后来汉朝的使臣和兵士把这些技术传授过去。丝绸和冶铁术的西进，对促进人类文明的发展贡献甚大。

四　三国两晋南北朝（公元 220～581 年）[①]

（一）管理思想的产生基础与主要内容

三国时期，各国主要致力于整顿吏治，恢复社会秩序和民生，发展经济。西晋时期实行"九品中正制"，使得政治特权日益巩固，形成了"上品无寒门，下品无势族"的门阀政治。但西晋政治极为腐朽，经济掠夺极其残暴，各地流民起义，大量游牧民族内迁，中原又陷入分割的局面。南北朝时期，在南方，由于北方流民南下，带来了先进的生产技术，推动了江

---

① 何兹全、张国安：《魏晋南北朝史》，人民出版社，2014。

南的开发。在北方，北魏政权为巩固其统治，魏孝文帝实行均田制和汉化政策，这对当时社会经济的发展和各民族的融合起到了有益的作用。

北魏时期的经济管理思想，主要是对土地及赋税管理制度进行变革，出现了均田制和租庸调制，这是适应当时经济发展的。

（二）代表性的管理思想与实践

1. 曹操的管理思想与实践

曹操"博览群书，特好兵法"，把古代典籍上关于政治、军事方面的思想与现实管理相结合，总结出大量政治、军事方面的实践经验，尤其是他的管理思想更是令人称道。

第一，管理原则上，坚持领导地位和法的统一性。一方面，强化领导的权威性，坚持主权领导地位的不可动摇；另一方面，依法办事，法一不二，坚持法治的统一性。

第二，管理方法上，因时变通，效率优先。一方面，因时用才，有才必用，对人才实行有效的整合；另一方面，奖惩结合，赏罚分明，实行公正的效率考核机制。

第三，管理理念上，利益共享，以百姓为重。一是甘苦与共，利益共享；二是注重对国家百姓主体地位的保护，稳固统治基础；三是移风易俗，发展文化教育，扭转不良之俗。

在汉末群雄争战的环境里，曹操能最后征服群雄，基本统一北方，除了他有多谋善断的政治智慧等因素外，还在于他有效地运用了切合现实的管理思想，以此调动了大批士大夫和将士的智慧和力量，使他们各司其职、各尽其能，在激烈的竞争环境里，形成了一种始终保持昂扬精神面貌的集体力量。

2. 诸葛亮的管理思想与实践 ①

公元 207 年，刘备三顾茅庐，请出诸葛亮辅佐其建立蜀汉政权。之后诸葛亮又辅助后主刘禅，试图统一中原未果。

第一，战略管理。诸葛亮认为，刘备应当联吴抗曹，并且稳定好与周围少数民族的关系。在日后的诸侯争霸过程中，诸葛亮战略管理的远见逐

---

① 姜杰等：《中国管理思想史》，北京大学出版社，2011，第93~97页。

渐体现。首先，诸葛亮分析了天下诸侯中最具实力的力量，之后又为刘备立足天下寻求战略要地，还做了"三分天下"的战略分析，与后来三足鼎立之势基本相符，证明了诸葛亮战略分析的正确性。其次，为了实现"霸业可成，汉室可兴"的最终目标，在当时的形势下，诸葛亮提出刘备若能凭借益州的天险、天府肥沃的土壤，以及荆州要塞的地理位置，外结孙权、内修政理、西和诸戎、南抚夷越，也可与曹操、孙权一起，三分天下，到时机成熟，兵出益州、荆州，兵分两路，击败其他两支力量，即可统一中原。

第二，人才管理。在治理国家和军队方面，诸葛亮很好地发挥和利用了各个人才的优点，做到了人尽其才。诸葛亮的用人原则是"取人不限其方"，在挑选人才过程中，诸葛亮只以才能论人，不闻其出身背景及过去的作为，为蜀国积累了大量人才。

诸葛亮作为三国时期著名的政治家、军事家，在治国、治军过程中表现出长远的战略眼光和卓越的管理智慧。但他的管理风格也存在缺陷，往往事必躬亲，这种精神固然值得敬佩，但作为领导者，事事亲力亲为，一方面是自己的时间和精力有限，造成效率不高；另一方面，权力过于集中，不利于采纳更好的建议和措施。

3. 两晋南北朝时期的管理思想与实践

两晋南北朝时期，中国处于长期分裂状态，战争频繁，社会混乱，管理思想发展相对停滞，但也出现了北魏孝文帝等政治家和军事家，还有以《齐民要术》为代表的农业经营管理专著。

北魏孝文帝拓跋宏（公元 467~499 年），是中国历史上一位杰出的少数民族政治家。他自幼接受汉族传统文化教育，深谙汉族统治者的传统治国理论。其在统治期间，确定了以儒家思想为核心，儒法并用、兼容道家无为思想的治国方针。一是尊儒崇经、礼孝为先的伦理思想。孝文帝用儒家的礼、孝等社会伦理思想治理国家。二是法为治要、民命尤重的法治思想。孝文帝亲自主持修订律令，强调法律条文要简明，量刑要从宽；行法中坚持赏罚并举，礼律并重，务从宽容；断狱时强调司法公正，并把死刑的判决权力全部收归皇帝。三是亲疏并举，任人唯贤的人才思想。孝文帝一方面建立门阀制度，让士族享有特权，以拉拢亲贵，维护北魏的封建统治；另一方面，他又通过州贡举试等方式抛开门第而选才，以便更有效地管理国家，巩固中央集权统治。

北朝北魏时期，中国杰出农学家贾思勰撰写了一部综合性农学著作——《齐民要术》，这是世界农学史上最早、最有价值的名著之一，是中国现存最早的一部完整的农书。《齐民要术》不仅是一部伟大的古代农书，而且对于指导地主阶级经营管理田庄也具有一定价值。从农学角度看，它引经据典，调查实验，使北方旱农技术形成体系。从经济学角度看，它吸收前人经验，总结和提出了不少重要的经济管理主张，并融会贯通，形成了一定的思想体系：第一，诠释了以最少的投入得到最大产出的经济学原理；第二，从投入、产出的比例角度看待自然规律，把是否尊重自然规律与经济效益联系在一起，突出了自然规律的作用和经济价值；第三，"量己力"与"少好"原则，经营规模超过自身力量，必然导致经营方式粗放化，故劝告农家营田须量己力；第四，发展商品农业，贾思勰十分关注商品性农作物生产，把其看作治生富家的重要途径之一，具有鲜明的发展商品农业的思想；第五，生产管理与货殖管理并重，生产技术和经营管理克服了以前或只重技术或只重经营的弊端，使生产与经营同为农户家庭管理不可缺少的两个重要方面。

五 隋朝（公元 581~618 年）[①]

1. 管理思想产生的基础与主要内容

中国在隋朝又重新统一，专制的封建国家有了新的发展，对外联系也有所加强，中华文明得到复兴，科举制度的创立、大运河的开凿、农业的大发展，为后来唐朝的兴盛打下良好的基础。但隋炀帝荒淫残暴、穷兵黩武，加剧了阶级矛盾，隋政权在起义军的打击下土崩瓦解。

第一，行政管理思想。隋朝的行政管理得到进一步发展，隋文帝在推行三省六部制和精简地方行政机构的同时，还别开生面地创立了科举制度，招徕了许多能人贤士。

第二，经济管理思想。隋朝的经济管理思想基本沿用北魏时期的，主要是对土地和赋税管理制度进行变革，也出现了均田制和租庸调制。

第三，文化管理思想。隋朝早期国家安定、人民富足，为文化繁荣奠

① 魏徵等：《隋书》，中华书局，2018。

定了基础，隋朝开创了科举制，给中下层地主知识分子打开了进仕之路，唤起了他们对功名、事业的热情。

2. 隋文帝的管理思想与实践[1]

隋文帝充分总结了各时期各朝代的历史经验和教训，坚决地革除社会上残留的奢靡之风，在政治制度上也进行了创新，创建了三省六部制、州县二级地方治理制度和科举制。

第一，改革中央结构，推行三省六部制。隋文帝时期废除了不合时宜的北周六官制，设立了三省六部的组织结构。国家的每一项决策，一般均由尚书省讨论，由中书省、门下省复议，经皇帝裁决后，由中书省、门下省再次复议后交给尚书省，最后才能实行。这有效地钳制了各部门长官的势力，巩固了皇权。

第二，改革地方机构，实行州县二级制。地方机构的简化，裁减了官员，节省了开支，提高了行政效率，更重要的是加强了中央对地方的控制。同时，隋文帝还规定九品以上的官员都由中央任免，且州、县的官员三年一换，不得重任，也不得任用本地人。

第三，改革用人制度，开创科举制。开皇七年（公元587年），隋文帝设"至行修道"（有德）、"清平干济"（有才）二科，公开选拔官吏，后来隋炀帝于公元607年确定了科举制。科举制的实施，以德才作为选拔标准，为寒门子弟铺就了走向仕途的道路，促进了社会阶层的流动。

3. 隋炀帝的管理思想与实践

西晋灭亡后，中国便进入了长达三百年的南北大分裂时期，隋文帝终结了这样的分裂局面后，隋炀帝在其父的基础上加强了南北方的统一，并把"天下"范围进一步扩大：坐镇江南十余年，竭力消弭南方士人的背离之意；开凿运河沟通南北，三下江南宣扬国威，笼络人心；四面开疆，向西北拓土千里；三征辽左，有前人未有之雄心。诸多文化政治措施的全面叠加，不仅避免了中华民族从文字到文化、从民族到政权全面分裂的悲剧，更启发了后世对"大一统"的追求，隋炀帝在此中所起到的作用不可谓不大。

但隋朝类似秦朝，隋炀帝向往秦皇汉武的功业，愿做大有为之君、成"大一统"之事，在短短十余年内兴起变革无数，东征西讨不休，土木工程

---

① 姜杰等：《中国管理思想史》，北京大学出版社，2011，第104～107页。

不息，意图以自己一生完成几代贤君都难以完成的"大业"，但操之过急，短期内又难以从中获益，只能残酷剥削和压迫人民，引发隋末农民起义。最终，隋王朝以国运短祚的悲剧封存历史，隋炀帝也备受史书诟病，成为"亡国之君"的代表。

六 唐朝（公元 618～907 年）[①]

1. 管理思想产生的基础与主要内容

从"贞观之治"到"开元盛世"，唐代社会发展到了鼎盛时期，国力强盛，多元文化融合，文明高度发达，国家高度开放，大唐气象、大唐风采至今令人追怀。到唐玄宗后期，政治日趋腐败，导致"安史之乱"。之后，中央政府中央集权大为削弱，形成了"天下尽裂于方镇"的局面。唐朝的管理思想主要体现在以下方面。

第一，行政管理思想。唐太宗知人善任，善于纳谏，建立了议事制度，推广和完善了隋朝所确立的科举制度，组织编撰了《贞观律》，对维护封建专制主义中央集权制度具有重要作用，并成为以后宋、明各朝代法典的典范。

第二，经济管理思想。中国的封建社会发展至唐朝中叶，已经结束了上升期，中国传统经济管理思想也进入自身发展的新时期。其代表人物著名理财家刘晏对经济管理思想各种模式做了思考，并进行了创新。

第三，文化管理思想。唐朝社会安定、物质生活优裕，为文化思想发展提供了条件，进一步完善了科举制度，统治思想也趋于开放，儒、道、释三家和平共处，思想比较活跃与自由，涌现了许多著名的诗人，把中国封建文化推到了高峰。

2. 唐太宗的管理思想与实践[②]

唐太宗是中国历史上卓越的政治家。在政治上，唐太宗善于听取臣子的建议，尊重、团结周围少数民族；在经济上，他推行均田制和租庸调制，开创了历史上著名的"贞观之治"。

第一，裁减机构及人员。唐太宗将全国 300 多个州进行了划分合并，最

[①] 欧阳修、宋祁：《新唐书》，中华书局，2003。
[②] 姜杰等：《中国管理思想史》，北京大学出版社，2011，第 107～112 页。

后剩下 279 个州，简化了行政区，方便中央进行管理。他还大力主张裁减官员，最后仅剩下 643 人，庞大的国家，仅靠 643 人就治理得井井有条，证明了裁减官员是一项有效的政策。

第二，完善地方监察制度。自古以来，中国各个朝代都十分重视监察制度，秦朝"三公"中有御史大夫，主管监察，两汉时期设立刺史监察制度，监察地方长官，隋唐以来一直以御史台为最高监察机构。唐太宗时中央颁布了"监察六事"，将其作为监察部门的主要职责，并且还将监察的范围扩大到吏治、户籍、役赋、储备、狱讼、生产、治安等方面。

第三，聚天下英才而用之。能出现"贞观之治"的局面，很大程度上得益于唐太宗独特的人才管理方式。据史书记载，唐太宗见新科进士鱼贯而出，大喜曰："天下英雄尽入吾彀中矣！"这既表明了其对人才的极度渴望，也体现了人才尽归其用的喜悦。刺史由他亲自选拔，县令由五品以上的京城官员推荐。

3. 唐玄宗的管理思想与实践

唐玄宗李隆基是继唐太宗李世民之后又一位颇有作为的唐代皇帝，史学家将他开创的"开元盛世"与"贞观之治"相提并论，历来颇受推崇。但是，在他执政的后期，却爆发了"安史之乱"，使唐王朝从发展的巅峰上跌落下来，"唐室遂微"，唐玄宗的管理经验及教训很值得后人总结和汲取。

第一，励精图治，慎选贤相，奠定"开元盛世"的人才基础。开元初期，唐玄宗在用人这个关键大事上比较谨慎，他先后选择姚崇、宋璟、张说、韩休、张九龄等德才超群的政治精英为宰辅大臣，组成了一个清廉强干的领导集体。

第二，改革吏治，选贤任能，充实地方政权。大力精简机构，裁汰一切冗官滥吏；荐官必须荐贤，举荐劣恶者必予追究严惩；京官和地方官实行定期轮换制度，使内外官吏特别是高级官吏都能亲知百姓疾苦，保持清廉自觉并提高从政能力；严行考核制度，奖励检举揭发贪浊官吏并对贪官严惩不贷；大力发展教育和科举制度，不断充实更新官员队伍，提高官员素质；注意选拔年富力强的中青年，破格用贤。

第三，惰政怠政，疏于察人，难掩为政之失。唐玄宗晚年只顾享乐，不管天下治乱安危，重用李林甫、杨国忠等贪暴奸邪、阿谀奉承的祸国元凶，憎恶、疏远光明正大之人。

第四，骄奢养奸，埋下帝国将倾的祸根。唐玄宗统治后期治政的慵懒心态，使他更多地耽于享乐，追求声色犬马的生活，懒政怠政。在军国大事上，他更多地委政于人，重用安禄山，养虎为患，导致了"安史之乱"。

管理案例分析

光武中兴，以"柔道"治天下

汉光武帝刘秀倡导柔道，即王道，意谓自己要效法汉高祖刘邦的统治之术，把"黄老无为"学说作为稳定社会秩序的指导思想。他指出，"吾理天下，亦欲以柔道行之"，"柔能制刚，弱能制强。柔者德也，刚者贼也。弱者仁之助也，强者怨之归也"。以上均为刘秀治理天下的准则。前者出自《后汉书·光武帝本纪》，后者则见于《后汉书·臧宫传》。光武帝这种不单凭武力和强权去管理国家的治世原则，具体表现在恤民和安民等方面。

（1）解放奴婢。从建武二年至十四年（公元 26～38 年），刘秀曾先后六次下达解放奴婢的命令。奴婢是由破产农民转化而来的。奴婢的大量存在，使社会劳动人手转为贵族、官僚、地主、商人的家内杂役，对于国家税收和发展生产都是不利的。刘秀在诏令中指出：凡因贫困而"嫁妻卖子"者，在王莽时"没入为奴婢"者，还有"被掠为奴婢"者，均可免去奴婢身份，而转为庶人。诏令又规定：不得虐杀奴婢，"天地之性人为贵"，"其杀奴婢，不得减罪"，"敢炙灼（烧伤、烙痕）奴婢"者"论如律"。他又下诏释放犯人，规定"罪非犯殊死，一切勿案，见徒免为庶人"。这些措施的颁行，大大增加了社会劳动力，对于恢复和发展社会经济起到了重大作用。

（2）复员军队和安置流民。建武七年（公元 31 年），统一战争胜利以后，刘秀马上做出遣散大量地方军队的决定，使大批劳动力回到农业生产上来。他还鼓励流亡在外的民众回归故乡，向政府登记户口，要各级官府关心这些民众的生活，把国有的荒地、范围分配给这些民众，并将山林川泽租借给他们，又规定在三五年内，民众可以享受免除租税的待遇。这些惠民的做法对于发展生产和安定社会是十分有利的。

（3）裁省官吏。建武六年（公元 30 年）六月，刘秀下令"夫张官置吏，所以为人也。今百姓遭难，户口耗少，而县官吏之职，所置尚繁"，于是，仅这一年内，便裁并了四百多个县，减少了大小官员数万人，节省了国家财政开支，对于澄清吏治大有好处。

（4）减免赋税。在进行统一战争期间，刘秀曾实行"以十税一"之制。后来，刘秀对留守的军队实行屯田，以减少政府开支。在军屯取得成效以后，"其令郡国见收田租，三十税一，亦如旧制"。这种"三十税一"之制，是西汉"文景之治"时的重要表现。刘秀重行此制，正是当时国库充足、社会安定的表征。

（5）实行度田。"度田"，就是要清丈全国土地和检查全国人口。建武十五年（公元 39 年），刘秀下令各州郡开始"度田"。由于遭到豪族的激烈反对，刘秀曾以"度田不实"为由，将河南尹张伋和十多个郡守下狱处死，重申度田之令。但是，"郡国大姓及兵长群盗处处并起，攻劫在所，害杀长吏"（《后汉书·光武帝纪》），使得度田只好搁置不行。

总之，东汉王朝建立以后，刘秀"解王莽之繁密，还汉世之轻法"，做到一切从宽从简，以缓和社会矛盾。他实行的上述措施，使得耕地日广，粮食增加，府库充实，百姓安居乐业，史称"光武中兴"。

资料来源：

冷成金：《刘秀"柔道"兴汉二三事》，《人民论坛》2013 年第 7 期。

朱海风：《息民：汉光武帝的基本国策》，《中国行政管理》1995 年第 4 期。

复习思考题

1. 从春秋到隋唐管理思想的发展历程是怎样的？试分析这些管理思想产生的时代背景。

2. 春秋战国时期的管理思想有哪些流派，其各自的代表人物和管理思想分别是什么？给你什么启发？

3. 汉朝、唐朝的管理实践对你有什么启发？举例并说明理由。

4. 从春秋到隋唐时期的管理思想与实践对现代管理的借鉴意义有哪些？

5. 曹操的用人思想对你有什么启发？

6. 试分析唐太宗的"与天下共治"思想及其效果。

第八章 辽、宋、金时期的管理思想
与实践的历史演进

本章提要

本章沿着历史发展的脚步，探讨辽、宋、金时期的管理思想与实践，具体有辽朝简史、澶渊之盟后的社会与文化、文教昌兴与礼法观念在契丹人中的推广，宋朝简史、官田管理模式，金朝简史、女真族社会阶层的流动；探讨辽、宋、金时期的管理思想与实践的历史演进及其对现代管理的启示。

重点难点

本章重点是掌握宋朝经济与文化的发展、辽朝与金朝被中原文化影响与融合；难点是对宋朝扬文抑武的后果要用辩证的观点来分析，对辽朝、金朝管理思想与实践也要放在中华民族大一统的视角下进行探讨。

引导案例

宋朝的社会管理

1. 王安石与司马光的党争

王安石与司马光的党争是变法与保守势力的对抗。王安石变法是发生在宋神宗时期的改革，变法自熙宁二年（公元 1069 年）开始，至元丰八年（公元 1085 年）宋神宗去世结束，故也称熙宁变法、熙丰变法。王安石变法以发展生产、富国强兵、挽救宋朝政治危机为目的，以"理财""整军"为中心，涉及政治、经济、军事、社会、文化各个方面。变法在一定程度上改变了北宋积贫积弱的局面，充实了政府财政，提高了国防力量，对封建地主阶级和大商人非法渔利也进行了打击和限制。但变法在推行过程中触及了一些阶层（如大地主阶层）的根本利益，遭到了激烈的反对，丧失了变法的社会基础，且部分政策执行不力，造成动机与效果背离、条文与执行偏差，使百姓利益受到不同程度的损害，如保马法①和青苗法②。

以司马光为代表的保守派强烈反对王安石主张的新政，在守旧派中有许多有影响力的大臣，如韩琦、欧阳修、苏轼等；支持王安石的只有曾布、吕慧卿等新人。党争最初因政见不同而起，后逐渐演变成排除异己的夺权之争。

党争是宋朝士大夫参与政治文化的一个重要表现，随着宋朝士大夫政治地位的不断提高，他们的"政治主体"意识逐渐觉醒，希望构建一个与皇帝"同治天下"的政治理想模式，许多有影响力的官员在其中发表自己的治国理政建议，积极参与国家治理，在政治上掌握了相当大的话语权，拥有更大的政治权力。士大夫内部的学术思想和政治观点不同，分歧日益明显，导致士大夫内部的分化，这种分化在朝堂上就表现为激烈的党争。士大夫与皇帝共治天下的权力得到皇权一定程度的认可，是宋朝政治所独有的现象。

2. 宋朝救济制度

宋朝以儒立国，儒家的"保息"思想要求朝廷负起养民之责。宋朝建立了一套覆盖面极广的福利救济体系，救济对象涵盖了孤寡老人、残疾人、乞丐、弃婴、孤儿、贫困人口等，可谓"从摇篮到坟墓"均有国家救济，如设立居养院、慈幼局、安老坊、安济坊、安乐庐、官药局（也称药局、施药局）、漏泽园（殡仪）等。

宋徽宗多次下诏敦促各州建立养老济贫机构，到宋徽宗时居养院、安济坊最为普及完善，遍及全国各州郡。宋徽宗继位的第二年就着手在全国范围内建设高标准、高规格的居养院，虽然只是福利机构，但也彰显、体现了宋徽宗喜欢考究的艺术气质。居养院冬暖夏凉，所用炊具器物描金绘

---

① 保马法：从原来由政府的牧马监养马改为由保甲户养马。保甲户自愿养马，可由政府给予监马或者给钱自行购买，并可以免除部分赋税。

② 青苗法：熙宁二年（公元1069年）九月，颁布青苗法。规定以各路常平、广惠仓所积存的钱谷为本，其存粮遇粮价贵，即较市价低出售，遇价贱，即较市价高收购。其所积现钱，每年分两期，按自愿原则，由农民向政府借贷钱物。收成后，随夏、秋两税，加息十分之二或十分之三归还谷物或现钱。

彩，极尽精致与富丽，甚至被褥都是绫罗棉毡。宋徽宗看了有关居养院入住人员情况的调查报告后，批示民政部门严格甄别其居养身份，以让真正的贫困者饥有食、寒着衣、居其所。宋徽宗从建章立制、完善制度上入手，在全国范围内建立居养院，为鳏寡孤独、贫病无依者饥中送饭、病中送医，创造性地开展工作，取得了良好的社会效果，其作为行政救助的模板被沿用至清代。南宋时又发展出专业性的收养机构，如安老坊、婴儿局等。宋朝律法《宋刑统》对社会保障救济做出规范，政府会对执行不力的官员给予严厉惩办，并定期派监司巡历检察。

宋朝的医疗济贫机构叫医药惠民局，为北宋时创立，其中的安济坊作为专门性的扶贫机构，负责收治家庭贫困的病患者。这种对贫困百姓专门提供免费医疗帮助的机构，很大程度上为宋代人口高增长做出了贡献，同时也从侧面促进了社会经济的发展与进步。北宋时期，宋与辽、金战乱频繁，人民饱受战争之苦。战乱中多有客死他乡无人认领的尸体，也有因家贫而无力丧葬者。为安葬这些死者，北宋朝廷专门设置"漏泽园"，来收殓无人认领的尸体或者因家贫无力埋葬者，集中埋葬。因此，漏泽园就是国家安葬贫苦者骸骨的公共墓地。漏泽园作为国家免费公墓，既安葬无名尸体，也允许无地无钱的贫民安葬自己的亲属。另外，漏泽园的建立，客观上改善了环境卫生，对防止疫病流行具有积极意义。宋朝政府还提供针对贫民生育和抚养孩子的救助、针对贫民养老的救助、针对贫民治病的救助和针对贫民殡葬的救助。

宋朝的救济制度对当今社会民生制度仍具有重要的启示作用和借鉴意义。

资料来源：

陈振：《宋史》，上海人民出版社，2003。

段惠青：《宋朝医疗救济初探》，《中州学刊》2005年第3期。

《王安石与司马光的新旧党争》，中国历史网，https://www.86lsw.com/zgls/14399.html。

思考题

1. 谈谈你对宋朝新旧党争、党派政治的看法。

2. 谈谈宋朝救济制度对我国推行社会主义福利制度的启示。

第一节　辽朝的管理思想与实践[①]

一　辽朝简史

辽朝（公元 916~1125 年），是中国历史上由契丹族建立的朝代，强盛时期疆域东到日本海，西至阿尔泰山，北到额尔古纳河、外兴安岭一带，南到河北中部的白沟河。

契丹族本是游牧民族，后吸收农耕技术，为了保持民族性将游牧民族与农耕民族分开管理，主张因俗而治，开创出两院制的政治体制，并且创造契丹文字，保存自己的文化。此外，契丹族吸收渤海国、五代、北宋、西夏及西域各国的文化，有效地促进了辽国政治、经济和文化各个方面的发展。辽朝军事力量与影响力涵盖西域地区，因此在唐朝灭亡多年后，中亚、西亚与东欧等地区还将辽朝（契丹）视为中国的代表。

二　辽朝治国的管理思想

辽朝建立后，境内有汉人、契丹人、渤海人等，需要进行适应这些不同民族和不同生产方式的统治。随着辽的统治区域不断扩大，统治者为了更好地管理不同民族的事务，制定了因俗而治的政策，形成了南北两套完整的官制，即北面官制和南面官制。

（1）北面官制，即辽朝契丹族的官制。官吏一律任用契丹族人，管理契丹的一切军政事务。之所以称为北面官，是因为辽朝有崇拜太阳的习俗，喜欢向东，以左为上。北面官由于职务的不同又分为北面朝官、北面御帐官、北面皇族帐官、北面诸帐官和北面宫官。北面朝官是辽朝官制的主要机构，掌管军政、民政、军国大事等；北面御帐官负责护卫工作；北面皇族帐官主要是阿保机及其皇族的后裔，享有很高的地位；北面诸帐官是皇族之外的其他有地位的部族设立的机构，一方面是表示恩宠，另一方面也是为了对各部族进行控制；北面宫官主要负责宫廷的一些日常事务。

（2）南面官制。辽太宗为了有效地控制、管理汉人，进一步完善了汉

---

① 张正明：《契丹简史》，中华书局，2019。

族的官制，招揽汉族人来管理汉族人的事务。辽太宗仿唐朝的管理机制，有汉人枢密院，也叫汉儿司、中书省、尚书省、门下省、御史台等管理机构。南面官主要由汉人担任，也有契丹人在其中任职，被称为汉官。

三 辽朝的社会文化与管理实践

辽朝社会大致经历三次较明显的变化。第一次变化始于会同元年（公元 938 年）燕云十六州的并入，经济、社会构成的变化促使契丹族加快了封建化步伐，辽朝建立了中央集权、胡汉分治的政治体制。第二次变化始于澶渊之盟（公元 1005 年），辽朝结束了与中原政权长达数十年的战争状态，双方的经济文化交流不断深入，辽境农耕地区和草原地区的经济文化都有较大发展，并加大了经略西北、西南、东北边疆民族地区的力度，促进了各民族的交流与融合。第三次变化始于大康年间（公元 1075～1084 年），耶律乙辛诬害道宗皇后和太子，擅权恣肆。自此，辽朝统治集团内部矛盾激化，经济衰落，阶级矛盾、民族矛盾日趋尖锐。

1. 阶级关系和社会构成的变化

辽朝建立前契丹族尚未完全进入封建社会。随着大量各族战俘的迁入，特别是征服渤海国和获得燕云汉地后，契丹族很快完成了向封建社会的过渡。但辽朝始终存在大量的贱民奴隶。官奴主要是宫户奴隶，私奴称驱口。从辽初至圣宗时期，屡见将生口、俘户、宫户、叛户分赐贵族、群臣、将校的记载。奴隶的来源包括战俘、债务奴、犯罪籍没、倚仗权势抑良为奴等，而以辽朝建立后开疆拓土所得的战俘奴隶最多。

澶渊之盟切断了辽朝掳掠人口的主要来源，是对奴隶制因素的极大抑制。战后，不少被掠的汉人得以归乡。辽圣宗时，部分奴隶被编置成国家直属的部落，成为国家编户。从奴隶到编户平民，不仅提高了他们的劳动积极性，也使国家获得封建赋役的承担者。

随着阶级关系、社会构成的变化，民族融合的加快，统一官制、整齐风俗的呼声出现，法律需要做相应的调整。辽初基本是因俗而治的，将中央机关分为北面官和南面官两个系统：北面官系统，官员全用契丹贵族，保留着部落制与奴隶制相结合的特点；南面官系统，官员主要用汉人，沿用唐朝政治、军事制度。道宗清宁三年（公元 1057 年），辽道宗以《君臣同志华夷同风应制》诗进呈皇太后，全诗大意是称颂大辽朝声望日盛、文教远播，与正统华夏王朝并无两样。在这里，道宗自认为辽朝华夷同风、不输中原王朝的文化成就，并以"华"自居。这种政治理念尽管与现实存在一定的距离，却是辽朝政治、经济、文化发展的必然，反映了民族融合的趋势，是社会进步的表现。

总之，澶渊之盟后历史发展的事实说明，和盟对辽宋双方政治、经济、社会、文化的发展都具有重要的影响，尤其是对发展相对落后的契丹族和燕云以北地区来说，积极意义十分明显。

2. 文教昌兴与礼法观念在契丹人中的推广

澶渊之盟前，辽朝大量吸纳中原官僚儒士进入统治机构。占领燕云地区后，辽太宗在积极使用该地区汉族文人的同时，仍重视从晋、周、宋引进人才。但由于征战不已，辽朝无暇顾及发展文化教育，培养自己的人才。澶渊之盟关闭了吸收中原儒士官僚的大门，为培育人才，辽朝开始重视发展教育文化，进一步推行科举制。与宋朝的经济文化往来也开阔了辽朝人的眼界。契丹人的整体文化素养显著提高，儒家礼法观占据主导地位，这无疑是辽朝社会的重大变化。

辽朝号称"用武立国"，前期庶事草创，国家致力于拓展疆域，契丹贵族、平民多在马背上征战四方，文事多交由汉族人处理。由于国家提倡文治，礼法治国，要求各族各级官员具备基本的文化修养。在这种政策和环境的影响下，契丹人喜好读书的风气逐渐形成。

澶渊之盟后，通过榷场贸易或其他途径，中原文献源源不断流入辽朝，成为契、汉读书人的珍藏。随着汉族人、渤海人大量进入草原，以及渤海国、燕云汉地的并入，契丹族、奚族与汉族、渤海族的交往日益广泛。澶渊之盟后，辽宋双方也保持着友好往来，促进了辽朝各族人民对中原文化的学习，呈现民族融合的趋势，突出表现在道德观念、宗教信仰、丧葬、服饰、游戏、岁时礼俗等方面。

3. 辽朝管理实践及总结

契丹民族在由奴隶制社会向封建社会过渡的过程中深受中原文化的熏陶，积极学习汉族文化。儒学作为汉族传统文化的代表，成为辽统治者推崇和学习的典范。辽统治者为了吸纳大量汉族知识分子投服契丹政权，进而统治和管控大量汉族人口的聚居区域，充分利用汉族上层知识分子来管理汉族人，减少与汉族人的摩擦，有效地拉近了与汉族人之间的心理距离，实现了彼此间的文化认同，便于国家和社会的稳定发展。

辽统治者为了推行儒学，从自身做起，身体力行，学习儒家学说，接受儒家教育，积极推行儒家的宽民政策，薄赋税、省刑狱，推荐贤能之士，取得了显著成效。辽统治者大力兴办各级教育机构，进一步为儒学的传播创造了有利条件。例如，在课程设置上，以儒家经典作为主要的学习科目，专门为宗室子弟设置文学馆，并聘请儒学名师上课，学生需要学习《五经传疏》《史记》《汉书》等。阿保机建孔庙成为契丹统治者实行儒化教育的开端，汉文化在契丹社会得到广泛传播，而儒家思想也逐渐成为契丹统治阶级的主导政治理念，如辽世宗提倡"孝友宽慈"的思想，极具儒家思想所提倡的"君人之度"。

由于辽统治者的提倡，儒家思想的影响逐渐深入，在辽统治期间，儒家文化在辽朝的政治、经济、思想、文化、教育方面都起了重要的作用。

第二节　宋朝的管理思想与实践[①]

一　宋朝简史

宋朝（公元 960~1279 年），分北宋和南宋两个阶段，共历 18 帝，立国319 年。公元 960 年，后周诸将发动陈桥兵变，拥立宋州（今河南商丘市南）归德军节度使赵匡胤为帝，之后宋朝建立。赵匡胤为避免晚唐藩镇割据和宦官专权乱象，采取扬文抑武的政策，加强中央集权，并剥夺武将兵权。宋太宗继位后统一全国，宋真宗与辽国缔结澶渊之盟后逐渐步入治世。公元 1125 年，金国大举南侵，导致靖康之耻，北宋灭亡。康王赵构于南京应天府即位，建立南宋。宋金战争绍兴和议后南宋与金国以秦岭—淮河为界，公元 1234 年南宋联蒙灭金，公元 1235 年宋元战争爆发，公元 1276 年元朝攻占临安，崖山海战后南宋灭亡。

宋朝是中国历史上商品经济、文化教育、科学创新高度繁荣的时代。后世虽认为宋朝积贫积弱，但宋朝民间的富庶与社会经济的繁荣远超过盛唐。宋朝时期，儒学复兴，出现程朱理学，科技发展迅速，政治开明，且

---

① 陈振：《宋史》，上海人民出版社，2003。

没有严重的宦官专权和军阀割据，在中国历史上，兵变、民乱次数较少，规模也较小。北宋推广占城稻使人口迅速增长，从公元 980 年的 3710 万人增至公元 1124 年的 12600 万人。

宋朝立国 300 余年，两度倾覆，皆缘外患，是唯独没有直接亡于内乱的王朝。

二 宋朝治国的管理思想

1. 宋朝的治国纲领——宋太祖的密誓及遗训

宋朝初创时，相传宋太祖赵匡胤为了宋朝的长治久安，曾刻碑立誓，命令子孙为皇帝者，要优待前朝宗室后裔，且不得滥杀士大夫与上书言事之人，否则天必讨灭之。

宋太祖赵匡胤发动陈桥兵变，黄袍加身，从后周皇室的手上夺得皇位，建立了宋王朝。由于对先帝周世宗柴荣心里有愧，加上吸取五代十国武将作乱的经验和教训，为了宋朝政权能够稳定发展，赵匡胤立了上述誓碑，并作为遗训代代相传于后世赵姓皇帝。为了凝聚人心，赵匡胤不仅优待前朝皇室，还杯酒释兵权，极大削弱武将势力，大力扶持文官团体，限制武将集团，立誓不杀言者、士大夫。仅从柴家子孙与两宋共存亡，以及在新旧党争中失势的官员没有被杀，还有机会随着政局变幻由流放而回到朝廷这些事例来看，无论刻石铭誓是否真实，观察两宋的历史，宋朝皇帝基本上都遵守了密誓遗训的指导思想。

2. 以文治国的管理思想

重文轻武政策也是宋朝成为文士巅峰时代的一个重要原因。宋太祖对于文人的重视程度非常之高，除了不轻易伤害上书言事的士大夫，他还积极鼓励自己的一些心腹将领努力读书，由此建立了庞大的文官体系和强大的文官集团。继宋太祖之后，宋太宗建立了多处藏书阁，主持文化典籍的修订工作，宋太宗极为重视选拔人才，对于有能力的官员便任用于高位使其进入国家权力中枢，为国效力，施展自己的才能，并不需要从低级官吏开始做起，这进一步加大了以文治国的力度。

3. 以商促政，重商扬文

宋朝商业繁荣，为国家各项政策建设提供了税收的基础，而文化作为宋朝文人治国的一大支撑，便使这些文官的工资有了稳定的来源，提高了文人参与天下治理的热情。宋朝科举制度的完善提高了选才质量，通过科举制度选拔了一些有真才实学的文人来治理这个国家。宋朝的统治者先后对科举制度进行了完善，有了更高的公平性，扩大了录取的名额，迅速扶持了一个人数众多的士大夫群体。越来越多的士大夫进入官场，施展自己的才能，发出自己的声音，推动了社会、经济、文化、科技等的全面发展。

4. 科举选士，与士大夫共治天下

宋朝统治者为了稳定政权，使国家能够和平发展，推动宋朝士大夫势力的发展。为了有效控权，宋太祖杯酒释兵权，把兵权牢牢掌握在自己手中。重文轻武的国策推动了文人团体的发展，壮大了其群体势力。这些士大夫群体为了防止皇帝独揽大权于一身，借助群体的力量参与到国家的治理之中，发表自己治理国家的建议。宋代天子与士大夫共治天下的制度，削弱了皇帝的权力，有效防止了中央集权。

三 宋朝的文化、经济发展

宋朝重点发展经济、文化、教育，比较关注民生，实行和平发展和自由开放的政策，具备了现代文明的许多特征，创造了一个自由、开放的社会，大大激发了人的创造精神和进取精神。

陈寅恪先生评价："华夏民族之文化，历数千载之演进，造极于赵宋之世。后渐衰微，终必复振。"[①]

外国学者评论：公元 960 年宋代兴起，中国好像进入了现代。货币之流通，较前普及。火药的发明，火焰器的使用，航海用的指南针，天文时钟，鼓风炉，水力纺织机，船只使用不漏水舱壁等，都于宋代出现。[②] 宋代是十足的东方的文艺复兴时代，是人类两个千年的领头羊。[③]

1. 宋朝文化——中国封建时代的巅峰

宋朝成为中国历史文化的巅峰，这不仅得益于宽松的社会环境，更得益于君王的政策引导。宋太祖赵匡胤建国之后，经过休养调整，宋朝社会步入了繁盛时期。当时社会稳定、经济繁荣，宽松的社会文化环境催生了

---

① 转引自侯宏堂《陈寅恪对"宋学"的现代诠释》，《文艺理论研究》2006 年第 6 期。
② 黄仁宇：《中国大历史》，三联书店，2007，第 140 页。
③ 〔日〕宫崎市定：《东洋的近世》，张学锋译，上海古籍出版社，2018，第 85、113 页。

大量的文人雅士，有崇尚儒家学说的哲学家朱熹；开创婉约派的词人柳永、李清照；著名史学家司马光；等等。

宋太祖赵匡胤内心有崇文的思想，他认为文官更能辅佐君王治理国家，故实施了重文轻武的政策，进行科举制度改革。许多名人文化大家出身贫苦，科举取士给他们提供了出人头地的良好机遇，如范仲淹、欧阳修等。宋朝文学空前繁荣，不但有词、诗、散文、话本小说，还包括了戏曲剧本、科技说明文等，其中以词的创作成就最高，诗、散文、话本小说次之。宋词题材新颖，创作风格独特。北宋前期，词的主要领军人物是晏殊父子、欧阳修、范仲淹、柳永等。特别是晏殊、欧阳修等创作的词，体裁新颖、不拘一格、自然流畅、说理畅达、雅俗共赏，普通百姓也喜欢即兴哼唱，具备娱乐性、群众性的特点。

2. 宋朝享誉世界的经济发展

宋朝商品经济发展快速，成为中国封建社会商品经济发展的鼎盛时代。宋朝统治者压制武将参与国家治理，采用文官统治，面对外族的侵扰也极少采用武力，而是用钱财来换得和平。在百年的和平发展期间，宋朝在农业、商业、城市化等方面取得了巨大的进步。

宋朝农业和手工业的发展为商品经济的繁荣奠定了基础。宋朝时期，农业发展迅速，逐渐走向成熟，农业生产技术得到了很大的提高，耕地面积不断扩大。手工业虽然不及农业发展迅速，但在一定程度上也促进了商品经济的发展，如制瓷业、造纸业、造船业及航海技术、丝织业等在宋朝已相当发达。

宋朝打破了前朝的坊市制度，使得住宅区和商业区之间联系起来。商品经济的发展和城市人口的增加，彻底打破了坊、市的界限，商店可以随处开设，不再采取集中的方式，营业时间不受限制。国内庞大的人口数量及国外对瓷器、丝织品、茶叶等商品的需求刺激市场消费，这些都促进了宋朝商品经济的发展。

宋朝对海外贸易实行鼓励政策。重要的外贸港口有泉州、广州、明州等。两宋政府在这里设立市舶司，管理海外贸易，维系与周边民族的友好往来。海外贸易收入在财政收入上占有重要地位。中国以输出瓷器和丝织品为主，进口货物多为香料、象牙等。同时宋朝商品经济的繁荣发展也离不开航海事业的兴起，当时的造船技术已相当发达，已能充分利用指南针来辨别方向，这给商品经济的发展提供了交通上的便利。

四　宋朝的管理实践及总结

宋朝与辽、西夏、金对峙的失利，反映了其军事和外交政策的失误，如重内轻外、扬文抑武、反贪不力等。但宋朝在经济、社会、教育和文化上取得了令人瞩目的成就，其在土地和经济管理上虽然对私人地主让利太多，对自耕小农剥削太重，但并不能说明封建制度的没落。宋朝生产关系中的矛盾经过调整还是能够适应和促进当时社会生产力发展的，这也表明宋朝经济和社会发展有着相当的活力。

宋王朝社会相对稳定、开放，先进的技术促进了文化和经济的繁荣发展。由于国家发展环境相对来说比较稳定，统治者大力实行"重文抑武"政策，"文人治国"在宋朝十分风靡。采取"文人治国"政策不仅可以避免威胁统治者的权力，还可以促进文化及政治发展。此外，"农商并重"与"不抑商"蔚然成风。越来越多的百姓开始加入商人行列，商人在宋朝的地位得到了很大程度的提升，获得了更大的发展空间。再加上宋朝历代统治者重视经济发展和科技开发，宋朝经济十分繁荣。宋朝的管理方式与宋朝政权相终始，其管理有着许多超越时代的特征，包括组织类型特殊、经营方式灵活、管理制度严密等，这些都是值得当今管理者认真总结和借鉴的。

第三节　金朝的管理思想及实践[①]

一　金朝简史

金朝历史始于公元 1115 年（辽天庆五年，北宋政和五年）金太祖完颜阿骨打称帝，到公元 1234 年（金天兴三年，南宋端平元年）完颜承麟被杀，国祚 119 年。

金朝时期，随着封建化的深入，社会经济获得一定的发展。除了畜牧业的优势外，农业、手工业及商业也有所进步。金朝文化深受汉文化影响，取得了相应的成就，其中戏剧较为突出，并产生了元好问等著名文学家。

---

① 程妮娜：《金史》，中国社会科学出版社，2019。

金朝初期沿用辽朝的南面官制和北面官制，一直沿用到熙宗改革才逐渐弃用，改用汉制，实现了政治体制的一体化，结束了双重体制并存的局面。

二 金朝治国的管理思想

金朝的建立标志着女真族奴隶制进入了一个新的发展阶段。就女真族内部来说，由于国家政权的建立，原有的氏族社会结构加速分崩离析，而氏族成员的分化进程也大大加快。

在金朝初期的奴隶人口中，不仅有女真族，还有汉族和其他民族。金世宗即位后，金朝社会进入一个相对稳定快速的发展时期，女真族在政治经济关系、思想文化乃至社会生活的各个方面都因受到汉族的影响而发生了深刻的变化。金朝的上层统治者学习和借鉴中原王朝的经验、制度比前期更加自觉和卓有成效。在金世宗时期，金朝还通过奴婢与良人婚配的途径使其摆脱被奴役的境地。至金章宗即位后，女真族社会发展和金朝历代社会改革的成果已经充分显现出来，促进了金朝的经济、文化发展。

自完颜阿骨打称帝建立金朝后，源于女真氏族社会的古老的猛安谋克组织逐步具备了军事、生产、行政三位一体的职能。在金朝初年的对辽战争、恢复发展生产、巩固统治秩序的过程中，猛安谋克组织都发挥了积极作用，尤其是猛安谋克组织中残存的血缘联系和原始的军事民主遗风。但是，随着金朝大规模征服战争的结束，特别是猛安谋克进入中原地区后，这些都开始发生了深刻的变化。猛安谋克虽然仍是金朝军队的编制单位，但其军事职能已经大大削弱，更经常的任务是管理生产和行政事务。原来构成猛安谋克与国家经济关系的牛头地制度被新的计口授田制度取代，女真族开始逐步受到中原先进的物质文明和精神文明的影响，经济生活和文化生活日益丰富多彩。猛安谋克组织中的上层模仿汉族地主聚敛财富，广占田产，把土地租给佃户耕种，坐食地租之利。正是在这样的背景下，猛安谋克贫富两极分化不可避免地发生了。

金章宗时期，猛安谋克社会分化进一步加剧。金章宗顺应女真族社会进步和猛安谋克组织变化的趋势，实行了比金世宗时更为开放的政策，诸如允许猛安谋克与汉族通婚，允许猛安谋克出租土地，允许猛安谋克参加科举考试，同时也对猛安谋克在授职和世袭方面的特权予以限制。至此，猛安谋克组织管理生产和行政的职能已经有名无实了。

三 金朝管理实践及总结

女真族在完颜阿骨打的带领下建立了金朝。金朝与宋朝联盟，消灭了辽朝。灭辽之后，金朝把矛头指向宋朝，对宋朝进行了毁灭性的打击。宋朝朝政腐败，军队战斗力低下，金军分东西两路南下攻宋，采取分进合击的战法，企图夺取东京（今河南开封），灭亡北宋。在金军的强大攻势下，东京城被攻破，宋徽宗、宋钦宗及大量王妃和皇族被俘获，北宋灭亡。

金朝长期实行残酷的民族压迫政策，蒙古民众对金朝的统治怨声载道。金熙宗时期，成吉思汗的先祖曾被金朝统治者以反叛罪处死；金世宗时期，蒙古不仅每年要向金朝缴纳大量的贡物，还要长期遭受金朝减丁政策的残酷剿杀，长期以来蒙古民众对金朝充满了怨愤。

金朝统治阶级快速腐化堕落，蒙古逐渐兴起。蒙古统治阶级利用宋朝对金朝的仇恨，准备联合宋朝一起攻打金朝。面对蒙古军的攻击，金军一直处于被动防御状态，对蒙古伐金的准备不足，面对蒙古军强有力的攻击，只能节节败退，处处挨打。面对此局势，金朝统治者束手无措，赏罚不明，导致宫廷政变，自相残杀，蒙古军乘乱而入，攻占金朝大量土地。窝阔台执行了成吉思汗临终前的战略部署，即"联宋灭金"，蒙古军假道于宋朝，进逼汴京，宋朝派江海、孟珙协助蒙古军进攻蔡州，灭亡了金朝。

金朝在钧州三峰山会战之前，尚有一部分主力可以抵抗，但在三峰山会战中，大部分金军被消灭，已无战略战术可言。但是，金朝统治者在这种情况下，还没有认识到局势的严重性，愚蠢地向南宋政府借粮，被南宋政府理所当然地拒绝，迁到蔡州后，金朝统治者又想选宫女充实皇宫，昏庸腐败至此，其灭亡也是理所当然的。

管理案例分析

宋朝长期扬文抑武的恶果

宋朝实行扬文抑武的国策，安内重于攘外，政治上极度防范军人，军事上强干弱枝，文官率领武将，搞得兵不识将、将不识兵。皇帝利用文官集团打压武将群体，用各种方式折腾军队致其不会打仗，故在与周边游牧民族的战争中，宋朝总是打败仗。终宋一朝，"扬文抑武"表现突出的有以下几方面。

1. 杯酒释兵权，以奢靡之风腐化军人，允许军队经商

宋太祖杯酒释兵权是为了加强中央集权，削弱武将在朝廷中的权力，让兵权更多地掌握在自己手中。宋太祖采用和平的手段，轻而易举地解除了朝中将领的权力威胁，有效防止了军变。宋太祖允许军队经商，造成内政腐朽。军队由不懂军事的文官控制，导致军队战斗力减弱。

2. 花钱买和平成为国策

从攻辽、抗辽到澶渊之战，北宋在和辽经历了二十多年战争之后，签订了澶渊之盟，宋朝统治者及大部分官员主和而不主战，情愿每年给岁币纳贡，花钱买和平，也不愿充实军队实力，抵御外敌。

3. 长期武备松弛，导致靖康之耻

宋朝极度衰弱不堪的军事，导致公元1126年的靖康之难，北宋灭亡，南宋建立。在这之后，岳飞奋力抗金，取得了一系列重大胜利。皇帝赵构却害怕影响到自己的统治，借用以秦桧为代表的文官集团冤杀岳飞，严重打击了力主抗金的武将集团。

4. 崖山之战及启示

金朝灭亡后，蒙古军队开始入侵南宋，但羸弱的南宋却表现出农耕民族的血性和韧性，与蒙古西征所灭的西辽、西夏、花剌子模，随后所灭的金朝，以及中亚、西亚、欧洲诸国不同，这些国家短则几个月，长则不过数年，都被蒙古铁骑迅速击溃。但看起来柔弱的南宋，抗蒙战争却持续了近五十年，一直持续到公元1279年的崖山（古作"厓山"）之战爆发。在兵败之后，南宋宰相陆秀夫背着九岁的小皇帝赵昺蹈海殉国，宋军将数百艘战舰自行凿沉，当时有超过十万的南宋军民纷纷投海自尽，南宋这才宣告灭亡。

1958年，周恩来到崖山视察工作，看到《崖门览古诗》中的"万里穷何路，双崖壮此门。吁天惟决战，航海岂图存"时，转过身来与在场的群众评说这场海战，他说："我看陆秀夫不应该跳海，他应该带兵到海南岛去，带兵到台湾去，在那里搞根据地，还可以再打嘛。"他站起来边走边指着海南岛和台湾岛的方向说："这些地方退可守，攻可取，打下去是大有前

途的。"当地干部向周恩来讲述流传民间的南宋灭亡逸事，周恩来听后动情地说："崖山这个地方的历史古迹是有意义的，宋朝虽然灭亡了，但当时许多人继续坚持抗元斗争，保持了民族气节。"①

在全面抗战开始后，当时的国民政府主席林森也曾专门到崖山祭拜，为的就是要把一种精神和气节传达给国人，号召国人抗战到底。

轻视军事导致亡国是宋朝留给后人极为深刻的教训，这个教训直到今天还有重大启示：国家需要重视军事的发展。《孙子兵法》有云："兵者，国之大事，死生之地，存亡之道，不可不察也。"就是说军事关乎百姓死生、国家存亡，是十分重大的事，因此一定要重视。只有时刻做好准备，才能长期维护和平。在新时代，我们更应抓好治军强军工作，建设强大的国防。

资料来源：

陈振：《宋史》，上海人民出版社，2020。

王曾瑜：《南宋亡国的崖山海战述评》，《南开学报》（哲学社会科学版）2008 年第 1 期。

复习思考题

1. 总结辽朝、宋朝、金朝的管理思想与实践的历史演进，你有什么感受和体会？

2. 金朝社会阶层流动最重要的原因是什么？这对推动当时女真族统治下的中国北方的社会发展有什么作用？

3. 从宋朝扬文抑武的历史教训出发，谈谈新时代的中国在推动实现"两个一百年"奋斗目标的同时，怎样才能建立强大的国防。

4. 谈谈宋朝救济制度对今天民生政策制定和有关管理实践的启发意义。

5. 请分析宋朝商业管理的特征和效果。

---

① 《〈国家记忆〉20191121 周恩来总理在新会》，央视网，http：//tv.cctv.com/2019/11/21/VIDEppqLM312aR7A9YFkk9 Si191121. shtml？spm＝C28340. PAx0UfRDwU7s. E2U4yXoaVNjH. 15。

第九章　元、明、清时期的管理思想与实践的历史演进

本章提要

　　本章主要梳理和总结中国古代元、明、清时期的管理思想与实践。第一节分析骁勇善战的成吉思汗"盗亦有道"的管理思想及其引发的正面影响和负面后果。第二节主要阐述朱元璋与朱棣时期皇室家天下、高度中央集权的政治管理思想。第三节探讨康乾盛世时期的政治经济管理思想，以及中后期出现的政治上贪污腐败、军事上守旧落后、文化上大兴文字狱等问题。

重点难点

　　本章的重点是掌握中国古代史中最后三个朝代元、明、清的管理思想的特点、代表人物及代表事件，体会不同民族统治、不同管理思想带来的历史发展差异；难点是理解和分析"盗亦有道"的管理思想及其对中国乃至世界的影响与作用。

引导案例

郑和下西洋

　　郑和下西洋是中国古代规模最大、船只和海员最多、时间最久的海上航行，也是在 15 世纪末欧洲的地理大发现的航行以前，世界历史上规模最大的一系列海上探险。明朝永乐年间，三宝太监郑和率领船队七次下西洋（公元 1405~1433 年），远航西太平洋和印度洋，拜访了三十多个国家和地区，其中包括爪哇、苏门答腊、暹罗等地，最远到达东非、红海。郑和七下西洋的目的是什么？《明史·郑和传》记载："且欲耀兵异域，示中国富

强。"可见郑和下西洋的主要目的是宣扬国威和传播中华文明。

郑和船队人员主要分为五部分，即指挥部分、航海部分、外交贸易部分、后勤保障部分、军事护航部分。指挥部分是整个船队的中枢，对航行、外交、贸易、作战等进行指挥决策。郑和的职务是钦差总兵太监。航海部分负责航海业务、修船、预测天气等。外交贸易部分负责外交礼仪、贸易、联络翻译等。后勤保障部分负责管理财务、后勤供应、起草文书、医治病患等。军事护航部分负责航行安全和军事行动。从郑和船队人员组成来看，编制是完善的、严密的，体现了古代中国人民丰富的航海和管理经验。郑和七次下西洋的成功表明当时的航海技术与管理水平已非常高超。

史书记载，郑和船队是由众多海船、数以万计船员组成的联合舰队。船队的主体船舶为宝船、马船、粮船、坐船和战船五类海船，即我们现在所说的指挥船、战船、补给运输船、交通船等。这在当时世界上堪称一支实力雄厚的海上机动部队。著名的国际学者、英国的李约瑟博士在全面分析了这一时期的世界历史之后，得出了这样的结论："明代海军在历史上可能比任何亚洲国家都出色，甚至同时代的任何欧洲国家，以至所有欧洲国家联合起来，可以说都无法与明代海军匹敌。"但是，郑和在七下西洋的过程中从来没有侵略所到地区沿线的国家和地区，也没有对当地的人民进行掠夺和迫害。他们与当地人民和睦相处，和平开展平等互利的贸易活动。这也彰显了明朝的大国情怀。

郑和下西洋加强了东西方文明的交流，留下了介绍沿途国家、地区情况的地理著作及航海图。其中，《郑和航海图》是世界上现存最早的航海图集，也是远洋航行的宝贵资料。《郑和航海图》记载了530多个地名，其中外域地名有300个，最远的东非海岸有16个，对航向、航程、停泊港口、暗礁、浅滩、海岸和海底地形、海水运动、风向等，都做了比较详尽可靠的记录。与同时期西方最有代表性的《波特兰海图》相比，《郑和航海图》制图的范围更广，内容更为丰富，实用性更强。

郑和船队发扬了中华民族传统美德，体现了包容大气、四海之内皆兄弟的精神。明朝当时实行的政策叫"厚往薄来"，"厚往"就是我到你那里去，我带很多东西、很多财物给你。"薄来"就是我从你那里获取来的东西却很少。因此，郑和船队所到的地方哪怕当地人民穷得连交换的硬通货（如黄金、白银）都没有，只要拿一些当地的水果、土特产也可以和船队换丝绸、瓷器及精美的工艺品。因此，郑和下西洋给所到国家、地区及人民留下了美好的历史记忆。一直到今天，很多地方，如马来西亚、斯里兰卡等地都有郑和船队到过的遗迹或是纪念设施，当地人民还在世代传颂着他们的一些历史故事。这也给今天"一带一路"倡议的推进、"人类命运共同体"的建设留下了宝贵的历史财富。

资料来源：

陈晓星：《郑和，两岸中国人共有的光荣》，《人民日报》（海外版）2005 年 7 月 21 日。

吕承朔：《震惊世界的壮举：郑和七下西洋》，商务印书馆，2015。

思考题

1. 郑和下西洋体现了哪些管理思想？
2. 谈谈你对郑和下西洋的评价？

第一节　元朝的管理思想与实践①

一　元朝简介

元朝（公元 1271~1368 年）是中国历史上首次由少数民族建立的大一统王朝。虽然元朝不是由成吉思汗（孛儿只斤·铁木真）建立的，但元朝的诞生离不开成吉思汗统一蒙古各部、不断扩张建立的大蒙古国，可以说元朝是从大蒙古国的母体中脱胎而出的。

成吉思汗凭借自己的才智与勇猛，从年幼时父亲被毒害、自己和家人被部落抛弃的困境中走出，联合盟友、善用战术，统治和壮大了乞颜部落，然后逐渐统一蒙古各部并建立大蒙古国，然后歼灭西夏，横扫金国，西征灭国花剌子模。成吉思汗及其后代还带领蒙古人于公元 1219~1260 年，先后进行了三次大规模的西征，对世界历史影响深远。

成吉思汗后代的汗位之争，致使大蒙古国分裂。公元 1260 年，忽必烈即位称帝，并于公元 1271 年改国号为"大元"。公元 1279 年，他彻底灭亡

---

① 韩儒林：《元朝史（修订本）》，人民出版社，2008。

南宋流亡政权，之后元朝持续对外扩张。到元朝后期，政治腐败、权臣干政，民族矛盾与阶级矛盾日益加剧，导致元末农民起义。

二　成吉思汗的管理思想

1. 至高无上的权威

铁木真统一了所有草原部族之后，废除了世袭贵族的权力，规定所有官职都属于国家，而不属于个人或家族，并且他的部众要按新统治者的意志来进行分配。他任命最忠诚的部下为千户首领，而资格最老的追随者，如博尔术，则负责掌管万户。基于部下的功绩和他们所显示出的对他的忠诚，成吉思汗给予其相应的地位和奖赏。

2. 严格军纪，奖罚分明

关于成吉思汗纪律严明、赏罚分明的事例多有记载。据载哪怕是将军中有人犯了错误，成吉思汗只需派出一名下级官吏传命，就能执行其命令而不误。这种权威的形成，是与成吉思汗以忠君思想治军，军纪严明、赏罚分明地治军分不开的。另外，成吉思汗的蒙古军军纪之严，几乎达到了法纪治军的程度。

3. 强大的激励机制

以前，草原上打仗的战利品都归部落首领，部下只能得到首领少许赏赐；后来，成吉思汗将战利品的分配方式变革为自己只取十分之一，剩下的给部属分配。于是蒙古军整个团队组织目标和个人目标完全一致，每个人都可以分享组织发展带来的利益，这对成员来讲是最大的激励，有极大的成长空间和获利空间，每个人都能利益最大化。这样的激励机制在同一时期各国的军队中是最有效的。

4. 知人善任

成吉思汗知人善任，选择有能力、有威信的支持者担任各级军官，并通过任命其为军事扈从来保持他们的特权，使他们因共同的思想、忠诚信义、相互利益及共同的亲属关系而对大汗履行义务。例如，哲别是成吉思汗的敌人，而且对战中射伤过成吉思汗的战马。哲别战败被俘以后，成吉思汗特别赏识他并打动了他，使他成为成吉思汗最优秀的将军，一起出生入死。

5. 巨大的精神威力

成吉思汗利用蒙古传统的崇天观念，以"天人合一"的思想作为治军的思想武器，培养兵将对他的忠诚。培养对天神的崇拜，实际是加强大汗权威统治力量的体现。成吉思汗曾经几次提出"忠诚得天佑护"的观点。成吉思汗这一得天助者必须"忠诚"的说法，虽然没有否定天的存在，但是认为单靠天命是不行的，还需要强调人的作用。这种思想在当时的精神威力是巨大的，也保证了部众对大汗的忠诚。

6. 宗教信仰自由

成吉思汗本人信奉萨满教，但他并不排斥其他宗教，也不以萨满教压制其他宗教，他允许信教自由，同时对于各种宗教信徒给予较好的待遇，即免予其赋税、差役等，使各种宗教为其统治服务。他强调，尊重帝国境内的每一种宗教——基督教、道教、佛教、伊斯兰教、摩尼教等。为支持各种宗教，成吉思汗对宗教首领及其财产实行免税，并且免除各种各样的公共服务；支持、鼓励宗教自由，每攻占一个地区或国家，都能保留当地的宗教和宗教信仰。

三　大蒙古国的管理实践及其影响

（1）元朝的大一统，在中国历史上具有深远的意义。它结束了长期以来的分裂局面，促进了统一多民族国家的发展。中国省级行政区的设立，也始于元朝。棉纺织业、农业得到大力发展，虽然整体生产力不如宋朝，但元朝的商品经济和海外贸易还是比较繁荣的。元曲艺术、绘画新体裁的出现进一步丰富了中国的文化。

（2）成吉思汗的军队带着东方的先进文化和科技进入了还处于中世纪黑暗时代的欧洲，并唤起了全球性（其实是欧洲人）的人类觉醒。在蒙古人入侵的推动和刺激下，欧洲产生了空前的技术、贸易和思想革命。蒙古人把东方的印刷术、火药兵器、罗盘和算盘介绍给西方人。他们还把柠檬、胡萝卜、毛毯、面条、茶叶、纸牌游戏和裤子传播到世界各地，并让它们成为全世界各国人民生活中必不可少的一部分。

（3）大蒙古国的军政管理模式。成吉思汗建立大蒙古国后，为巩固政权，他设置"治政刑"的"断事官"，颁布了大蒙古国的第一部成文法——《大札撒》。成吉思汗把训言、律令、札撒令写在卷帖上，这些卷帖就成为

《大札撒》。成吉思汗规定：每逢新汗登基，大军调动，诸王会商国事、朝政，都要把《大札撒》拿出来，依照上面的规定办事，并根据其中规定的方式进行战争。成吉思汗反复强调，所有臣民以至子孙后代，都要遵守他制定的《大札撒》。

（4）成吉思汗的军事管理创新。成吉思汗发展了自己的战争理论，创造了闪电战和包围战等进攻战术。成吉思汗及其继承者，不仅组建了一支当时天下无敌的强大骑兵，出色地解决了军队给养、后勤供应，还创造性地运用了一系列符合骑兵作战特点的战略战术，取得了一个又一个胜利。

（5）打造管理核心团队。为防止蒙古各部落分裂，成吉思汗将各部落收编，分成十户、百户、千户、万户，统一进行管理，不再分属于各个部落。为在巨大的国家机构中保持忠诚和凝聚力，成吉思汗改革了古代扣留人质的政治传统。他要求每个千户长和万户长都要把他们的儿子和儿子的伙伴送到他那里，以组成他本人的万人部队，也就是强大的怯薛军，怯薛军完全效忠于成吉思汗。蒙古军还创造了当时最先进和公正的赏罚制度与法律。在军队组织中，不论血统，只根据实际能力、战功和忠诚度任命将领。

（6）蒙古人建立了一个横跨欧亚大陆的大帝国，重新勾画了世界版图，为新世界的到来划定了新的秩序。成吉思汗用武力征服疆土，而运用商业和宗教实现统治。他立新法、降课税，将丝绸之路打造成世界上最有效的贸易网络。他在统治范围内建立了自由贸易制度，促进了东西方思想、技术和生活方式的交流。大蒙古国印制了世界上第一种国际通用的纸币，也建立了第一个国家间的邮政通信系统。

（7）成吉思汗建立了被称为"飞箭信息"的快速乘驿系统，便利了消息的传达，使指定的接收者可及时接获命令。军队提供骑乘，而当地的民众则供给驿站。大约每30千米设有一个驿站，每个驿站需要大约25户家庭来维护和管理。在蒙古人的统治之下，欧洲和远东地区第一次通过贸易线路和蒙古驿站连接起来。此外，蒙古驿站也能够帮助国际商人，可以为他们提供住宿、食物、额外的马匹、饲料甚至旅行向导等。

四　元朝管理实践的评价

元朝灭南宋后迅速腐化堕落。元朝自统一中国后，其对外战争几乎是次次失败。历史再次证明，如果没有进步的价值理念支撑，即使抢夺到文明社会的财富，也不会长久，腐化堕落速度更加惊人。元朝的政策与措施不少都有明显的倒退与衰落。这个朝代只持续了97年就被农民起义推翻。但是蒙古的入侵，打碎了中华文明，打昏了阿拉伯文明，打醒了西方文明。此后，西方结束了中世纪，开始了文艺复兴、宗教改革和启蒙运动，开启了大航海和地理大发现时代，兴起了资本主义和殖民扩张，开始构建现代文明。

第二节　明朝的管理思想与实践①

一　明朝简介

明朝（1368~1644年）是中国历史上最后一个由汉族建立的大一统王朝。1368年，朱元璋在应天（南京）即皇帝位，国号大明，年号洪武。明朝时期君主专制空前加强，多民族国家也进一步统一和巩固。明初废丞相、设立厂卫特务机构，加强了专制主义中央集权，但同时也为中后期宦官专政埋下伏笔。明代手工业和商品经济繁荣，大量商业资本转化为产业资本，出现商业集镇和资本主义萌芽。

二　明朝的管理思想

1. 休养生息的治国理念

朱元璋即位后，采取轻徭薄赋的政策，恢复社会生产。朱元璋在位期间，下令农民归耕，奖励垦荒，大搞屯田，组织各地农民兴修水利，大力提倡种植桑、麻、棉等经济作物。朱元璋深知灾荒给农民造成的痛苦，即位后常常减免受灾和受战争影响地区农民的赋税，或给予救济。明太祖在位时期，社会经济得到恢复和发展。到了明代中后期，随着粮食生产的专业化、商业化，商品经济逐渐发展起来。

2. 皇帝集权高度专制的思想

明朝政治的最大特点可以用一句话来概括，即中国传统集权的皇帝高

---

① 彭勇：《明史》，人民出版社，2019。

度专制时代。从秦汉统一后的集权中央发展到明朝的集权皇帝，明朝实行"家天下"管理。明朝在政治、军事等方面全面改革了前朝的制度，将政治、军事、司法大权集中到皇帝一人手中，封建中央集权达到了极高水平。朱元璋废除了丞相制，大幅调整官制，政归吏、户、礼、兵、刑、工六部，六部各司其职，向皇帝负责，君主集权和中央集权均空前加强。

3. 皇族成员世袭薪俸的家天下思想

明朝对皇族成员实行世袭的薪俸制度，经过200多年，到了明朝末年，整个明朝领取丰厚薪俸的皇族成员超过了40万人。普通百姓除了受政府正式的行政体系管辖之外，还要受到王室藩王的统治和剥削。虽然这些藩王没有实权，但他们在当地霸占大量的良田，搜刮民脂民膏，又从国家领取丰厚的薪俸。老百姓被逼得家破人亡，苦不堪言。因此，在明朝末年，全国各地发生了多起农民起义，如有名的李自成起义、张献忠起义，不仅打击豪强，还杀戮各地的藩王。农民起义在明朝末年引起了社会急剧的动荡，为清朝入主中原带来了可乘之机，这就是明朝"家天下"制度带来的严重恶果。

4. 重农抑商的管理思想

朱元璋早年的经历，让他深知劳苦大众的不易，因此自立国以来，他便实施轻徭薄赋的惠农政策，并让身边的皇子、大臣深深地铭记百姓的艰苦，要把惠农政策坚持下去，这极大地促进了农业的发展。但是，商人通过各处奔走获取大量财富，这本身就是一个不稳定因素。在获得大量财富之后，商人往往会购买大量土地，这就造成了土地兼并，也就变相增加了失地农民的数量，失地农民成为社会不安定因素。明朝前期的政策是重农抑商，强调以农为本，商业为末，因此商人的地位不高。明初，四民顺序为"士农工商"，商人的地位为四民之末，即比奴婢的地位稍高一等。同时，在商人穿衣方面明文规定，家中有一人经商，全家不可用绸、纱，只可用绢和棉布，并且明朝廷承袭古制，规定商人及其后代不得参加科举考试，也就断了商人企图通过科举考试入朝为官改变阶层命运的后路。

5. 实行海禁的封关治国思想

明朝立国后为建立万年基业，实行"以农为本"的基本国策，面对当时兴起的海洋文明的挑战，采取了故步自封、小国寡民的政策基调。出于对以日本武士阶层为主的倭寇骚扰入侵的恐惧，明政府立国后采取了一系列针对海患的闭关锁国政策。洪武三年（1370 年），明政府"罢太仓黄渡市舶司"；洪武七年（1374 年），明政府下令撤销自唐以来即存在的、负责海外贸易的福建泉州、浙江明州、广东广州三市舶司，中国对外贸易遂告断绝。自此，连与明朝素来交好的东南亚诸国也不能来中国进行贸易和文化交流了。

三　明朝的管理实践

1. 重典治吏

在政治上，朱元璋整顿吏治，惩治贪官污吏。他实行"剥皮实草"的严酷刑罚，官员贪污 60 两银子以上就要斩首，甚至把贪官尸体做成标本放在公堂之上以警示后来者不要重蹈覆辙。朱元璋还制定了整肃贪污的纲领《大诰》和《醒贪简要录》。《大诰》一书是对他亲自审讯和判决的一些贪污案例成果的记录，书中还包括他对贪官的态度、办案方法和处置手段等内容。朱元璋下令全国广泛宣传这本书，他还叫人节选抄录贴在路边显眼处和凉亭内，让官员读后自律，让百姓学后对付贪官。这在一定程度上遏制了贪污腐败行为。

2. 推行特务制度

朱元璋设立的锦衣卫及之后皇帝建立的东厂和西厂特务机构，都是用来实行严厉的政治统治和人身控制的。明朝前两代皇帝朱元璋、朱棣，由于其出身的特殊性和对宋代文官贪污腐败、败坏国事的深刻认识，对皇权的维护和对文官的压制有着其他朝代所没有的强烈欲望。这就使得厂卫"反贪"和"监视"的职能无限度地扩大。一般来讲，厂卫的工作只限于侦察各种情报、处理皇帝交付的案件，但由于厂卫是皇帝家臣，每当皇帝需要时，就会在皇帝或明或暗的指示下，打击文官集团，压制他们的贪污腐败行为。朱元璋设置的锦衣卫就是以驾驭不法群臣为目的的。厂卫可直接奉诏行事，任意逮捕官吏和平民，无须司法部门批准，但权力的扩大也容易滋生腐败，厂卫利用职务也会制造事端，打击异己，甚至出现宦官专权的情况。明熹宗重用宦官魏忠贤，把中国历史上的宦官专权推到登峰造极的地步，形成了明朝建立以来最大的宦官集团。整个社会处于宦官的黑暗统治之下，风气日益败坏。

3. 移民屯田

明朝初期，兵乱水旱蝗疫接踵而来，百姓非亡即逃，致使中原大片土地荒芜，人烟稀少。为恢复和发展经济，朱元璋实行垦荒屯田的政策。屯田的形式有三种，包括民屯、军屯和商屯。民屯的主要内容是移民屯种。明政府不断把人多地少的狭乡人民大量向人少地多的宽乡迁徙。对于垦荒者，由政府供给耕牛、农具和种子；并规定免税三年，所垦之地归垦荒者所有。这些措施大大激发了农民垦荒的积极性。除了民屯外，明初还有军屯和商屯。军屯由卫所管理，官府提供耕牛和农具。明军士屯守比例如下：边地军队三分守城，七分屯田；内地军队二分守城，八分屯田。军粮基本上自给自足。商屯是指商人在边境雇人屯田，就地交粮，省去了贩运费用，获利更丰。商屯的实行，解决了军粮问题，同时也开发了边疆。这些措施使得过去很多饱受战乱损毁的地区恢复了生机，使明朝的经济得到快速恢复。

4. 戚继光抗倭

14 世纪初叶，日本进入南北朝分裂时期，封建诸侯割据，互相攻战，争权夺利。在战争中一些失败了的南朝封建主组织武士、商人和浪人到中国沿海地区进行武装走私和抢劫烧杀的海盗活动，历史上称之为"倭寇"。明初开始，倭寇对中国沿海进行侵扰，到处剽掠，沿海居民深受其害。在倭寇长期为患之时，明朝军队中涌现了一批抗倭名将，如戚继光等。在剿倭战争中，戚继光身先士卒，与士兵同甘共苦；严格要求士兵，不准扰害百姓，做到兵民相体；在战略战术上，攻其无备，出其不意，进攻重在集中兵力打歼灭战，防御重在积极主动而不是机械地死守，在防御中伺机反攻。戚继光创造了独树一帜的"鸳鸯阵"，利用集体互助、长短兵器结合的机动、灵活、严密的作战力量，有效地打击敌人。这是戚家军屡败倭寇的重要原因，也是戚继光和戚家军留给后人的一份宝贵财富。①

5. 工商业发展

明朝最早开始繁荣的手工业是棉纺织业，早在明初时，江南手工业便已相当发达，并且逐渐形成了一些以手工业为中心的城市。明朝中后期，随着京城的北迁，中原地带和华北地区，特别是环渤海湾一带，手工业取

---

① 赵国华：《戚继光军事思想探论》，《理论学刊》2008 年第 5 期。

得了令人瞩目的成绩。明代社会经济的另外一个显著特点是商业经济地位的提高。人数众多的富商巨贾凭着雄厚的资本，往往开有几个或几十个店铺。当时全国各重要城市几乎到处都有徽商的店铺，如运河沿岸的城市临清，徽商占从事工商业人数的90%。为了使资本充分发挥作用，有些商人把商业资本直接投资于生产中，并雇用了大量的雇工和奴仆从事生产，从而转化为"产业资本"。明朝商业资本的兴起，对于加强各地区的联系，促进商品经济的进一步发展和资本主义的萌芽起着一定的作用。但是在封建制度下，明代富商巨贾不可避免地带有浓厚的封建色彩，这是中国封建社会不同于欧洲城市的一个重要特点，也是中国资本主义萌芽发展缓慢的一个重要原因。

四　明朝管理实践的影响与评价

明朝国家的统一与中央集权的强化，农业和手工业生产的恢复与发展，特别是中后期商品经济的繁荣与资本主义萌芽的出现，有力地推动了思想文化的发展。

但明朝的经济发展远远不及宋朝，重新恢复了抑商传统，商人被列为社会底层。税收制度恢复了实物征收制和劳役制，财政收入不到南宋的1/6。农业税占政府总收入的80%以上，工商杂税只占总收入的12%以下，经济结构又倒退到落后状态。政治制度上皇室"家天下"、高度中央集权、皇族的世袭薪俸制、杀功臣、贱视大臣、厂卫制度、宦官专权，使得明朝退化为内向的、反竞争的、缺乏想象力的保守社会。

第三节　清朝的管理思想与实践①

一　清朝简介

清朝是中国历史上最后一个封建王朝。清初几代皇帝勤于政事，开疆拓土，建立了一个统一强大的王朝，民族融合、人口增长、经济发展、社会安定，出现了"康乾盛世"，促进了边疆地区的经济开发及与内地的文化

---

① 李治亭：《清史》，上海人民出版社，2002。

交流，奠定了今天中国多民族国家的疆域版图。满族统治者也比较注重学习汉文化，传承中华文化，保护文化遗产。

二 清朝的管理思想

1. 强化皇权

康熙皇帝亲政以前，清朝政体问题一直没有得到很好的解决，其最明显的表现是皇帝和臣僚之间的权力界限不明确。主要由满族亲贵组成的议政王大臣会议不但是清朝最高决策核心，也是最高权力机关，具有废立君主的权力。然而，作为君主的康熙当然不会心甘情愿地受制于议政诸王。于是，他一方面勤于政务，举行御门听政；另一方面设立南书房，强化皇权。

2. 重视农业生产的发展，固守民本思想

实行"更名田"。更名田又叫"更名地"。明朝藩王田庄遍布各地，明末农民战争中，明代诸王宗室大都被杀被逐，丧亡殆尽。清初许多农民继续耕种藩王田庄的土地，也有部分土地因无人耕种而抛荒。康熙八年（1669年），清朝政府颁发更名田令，通过更名田形式把一部分原明朝藩王的土地无偿交予原耕佃农承种，使其成为拥有合法土地所有权、只缴纳国家赋税的自耕农民。更名田的实施，对于鼓励农民从事农业生产、开垦荒地起了一定的作用。

3. 首重人才

康熙认为，要想治理好国家，人才是关键。因此，自从登基开始，康熙就把合理用人看作治理国家的根本。他不仅通过各种各样的途径吸收地主阶级知识分子为朝廷服务，在传统的科举考试之外还用捐银买官的方法让更多知识分子参与政事。

4. 以儒治国

康熙以儒治国，并在为政实践中形成了一套以儒学尤其是程朱理学为基础的政治思想体系，其不仅反复向群臣宣谕"爱民""重民""安民""惜民"的道理，要求他们奉公守法、恪尽职守、清正廉明、兴利除弊，而且不可扰民、害民，还切实采取了一系列有利于民生安乐、社会稳定的措施。这对清初社会稳定、民生安乐，以及在此基础上疗治多年的战争创伤，恢复和发展社会经济都有着十分重要的意义。

5. 闭关锁国

为了打击台湾郑氏，康熙初年实行了迁界禁海政策。之后在与西方列强的交往上，乾隆采取了比康熙更严厉的海禁政策。特别是英国使团到清朝后，英国暴露出来的贪婪和咄咄逼人的气势，使得一向以天朝上国自居的乾隆皇帝感受到外来的威胁，于是干脆采取闭关自守的政策。

三　清朝的管理实践

1. 君主专制

康乾时期的君主专制达到历史顶峰。康熙着手整顿吏治，恢复京察、大计等考核制度；派心腹打探地方物价、人民收入与官绅不轨之事，并以密折奏报，此即密折制度的萌芽，到雍正时期趋于完善。在中央，清初还保留议政王大臣共同议政的形式。康熙时期设立的南书房，实际上成为皇帝的机要秘书处；雍正时期设立的军机处，为政府最高决策机构，而军机大臣也是"跪受笔录"；乾隆时期直接撤销议政王大臣会议，政治权力全部掌握在皇帝手中，成为清代中央集权制度的顶峰。

2. 土地赋税制改革

清朝实行摊丁入亩的土地赋税制改革，即将丁银（即人头税）摊入税粮中征收。这一措施对减轻人民的经济负担意义重大。在此之前，历代的地主豪绅占有大量土地，而本身人口并不多，应负担的税额按比例也较小，而摊丁入亩制度的施行，使人口众多的下层人民的负担减轻，而占有大量土地的地主的负担则相应增加了，这有利于社会矛盾的缓和。

3. 完成国家统一

清朝对历史最大的贡献就是完成国家的统一。这一贡献是在康熙时期打下的基础。康熙平定了由吴三桂发起的三藩之乱，巩固了对内地的统治；收复了台湾地区并设立统治机构；同时加强对边疆地区的统治和管理，三征西北噶尔丹，回击沙俄对东北地区的侵略；制定开明的民族政策，提升了少数民族对中央政府的向心力。这些举措不但奠定了近代中国的疆域版图，而且使各民族在和平安宁的环境中风雨同舟、共求发展。

4. 整顿吏治

明末吏治腐败，是其亡国的主要原因之一。清朝统治集团时时以明亡为戒，大力整顿吏治，扫除明末以来的贪风和颓风。康熙、雍正、乾隆三朝澄清吏治的思想及治国方针，一脉相承，一方面严厉打击、惩治贪官污吏，另一方面大量表彰廉吏，树为清官典范，倡导百官效法。终数十年之整顿，吏治得到一定的改观。

5. 文化专制

为了树立清朝统治的权威，加强中央专制集权，清朝皇帝强推剃发易服（强令汉人剃发结辫，改穿满族衣冠），大兴奴才文化、文字狱、修史等。这种文化专制政策造成社会恐怖、文化凋敝，从而禁锢了思想、摧残了人才，严重阻碍了社会的发展和进步。在世界工业化、民主化大潮中，清朝政治上专制落后、因循守旧，经济上延续明朝重农抑商的做法，禁海闭关。这些落后的统治思想和治国方式，把正向资本主义社会前进的中国重新拖回落后的社会发展阶段。

四　评论

中国长期封建王朝"家天下"的政治制度，"罢黜百家，独尊儒术"的专制思想统治，长期鲜有改进、日益僵化的科举制度，知识阶层独立人文精神的日益缺失，加上游牧文明的进攻破坏，打断了中华文明的正常发展。封建思想实质上是由于儒家思想一家独大，演变出了不少糟粕。没有了百家争鸣的局面，单一的封建思想模式导致近代中国的政治、法律、文化、科技死气沉沉，没有生机和活力。历史证明，要建立现代管理体系，推进社会、经济、文化和科技的全面发展，我们需要博采众长、中西合璧，做到历史传统与现实国情紧密结合，开发民智，激发社会活力，不断改革创新、与时俱进，才能使现代管理实践焕发勃勃生机，顺利实现预定目标。

管理案例分析

成吉思汗"盗亦有道"的管理艺术

《庄子·盗跖》给我们讲述了盗跖的故事，生动地诠释了"盗亦有道"的管理之道。分析成吉思汗的管理，我们发现可以按照盗跖对"圣、智、勇、义、仁"的认识逻辑来解读。

在"圣"的方面，作为一代雄主的成吉思汗，知道什么是蒙古人需要的，即家园和财富。他的追求是要让青草覆盖的地方都成为蒙古人的牧马之地，因此，他才能够统一蒙古各部并且不断西征南下，扩大版图。

"智"就是决定什么时候进攻哪个对象。在年幼被部落抛弃时，他把妻子嫁妆中最珍贵的黑貂皮献给了当时草原上实力最雄厚的克烈部落统领王汗。利用王汗的势力，铁木真不仅收拢了他家离散的部族，还在王汗及结拜兄弟札木合的帮助下，击败了三姓蔑儿乞部首领，救出了妻子和异母。在势微时，他联合多方力量征服敌对的塔塔儿部，壮大部落实力。在统一蒙古部落之后，他发动对西夏和金朝的战争，获取了更多的财富。

在"勇"的方面，他领着蒙古人出生入死，英勇无畏。多少次战役都是他率先披挂上阵，冲入敌阵，毫不退缩。

"义"是他对部下和盟友讲义气。1190年，在铁木真的领导下，乞颜部迅速发展壮大，引起了札达兰部首领札木合的不满。札木合以其弟弟给察儿为铁木真部下所杀为借口，纠集了13个部落3万余人，向铁木真发起进攻。铁木真也动员了部众十三翼（即13个部落）迎击，即著名的十三翼之战。铁木真虽兵败退至斡难河畔哲列捏狭地，但获胜的札木合却失去了人心。因为札木合在战后将俘虏用70口大锅煮杀，史称"七十锅惨案"。这种惨不忍睹的场面连其部下也"多苦其主非法"。相反，宽厚仁容的铁木真赢得了人心，那些担心自己命运的札木合的部下纷纷倒向铁木真，使其军力得以迅速恢复和壮大。

铁木真最大的优势在于"义"，在于能够赢得更多人的追随。当其他部落因为饥饿要求参加铁木真部落的围猎时，铁木真不但邀请他们参加，而且分给他们的猎物远远超过他们应得的部分。札木合就没有这样的眼光。有一次札木合和盟友约好对铁木真发动袭击，但等他赶到战场的时候，发现盟友已经被打败了。札木合一不做二不休干脆对盟友发动了袭击，掠夺财物以后扬长而去。因此，很多部落认为铁木真宽宏大量、仁慈大度而纷纷归顺。铁木真的过人之处就在于能够感动下属和盟友，当时蒙古有很多大大小小的部落，都愿意凝聚在铁木真的周围。

成吉思汗还有一套最厉害的管理之道，就是"仁"的体现。那就是如何去分配他通过战争所获取的财富。通过战争获得的财富，大汗获取10%，剩下的90%，从下面的将军到普通的士兵甚至是奴隶都有权利去层层分配。以这样的方式，他不分民族、不分国别，只要归顺了蒙古的军队，大家都有权享受这一套分配制度。战胜敌人后共同分配获得的财产对部下来讲是最大的激励。这种制度一实行,蒙古军队愈发英勇,在战场所向披靡。

正是因为掌握了"盗亦有道"的管理艺术,一代天骄——成吉思汗,在中国北方草原横空出世,一个纵横欧亚大陆的蒙古帝国也随之崛起。

资料来源:

度阴山:《成吉思汗:意志征服世界》,北京联合出版公司,2015。

李哲民:《成吉思汗的管理学》,《中外文摘》2014年第21期。

复习思考题

1. 谈谈元朝、明朝、清朝有哪些管理思想和代表人物?

2. 总结元朝、明朝、清朝的管理思想与实践的历史演进,你有什么认识和体会?

3. 请分析明朝管理思想产生的背景及条件?

4. 作为少数民族统治的朝代,请分析元、清时期管理思想的异同。

5. 元朝、明朝、清朝的管理思想对于现代管理学有什么影响及作用?

第四篇　近现代国内外社会发展及管理实践

第十章 近现代欧美社会发展及管理实践

本章提要

本章的主要内容包括两节。第一节梳理欧洲文艺复兴、宗教改革和启蒙运动三次思想解放运动的历程，包括匈奴西侵和欧洲的动荡、西罗马帝国灭亡、十字军八次东侵，以及文艺复兴、宗教改革和启蒙运动的产生等内容。第二节主要介绍近现代欧美社会发展历程及管理实践，包括西方殖民史、工业革命、第一次和第二次世界大战及"冷战"的影响。

重点难点

本章的重点是掌握欧洲文艺复兴、宗教改革和启蒙运动三次思想解放运动的主要内容和渊源及近现代欧美社会发展趋势，了解人文精神的产生及发展历程；难点是理解和把握工业化在近现代欧美社会发展及管理实践中起到的重要作用。

引导案例

罗斯福与伊本·沙特的历史会晤

1945年2月，第二次世界大战结局已经基本确定。此时，罗斯福离去世只有两个月时间，病情严重，但他依旧为战后美国的未来奔忙。雅尔塔会议结束后，罗斯福同沙特阿拉伯国王伊本·沙特在埃及的大苦湖进行了一次绝密会晤。两国政府至今都未公布会谈内容和所达成的协议，但战后两国的紧密合作，特别是石油和美元的捆绑，足以让人们对这次会晤的成果猜得八九不离十。

早在1933年，建国不久的沙特阿拉伯就将90多万平方千米国土的石油开采权，以66年的期限租让给美国美孚石油公司。幸运的是，该公司于

1938 年在达曼地区发现了大量石油。

第二次世界大战爆发后，石油成了同盟国和轴心国的抢手货。德国以"争取阿拉伯民族独立"为借口，积极向沙特阿拉伯渗透，并将情报人员委任为驻沙特阿拉伯大使。此外，希特勒还通过其他手段，试图诱迫沙特阿拉伯加入轴心国阵营。

当时，德国正势如破竹，大有在中东地区和日本会师的架势。但中东地区的军事力量一直以英国为主，且在经济方面制约着沙特阿拉伯，而美国也希望沙特阿拉伯靠向同盟国。出于各种利益的权衡，沙特阿拉伯最终决定采取中立政策。

美国卷入战争后，对石油资源的需求越来越大。为笼络沙特阿拉伯，罗斯福政府开始直接对沙特阿拉伯进行经济援助。美国的行为严重影响到英国对沙特阿拉伯的影响力。为此，英国方面希望化解矛盾，出台对英美两国都有利的中东政策，但双方的多次协商都无结果，两国在中东石油问题上出现了明显分歧。

1945 年 2 月，雅尔塔会议结束后，罗斯福迫不及待地赶到苏伊士运河的大苦湖，在那里和沙特阿拉伯国王伊本·沙特进行了一次最高机密的会晤。双方会谈时间很长，从 11：30 持续到 15：30。会谈情况和达成的成果至今无人知晓。尽管没有官方的资料，但外界确信此次会晤中美国和沙特阿拉伯达成了协议：美国在未来不确定期限内，保证沙特阿拉伯王室的安全和稳定，作为回报，沙特阿拉伯保证让美国从沙特阿拉伯获得大量石油，并参与发展沙特阿拉伯的石油工业。正是同美国的结盟，再加上越来越多的石油财政，沙特阿拉伯才奠定了在其他阿拉伯国家中的领导地位。值得一提的是，在罗斯福与沙特阿拉伯国王会面后的第三天，英国首相丘吉尔驱车进入埃及沙漠，在一个旅馆里会见了沙特阿拉伯国王。但他已无力安抚国王，沙特阿拉伯受美国主宰的时代已经到来。

两个月后，罗斯福因病去世。临终前的这场具有神秘色彩的会晤受到广泛关注，舆论认为这是罗斯福就任总统 12 年以来最重要的活动。后来的事实表明，沙特阿拉伯虽然在不少问题上受制于美国，却因此走向了富裕和发达，而美国也因这项战略使自身的国力得到迅速增强。双方在政治、经济、军事、文化和教育等领域广泛合作，尤为值得一提的是，1933~1980年，美国阿美石油公司一直主导着沙特阿拉伯的石油开发，直到 20 世纪 80

年代沙特阿拉伯石油国有化。一直以来，沙特阿拉伯为美国的全球霸权战略提供了稳定的石油供给。英国《金融时报》回顾两国关系的历史后称，美国和沙特阿拉伯之间的关系完全是建立在共同利益基础上的，而非共同价值的基础上的。

资料来源：

冯基华：《美国中东政策的战略支点——沙特》，《亚非纵横》2014 年第 3 期。

蒋大鼎：《沙特与美国：冤家路宽》，《世界知识》2022 年第 13 期。

思考题

1. 基于什么样的利益诉求，让美国和沙特阿拉伯两国跨越文明或价值观的冲突"拥抱"在一起？

2. 从美国和沙特阿拉伯结盟的历史背景看，你对美国在第二次世界大战后构建的霸权体系有什么样的认识和体会？

第一节　欧洲文艺复兴、宗教改革和启蒙运动的渊源

一　匈奴西侵和欧洲的动荡

东汉初年，匈奴分裂为南匈奴和北匈奴，南匈奴臣服于汉朝并和汉朝联手对付北匈奴，北匈奴被击败后被迫西迁。公元 374 年，匈奴族（被西方称为 Huns）西迁来到欧洲，渡过顿河攻入东哥特国，匈奴人打败了哥特人，迫使其向西迁徙，也推动了中欧的德意志各部族西迁，引发了欧洲各民族时间最长、范围最广的一次大迁徙。

这次迁徙中产生的最深远影响是匈奴人和哥特人的战争，日耳曼灭亡西罗马帝国，以及德意志人和斯拉夫人西迁。盎格鲁人、撒克逊人跑得更远，干脆渡过汹涌的英吉利海峡，到了匈奴铁骑不可能到达的大不列颠岛上，和这里的主人凯尔特人、朱特人等进行了长期的较量，直到成为英伦的主人。

在欧洲的历史记载中，匈奴单于阿提拉被称为"上帝之鞭"。448～450年，匈奴帝国在阿提拉的带领下，版图扩张到极盛的地步：东起咸海，西

至大西洋海岸，南起多瑙河，北至波罗的海。在这广大区域内的附属国，都有自己的国王和部落酋长，平日向阿提拉称臣纳贡，战时出兵参战。阿提拉去世后，匈奴内部开始分裂，逐渐被其他势力逐个击破，从此消失在历史之中。

二　欧洲中世纪与文艺复兴

"中世纪"（约 476~1453 年）一词最早来自 15 世纪后期的人文主义者。这个时期的欧洲没有一个强有力的政权来统治。封建割据带来频繁的战争，造成科技和生产力发展停滞，人民生活在毫无希望的痛苦中，故中世纪在欧美被普遍称作"黑暗时代"。匈奴西侵导致西罗马帝国灭亡（476 年），欧洲的文明遭到了极大破坏，是欧洲进入中世纪的前奏。罗马帝国时期，基督教被确立为国教，因此深入人心。虽然罗马帝国覆灭，可是人们依然信奉基督教，教廷在欧洲是很有影响力的组织，甚至国王加冕都需要征得教皇同意，因此教廷肆意妄为，发行"赎罪券"，迫害异教徒，甚至与教廷意见不符的基督徒都要被处死。当时人们的思想受到禁锢，社会进步严重受阻，大大小小的封建城邦则遍布欧洲各地，这一时期持续了近千年，直到文艺复兴时期（1453 年）之后，资本主义兴起为止。文艺复兴旨在恢复古希腊、古罗马文化，其核心是弘扬人文主义精神，追求以人为中心而不是以神为中心，肯定了人的价值和尊严。文艺复兴运动的兴起，彻底打破了教廷对人们的禁锢，彻底毁掉了中世纪的基础，中世纪至此落下帷幕。

三　十字军东征与文艺复兴

十字军东征是基督徒发动的与穆斯林之间的一系列宗教战争，主要是为了争夺、控制两边都认为的圣地——耶路撒冷。1096~1291 年发生了八次十字军东征。血腥、暴力和残酷的冲突促使欧洲基督徒成为侵略、抢夺中东地区的主要参与者。一系列战争使得地中海通道重新畅通，阿拉伯和西欧开始逐渐融合，使地中海航线再度为旧基督教徒所掌控，带动了西欧其他城市的兴起和发展，如马赛、巴塞罗那和佛罗伦萨等。同时，在这一过程中，不少教士看到并研究了从阿拉伯地区抢来的书籍、雕塑、各类文化艺术品，发现其中不少都是千年前阿拉伯人在发展贸易时从古希腊、古罗马买去的。了解了古希腊、古罗马的文明，再对照当时中世纪的愚昧和落后，教士阶层特别是年轻的教士深受震撼，由此怀疑教廷的权威，思想启蒙的种子开始在西方世界萌芽。

十字军东征持续了将近 200 年，罗马教廷建立世界教会的企图完全落空，本着收复被阿拉伯和突厥入侵的土地，结果却出于各种原因失败，因而教会的威信大为下降。从 12 世纪开始，即大约在第一次十字军东征之后，回忆录和歌曲形式的文学诗歌兴盛起来。十字军史诗的发展和扩散被一些学者称为"12 世纪的复兴"。对当时优越的穆斯林文明来说，十字军东征及其造成的破坏打击了伊斯兰世界，动摇了穆斯林的信心；而对欧洲来说，十字军东征则是一个起点，引起了欧洲社会本身的大变动，推动着欧洲走向开放的现代世界。

四　蒙古军西征与文艺复兴

在 1217 年十字军第五次东征后，1219～1260 年，蒙古的成吉思汗、拔都、旭烈兀领兵进行了三次西征，在给所侵略之地带来祸乱的同时，也促使西方走出中世纪，兴起了文艺复兴运动，并开启了大航海时代。

蒙古军带着东方的先进文化和科技进入了还处于黑暗中世纪时代的欧洲，唤起了全球性的（主要是欧洲人）人类觉醒。在蒙古人入侵的推动和刺激下，欧洲开始了空前的技术、贸易和思想革命。蒙古人把东方的印刷术、火药兵器、罗盘和算盘介绍给西方人，还把柠檬、胡萝卜、毛毯、面条、茶叶、纸牌游戏和裤子传播到世界各地，并让它们成为全世界各国人民生活中必不可少的一部分。

蒙古军在 1234～1279 年占领了欧洲近 1/3 的领土，使欧洲民众看清了中世纪宗教专制的愚昧落后和外强中干。民众的觉醒为文艺复兴时代的到来奠定了最初的基础，而欧洲的文艺复兴正是世界现代史的开端。从这个意义上来说，蒙古军当年进入欧洲，是欧洲新教兴起的第一次启明。

蒙古国的三次西征使前所未有的灾难落到了被征服国家的人民群众身上，但战争好比一把双刃剑，给被征服地区带来灾难的同时，也把世界范围变得更加广阔。蒙古军的西征改变了当时的世界格局，在广阔的空间打破了地域封闭，也加速了东西方的交流，对西方世界的近代化过渡产生了重大的作用，从某种意义上来说加快了人类社会向前发展的步伐。

五 中华文明对西方文艺复兴的启蒙

13 世纪末在意大利开始的文艺复兴，至 16 世纪在欧洲盛行，持续了近 400 年，在这一过程中，中华文明对西方现代文明有过重要的启蒙。

文艺复兴最先在意大利各城邦兴起，然后扩展到西欧各国，于 16 世纪达到顶峰，带来一段科学与艺术革命时期，揭开了近代欧洲历史的序幕，被认为是中古时代和近代的分界。文艺复兴是西欧近代三大思想解放运动（文艺复兴、宗教改革与启蒙运动）之一。

新兴的资产阶级之所以能够战胜老牌的封建贵族，是因为他们作为新的生产力和生产关系的代表者，掌握并运用了先进的军事、生产和文化斗争的武器。马克思对此曾有精辟论述："火药、指南针、印刷术——这是预告资产阶级社会到来的三大发明。火药把骑士阶层炸得粉碎，指南针打开了世界市场并建立了殖民地，而印刷术则变成新教的工具，总的来说变成科学复兴的手段，变成对精神发展创造必要前提的最强大的杠杆。"[1] 从根本上说，火药、罗盘、印刷术来自中国。

在文艺复兴运动全面展开之前，欧洲人必须以掌握当时最先进的造纸和印刷技术为前提，否则，文艺复兴运动是无法想象的。纸起源于中国，阿拉伯人从中国人那里学会了造纸技术，然后又传到了西方。到了 14 世纪末，意大利、法兰西、西班牙和德国南部都在生产纸张，除了富有人家以外，纸大致已替代了羊皮纸成为通行的书写材料。[2] 13 世纪，当蒙古帝国的势力空前扩张的时候，印刷术传至波斯，波斯人和欧洲的传教士、旅行家一道，将印刷术传到了西方。印刷术与造纸术一起为文艺复兴时代在思想文化领域的辉煌胜利奠定了坚实的基础。[3]

中华文明对西方的影响是多方面的，是持久且不可逆转的。在历史发展的绝大部分时期，古老的中国在政治、经济、文化、科技等方面，都全面领先于当时的西方及世界。中华文明持久而深刻地影响着西方文明。

---

① 《马克思恩格斯全集》第 37 卷，人民出版社，2019，第 50 页。
② 沈福伟：《中西文化交流史》，上海人民出版社，2006，第 302 页。
③ 蒋海生：《论中国文化对文艺复兴和启蒙运动的影响》，《锦州师院学报》（哲学社会科学版）1991 年第 4 期。

◆ 启发案例

16~18 世纪欧洲的中国印象[①]

18 世纪，欧洲的启蒙运动逐渐进入高潮，当时的中国以其强大的实力和浸润了上千年底蕴的高度文明散发着无穷魅力。不少欧洲人如醉如痴地欣赏和赞美中国文化，将中国看作世界上最理想的国度。大批精美的中国商品以及商人和传教士对中国的宣传让欧洲人发现了一个令人神往的新世界。

在当时欧洲的一些艺术作品中，从未踏足中国的作者总是用极尽美好的事物来描绘这个想象中的"世外桃源"，同时巧妙地对现实进行嘲讽。随着"中国热"的逐渐升温，当时的中国被认为可以充当欧洲的典范。

例如，在 16 世纪的欧洲，中国瓷器被奉为圣器，可驱邪杀毒。当时的文人名士会写诗作赋讴歌中国瓷器的精致美好。

古代中国给世界带来的世界级的贡献是四大发明和科举制度。伏尔泰、魁奈、孟德斯鸠等对中国的科举制度赞不绝口，因为欧洲是贵族世袭，而中国的任何人都可以通过自己的努力，通过科举考试制度变成政府官员，彻底改变个人甚至家族命运。孟德斯鸠的三权分立思想奠定了西方政治法律发展的基础，他对中国通过科举制度选拔人才给予肯定，侧面反映了中国科举制度在当时的先进性。

伏尔泰于 1764 年发表的《哲学辞典》中也提及中国人："他们帝国的法律，实际上是世上最好的法律……唯一规定省长卸任时没有得到人民喝彩便得受罚的法律，唯一给美德确定价值的法律，而别国的法律只限于惩罚罪行。"

中国有如此多的长处，显然值得入画了。

弗朗索瓦·布歇（Francois Boucher，1703~1770 年），法国画家、版画家和设计师，是一位将洛可可风格发挥到极致的画家，他从未到过中国，但对中国一直持有美好的印象。图 10-1 和图 10-2 是他的两幅画作，画中极尽描绘他对中国的美好想象，《中国皇帝上朝》表明了布歇对中式民主政治的向往，而《中国集市》则表明布歇对中国繁荣富饶的想象和憧憬。

----

① 杨永平、杨佳悦：《16~18 世纪欧洲的"中国热"及启示》，《经济研究导刊》2020 年第 6 期。

图 10-1 《中国皇帝上朝》

图 10-2 《中国集市》

在《中国皇帝上朝》中，其背景的圆形帷幔，画家以暗色的装饰，展现中国皇帝的威严庄重，很自然地将中国宫廷的颜色与洛可可艺术相结合。布歇将皇帝与大臣安排在自然风景之中，画面中除了工艺品、陶瓷等元素之外，还出现了皇帝的专属帷帐。图 10-1 呈现淡雅的东方气息，表现出布歇在欧洲绘画史上独特的艺术美。从皇帝与大臣的服饰来看，画家取材应为明朝时期。在《中国集市》中，画面构图呈"S"形，向观众展现出灵活热闹的集市氛围。画面中人物的视线及肢体的倾向性使观者视觉中心集中在画面偏左边。画面中人物头部的转动都朝向画面的中心点，这种典型的欧洲透视法则，使布歇的"中国风"绘画与当时的艺术主流形成很好的联结。①

正因为中国产品在西方有着无与伦比的魅力，从 16 世纪到 19 世纪初，欧洲的作坊一直在盗版生产中国的丝绸、瓷器、漆器和其他各种工艺品。

第二节　近现代欧美社会发展历程及管理实践

一　穷则思变：西方殖民史及工业革命

1. 葡萄牙近 600 年的殖民史

葡萄牙是殖民历史最悠久的一个国家，自从 1415 年攻占北非的休达到 1999 年将澳门政权移交中国为止，殖民活动近 600 年。

葡萄牙的殖民帝国成立于 1415 年 8 月 21 日，当时航海家亨利率领葡萄牙舰队征服北非的伊斯兰贸易中心休达。随后葡萄牙的航海家与探险家陆续发现了亚速尔群岛、佛得角、比奥科岛、圣多美岛、普林西比岛和安诺本岛等无人居住的岛屿。1471 年，葡萄牙人占据北摩洛哥城市坦几亚。1488 年春天，葡萄牙航海家巴尔托洛梅乌·迪亚士最早探险至非洲最南端好望角的莫塞尔湾，为后来另一位葡萄牙航海探险家瓦斯科·达伽马开辟通往印度的新航线奠定了坚实的基础。1498 年 5 月 20 日，达伽马终于到达离印度城镇科泽科德不远的海滩。1514 年，葡萄牙航海家到了中国，并于 1542 年意外地发现了日本，后来很多欧洲商人和传教士被吸引到日本。1557 年，葡萄牙人占据澳门，并开始与中国进行贸易。1522 年，葡萄牙探险家斐迪南·麦哲伦率领的西班牙船队首次环航地球。但随着其他欧洲国家相继取得海上霸权后，葡萄牙实力有所下降。1580 年，因皇室姻亲继承关系，葡萄牙曾被西班牙侵占，直到 1640 年才摆脱西班牙统治。17 世纪大量葡萄牙人移民到巴西，直至 1709 年为了防止人口流失约翰五世下

---

① 孙晓昕：《从布歇的四幅作品看 17、18 世纪欧洲的"中国风"热》，《大众文艺》2011 年第 21 期。

令禁止葡萄牙人移民。1822 年，最大殖民地巴西独立，葡萄牙国力开始衰退。1999 年 12 月 20 日，根据中葡两国于 1987 年签署的《中葡关于澳门问题的联合声明》，葡萄牙将澳门主权交还中国，其近 600 年的殖民史终于落幕。

2. 西班牙的美洲殖民史

从 1492 年哥伦布登陆美洲开始的三个世纪里（1492~1898 年），西班牙在美洲大陆和加勒比海地区就不断地进行征服和殖民，先后占领了大部分加勒比海岛屿（西印度群岛）、南美大部、中美洲地区、北美西部太平洋沿岸（直达阿拉斯加）和北美中部内陆。

在西班牙统治的几个世纪里，西属美洲的原住民不断遭到西班牙殖民者的驱赶和屠杀。同时，西班牙人从欧洲带来的病菌又多次引起瘟疫，使得原住民的人口大为减少。后来，西班牙人为了开发新大陆的资源（贵金属、蔗糖、棉花、烟草、咖啡、可可、染料等），又不得不从非洲引进大量的奴隶来从事种植和开采，从而促成了兴盛一时的奴隶贸易。与英国殖民地不同，西班牙并不发展殖民地的加工业而只把其作为原料产地加以掠夺，所有西属美洲的特产和资源都会通过船只运回本土。这也造成了后来从西班牙殖民地独立出来的国家都是较落后的农业国，与独立于英国的美国形成鲜明对比。

在 19 世纪初期，西属美洲陆续爆发了独立运动，西班牙因此丢失了在美洲大陆的殖民地。1898 年，西班牙在美西战争中的失利，更使其丢失了加勒比地区的古巴和波多黎各等地，并最终结束了在美洲的殖民统治。

3. 荷兰"海上马车夫"时代

荷兰在近代的欧洲曾经也是一个不可小觑的国家，它是继西班牙、葡萄牙之后又一个海上强国，被誉为"海上马车夫"。

1648 年荷兰独立后，大力发展资本主义工商业、海洋运输业和金融业，很快成为西欧强国之一。荷兰的造船业在当时居世界首位。仅在首都阿姆斯特丹就有上百家造船厂，全国可以同时开工建造几百艘船。当时荷兰拥有商船 1.5 万艘，吨位占当时欧洲总吨位的 3/4，几乎垄断了海上贸易。荷兰的海军舰只几乎超过了英法两国的 1 倍，荷兰成为当之无愧的"海上马车夫"。这些海军舰只在世界各大洋游弋，保护本国商船，并从事海外殖民掠夺。但是，"海上马车夫"的好景不长。荷兰 17 世纪上半叶对海上的垄断权，成为后起的英国海外扩张最大的障碍和威胁，双方爆发了激烈的战争。英荷战争使荷兰从海上霸主的地位上跌落下来，从此再也没有恢复昔日的辉煌。

4. 勒潘多海战对西方的影响

1570 年，当土耳其人入侵地中海的塞浦路斯时，罗马教皇庇护五世发起了反穆斯林的"神圣同盟"。1571 年 10 月 7 日，基督教国家的联合舰队和土耳其奥斯曼舰队在勒潘多海域展开决战，这就是对基督教文明具有决定性意义的勒潘多海战。在这次作战中，联合舰队几乎使土耳其舰队全军覆没。

该次海战的胜利，打破了土耳其不可战胜的神话，使基督教世界重新振作起来，也掀起了自十字军第一次东征获胜之后从来不曾有过的狂热的宗教热。罗马教皇决定，把这次胜利作为永久性的节日来祝贺和纪念，从此相沿成俗，保留至今。

勒潘多海战是中世纪最伟大的一次单层桨座的快船大会战，代表了一个时代的结束。从此以后，舰船以风帆作为动力代替了划桨，而战术上则以枪弹的射击代替了正面拉舷的肉搏战，新的海战时代从此开始了。

5. 英国、法国、德国、美国相继成为世界霸主

英国于 1588 年击败西班牙的"无敌舰队"，树立了海上霸权，17 世纪打败荷兰（通过三次战争），紧接着又打败法国，到 18 世纪成为世界最大的殖民帝国，18 世纪后期到 19 世纪前期完成工业革命，成为世界霸主。

法国从中世纪末期开始成为欧洲大国之一，在 17~18 世纪路易十四统治时达到封建社会的鼎盛时期。1789 年爆发法国大革命之后，法国推翻了君主专制政体，先后经历两次帝国和三次共和国，国力于 19~20 世纪时达到巅峰。法国的工业革命在 19 世纪中期完成，成为仅次于英国的工业国家。

德国工业革命产生的时间比英国晚 80 年，比法国晚 50 年。但从整个进程看，德国仅仅经历了 40 多年的发展就赶上了英国和法国，其速度发展之快为世人瞩目。德国工业革命在李斯特的经济学说指导下，在普鲁士扩军备战和武力统一德国并向外国掠夺的推动下，走上了一条以铁路建设领先、优先发展重工业、带动轻工业发展的道路。

美国独立后，于 1823 年提出门罗宣言；1861~1865 年，美国爆发了南北战争。亚伯拉罕·林肯领导北方的自由州战胜了南方的蓄奴州，美国从

此结束了"半奴隶半自由的状态",开始全面实行自由资本主义,走上了快速发展的道路。1803~1959年,美国通过购买和战争的手段,领土不断扩张;19世纪末,马汉提出"海权论",为美国的发展,也为美国日后在世界上称霸营造了一个优越的国际环境。

二 第一次和第二次世界大战及冷战的影响

第一次世界大战是一场帝国主义之间分赃不均的战争,给全世界人民带来了深重的灾难,同时,也带来了科技上的一大进步,使各国的政治、经济、科技、文化及军事等方面的实力大大加强。第一次世界大战后民族意识的形成、民族观念的勃发,使得国际秩序得到重建。第二次世界大战是人类历史上一场反法西斯的伟大而又正义的战争。这场战争对人类社会产生了极大的影响:法西斯的势力被摧毁,帝国主义的力量也被减弱,殖民体系被摧毁,世界上形成了社会主义阵营,发展中国家得到发展。第二次世界大战后世界范围内的革命与改革更加向前,使得战争过后世界的和平和发展都有了不小的进步。

"冷战"这一用语是第二次世界大战及战后时代的产物,是指1947~1991年美国和苏联及其盟友在政治和外交上的对抗、冲突和竞争,这场没有硝烟的战争对以后的世界格局产生了重要的影响。冷战给世界带来了很多负面的影响,如以苏联为首的华沙条约组织崩溃,世界范围内社会主义陷入低潮,美西方霸权主义开始盛行,产生了诸多不断增长的非传统安全威胁,等等。

(一) 第一次世界大战后的巴黎和会

巴黎和会是指1919年1月18日,在巴黎凡尔赛宫召开的战后协约会议。苏维埃俄国没有受到邀请,德国作为战败国也被拒之门外。

美国、英国、法国本着自己国家的利益,展开了一场马拉松般的辩论大赛。经过无数次的争执和讨价还价后,终于有了结果:英国得到了国际联盟所规定的委任统治制度下拥有1000万人口的领土,法国得到750万人口的地区,日本得到了德国在太平洋上的属地,而美国的"门户开放"原则也得以通过,美国的商品与资本可以进入这些地区,实行机会均沾,大家都有好处分享。

由于巴黎和会将第一次世界大战前德国在中国山东的特权转交给日本，严重损害了中国的利益，北洋政府代表（即当时中国政府代表）拒绝在《凡尔赛和约》上签字。巴黎和会的消息传回国内，中国人民群情激愤，导致五四运动的爆发。

（二）第二次世界大战后的世界体系

第二次世界大战后建立的系列体系和组织机制，如雅尔塔体系（Yalta System）、联合国、世界贸易组织（简称世贸组织）、布雷顿森林货币体系、跨太平洋伙伴关系协定等，对当今的世界影响深远。

（1）雅尔塔体系是对1945~1991年国际政治格局的称呼，得名于1945年初美国、英国、苏联三国政府首脑罗斯福、丘吉尔、斯大林在苏联雅尔塔（今属俄罗斯克里米亚）举行的雅尔塔会议。雅尔塔体系的实质是大国实力对比和互相妥协的产物，打上了大国强权政治的烙印。

（2）联合国是在第二次世界大战后成立的一个由主权国家组成的政府间国际组织。1945年10月24日，在美国旧金山签订的《联合国宪章》生效，联合国正式成立。其宗旨如下：维护国际和平与安全；发展国与国之间以尊重各国人民平等权利及自决原则为基础的友好关系；进行国际合作，以解决国际经济、社会、文化和人道主义性质的问题，并促进对于全体人类的人权和基本自由的尊重。

（3）世贸组织是一个独立于联合国的永久性国际组织。截至2020年5月，世贸组织有164个成员、24个观察员。世贸组织的职能包括：管理和执行共同构成世贸组织的多边及诸边贸易协定；作为多边贸易谈判的讲坛；寻求解决贸易争端；监督各成员贸易政策，并与其他制订全球经济政策有关的国际机构进行合作。

（4）美元与石油的挂钩。1975年，以自我为中心的美国寻觅到符合自己利益的关系——将美元与原油挂钩，于是与石油输出国组织（包括伊拉克、伊朗、沙特、委内瑞拉等原油出口大国）进行多次磋商，终于达成了只以美元进行原油贸易的协定。也就是说，美元成了国际原油计价和结算的货币，原油价格的上涨会增加市场对美元的支付需求，从而使得美国的名义汇率上升。

（三）美国的崛起和霸权，英国、法国、德国、日本等国的群体效应

美国没有赶上第一次工业革命（18 世纪 60 年代开始在欧洲进行），却搭上了第二次工业革命的末班车（19 世纪 60 年代开始），到了 19 世纪末 20 世纪初，美国的工业产值已经居世界首位。第三次工业革命（20 世纪 40 年代开始）爆发于美国，从此，美国一直处于科技的前列。在政治方面，美国没有经历过封建社会，建国开始就是三权分立，是最完全、最彻底的资本主义政体。在亚伯拉罕·林肯任总统期间，美国爆发了南北战争（19 世纪 60 年代），代表北方的工业资本主义打败了南方的农奴庄园制，全国真正实现了政治统一、市场统一，为资本主义发展扫清了障碍。在经济体制方面，美国早期完全奉行自由资本主义，资源全部由市场调控，经济发展较快，直到 20 世纪 30 年代的经济大崩溃、大萧条后，美国吸取教训，加强了政府对市场的干预，健全了经济体制（罗斯福新政）。在国家版图方面，美国刚开始只有东部的 13 个州，后来通过战争兼并、西进运动、购买（从法国、沙皇俄国等国家廉价购买）等，版图一直从大西洋沿岸扩充到太平洋沿岸。对美国影响重大的战争有三次：早期的西奥多·罗斯福（1901～1909 年在任）奉行 "大棒＋金元" 政策，美洲基本上就臣服于美国了；中期是第一次世界大战，作为战胜国的美国参加了巴黎和会，参与瓜分世界；后期就是第二次世界大战后，美国成了世界绝对的超级大国。

群体效应是指个体形成群体之后，通过群体对个体约束和指导，群体中个体之间的作用就会使群体中的一群人在心理和行为上发生一系列的变化。1947 年，美国在欧洲实行的马歇尔计划（又名欧洲复兴计划）犹如雪中送炭，给第二次世界大战后的欧洲国家打了一剂强心针，美国趁机和这些国家一道建立了一套国际市场体系和国防机制。此后，英国、法国、德国、意大利、加拿大等众多欧美国家和日本、韩国等一道，以美国马首是瞻，在军事、经济、外交方面紧紧跟随美国的步伐。

（四）美苏对峙：冷战过程及以美国为首的西方势力增强

冷战（1947～1991 年）是以美国为首的西方资本主义国家［即北大西洋公约（简称北约）组织的成员国］对以苏联为首的社会主义国家［即华沙条约（简称华约）组织的成员国］采用了除热战以外的一切政治、经济、

军事手段，以遏制共产主义的对峙格局。冷战的时间跨度长达 45 年，1991 年随着苏联的解体而结束。苏联冷战的失败有多种原因，根本上是由于缺乏一种正确的思想体系来指导改革、教育民众。马列主义曾经是苏联的主流意识形态，被广大苏联人民接受。但是，因为僵化的社会思想体制，这套思想几十年没有发展，一些被实践证明是错误的思想和理论没有得到改进，变得越来越僵化。到苏联解体之前，各种西方流传进来的思想反而引起人们的广泛兴趣，造成思想混乱，导致冷战失败。苏联和华约集团崩溃后，以美国为首的西方势力得到极大增强。

（五）美国军事机器对现有国际秩序及欧美强权模式的维护

美国通过军事变革、科技创新迅速提升军事实力的同时，国际秩序遭到严重干扰。目前，可以说在军事上尚没有哪一个国家或国家集团可以与美国相抗衡，短期内强国间军事失衡的局面无法改变。在这一历史机遇下，美国着手对其全球战略进行重新调整，图谋构建以美国利益和意志为核心的世界新秩序。美国在主导世界政治、经济、军事的同时，也提升了各国对军备竞赛的热度，长此以往，军事打压与反打压、遏制与反遏制、拒止与反拒止将在国际社会中长期存在。[①]

（六）欧美社会的自由贸易进程

2013 年 2 月 12 日，美国总统奥巴马在发表国情咨文时提出，为了推动美国的出口，支持美国的就业，达成一个跨太平洋战略经济伙伴关系协定，宣布了将与欧盟启动跨大西洋贸易与投资伙伴关系的谈判。奥巴马所说的跨太平洋战略经济伙伴关系协定就是 TPP（Trans-Pacific Partnership），跨大西洋贸易与投资伙伴关系协定则是 TTIP（Transatlantic Trade and Investment Partnership），国际媒体称之为欧美自由贸易区。该协定将不仅仅涉及关税减免，更重要的是消除非关税贸易壁垒，让欧美市场融为一体，包括相互开放银行业、政府采购等，统一双方的食品安全标准、药品监管认证、专利申请与认证、制造业的技术与安全标准，并实现投资便利化，等等。

---

① 石海明、曾华锋：《技术决胜：美国军事战略思维特征评析》，《国防科技》2006 年第 9 期。

管理案例分析

第二次世界大战期间美国强大的工业实力

战争其实是对一个国家综合国力的考验，而工业实力更是对战争起到至关重要的作用。纵观第二次世界大战期间，工业实力最强大的是美国，在第二次世界大战前其工业生产值就占世界总量的 30% 以上，第二次世界大战后所占比例更高。美国在第二次世界大战初期并没有参与到战争中，而是利用中立国的地位，狂卖武器装备，狠狠地赚了一笔。当时的美国凭着强大的实力，加入任何一方都会让战争局势发生重大改变。

在珍珠港事变后，当美国启动战争机器时，其所爆发出来的潜力让世界颤抖。例如，第一次世界大战前，一艘万吨级货船一般需要 3 个月的时间修建，最快也需要 1 周。第二次世界大战时美国的船厂改进了造船方式，用模块化组装，18 个船厂同时开工，3 年时间造出 2751 艘船，有的变成运输船，有的成为轻型航空母舰，还有的成了英国、苏联的补给舰。第二次世界大战结束前，美国已拥有航空母舰 147 艘。

第二次世界大战期间，美国钢铁用量高达 8000 万吨，生产了 8 万辆坦克、30 万架飞机、238 万辆各类汽车、25 万门自行火炮。当时，美国的石油生产占世界的 70%。由此可见，美国在第二次世界大战期间的生产能力，让其他国家根本无法追赶。

逆转战争的法宝：生产力革命。美国参战后，各条生产线都在加班加点生产军需用品，供给英国、苏联等盟国，也为美国即将迎来的决战做准备。生产打字机的工厂转而生产机枪，汽车工业几乎全部用来进行军事生产。其中最大的工厂就是福特汽车公司，厂内有半英里①长的装配流水线，几乎每小时就能生产出一架 30 吨重的轰炸机。从 1940 年 5 月到第二次世界大战结束的 5 年里，美国共计制造出军用飞机 296429 架，坦克 102351 辆，大炮 372431 门，卡车 2455964 辆，军舰 87620 艘，货轮 5425 艘，飞机炸弹 5822000 吨，轻型武器 20086061 件，轻型武器弹药 440 亿发。

参战初期，美国的军工生产约为德国与日本的总和，到了 1944 年，美国的军工生产已经达到轴心国的 2 倍。美国提供了盟国 50% 以上的军用物

---

① 1 英里 = 1609.344 米。

资。在 1943 年底的德黑兰，斯大林在举杯祝酒时曾说："致敬美国生产力。没有他们，这场战争早已失败。"

第二次世界大战的胜利，不仅仅在战场上，更在生产线上。美国的工人与克虏伯、菲亚特、三菱的工人竞争，最终战胜了他们，与战场上的军人一起赢得了战争的胜利。

资料来源：

白炎林：《从舰船工业看"二战"美国战时生产动员》，《国防科技工业》2020 年第 3 期。

何奇松、程群：《二战中的美国经济动员特点》，《军事经济研究》2000 年第 11 期。

《二战期间，美国工业实力有多强？一组数据见证美国超强的生产力》，腾讯视频，https：//v. qq. com/x/page/q3043tbk4ae. html。

复习思考题

1. 分析欧洲文艺复兴、宗教改革和启蒙运动兴起共同的根本原因。

2. 简述近现代欧美政治制度和社会制度的演变过程。

3. 西方现代管理思想对中国当代管理有哪些启示？

4. 从近现代欧美社会发展趋势及管理实践中，你能得到什么启发？

5. 对于第二次世界大战期间美国强大的工业实力，你有什么认识和体会？

第十一章　近现代中国社会发展及管理实践

本章提要

　　本章探讨近现代中国社会发展及管理实践。第一节讲述近代中国社会发展，内容有晚清时期中国社会风貌、近代中国管理思想变迁的实证、近代中国社会落后原因的简要分析。第二节阐述中国革命及社会主义建设历程，包括中国革命实践、中国社会主义建设实践、当前国内外社会管理成效对比等。

重点难点

　　本章重点是学习和把握中国革命实践、中国社会主义建设实践的规律，了解和把握国家大政方针。难点是如何辩证地开展国内外社会管理成效对比，学会研判国家的发展定位和目标走向。

引导案例

晚清三件怪事：士兵背敌人、天价鸡蛋、重臣巨贪

　　晚清末年发生了很多怪事，无一不预示着大清即将灭亡。其中，有三件怪事最具有代表性，一是士兵背敌人，二是天价鸡蛋，三是重臣巨贪，分别从士兵、皇帝和朝廷重臣的角度管窥落后、麻木和腐朽的晚清社会。

　　1. 士兵背敌人①

　　1897 年 11 月 13 日，德国为了强占胶州湾，派出几百名士兵乘坐小船准备登陆山东日照县石臼所滩头。这个滩头上砌有高大城墙，一排排清军士兵都看着准备登陆的德军士兵，德军身边有枪有炮。

　　清军士兵为了看清德军到底是来干什么的，便离开城墙来到海滩上。

---

　　①　刘萍、张继国：《德国侵占胶州湾始末》，《军事历史》2001 年第 3 期。

准备进攻的德军紧张起来，不过接下来的一幕让他们目瞪口呆。只见船上传教士用中国话大声喊道，要是清军士兵愿意下水把德国士兵背过去，就给他们一些烟钱。结果这些清军士兵争先恐后地将这些敌人背上了岸。

更令人称奇的是，在德军从总兵衙门前跑过时，衙门内的约 1500 名清军士兵眼睁睁地看着敌军跑过去，甚至对他们表示欢迎。当天晚上，德军未放一枪一炮就占领了胶州湾。清军作为国家的国防根基，竟然麻木不仁到如此地步，为了一点烟钱就将自己的敌人背过边防，使其侵入国境。

2. 天价鸡蛋①

光绪皇帝一直以为鸡蛋是奢侈品，他曾拿着鸡蛋问两朝帝师翁同龢："此种贵物，翁师傅可曾吃过？"

翁同龢不敢说实话，因为他知道这小小鸡蛋背后的利益关系有多大，只得回复道："老臣在祭祀时才偶尔吃一次，否则不敢食也。"

当时御膳房购买四枚鸡蛋报价 40 两银子，市面上不过 12 铜钱。就这样的小事，翁同龢作为皇帝的老师都不敢揭穿，可见晚清政治腐败到什么地步，社会大量财富集中在少数统治阶层手中。

3. 重臣巨贪②

在动乱的晚清时期还出现了比和珅更贪的超级巨贪——庆亲王奕劻，他在讨好慈禧、处理大臣关系方面特别在行，靠着这项本事疯狂敛财达 1 亿两白银以上。他的钱全部存在外资银行，《泰晤士报》曾披露奕劻在银行的存款有 712.5 万英镑。

武昌起义后，奕劻在索要革命党人 300 万两银子贿款后，去宫中说服隆裕太后和溥仪退位。奕劻作为晚清宗室重臣、清朝首任内阁总理大臣，为了贪钱竟不择手段至此，清朝的灭亡也是在所难免的。

资料来源：

《晚清四件怪事：戏子麻木、官员不知战争、士兵背敌人、天价鸡蛋》，搜狐网，https：// www.sohu.com/a/231381763_620996。

《大清灭亡前，三件无法解释的怪事，件件惊人！》，个人图书馆，http：//

---

① 史义银：《扯淡的大清鸡蛋》，《文史天地》2013 年第 6 期。
② 习骅：《大清"裸官"庆亲王的作风问题》，《领导之友》2015 年第 4 期。

www.360doc.com/content/16/0916/22/27053206_591347824.shtm。

思考题

1. 对晚清时期社会各阶层落后、反动的表现，你有什么认识和体会？

2. 清朝落后挨打的状况对当时的中国社会发展提出了什么样的革命性要求？

第一节　近代中国社会发展

一　晚清时期中国社会风貌

在西方的坚船利炮轰开中国的大门之前，中国仍旧是一个腐朽的封建国家，小农经济的落后与资本主义萌芽的缓慢发展并行不悖，高度的专制主义中央集权显然使国家丧失了前进的内在动力，整个社会展现的是延续了几千年的落后制度，它们形成强大合力，不止一次地使中国失去了向近代化转型的契机。

清朝的专制统治对中华文明的发展造成了巨大的不良影响，中国人变得保守、不思进取。在专制严苛的思想禁锢下，一些中国人变得愚昧、冷漠、狭隘，长时期的压抑使整个社会变得毫无活力，难以应对来自工业化后西方列强的侵略。

以晚清时期社会经济发展的状况为例，为了保证足够的财政收入，清朝贯彻"重农抑商"政策，重征商税，商人和手工业者地位低下，商业活动饱受打击，社会资本纷纷转向经营土地，这对民间工商业的发展极为不利。此外，清政府还实行海禁政策，采取种种措施严格限制中国人出海贸易，也不许外国商人与官府直接交涉，设置十三行进行僵化的管理。

西方的资本主义经济作为一种外向型经济，在迅速发展的同时也需要对外扩张，需要倾销商品和掠夺原料，而当时工业革命正在如火如荼地进行，为适应拓展海外市场、释放商品需求的时代要求，英国殖民者率先把侵略的矛头对准了"遍地黄金"的清帝国，给中国社会的方方面面造成了巨大的冲击。

从政治上来说，随着民族危机的不断加深，政局动荡，改革、革命成为社会趋势。阶级上，资产阶级不断发展，工人阶级逐渐壮大；经济上，民族工业不平衡和民族资本主义不充分的发展，冲击了自然经济，自然经济逐渐瓦解，但依然占主导地位；从国际大背景来看，中国被迫卷入资本主义世界市场体系，马克思主义与思想解放运动此起彼伏，为社会革命奠定了思想基础。

二 近代中国管理思想变迁的实证

1. 马戛尔尼使团出访中国①

18世纪60年代，英国发生工业革命，资本主义处于上升阶段，伴随着商品经济的发展，英国迫切需要开辟新的市场和广阔的原料产地。当时，广州一口通商已不能满足其对中国贸易的需要，英国政府想派出使团访问中国，通过与清王朝最高当局谈判，取消清政府在对外贸易中的各种限制和禁令，打开中国门户，开拓中国市场。

1793年，英国以为乾隆皇帝祝寿的名义派出马戛尔尼使团。对此，清政府最初是持欢迎态度的，乾隆认为英国使臣远涉重洋是前来祝寿的，"具表纳贡"，实属好事。为此他连颁数道谕旨，亲自确定了体恤优礼的接待方针。1793年6月，马戛尔尼使团到达天津。外交接触尚未开始，礼节冲突便已发生。清政府要求英国使臣按照各国贡使觐见皇帝的一贯礼仪，行三跪九叩之礼。英国使臣认为这是一种屈辱而坚决拒绝。乾隆闻讯，勃然大怒，下令降低接待规格。乾隆时期，清政府对当时欧洲各国的社会经济发展和近代资本主义的历史性进步茫然不知，把西方各国仍然视为"海夷"。他们不假思索地称马戛尔尼为"贡使"，称他们带来的礼品为"贡品"，要求他们遵从中国礼制。

马戛尔尼向清政府提出了六项要求：允许英商到宁波、舟山和天津贸易；准许英商像以前俄商一样，在北京设立商馆；将舟山附近一处海岛让给英国商人居住和收存货物；在广州附近划出一块地方，任英国人自由来往，不加禁止；英国商货自澳门运往广州者，享受免税或减税；确定船只

---

① 〔英〕乔治·马戛尔尼、约翰·巴罗：《马戛尔尼使团使华观感》，何高济、何毓宁译，商务印书馆，2013；〔英〕乔治·马戛尔尼：《1793乾隆英使觐见记》，刘半农译，重庆出版社，2008。

关税条例，照例上税，不外加征税。显而易见，这些要求一部分是希望改善贸易关系的正常要求，另一部分则具有殖民主义侵略性，如割让岛屿一事，清政府肯定不会接受。

"中国迷"马戛尔尼勋爵对清政府"破冰之旅"的失败根本性地改变了欧洲人认为中国富强文明的观念，他的日记中有对清王朝贫困落后景象的记录：清朝政治上的专制、黑暗和野蛮；中国人冷漠，缺乏人道主义关怀和公共观。他认为至少在过去的150年里，没有改善、没有前进，或者更确切地说反而倒退了；当西方人民每天都在艺术和科学领域前进时，中国人实际上正在变成半野蛮人。

之后的很多英文资料对"磕头礼仪"进行了渲染，19世纪关于马戛尔尼出使的记载，讲的也是这样的故事：中国自高自大，不肯与英国平等相处，进行平等贸易。英国人不会承认自己是帝国主义，要侵略他国，卖鸦片给他国，反而会说"我们打仗是有道理的"。在讲中国近代史时，英国总是把马戛尔尼访华的事件放在前面，一直强调那时的中国自大愚昧，对别国不平等，持续讲这个能够为发动鸦片战争"自圆其说"的故事。

2. 阿美士德使团出访中国①

马戛尔尼的出访，没有完成预定的外交目标，故在1816年英国又派阿美士德外交使团出访中国，目的还是想和清政府建立贸易关系，这次他们碰到的是嘉庆皇帝。嘉庆皇帝还停留在朝贡体系的传统概念中，要求使团行三叩九拜礼仪。在安排英国外交使团和嘉庆皇帝见面时，太监和一些大臣让使团成员下跪，但遭到他们的抗拒，嘉庆皇帝看到这个场景，勃然大怒，拂袖而去，并下令将使团驱逐出境。

在回英国的路上，阿美士德很郁闷，任务没完成还被赶走，双边关系也搞僵了。他很想找一个人诉说一下心中的烦闷，在船队经过南大西洋的圣赫勒拿岛时，他就去拜访拿破仑。当他把心中的苦恼向拿破仑倾诉后，拿破仑就调侃阿美士德，说他到中国见到中国的皇帝时，应该入乡随俗，向中国皇帝磕头。

拿破仑对"磕头事件"做了如下精彩评述：英国外交官拒绝磕头就是

---

① 〔英〕亨利·埃利斯：《阿美士德使团出使中国日志》，刘天路、刘甜甜译，商务印书馆，2013。

对中国皇帝不敬，如果中国使臣到伦敦，也应该向国王施行英国大臣或嘉德骑士勋章得主一样的礼节。把使臣等同于他们君主的想法是完全错误的，任何君主从来也不会把使臣当作与他地位平等的人。被派到土耳其的勋爵在受苏丹召见时难道可以不穿要求的皮里长袍吗？……一切有理智的英国人应该把拒绝磕头看成是不可原谅的事。觐见中国皇帝却要遵行英国的习俗，这是没有道理的。如果英国的习俗不是亲吻国王的手，而是亲吻他的臀部，是否也要中国皇帝脱下裤子呢？

阿美士德坚持认为只有通过战争才能敲开中国的大门，拿破仑则认为中国并不软弱，它只不过是一只睡眠中的狮子，一旦被惊醒，世界会为之震动。

由于礼仪的问题，阿美士德使团的任务失败，无法与清政府讨论贸易问题。贸易问题没有解决，市场没有开拓，更使英商的走私活动与日俱增，鸦片贸易在此后成为走私贸易的大宗，使得中英两国的贸易争议逐渐升温，最终导致鸦片战争爆发。当时的清王朝面对英国及其他列强，毫无还手之力，正如阿美士德所言，清朝帝国真的是不堪一击。拿破仑的预言对当时的情况而言，是落空了。然而，当历史的车轮来到今天，拿破仑的预言却正在成为现实。

三　近代中国社会落后原因的简要分析

总体而言，从近代中国的社会风貌来看，游牧文明对中原农耕文明的进攻和破坏，特别是元朝和清朝的统治，给中华文明的正常发展带来了负面影响，一些中国人变得保守、不思进取并目空一切，一些中国人变得愚昧、冷漠、狭隘，因而很难应付来自近现代西方文明的冲击。封建统治者自大且目空一切，贯彻以天下为奴的思想造成整个社会不思进取并向后大跃退。近代以来西方文明的侵略及对现代国际社会的主导，加上中国长时期贫穷落后的状况和不断挨打的过去，导致一些中国人产生自卑的情绪，崇拜西方文明。本书认为，中国近代社会落后主要有以下原因。

（1）从政治上看，中国的封建专制制度压制商业经济和资本主义萌芽的发展，在国内设置重重关卡。封建专制走向末期，政治上日益黑暗腐朽，社会动荡，生产遭到破坏。

（2）从经济上看，原始的小农经济仍是经济体系的主体，商业经济的发展举步维艰，资本主义基本上被扼杀在摇篮中。农业发展也在清朝末期受到严重破坏。

（3）从文化思想上看，科举制度在其后期表现出越来越大的弊端，难以培养出优秀的人才。清王朝以天下为奴的统治思想和举措，彻底抹杀了民间的活力。同时，当时根深蒂固的重农轻商思想让很多人不到迫不得已时不会去从事商业活动，故近代商业迟迟得不到顺利发展，让中国与大航海、资本主义、工业革命等兴起的世界风潮失之交臂。

（4）从对外关系上看，中国封建末期的王朝主要奉行闭关锁国的政策，打击阻碍对外贸易，导致中国人接触不到外面的新事物、新思想和新制度，错过了一次又一次生产技术革命的机会。

第二节　中国革命及社会主义建设

一　中国革命实践

近代以来，中国人民历经苦难，饱受侵略、压迫、残害和屈辱，但即使在最低沉的年代，中华民族也从未放弃希望，在面对国内外双重压迫下，一代又一代革命先烈引导着中国人民为了民族独立和解放事业抛头颅、洒热血。

1911 年，以孙中山为代表的革命党人发动了辛亥革命，迅速推翻了清王朝愚昧专制的统治，延续两千多年的封建君主专制变成历史，民主共和的观念深入人心。1919 年，轰轰烈烈的五四运动是彻底反帝反封建的运动，无产阶级始登政治舞台，马克思主义在中国广泛传播。1921 年，中国共产党成立。1924 年，在孙中山的大力支持下国共两党首次合作，轰轰烈烈的国民革命运动开始了。1927 年蒋介石集团叛变革命后，中国共产党领导了一系列起义，组建了中国工农红军，取得了长征的胜利，并深入敌后创建抗日根据地，带领人民取得了抗日战争的胜利，最终带领全国人民取得了解放战争的胜利。

中国近代革命的伟大意义是推翻了帝国主义、封建主义、官僚资本主义"三座大山"，建立了社会主义新中国，国家生产力和广大人民的思想得到空前解放，为应用优秀传统文化推进现代文明的管理实践扫清了一切历史遗留的桎梏和障碍，创造了优秀的管理制度与文化环境，并以马列主义和毛泽东思想作为坚强有力的指导思想。

中国革命的实践证明，马列主义中国化不但包括同中国革命实践的结合，更包括同中国历史与中华优秀传统文化的结合。中华优秀传统文化是民族的精神命脉。只有与中华优秀传统文化相结合，马列主义才能真正融入中华民族的精神血液之中，真正成为中国人民自觉的价值信仰与精神追求；也只有与中华优秀传统文化相结合，马列主义才能真正扎根于中国的土壤之中，不断发挥出引领中华民族走向伟大复兴的强大思想力量。

中华优秀传统文化能够为马列主义的发展创新提供有益的思想资源与精神滋养。马列主义与中华优秀传统文化之间有着众多的思想契合因素。唯物主义的倾向性、辩证的思维方法、对人的价值的高度重视，乃至大同的社会理想，这些思想因素曾使马克思主义这种外来思潮在中国这块古老大地上的传播颇为顺畅。马列主义与中华优秀传统文化的这种思想契合性为马列主义中国化提供了便利的前提与桥梁。马列主义能够在中国生根发芽、成长壮大，充分证明了其与中华优秀传统文化具有诸多相通之处。

二　中国社会主义建设实践

1. 中国的工业化

中华人民共和国刚刚成立时，国家工业体系不健全，重工业基础非常薄弱。毛泽东曾感慨："现在我们能造什么，能造桌子椅子，能造茶碗茶壶，能种粮食，还能磨成面粉，但是一辆汽车、一架飞机、一辆坦克都不能造。"[①] 由此可见，中华人民共和国成立之初，百废待兴，工业化水平是非常落后的。[②]

中华人民共和国成立后的前三年，就迅速恢复了遭受严重破坏的国民经济。从 1953 年开始，中国执行以逐步实现国家的社会主义工业化，逐步对农业、手工业和资本主义工商业的社会主义改造为内容的过渡时期总路线，开展了大规模的、有计划的经济建设和工业化进程。

1956 年，中国基本上完成了对生产资料私有制的社会主义改造。1957

---

① 《毛泽东文集》第 6 卷，人民出版社，1999，第 329 页。
② 岩石：《"两弹一星"计划出台始末》，《党史纵横》2009 年第 12 期。

年，中国超额完成了第一个五年国民经济建设计划。在此期间，不仅经济发展比较快，而且各重要经济部门之间的比例也比较协调，经济效益较好，市场繁荣，物价稳定，人民生活普遍得到显著改善。这表明，当时中国已经建立了工业化的初步基础，在由落后的农业国转变为先进工业国的道路上跨出了具有决定意义的一步。

1956 年，中国共产党第八次全国代表大会通过文件，提出要寻求一条适合中国国情的工业化道路。可惜的是，由于后来受到"左"倾错误的干扰，国家决定把工作重点转移到社会主义经济建设上来的设想未能得到实现。

但是，尽管经过曲折，1958~1978 年，经过全国人民的艰苦奋斗，中国仍然建成了独立的、比较完整的社会主义工业体系和国民经济体系，发展了钢铁、机械、化工、煤炭、电力、石油、轻纺等传统工业，建立了汽车、飞机、电子、原子能、宇航、石油化工、合成材料、自动化仪表仪器等新兴工业。中国在短短的 30 年内走完了西方发达国家上百年才能走完的工业化道路，成为世界主要工业大国之一。

1978 年 12 月，中国共产党第十一届中央委员会第三次全体会议恢复了党的实事求是的思想路线，把工作重点坚决转移到社会主义现代化建设上来，紧接着又及时地制定了对整个国民经济进行调整、改革、整顿、提高的方针。国民经济各部门转入协调发展的轨道，经济效益和人民生活水平逐年提高，出现了城乡经济欣欣向荣的景象。

1980 年，中国的工业规模已经超过英法两国，成为拥有世界第四大工业生产能力的国家，到了 20 世纪 80 年代中期，中国的工业总产值超过德国位列世界第三。

2. 中国的改革开放

1978 年 12 月，以邓小平同志为核心的党中央召开了党的第十一届三中全会，做了改革开放的重大决定，确立了以经济建设为中心的基本国策，中国对外开放的大门徐徐打开。改革开放是中国共产党历史上具有深远意义的伟大转折——开启了中国强势崛起的新篇章。在改革开放深入发展中，邓小平同志、江泽民同志、胡锦涛同志领导党和人民坚持理论创新，丰富和发展了马克思主义。经过短短几十年的发展，中国经济社会发生了巨大而深刻的变化，取得了举世瞩目的伟大成就。人民的生活从原本在温饱线徘徊跃向了小康生活，实现了跨越式的转变，中国社会也从封闭、贫穷、落后开始走向开放、富强、文明。整个社会文明程度大幅提升，中华文明进一步融入世界主流文明，并成为主流文明的有力支撑，锁定了中国的发展道路。

3. 新时代中国的发展道路

首先，中国特色社会主义进入新时代是一句含义深刻的判断，它意味着近代以来久经磨难的中华民族从此迎来了从站起来、富起来到强起来的伟大飞跃，迎来了实现中国梦、实现中华民族伟大复兴的光明前景。经过近几十年的高歌猛进，中国不但在经济上富了起来，在政治、文化等诸多方面也取得了骄人的成绩，开始了从大国迈向强国的新阶段。中国不再是西方大国后面亦步亦趋的跟随者，中国的不断进步使得中国经济成为世界经济前进的领跑者，而中国智慧也在当前世界巨大的历史性转折中发挥着日益突出的作用。

其次，中国特色社会主义进入新时代，意味着马列主义在 21 世纪的中国获得了新发展，意味着科学社会主义在当今世界再一次焕发出强大的生机与活力。我们所取得的一系列成绩受世人瞩目，这证明中国特色社会主义道路是一条可以焕发出强大生机与活力的成功之路。

4. 新时代中国的指导思想与发展趋势

习近平新时代中国特色社会主义思想深深植根于中华文化的沃土之中，将历史与现实贯通起来、将文化与价值统一起来、将马克思主义与中华优秀传统文化结合起来，深刻汲取了中华优秀传统文化所蕴含的哲学思想、人文精神、道德理念，把中华民族的思想水平提到了一个新高度，实现了中华优秀传统文化创造性转化、创新性发展，是中华文化和中国精神的时代精华。

（1）丰富了中国特色社会主义文化体系，突出弘扬中华优秀传统文化对于增强文化自信的重要意义。习近平新时代中国特色社会主义思想把中华优秀传统文化纳入中国特色社会主义文化的整体系统中，强调中华文化对于增强文化自信具有重要作用。中华文化生生不息、一脉相承，正是这条文化血脉，培育着中华民族共同的情感和价值、理想和追求，使得中华民族拥有坚定的民族自信和强大的修复能力。中华优秀传统文化是涵养社会主义核心价值观的重要源泉和在世界文化激荡中站稳脚跟的坚实根基，可以说，中国特色社会主义先进文化与中华优秀传统文化有着密不可分的联系，中国特色社会主义文化自信深植于中华优秀传统文化之中。

（2）揭示了中华民族伟大复兴的梦想和主题，发掘了中华优秀传统文化的精髓要义和独特精神标识。习近平总书记强调，中华文化"积淀着中华民族最深层的精神追求，代表着中华民族独特的精神标识，为中华民族生生不息、发展壮大提供了丰厚滋养"①。中华优秀传统文化凝结着中国人民的伟大创造精神、伟大奋斗精神、伟大团结精神、伟大梦想精神，这些精神具有强大的历史穿透力、文化感染力和精神感召力，习近平总书记把它们同时代特征、同自身的初心使命结合起来，形成了具有先进性、时代性、人民性的新时代中国共产党人独特的精神标识。中华优秀传统文化体现了中国人民几千年来积累的知识智慧和理性思辨，习近平总书记把中华民族最基本的文化基因与当代文化相适应、与现代社会相协调，把跨越时空、超越国界、富有永恒魅力、具有当代价值的文化精神弘扬起来，提出了一系列体现中国立场、中国智慧、中国价值的理念、主张和方案。

（3）推动马克思主义与中华优秀传统文化深度结合，使中华优秀传统文化展现出当代价值和持久生命力。习近平总书记在庆祝中国共产党成立100周年大会上提出"两个结合"的重大论断，强调要"坚持把马克思主义基本原理同中国具体实际相结合、同中华优秀传统文化相结合"②。强调实现马克思主义基本原理与中国实际、中华优秀传统文化的创造性结合，就是要在推动马克思主义在中国的具体化和中国实际的马克思主义化的"两化"互动中推进当代中国马克思主义的发展，在推动马克思主义汲取中华民族五千多年奋斗积累的文化养分和悠久的中华文化进而展现新貌、焕发青春的过程中实现二者双向转化，从而使马克思主义扎根于中华文化之中，使中华优秀传统文化上升到马克思主义的高度。

（4）提出创造性转化、创新性发展的文化发展方针，为科学传承和发展中华优秀传统文化提供了根本指导。习近平总书记高度重视中华优秀传统文化，强调"发展中国特色社会主义文化，就是以马克思主义为指导，坚守中华文化立场"，"坚持创造性转化、创新性发展，不断铸就中华文化

---

① 《习近平谈治国理政》，外文出版社，2014，第260页。
② 习近平：《在庆祝中国共产党成立100周年大会上的讲话》，人民出版社，2021，第13页。

新辉煌"①。这表明了中国共产党人对待中华优秀传统文化的立场和态度，中国共产党人始终是中华优秀传统文化的忠实继承者和弘扬者。中华文化是根本，根深才能叶茂、固本才能培元，但也需要守正创新。坚持创造性转化、创新性发展是中国共产党人对待优秀传统文化的方法遵循和原则指导，不搞简单复古，而是辩证取舍、古为今用、推陈出新，摒弃消极因素，继承积极思想，这正是中华文化焕发新的生机活力的守正创新之道。例如，习近平总书记在党的十八大以来提出的"人与自然是生命共同体""绿水青山就是金山银山"等科学论断正是对中华优秀传统文化中"道法自然""天人合一"等理念的创造性转化和创新性发展，是中国共产党在新时代不断推进生态文明建设的重要理念遵循。

科学社会主义的伟大构想在中国实现了从科学理论走向成功实践，这无疑让处在低潮的世界社会主义国家看到了光明和希望。因此，中国走到今天，是文化和历史的必然选择，什么力量都阻挡不了中国的发展。中华文化肯定会强势崛起，成为世界的主流文化，未来的中华文明必将成为世界的主流文明。中国的管理思想与理论也必将日益走近世界舞台的中心，为人类命运共同体构建提供强大的理论支撑，成为世界主流的管理学派。

三　当前国内外社会管理成效对比

（一）中国产业发展的全面性

当前，中国工业的全面性是在现代国家竞争中的核心优势。以美国为例，虽然美国在众多工业领域处于领先地位，但高铁产业、锂电池产业、光伏产业处于劣势，一些技术要求相对较低的诸如服装产业、玩具产业等在美国已不多见。德国也是如此，德国的智能手机、芯片制造、互联网等产业也非常薄弱，至今没有独立的航天工业。中国却不一样，上面所提到的产业不仅都有，而且并不差，美国、日本、德国放弃的产业我们不仅没有放弃反而发展得较好，占世界市场一半以上的份额，这要归功于我们相对完整的产业链，无论是重工业还是轻工业都有十分优秀的配套型企业。

---

① 《习近平谈治国理政》第3卷，外文出版社，2020，第32页。

（二）中国特色社会主义制度优越性凸显

当今世界正处于十字路口，面临着百年未有之大变局，是一个具有新历史特点的大变革、大调整的历史时期。中国特色社会主义事业的成功提升了人类文明发展的多样性，为人类探索更好社会制度贡献了中国智慧，提供了中国方案，打破了世界对西方文明发展的盲目崇拜和路径依赖。在某种意义上，中国特色社会主义道路的伟大意义绝不仅限于中国的成功本身，中国的成功证明了社会主义思想为世界发展做出了巨大的理论贡献，具有重要的世界意义。

1. 社会主义制度是促进生产力大解放的根本原因

中华人民共和国成立至今，经济建设硕果累累。中国在不断摸索中确立了以公有制为主体、多种所有制经济共同发展的基本经济制度，还结合具体国情，创造性地把市场经济与社会主义基本经济制度有机地结合起来，坚持两手抓、两手都要硬，既注重发挥市场的主导作用，又注重加强顶层宏观调控。在不懈奋斗下，中国不仅经济总量跃居世界第二位，在许多合作组织和地区事务中也发挥了不可替代的重要作用。越来越多的外国政治家、学者认为，包括制度优势在内的中国特色不仅是中国信心的有力支撑，也是令人期待的世界问题的解决思路。

中国改革开放中的经济体制改革是从破除计划经济起步的。打破公有制的一统天下，发展多种经济成分，就成为必然选项。"多种所有制经济共同发展"与"公有制经济为主体"一起，构成中国的"基本经济制度"，有效开拓了民营企业发展的空间。党的十九大报告明确提出："保护人民人身权、财产权、人格权。"[①] 据此一条，就足以证明多种经济成分并存虽缘于并始于社会主义初级阶段，却并不限于及止于社会主义初级阶段。新时期党号召全民创业创新，也正是依据这样一个重要的现实。创业创新很重要的一个形式和途径就是要创办各类企业。实际上在中国经济蓬勃发展的热土上，每天都有许多新企业在产生。

只要认真执行《中华人民共和国劳动法》等相应法规，政府加强监管，

---

① 习近平：《决胜全面建成小康社会 夺取新时代中国特色社会主义伟大胜利——在中国共产党第十九次全国代表大会上的报告》，人民出版社，2017，第49页。

打击恶意欠薪等不法行为，劳动者的基本收入、相应的劳动保护、社会福利等基本权益就可以得到保障。只要允许民众创业，大量民营企业必如雨后春笋般生生不息。民营企业的不断优胜劣汰，也是中国经济具有非凡活力的有力保证。

　　2. 中国特色社会主义制度激发了先进文化的蓬勃发展

　　从中华人民共和国成立至今的时期，是社会主义先进文化的大发展、大繁荣时期。社会主义核心价值体系深入人心，民族精神和时代精神得到大力弘扬，同时尊重差异、包容多样，既坚持抵制各种错误和腐朽思想的侵蚀，又坚持兼容并蓄，吸收优秀的思想成果，致力于建设中国特色的文化事业。中国公共文化事业发展迅猛，文化产业体系逐步完善，对外文化交流不断扩大，中华优秀传统文化被社会广泛认可，中华民族的凝聚力、自信心空前增强，全社会展现出奋发向上的精神风貌。

　　3. 中国特色社会主义制度推动了和谐社会建设

　　和谐社会是中国特色社会主义的本质属性和基本特征。促进社会公平正义，既是中国人民共同的奋斗目标，也是中国特色社会主义制度先进性的必然要求。中华人民共和国成立以来，中国人民的生活水平不断提高，从贫困到温饱再到小康，一步一个台阶，人均寿命从中华人民共和国成立前的 39 岁提高到 77 岁，延续几千年的农业税成为历史，9 年义务教育阶段学杂费全面免除，社会安全保障坚强有力，全体人民少有所学、老有所养、劳有所得、病有所医、住有所居的美丽中国梦、复兴梦正在一步步变为现实。

　　4. 中国特色社会主义制度是从全面小康迈向共同富裕的强有力保障

　　中国人多地广，共同富裕不是同时富裕，而是一部分人一部分地区先富起来，先富的帮助后富的，逐步实现共同富裕。

　　共同富裕是中国特色社会主义的根本原则，共同富裕是全体人民通过辛勤劳动和相互帮助最终达到丰衣足食的生活水平，也就是消除两极分化基础上的普遍富裕。中国取得的伟大成就表明，以人民代表大会制度为根本政治制度，包括民族区域自治制度、中国共产党领导的多党合作和政治协商制度、基层群众自治制度等基本政治制度的理论体系，完全符合中国国情，推进了国家和社会的全面进步。国家富强、人民富裕、社会安定就是对中国共产党和政府的方针政策的最好证明。

管理案例分析

中国经济建设的五年规划

中国从 1953 年开始制定第一个"五年计划"。从"十一五"起,"五年计划"改为"五年规划",主要是对国家重大建设项目、生产力分布和国民经济重要比例关系等做出规划,为国民经济发展远景规定目标和方向。

1982 年,中国共产党第十二次全国代表大会提出,中国共产党在新的历史时期的总任务是,团结全国各族人民,自力更生、艰苦奋斗,逐步实现工业、农业、国防和科学技术现代化,把我国建设成为高度文明、高度民主的社会主义国家。大会提出了分两步走实现全国工农业的年总产值在 20 世纪末翻两番的奋斗目标。

1987 年,中国共产党第十三次全国代表大会提出中国经济建设分三步走的总体战略部署:第一步目标,1981~1990 年实现国民生产总值比 1980 年翻一番,解决人民的温饱问题,这在 20 世纪 80 年代末已基本实现;第二步目标,1991 年到 20 世纪末国民生产总值再翻一番,人民生活达到小康水平;第三步目标,到 21 世纪中叶基本实现现代化,人均国民生产总值达到中等发达国家水平,人民过上比较富裕的生活。

1997 年,中国共产党第十五次全国代表大会提出新的三步走的发展战略:21 世纪第一个十年实现国民生产总值比 2000 年翻一番,使人民的小康生活更加宽裕,形成比较完善的社会主义市场经济体制;经过十年的努力,到建党 100 年时,使国民经济更加发展,各项制度更加完善;到 21 世纪中叶中华人民共和国成立 100 年时,基本实现现代化,建成富强、民主、文明的社会主义国家。

2017 年,中国共产党第十九次全国代表大会提出,到 2020 年,是全面建成小康社会决胜阶段。在实现全面建成小康社会奋斗目标后,我们就要朝向 21 世纪中叶达到第二个百年奋斗目标努力。第一个阶段是从 2020 年至 2035 年,目标是基本实现社会主义现代化;第二个阶段是从 2035 年到 21 世纪中叶,目标是把中国建成富强、民主、文明、和谐美丽的社会主义现代化强国。

实践证明，中国的经济建设纲领与五年规划（计划），是卓有成效的治国方式，主要体现在如下三个方面。

1. 目标匹配："集思广益"，广泛动员形成共识

第一，中国已形成了五年规划编制"集思广益"型决策，在长达近两年的规划编制过程中，不同系统、层面的工作人员都参与其中，通过共同思考未来五年发展路径，相互交流信息、相互协商，达成未来发展方向的共识。

第二，政治引导。中央通过政治引导，将地方的积极性有效引导到中央的政策目标上来。同时，五年规划制定后会在全社会广泛宣讲、动员组织学习，这本身就是信息传递机制。

第三，规划衔接机制。地方五年规划需要和国家五年规划相衔接。

2. 目标实施：责任与激励，对机关和企业都奏效

目标实施主要依靠调整利益来推动目标实现，主要有以下几方面。

（1）目标责任制。五年规划实施是目标责任制运作的典型。中国在"十一五"规划中引入了约束性指标与预期性指标，即五年规划制定后再制定工作分工，条条块块上按照部门、层级进行分解，时间上逐年分解。分解后进行跟踪与督促，建立约束性指标考核制度，将其纳入各地区、部门经济社会发展综合评价和绩效考核，将若干重点指标纳入各地区领导干部的政绩考核。

（2）综合激励机制。规划实施激励机制，是政治、法律、行政、经济手段综合运用的结果，对企业主要是经济激励。同时，是否符合国家目标还会影响企业的收支平衡表，包括税收优惠、财政补贴、价格政策等。

（3）项目制。社会主义集中力量办大事的重要体现，就是人、财、物等资源集中向规划确定的重点项目和工程配置。每年有大量中央专项资金以"项目制"分配给地方，除了财政"专项转移支付"外，还有通过中央部委向地方转移的资金，而地方政府也逐级采取项目制方式分配资金。此外，土地等要素也和项目挂钩，项目也是整合社会资源的平台。

3. 目标调适：国家层面上的"干中学"

在国家治理层面也存在"干中学"，通过实践来学习是理解中国模式的关键。规划，就是一种宏观层面的通过实践进行学习的机制。因而，以规划的制定、落实等为代表的中国目标治理，是一种双向调适机制，通过规划实施实现认知对现实的调适，同时根据实施结果的反馈修正认知与目标，

实现现实对于认知的调适。以五年为周期的规划编制与实施的循环，也是政策学习的循环。制定五年规划（计划）时都会回顾前一个五年规划（计划）的实现情况，总结经验教训，并分析国内外形势变化，重新思考未来五年的发展方向与思路，进行战略设计。

五年规划的调适性也表现在目标的延续性与创新性的结合上。从"六五"以来的五年规划（计划）指标演变情况可以看出，五年规划发展目标具有明显的延续性，平均有43%的指标源于上一个五年规划（计划）。同时，五年规划的指标平均有62%的指标为更新指标，其中52%为新增指标，这表现出了鲜明的创新性。当然，目标治理并非所有领域都适用，且需与其他治理方式配合。其之所以能有效运行，首先是因为中国共产党长期执政与实事求是的传统，使得我们能规划长远目标，并根据实施情况对目标进行自觉调适，避免了竞争性选举体制的"短期行为的专制"问题。

资料来源：

鄢一龙：《"五年规划"如何凸显治理优势？》，《廉政瞭望（上半月）》2019年第10期。

复习思考题

1. 晚清末年表现出的腐朽、衰败与传统文化有无关系？当时面对来自西方列强的侵略，人们应当具有什么样的文化观念？

2. 分析国内外社会发展及管理实践，结合今后的管理工作，你能得到什么启发？

3. 回顾中国革命和社会主义的实践历程，结合现代管理进行思考，你有什么认识和体会？

4. 结合身边的日常生活，谈谈你如何为社会的进步贡献个人力量。

5. 分析中国的经济建设五年规划，你对管理工作有什么样的认识和体会？

第五篇　国学视角下的现代管理

第十二章　决策：国学的视角与实务

本章提要

　　制定决策是管理的本质。决策是所有管理者都无法避免的事情，其贯穿管理的计划、组织、领导和控制四大职能。所有管理者都希望制定良好的决策，这是管理工作开展的根本前提。本章第一节介绍现代管理学的决策理论，包括决策的基本概念、影响决策的因素和决策的一般方法。第二节介绍国学视角下的决策观点，结合引导案例和管理案例，全面阐释国学视角与实务下的现代决策理论。

重点难点

　　本章的重点是深入理解决策的概念，掌握决策的类型、决策的程序，掌握常用的定性决策方法和定量决策方法；难点是理解国学视角下的决策观点，掌握系统思考的方法，有效区分战略决策和战术决策。

引导案例

《论持久战》中的系统思考

　　《论持久战》写于 1938 年 5 月。抗日战争全面爆发后，国民党内部出现了"速胜论"和"亡国论"等错误论调。在共产党内部，也有少数人轻视游击战、运动战，将战争胜利的希望寄托在国民党的阵地战上。但是，南京沦陷、徐州会战失败，以及台儿庄、平型关大捷的实践证明"亡国论""速胜论"都是错误的。十个月的抗战证明了日本军队是可以被战胜的，同时中国军队也不能迅速将日寇赶出中国领土。在此民族生死存亡之际，毛泽东写下《论持久战》，初步总结了全国抗战的经验，批驳了当时的种种错误观点，阐明了抗日持久战方针。

在该文章中，毛泽东分析了中日两国的社会形态、双方战争的性质、战争要素的强弱状况、西方大国的态度，指出抗日战争必定是持久战，但最后的胜利者一定是中国。他还科学地预测抗日战争必将经过战略防御、战略相持、战略反攻三个阶段。文章中强调"兵民是胜利之本"，抗战胜利的唯一道路就是实行人民战争。文章揭示了抗日战争发展的基本规律，由于敌强我弱、敌退步我进步、敌小我大、敌寡助我多助，抗日战争会是一场持久的战争；论述了只有实行人民战争，才能赢得胜利的思想。文章还阐明抗日战争在作战的形式上，以运动战为主，然后是游击战，而不同的抗战阶段又有不同的重点，在实际抗战中要实事求是、与时俱进。《论持久战》阐述了一系列带有中国特色的唯物辩证法范畴。例如，用"我们承认战争现象是较之任何别的社会现象更难捉摸，更少确实性，即更带所谓'盖然性'。但战争不是神物，仍是世间的一种必然运动"[1] 揭示了必然性和盖然性的辩证关系；用"保存自己消灭敌人这个战争的目的，就是战争的本质，就是一切战争行动的根据"[2] 指明了本质与非本质的辩证关系，也透视出"保存自己"和"消灭敌人"是重要问题的两个方面。文章还引用了"一叶障目，不见泰山"和"知己知彼，百战不殆"这些包含中国传统哲学特色的名句和含有中国几千年经验的军事经验名言，来说明我们要以全面的眼光去看待战争，抗战之中要统筹全局、把握总体，又要注重部分，各个带兵将领既要了解本国国情、军事状况，又要正确看待日本的军事实力和国情特点。

《论持久战》这篇通俗易懂的文章，其文辞并不华美，但内容光彩四射，被后人奉为经典，最大的原因是其写于抗日战争初期，是对自1937年7月7日卢沟桥事变到1938年5月十个月战争的小结，以小见大地通过之前的经验来合理推断未来形势的变化和战争结局。《论持久战》作为中国共产党领导抗日战争的纲领性文献，指明了抗日战争的前途，提出了正确的路线，为中国抗日战争做出了重要的指导，抗日战争的胜利也最终证明了该文章中提出的观点和对战争的预测是正确的，足以显示毛泽东同志作为党的领导人对大局的掌握判断之准确和他本人的军事才华之高超。

抗日战争胜利至今，一些人认为战争经验已经过时，我们应以今日的

---

① 《毛泽东选集》第2卷，人民出版社，1991，第490页。
② 《毛泽东选集》第2卷，人民出版社，1991，第483页。

国情提出当代的指导思想。其实不然，今天的我们不但要对现在的国内和国外形势有充分的了解，也要充分注重历史经验，将历史经验与现代社会相结合来指导我们的工作。对于今天我们所进行的社会主义现代化建设，开展管理实践，《论持久战》仍然具有重要的现实意义和指导意义。

资料来源：

程刚：《毛泽东〈论持久战〉中的科学思维及其当代价值论析》，《理论界》2020 年第 11 期。

彭敦文：《毛泽东〈论持久战〉的当代价值》，《人民论坛》2022 年第 28 期。

思考题

1. 试从案例中分析《论持久战》的战略和战术分别是什么？

2. 试分析案例中体现的整体性和有机关联原则，并讨论如何应用于现代管理实践。

第一节　现代管理学的决策理论

一　决策的基本概念

（一）什么是决策

决策就是做出决定和选择，即决定做什么、不做什么，对于个人而言，从具有自我意志、自我思想和自我行动开始，决策就伴随一生，如填高考志愿、选择从事什么工作等，都是在做出决策。

决策是提出问题、分析问题、解决问题的过程，是人们在明确问题的基础上为未来的行动确定目标，并在多个可供选择的行动方案中选择一个合理方案的活动。它是一个复杂的思维操作过程，是信息搜集、加工，最后做出判断、得出结论的过程。

（二）决策在管理中的重要地位

1. 决策是管理的基础，决策贯穿于组织管理的全过程与所有方面

管理实际上是由一连串的决策组成的，决策的身影始终伴随着管理工

作过程的每一个环节。无论是计划、组织还是领导和控制，各项管理职能的开展都离不开决策。决策是管理工作的基本要素。诺贝尔经济学奖获得者西蒙甚至强调性地指出"管理就是决策"，决策贯穿于管理过程的始终。

2. 决策原则

决策的正确与否决定着组织行动的成败，决策正确，组织的效率就高，则获得的效益就大；反之，决策错误，组织的效率就低，则亏损就大。

决策需遵循四大原则。①目标原则。决策都必须确认目标，围绕着目标，并实现目标。②权变原则。决策是动态的，情况变了，决策也要变。③时效原则。要不失时机，果断决策。④满意原则。决策不可能是最优的，只能是令人满意的。

（三）决策过程

现代管理认为决策有六个方面的作用，即决策管理整个系统的机体行为、有明确目标、理性选择、方案优化、动态纠偏和预测。

决策过程包括七个主要阶段，即发现问题、确定目标、拟订方案、评价方案、选择方案、实施方案及监督评价，如图 12-1 所示。

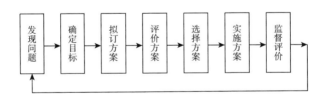

图 12-1　决策过程

1. 发现问题

问题是决策的起点，是针对所要解决的问题而进行的，如果什么问题都不存在，那就没有必要做决策。

发现问题的第一步是对事物进行分析找到问题所在。问题是事物的实际状况与事物的理想状况之间的差距。例如，管理者要解决工期落后的问题，就必须知道实际的生产进度和计划进度之间的差距。问题的识别过程要求管理者必须准确及时地掌握工作完成情况，从而在需要时可以随时得到可靠的数据和信息。

发现问题的第二步是确定引起问题的可能原因。找到问题所在之后，管理者还不能马上确定决策目标，因为还没有找到问题产生的原因。同样，管理者在确定决策目标之前，也应透过问题的表面深入问题的核心，这样才能找到解决问题的最佳方案。在发现问题的过程中，管理者应该先去探究产生问题的原因，而非过多地去追究责任者。

发现问题的精确程度有赖于所获得信息的精确程度，因此管理者要尽力获取精确的、可信赖的信息。低质量的或不精确的信息会白白浪费时间，并使管理者无从发现某种情况出现的潜在原因。即使收集到的信息是高质量的，在解释的过程中也可能发生扭曲。有时，随着信息持续地被误解或有问题的事件一直未被发现，信息的扭曲程度会提升。管理者只要坚持获取高质量的信息并仔细地解释它，就会提高做出正确决策的可能性。

2. 确定目标

决策是为了解决问题，在所要解决的问题明确以后，还要指出这个问题能不能解决。有时由于客观环境条件的限制，管理者尽管知道存在某些问题，也无能为力，这时决策过程就到此结束。如果问题在管理人员的有效控制范围之内，问题是能够加以解决的，则要确定应当解决到什么程度，明确预期的结果是什么，也就是要确定决策目标。

决策目标是指在一定的环境和条件下，根据预测希望得到的结果。决策是针对现在面向未来的，没有预测的决策是盲目的。预测直接决定决策的取向，故目标的确定十分重要，同样的问题，由于目标不同，可采用的决策方案也会大不相同。

决策目标的确定，要经过调查和研究，掌握系统准确的统计数据和事实，然后进行由表及里、去伪存真的整理分析，根据对组织总目标及各种目标的综合平衡，结合组织的价值准则进行确定。决策目标的内容应当明确、具体，不能含糊不清。

3. 拟订方案

一旦机会或问题被正确地识别出来，管理者就要拟订达到目标和解决问题的各种方案。这一步骤需要创造力和想象力，在提出备选方案时，管理者必须把试图达到的目标牢记在心，而且要拟订尽可能多的方案。

管理者常常借助个人经验、经历和对有关情况的把握来拟订方案。为了拟订更多、更好的方案，需要从多种角度审视问题，这就意味着管理者要善于征询他人的意见，集思广益。备选方案可以是标准的和明确的，也可以是独特的和富有创造性的。标准方案通常是指组织以前采用过的方案。通过头脑风暴法、名义小组会议和德尔菲法等，可以提出富有创造性的方案。拟定备选方案要紧紧围绕所要解决的问题和决策目标，根据已经具备和经过努力可以具备的各种条件，并充分发挥积极性、创造性和丰富的想象力，不要拘泥于经验和实际，也不要忘记不采取任何行动也是备选方案之一。

4. 评价方案

决策过程的第四步是对每一个行动方案进行评价。为此，首先要建立一套有助于指导和检验判断正确性的决策准则。决策准则表明了决策者关心的主要是哪些方面，一般包括目标达到程度、成本（代价）和可行性等。

其次，根据组织的大政方针和所掌握的资源来衡量每一个方案的可行性，并据此列出各方案的限制因素。

再次，确定每一个方案对于解决问题或实现目标所能达到的程度，以及采用这些方案后可能带来的后果。管理者要对各方案是否满足决策所处条件下的各种要求及所能带来的效益和可能产生的各种后果进行分析。

最后，根据可行性、满意程度和可能产生的后果，比较哪一个方案更有利。管理者可通过罗列各方案对各个希望目标的满足程度、各方案的利弊，来比较各方案的优劣。

5. 选择方案

在对各个方案分析评价的基础上，决策者最后要从中选择一个满意的方案，在抉择时要注意以下几点。

首先，任何方案均有风险。即使在决策过程中绞尽脑汁，选定了一个似乎最佳的方案，也必定具有一定的风险。这是因为，因素的不确定性只能减少到最低限度而不可能完全消除。因此，管理者在决策时要将预感、直觉、机遇与事实、逻辑、系统分析结合起来进行抉择。

其次，不要一味追求最佳方案。由于环境的不断变化和决策者预测能力的局限性，以及备选方案的数量和质量受到不充分信息的影响，决策者可能期望的结果只能是做出一个相对令人满意的决策。

最后，在最终选择时，应允许不做任何选择。有时，与其乱来，不如不采取任何行动，以免冒不必要的风险。

6. 实施方案

方案的实施是决策过程中至关重要的一步。在选定方案以后，管理者就要制定实施方案的具体措施和步骤。实施过程中通常要注意做好以下工作：制定相应的具体措施，保证方案的正确实施；确保与方案有关的各种指令能被所有有关人员充分接受和彻底了解；应用目标管理方法把决策目标层层分解，落实到每一个执行单位和个人；建立重要的工作报告制度，以便及时了解方案进展情况，及时进行调整。

7. 监督评价

实施一个方案可能涉及较长时间，在此期间，形势可能发生变化，而初步分析建立在对问题或机会的初步估计上，因此，管理者要不断对方案进行修改和完善，以适应变化了的形势。同时，连续性活动因涉及多阶段控制而需要定期分析。

由于组织内部条件和外部环境的不断变化，管理者要不断修正方案来减少或消除不确定性，定义新的情况，建立新的分析程序。决策者则应根据职能部门反馈的信息，及时追踪方案实施情况，对与既定目标发生部分偏离的，应采取有效措施，以确保既定目标的顺利实现；对客观情况发生重大变化、原先目标确实无法实现的，则要重新寻找问题或机会，确定新的目标，重新拟订可行的方案，并进行评价、选择和实施。

二　影响决策的因素

影响决策的因素主要包括环境因素、组织文化、决策者和其他有关人员。

1. 环境因素

首先，环境的特点影响着组织的活动选择。组织决策要面临的环境包括企业经营的微观环境和宏观环境。微观环境是指与企业产、供、销、人、财、物、信息等直接发生关系的客观环境，是决定企业生存和发展的基本环境。其次，对环境的习惯反应模式也影响着组织的活动选择。环境发展趋势基本上分为两大类：一类是环境威胁，另一类是市场机会。

2. 组织文化

组织文化是组织成员广泛接受的价值观念，以及由这种价值观念决定的行为准则和行为方式，它制约着组织及其成员的行为。组织受其文化特征的影响，管理人员既应该把握文化特征，还应思考从组织决策的角度研究组织文化与决策的关系。一方面，一个新决策要求原有的组织文化进行配合与协调，而原有的组织文化有滞后性，很难马上对新的决策做出反应，因此组织文化可能成为实施组织决策的阻力。另一方面，积极革新组织文化也可能成为实施组织决策的动力。在进行管理决策和实施一个新决策时，组织内部的新旧文化必须相互适应、相互协调，这样才能为组织决策获得成功提供保证。

3. 决策者

决策者是影响决策过程的关键因素。决策者对决策的影响，主要是通过决策者的知识、心理、观念、能力等各种因素对决策产生作用。例如，人们对待风险的态度一般有风险厌恶型、风险中立型和风险爱好型三种，而决策者对待风险的不同态度会影响行动方案的选择。又如，个人能力对决策的影响主要体现在决策者对问题的认识能力、获取信息的能力、沟通能力和组织能力等。再如，组织中的任何决策既有事实成分，也有价值成分，个人价值观通过影响决策中的价值成分来影响决策。

4. 其他有关人员

其他有关人员包括决策者的上级、下属、同事、有关监督人员、观察人员等。决策是由群体做出的，群体的特征也会对决策产生影响，在关系融洽的情况下，较好的方案容易获得通过。

三　决策的一般方法

（一）定性决策方法

定性决策方法是指凭借经验、逻辑思维等方式对所分析、研究和评价的问题进行描述性说明，试图用因果、并行关系去描述被研究对象间的关系和规律，以便为决策者服务。定性决策方法是依据专家的智慧、经验等进行决策的方法。定性决策方法主要包括头脑风暴法、德尔菲法、哥顿法、名义小组会议等，其中头脑风暴法和德尔菲法最为常用。下文介绍头脑风暴法、德尔菲法和哥顿法。

1. 头脑风暴法

头脑风暴法又称智力激励法，是由被称为"风暴式思考之父"的亚历克斯·奥斯本（Alex Osborn）提出的方法，通过集中有关专家召开专题会议，主持者以明确的方式向所有参与者阐明问题，说明会议的规则，尽力创造融洽轻松的会议气氛，由专家自由提出尽可能多的方案。在进行风暴式思考时，所追求的是各种思想，强调的是集体思维。头脑风暴法的具体内容如图 12-2 所示。

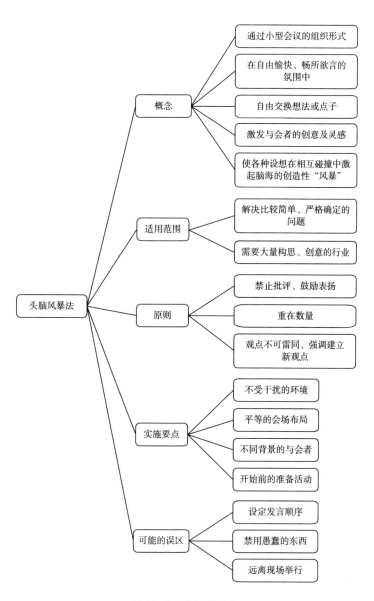

图 12-2　头脑风暴法

2. 德尔菲法

德尔菲法也称专家调查法，是一种采用通信方式分别将所需解决的问题单独发送到各个专家手中，征询意见，然后回收汇总全部专家的意见，并整理出综合意见，随后将该综合意见和预测问题分别反馈给专家，再次征询意见，各专家依据综合意见修改自己原有的意见，然后再汇总，这样多次反复，逐步取得比较一致的预测结果的决策方法。德尔菲法是由美国兰德公司于20世纪50年代初发明的，最早用于预测，后来推广应用到决策中。德尔菲是古希腊传说中的神谕之地，城中有座阿波罗神殿用以预测未来，因而借用其名。德尔菲法的具体内容如图12-3所示。

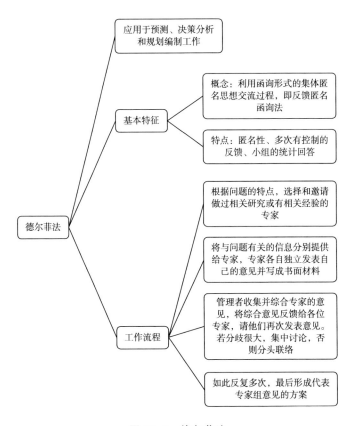

图 12-3　德尔菲法

3. 哥顿法

哥顿法又称教学式头脑风暴法或隐含法，由美国学者威廉·哥顿于1964 年提出，又称"提喻法"。哥顿法与头脑风暴法相类似，先由会议主持人把决策问题向会议成员（即专家成员）做笼统的介绍，然后由会议成员海阔天空地讨论解决方案。当会议进行到适当时机，决策者将决策的具体问题展示给小组成员，使小组成员的讨论进一步深化。最后由决策者吸收讨论结果，进行决策。

哥顿法与头脑风暴法有所区别。头脑风暴法要明确提出主题，并且尽可能地提出具体的课题。与此相反，哥顿法并不明确地提出主题，而是在给出抽象的主题之后，寻求卓越的构想。例如，在寻求烤面包的构想时，头脑风暴法就会提出一个新的烤面包构想的课题。但是，就同一个课题而言，哥顿法则考虑到人们会受到传统方法的限制，难以提出新颖的构想。在哥顿法中，有关成员完全不知道真正的主题，只有决策者知道。决策者采用从成员的发言中得到启示的方法，推进技法的实施。

（二）定量决策方法

定量决策方法是利用一定的数学模型，通过定量分析技术与计算来选择最优方案的方法，它属于"硬方法"，人们往往直接称之为数学方法。对决策问题进行定量分析，可以提高常规决策的时效性和决策的准确性，运用定量决策方法进行决策也是决策方法科学化的重要标志。

1. 确定型决策方法

确定型决策就是在进行决策时，决策者对未来情况已有完整的资料，没有不确定的因素。确定型决策方法有以下两类。

（1）线性规划法。线性规划法用于企业经营决策，实际上是在满足一组已知的约束条件下，使决策目标达到最优。线性规划可用图解法、代数法、单纯形法等方法求解，在变量多时可利用计算机求解，还有库存论、排除论和网络技术等数学模型法。

（2）盈亏平衡分析。盈亏平衡分析也称量本利分析，通过分析生产成本、销售利润和商品数量三者之间的关系掌握盈亏变化的规律，指导企业选择能够以最小的生产成本生产最多产品并可使企业获得最大利润的经营方案，如图 12-4 所示。

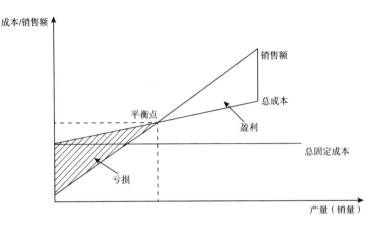

图 12-4　盈亏平衡分析基本模型

2. 风险型决策方法——决策树法

风险型决策方法是指决策者在对未来可能发生的情况无法做出肯定判断的情况下，通过预测各种情况发生，根据不同概率来进行决策的方法。风险型决策方法有很多，最常用的是决策树法。

决策树法是把每一个决策方案各种状态的相互关系用树形图表示出来，并且注明对应的概念及其报酬值，从而选择出最优决策方案。决策树的构成一般有五个要素，即决策点、方案枝、自然状态点、概率枝和概率枝末端。决策树法的基本步骤：从左向右画出决策树图形→计算各种状态下的期望值→选择最佳方案，如图 12-5 所示。

决策树法在决策的定量分析中应用相当广泛，有许多优点：第一，可以明确地比较各种方案的优劣；第二，可以对某一方案有关的状态一目了然；第三，可以表明每个方案实现目标的概念；第四，可以计算出每一方案预期的收益和损失；第五，可以用于某一个问题的多级决策分析。

3. 不确定型决策方法

不确定型决策方法是指决策者在对决策问题不能确定的情况下，通过对决策问题的各种因素分析，估计其中可能发生的自然状态，并计算各个方案在各种自然状态下的损益值，然后按照一定的原则进行选择的方法。

不确定型决策方法主要包括乐观法（大中取大法）、悲观法（小中取大

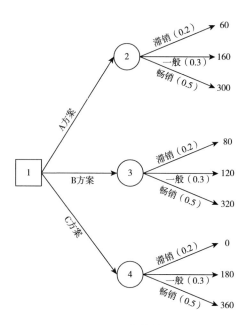

图 12-5　决策树法

法）、平均法（等概率法）、决策系数准则、后悔值法（大中取小法）。

4. 群体决策

群体决策是为了充分发挥集体的智慧，由多人共同参与决策分析并制定决策的整体过程。其中，参与决策的人组成了决策群体。

（1）群体决策的优点

①群体决策有利于集中不同领域专家的智慧，应付日益复杂的决策问题。

②群体决策能够利用更多的知识优势，借助更多的信息，形成更多的可行性方案。

③群体决策有利于充分利用成员不同的教育程度、经验和背景。

④群体决策容易得到普遍的认同，有助于决策的顺利实施，有利于使人们勇于承担风险。

（2）群体决策可能存在的问题

①速度慢，效率可能低下。

②有可能为个人或子群体所左右。

③很可能更关心个人目标。

（3）如何进行有效的群体决策

①根据实际情况选择决策的范围。

②运用有效的方法来进行群体决策。

③正确理解群体思维。

④重视群体中的不同意见。

⑤制造合理的冲突，防止过早形成一致性意见。

⑥防止群体观点向极端化转移。

第二节　国学视角下的决策观点

受中国社会几千年的影响，传统管理思想已经深入社会生活的各个方面，形成了中国人的一种深厚的思维结构，甚至一些文献中的言论已经成为社会中的谚语、俗语，如"三人行，必有我师""仁者见仁，智者见智""知己知彼，百战不殆"。

一　决策的系统思考

在中国，系统的思想可以追溯到远古时代，道教、气功、中医中蕴含的观点就是明显的例证，这种思想在以后几千年的发展中潜移默化，成为我们思维过程中鲜明的特征。例如，大多数中国人对世界有这样的认识：世间万物，无时无刻不在运动、发展、变化，万物皆有道；大道相通，大道至简；阴阳对立，辩证统一；等等。

系统思考是一种逻辑抽象能力，也称为整体观、全局观，简单来说就是对事情全面思考，不只是就事论事。老子以"道"为其哲学的最高范畴，宇宙万物是一体的，从"道"到万物的发生，其过程依次是"道生一、一生二、二生三、三生万物"。在这个基础上，就产生了个体和整体的一致性。个体是整体的映射，认识了个体特征就认识了整体特征。同理，认识了整体特征也就认识了个体特征，因为无论是个体还是整体，遵循的都是同一基本规则。因此，中国的传统思维中强调比拟的思维逻辑，即通过"近取诸身，远取诸物"就可以达到对所有事物的本质认识，这也是儒家

"明心见性，格物致知"，"修身、齐家、治国、平天下"的认知基础。

系统思考本质上就是一种整体性的思维方式，要求我们用整体的观点观察周围的事物，看清事件背后的结构和各要素之间的互动关系，要求我们从不同角度、多方面看待问题，而不能只看到一个方面的问题，并具有主动建构和解构的思维能力。例如，庖丁解牛的故事，庖丁宰牛时，他顺着牛的身体结构，挥舞着刀子，一会儿工夫整头牛就像是被拆解下来的零部件，被完美地分割了。在庖丁眼中，牛只是由各个部分构成的一个整体，只有看到牛身上各个部分之间的关系，并且厘清这些关系的相互作用，才能做到一刀下去，切中要害。

二 决策的运动、变化观

世界是不断发展变化的，在变化的世界面前，个体的特征和意义也随着环境的变化而变化，并没有独立出来的个体意义上的绝对特征。正如《易经》对吉凶的判断，必须放到一个具体的上下关系中才有意义。同样，个人行为的好坏，也只有在一个具体的背景环境下才有意义。太极生两仪，两仪生四象，四象生八卦。如果具备了四象，也就具备了使万事万物产生与变化的依据。

中国人求"变"的特征，通过中国人自称为"龙的传人"得到最好的体现。龙是中国人虚拟出来的一种动物，它可以有无穷的威力，但龙必须"顺天应时"才能真正发挥出力量，故又极尽变化。中国的太极文化，以及中国智慧中强调"水"的意象，也是善变的体现。变革维新是中华民族的重要思想方法，自古以来就提出的"唯变所适"观点用以指导人们的行动。意即任何时候都要看到事物的变化，我们的思想行为模式都要适应世界的变化，按变化的形势行事。

三 预测与决策选择

1. 预测

决策是针对现在、面向未来的，没有预测的决策是盲目的。决策必须建立在科学预测的基础上。没有科学的预测，就不会有成功的决策。预测是决策的前提，"凡事预则立，不预则废"，"人无远虑，必有近忧"。

决策就是选定一种未来状态作为最佳者，让行为直接指向选好的方案。

显然，对于未来状态的预料就成为决策好坏的重要影响因素，而这种预料又是以已知的经验关系和现实状况的信息为基础，依据事物发展规律而得出的。

2. 决策选择

为了实现某个或某些目标，人们往往设计出多个行动方案，而每一个方案都有其一定的合理性和有效性，但决策要求只能采取一个行动方案。因此，在这个过程中就需要对各个行动方案进行鉴别、比较和权衡，然后决定取舍。

决策选择中的"最佳方案"，在现代人看来也只是一个相对概念，因此，在实际选择中如果一味求优往往会陷于不切实际的空想中，结果贻误大事。中国古代思想家也充分认识到这一点，西汉蒯通认为，对决策方案不能求全责备，只要相比较确定为最佳方案后就应当机立断，因为"时者难得而易失也"（《史记·淮阴侯列传》）[1]。决策的时机往往会影响决策的效果，要有当机立断的魄力和胆识。最优的政治决策还在于是否具有最优的政治决策选择者，这也是古代思想家留给我们的宝贵精神财富。

四 战略决策与战术决策

按照决策的范围和决策的重要性，决策可以分为战略决策和战术决策。

（一）战略决策与战术决策的区分

战略决策是解决全局性、长远性、战略性重大决策问题的决策。其多由高层次决策者做出，是组织经营成败的关键，它关系到组织的生存和发展。例如，《孙子兵法》中提出的战略决策思想主要包括安国保民、庙算知胜和上兵伐谋三个方面。

战术决策又称管理决策，是为了实现战略决策、解决某一问题所做出的决策，以战略决策规定的目标为决策标准。《孙子兵法》中也体现了大量战术决策的思想，如孙子提出的在战术实行过程中要注意的"四治"和"八戒"。"四治"就是治气、治心、治力、治变。《孙子兵法·军争篇》中说："善用兵者，避其锐气，击其惰归，此治气者也。以治待乱，以静待

---

① 司马迁：《史记》，李明亮主编，吉林摄影出版社，2002，第1085页。

哗，此治心者也。以近待远，以佚待劳，以饱待饥，此治力者也。无邀正正之旗，勿击堂堂之阵，此治变者也。""八戒"就是《孙子兵法·军争篇》中的"高陵勿向，背丘勿逆，佯北勿从，锐卒勿攻，饵兵勿食，归师勿遏，围师必阙，穷寇勿迫"[①]，这八条都是作战时所要谨记的。

（二）战略与战术的关系

从调整对象上看：战略决策调整组织的活动方向和内容，解决"干什么"的问题，是根本性决策；战术决策调整在既定方向和内容下的活动方式，解决"如何干"的问题，是执行性决策。

从涉及的时间范围来看：战略决策面对未来较长一段时期内的活动，而战术决策则是具体部门在未来较短时期内的行动方案；战略决策是战术决策的依据，战术决策是在其指导下制定的，是战略决策的落实。

从作用和影响上来看：战略决策的实施效果影响组织的效益与发展；战术决策的实施效果则主要影响组织的效率与生存。

（三）对不同层次决策制定者的不同要求

对不同层次决策制定者在管理技能的要求上是不同的。

1. 高层管理人员

高层管理人员是企业的最高管理层，管理着整个企业。高层管理人员负责整个企业的战略规划、业务经营模式、组织文化搭建等，关注企业的全局、长远、良性发展问题。测评高层管理人员主要围绕经营意识、领导能力、战略规划能力、决策能力等方面。

2. 中层管理人员

中层管理人员一般是企业的中流砥柱，担任企业的总监、经理等核心岗位。中层管理者是企业的重要组成部分，起着上传下达、承上启下的作用，一方面关注高层管理人员制定的战略规划，另一方面对接企业员工的执行问题。考核中层管理人员主要围绕团队组建、激励机制、交流沟通、系统思维、识人带人等方面。

---

① 徐瑜编撰《孙子兵法》，中国友谊出版社，2013，第184页。

3. 基层管理人员

基层管理人员在企业中主要处于一线管理岗位，如科长、主管、组长等。基层管理人员既是一线的执行者又是管理者，不仅应关注细节、效果问题，还要起到模范带头作用。基层管理人员考核的维度主要侧重于协调沟通、辅导下属、专业技能等。

（四）正确战略决策的意义和战术执行力的强化

企业战略管理的大量实践表明，决定企业成功的关键因素有两个：一是做出正确、合理的决策，特别是有关企业生存发展的战略决策；二是提升员工的主动性、积极性和创造性，提高企业执行力。如果说战略决策是解决企业对环境变化的适应性问题，那么执行力就是解决企业内部的协调和效率问题，关系着企业战略目标的实现。在战略正确的前提下，企业执行力越强，战略实施越有保障。

一个企业是一个组织、一个完整的机体，企业的执行力也应该是一个系统、组织和团队的执行力。执行力是企业管理成功的关键。只要企业有好的管理模式、管理制度以及好的带头人，能够充分调动全体员工的积极性，管理执行力就一定会得到最大限度的发挥。

要提高企业的执行力，不仅要提高企业从上到下每一个人的执行力，而且要提高每一个单位、每一个部门的执行力，只有这样，才会形成企业的系统执行力，从而形成企业的执行力和竞争力。

五　决策创新

1. 战略决策须紧扣社会发展的脉搏

宏观环境是影响企业供求的主要因素。宏观环境发生变化时，企业也应随之对其发展战略加以调整与创新。宏观环境主要采用 PEST（Politics, Economy, Society, Technology）分析方法，即从政治、经济、社会、技术四个方面进行分析。

企业发展不可避免地要受政治环境的影响，它关系到企业在市场上的运作效率，其中又以政策法规（如产业政策、行业监管政策等）对企业的影响最为广泛、最为实际，对企业战略的制定最具指导意义。

在经济方面，国家和地区的经济特征、经济联系、经济条件等，如人均可支配收入、劳动生产率、消费模式、税率、通货膨胀情况等直接影响着企业的战略定位。

社会经济条件、经济体制、经济政策等对企业的生存和发展有较大影响，是企业从事生产经营活动的基本条件。社会文化及自然环境方面，如文化传统、价值观、宗教信仰、社会结构、教育水平、风俗习惯、人口状况等社会因素，以及地区或市场的地理、资源、生态等因素也影响着企业战略的确定。这些因素与相关产业的市场发展情况密切相关。

此外，企业发展战略还要考虑到与企业产品相关的技术水平、技术政策、研发能力、产品生命周期等因素。

2. 战术制定的原理与方法须与时俱进

随着国际化、信息化的发展，外部环境及企业内部环境均发生着巨大的变化。企业在战略上紧扣主营业务、抓紧关键原则的基础上，战术也在不断发生变化，创新性的战术方法不断涌现。如今互联网环境下的各类创新营销方法、社交媒体、低/零边际成本等使得过去的一些经典营销思想不再适用，营销策略需要不断创新。企业还应基于大数据平台创新管理模式。在国际化市场情境下，以光明食品（集团）有限公司和中粮集团有限公司海外并购为例，它们在战术层面采取了一系列现代化的理念和思想，开放视野，采用现代化融资理念和国际先进的融资工具，有效筹措资金，合理控制风险。

3. 重点关注大众的心理演变，并持续不断地改进决策制定

在决策思维中，理性因素与非理性因素相互渗透，甚至整合在一起。非理性因素及其发挥作用不是完全自由随意的，是受理性因素影响、限制的，这也体现了理性因素的导向作用。在现实生活中，人们的决策受到各种因素的影响，在决策的不同阶段有不同的心理效应在其中发挥着积极或消极的作用。例如，信息收集阶段的首因效应、光环效应，计划拟定阶段的经验定势效应、投身心理效应，方案选择阶段的从众心理、权威崇拜心理，做出决策阶段的个人需要或成就动机效应、走极端心理、将错就错心理等。

此外，社会心态是人们对自身及现实社会所持有的较普遍的社会态度、情绪情感体验及意向等心理状态。社会心态产生于社会个体心理，又以整体的形态存在，进而影响着每个社会成员的社会价值取向和行为方式，影

响着国家经济政治和社会发展大局。

管理案例分析

读《毛泽东选集》：战略思维究竟为什么对我们那么重要

《毛泽东选集》第一卷中《中国革命战争的战略问题》是一篇通过解释"中国革命战争"来阐述"战略"二字精髓和含义的文章。该文开篇就有这样一段话："战争的规律——这是任何指导战争的人不能不研究和不能不解决的问题。革命战争的规律——这是任何指导革命战争的人不能不研究和不能不解决的问题。中国革命战争的规律——这是任何指导中国革命战争的人不能不研究和不能不解决的问题。"[①] 因此，这就要求我们不仅要研究战争的规律，而且要研究革命战争的规律，还要研究我们所处的具体时期的中国革命战争的规律，也就是说理论一定要结合实际。

1. 战略问题

《中国革命战争的战略问题》是这样解释战略问题的："只要有战争，就有战争的全局。世界可以是战争的一全局，一国可以是战争的一全局，一个独立的游击区、一个大的独立的作战方面，也可以是战争的一全局。凡属带有要照顾各方面和各阶段的性质的，都是战争的全局。研究带全局性的战争指导规律，是战略学的任务。研究带局部性的战争指导规律，是战役学和战术学的任务。"[②] 也就是说，战略指的是一种全局性的东西，可以是规划、策略、计划、思考等，总之是研究事物全局性规律的一门学问。

但是，如果我们要从理论上对"战略"二字了解得更深刻，我们还需要注意该文中这句话："凡属带有要照顾各方面和各阶段的性质的，都是战争的全局。"[③] 这句话的特别含义在于，它讲到了《矛盾论》中的一个基本理论，也就是马克思理论中的"联系"和"运动"的观点。该文指出，照顾各方面，其实就需要一个"联系"的观点，只有看到了某一事物与周围各种事物之间的联系，我们才谈得上说是照顾到了各方面。同时，要有

---

① 《毛泽东选集》第1卷，人民出版社，1991，第170页。
② 《毛泽东选集》第1卷，人民出版社，1991，第175页。
③ 《毛泽东选集》第1卷，人民出版社，1991，第175页。

"运动"的观点，也就是说看到了一个事物发展过程中不同阶段之间的变化，衍变趋势，我们才谈得上是照顾到了各阶段的性质。用联系和运动的观点去看待事物，然后根据我们看到的某一事物与其他事物的各种联系，以及每一件事物的不同发展阶段，就形成了我们的战略眼光。

2. 四渡赤水案例分析

针对上面说的联系和运动的观点，可用四渡赤水的例子来具体说明。

红军在四渡赤水中，有一个鸭溪计划。首先要分析红军与各路"围剿"军的关系，这种关系就是联系。与黔军，之前因为他们已经处于被打残的状态，所以在考虑他们时，几乎可以忽略不计。与川军郭勋祺部，因为他们的目的主要是阻止红军进入四川，只要不是为了实现这个目的作战，就不会那么积极。湘军更不会跨过乌江，放弃防守进入湖南的封锁线而进入遵义，因此他们也不在考虑的范围之内。基于这几种相互之间联系的判断，就得出了可以集中一、三、五军团打击周浑元部的计划。这是联系的观点。

可是，这时候战场形势突然发生了变化，周浑元部不肯孤军冒进，所有"围剿"部队全局采取逐步推进、碉堡合围的战略。那么，从运动的角度看，这种战略如果发展下去会如何演变？必然演变成逐渐把红军压缩到一个狭小的空间，最后凭借优势兵力将红军歼灭。由着这种运动的方向发展下去，如果红军不采取应变措施，那么就有灭亡的危险。这时候，实际上就用到了运动的观点，去分析事物发展到不同阶段，会带来什么样的后果。分析出来以后就要采取对应的措施，于是就有了三渡赤水，将敌人调动到另外一个地方，在敌人的运动之中，红军找到缝隙进行穿插，从而躲开敌人的四面合围战略。

在三渡赤水中，这种战略分析运用到了出神入化的地步。例如，红军大张旗鼓地渡过赤水河，这件事会引起敌人哪些变化？红军派出一个团佯攻古蔺，这件事又会引起敌人哪些变化？让这个佯攻的团带上电台，频繁发射信号，又会引起敌人哪些变化？这三件事的发生，用运动的眼光去推测一下就可以预料到，有极大的可能将敌人调动到古蔺一带，从而使得红军主力军团可以四渡赤水甩开敌人。这里面实际上处处用到联系和运动的观点去看待事物。

3. 如何培养战略思维

复杂事物涉及的元素是很多的，一般来讲，我们可以先从简单的分析开始练习。在做每一个决定、说每一句话、做每一件事、思考每一个决策的时候，问自己以下两个问题。

第一，这个决策、这件事如果做了，会对周围哪些人、哪些事产生哪些影响？

第二，这个决策、这件事、这句话如果做了或说了，会对自己未来的哪些方面产生哪些影响？在做任何一件事的时候，都简单地思考一下这两个问题，就能逐渐培养出自己的战略眼光了。

一个人思考越多、联系越多，那么在其想要达到某个目的的时候，就会去考虑各事物之间的可能性、各种阶段的可能性，从而做出合理的规划。这就是战略，它没有那么高不可攀，却也没有那么容易掌握好。很多事情就是这样的，为了少思考而多思考，为了少烦恼而多烦恼，为了少经历曲折而提前多经历曲折等皆是如此。有时候，少就是多，对立而统一。

资料来源：

《毛泽东选集》第 1 卷，人民出版社，1991。

张岚岚、魏代强：《毛泽东对红军"血战史经验"的总结——以〈中国革命战争的战略问题〉为中心的解读》，中共中央党史和文献研究院，https：//www.dswxyjy.org.cn/n1/2019/0228/c423725-30946712.html。

《读毛选：战略思维究竟为什么对我们那么重要》，腾讯新闻，https：//new.qq.com/rain/a/20220217A0008U00。

思考题

1. 从国学的视角与实务，谈谈你对管理决策的认识和体会。
2. 从系统思考的角度，谈一谈怎样进行管理决策。
3. 从运动、联系的角度，谈一谈怎样进行管理决策。

第十三章　组织：国学的视角与实务

本章提要

本章开篇以"华为的发展与组织结构变革"为引导案例，让学生明白组织的重要性。第一节介绍现代管理学的组织理论，具体阐述组织的内涵、类型、功能，以及西方管理学组织理论。第二节讲述组织结构设计。第三节讲述国学视角下的组织观点，介绍国学视角下的组织文化、革命战争时期毛泽东的组织管理思想。本章最后以艰苦创业的"铁人"王进喜案例阐释当代中国式组织管理的优势和效能。

重点难点

本章的重点是理解组织的内涵，掌握组织结构设计的方法；难点是如何将现代组织设计所遵循的科学原理与中国传统组织管理思想融会贯通。

引导案例

华为的发展与组织结构变革

华为充分体现了百折不挠、自强不息的中国精神，它的发展是新时代中国式管理的标杆。华为的发展与组织建设密切相关，其创始人任正非非常重视组织建设，他在华为管理层会议上曾经说过这样的话："在时代面前，我越来越不懂技术、越来越不懂财务、半懂不懂管理，如果不能民主地善待团体，充分发挥各路英雄的作用，我将一事无成。从事组织建设成了我后来的追求，如何组织起千军万马，这对我来说是天大的难题。"从组织结构变革历程的角度来看，华为的发展可以划分为三个阶段，即自发生长阶段、系统规划阶段和持续变革阶段。

1987 年，任正非在艰苦的条件下，与其余 5 人一起创建华为，到 1998

年前，华为基本上处于自发生长阶段。在这一阶段，员工约 10000 人，年销售额达到 89 亿元，华为由代理起步，专注营销，逐步扩展到集成生产、自主研发，公司的市场营销、研究开发、生产制造和基础管理等核心职能组织已有了初步雏形，为迎来更大的发展做好了基本的组织准备。

1998 年 3 月，华为发布了以组织管理为重要内容的《华为基本法》，确定了"战略决定结构是我们建立公司组织的基本原则"（华为后来将组织规划理念调整为"客户与战略决定组织"），明确了组织建立的方针是"5 个有利于"，可以概括为强化责任、简化流程、提高效率、培养人才和促进可持续发展。基于以上方针与原则，华为结合公司客户是集中的、技术是共享的特点，设计出一种兼有事业部和矩阵组织优点的准事业部矩阵组织架构。公司基本结构是按战略性事业划分的事业部和按地区划分的区域组织的二维结构，主体结构是按专业化原则组织的职能部门，以有效支持上述二维基本组织结构的运行。为了维护统一指挥和责权对等原则、减少组织上的不确定性和提高组织的效率，华为还建立了有效的高层管理组织。华为在总结创业阶段成功经验的基础上，前瞻性、系统性地完成了组织结构设计，为其接下来 20 多年的持续发展打下了坚实基础。

华为一方面保持了相对稳定，另一方面也在随着行业的变化、公司的发展而不断自主变革。除了局部组织结构的持续改进外，华为组织结构全局性的自主变革存在三条主线，即流程化强化客户导向、平台化提升工作效率和内部控制以防范风险。例如，在流程化强化客户导向方面，华为起初设计了独特的求助网络运行机制，即在纵向等级结构中适当地引入横向和逆向的求助网络，以激活整个组织，最大限度地利用和共享资源。后来，华为与 IBM 公司合作启动了"IT① 策略与规划"项目，开始规划华为未来 3~5 年需要开展的业务变革和 IT 项目，其中包括集成产品开发、集成供应链、IT 系统重整和财务四统一等 8 个项目，集成产品开发和集成供应链是其中的重点。

为了有效利用全球资源，华为不断进行组织变革，经过 20 年的筹划布局，华为形成了全球化的组织结构。华为在美国、法国和英国等商业领袖聚集区，成立本地董事会和咨询委员会，加强与高端商界的互动；在英国建立行政中心，在德国成立跨州业务中心，提高全球运营效率；在新加坡、

---

① IT：Information Technology，信息技术。

中国香港、罗马尼亚、英国等地建立财务中心，降低财务成本，防范财务风险；在俄罗斯、瑞典、芬兰、美国、印度等地成立研发中心，有效利用全球智力资源；在匈牙利、巴西等地建立供应链中心，提高全球交付和服务水平。华为还在全球设立了 36 个培训中心，为当地培养技术人员，并大力推行员工的本地化。

华为在《华为基本法》设计的组织结构的基础上，坚定不移地持续优化组织，为公司的持续发展提供了根本保证。

资料来源：

张强：《组织发展|华为组织演变史：案例诠释组织架构如何成为企业有效开展经营活动、获得盈利并持续发展的基本保证》，搜狐网，https://www.sohu.com/a/336909448_732415。

思考题

1. 组织结构变革在华为的发展中起到什么作用？
2. 你认为当下华为应当在组织结构上做怎样的变革？

第一节　现代管理学的组织理论

一　组织概述

组织是人类存在的基本机制，由于群居的特性，从最早的氏族部落开始，人类就生活在组织之中。同样，组织是现代社会的重要特征，在复杂多变的现代社会中，社会化分工协作的生产体系成为现代社会的基本形式。社会中个人力量是渺小的，只有通过组织进行分工协作，才能进行人力会集，把分散的个人力量会聚成集体力量，也只有借助集体力量，才能完成组织的运营，才能创造登陆月球、探测火星的伟业。

（一）什么是组织

"组织"在古汉语中原指用丝麻织成布帛。后来，"组织"意为安排、整顿。对组织活动的论述，早在《孙子兵法·兵势篇》就有"凡治众如治寡，分数是也；斗众如斗寡，形名是也"的论述，这里"众、寡"指组织形式，"治、斗"指组织方法。[①]

人类对组织进行有系统的研究始于 20 世纪初。现代学者认为，组织是由两个或两个以上的人组成的，为实现共同目标，以一定形式加以编制的集合体。在管理学领域，不同的管理学家从不同的研究视角给出了不同的组织定义。组织管理理论奠基人切斯特·巴纳德（Chester Barnard）认为，组织的实质是有意识地协调两个或两个以上的人的活动或力量的一个体系。他主张，组织的实体是组织行为，即组织中人的行为，"我们称之为'组织'的体系是由人的行为构成的体系。使得这些行为成为一个体系的是不同的人的努力在这里被协调着"，正是这种协调属性，使得组织区分于个人。著名管理学家哈罗德·孔茨（Harold Koontz）则将组织定义为正式的有意识形成的职务结构或职位结构。组织理论之父马克斯·韦伯（Max Weber）强调组织的权力属性，他认为任何组织都必须以某种形式的权力作为基础，没有某种形式的权力，任何组织都不能达到自己的目标。

"组织"一词既可用作名词，也可用作动词。名词的组织指的是以有形实体存在的组织机构，动词的组织指的是组织活动或事务的开展。从静态角度考察，组织是按照一定目标和程序组成的一种权责角色结构，一般以有形实体形式存在。它是为实现某一共同目标，通过分工与协作，由不同层次的权力和责任制度构成的人群综合系统。

由此，我们可以给出一般意义上的组织概念：组织是指为了实现一定的共同目标而按照一定的规则、程序构成的一种责权结构安排和人事安排，其目的在于通过有效配置内部的有限资源，确保以最高的效率实现目标。需要指出的是，组织是一个开放系统，与其所处环境发生着持续作用。由于经济、社会、技术的变革，组织所处的环境不断改变，组织的概念也处于发展变化之中。

（二）组织类型

1. 正式组织和非正式组织

正式组织是指为了实现组织的总目标而由组织建立的群体，这种群体是组织的组成部分并有明确的职能，之所以说是正式的，是因为这是组织

---

① 徐瑜编撰《孙子兵法》，中国友谊出版社，2013，第 161 页。

刻意设计的群体。正式的组织不是固定的、一成不变的，相反，它必须保持灵活性，以便在复杂的环境中达成组织的目标。

非正式组织是指在组织中由于地理位置关系、兴趣爱好关系、工作关系、亲朋好友关系而自然形成的群体。按照巴纳德的观点，任何没有自觉的共同宗旨的群体活动，即使有助于共同的结果，也是非正式组织。显然，非正式组织是人们相互联系而形成的一个人际关系网络。

2. 实体组织和虚拟组织

实体组织就是一般意义上的组织，通常包括营利组织和非营利组织。实体组织以组织完整、功能齐全、可以封闭式运行为特征，如实体企业有自己的制造车间。

虚拟组织是一种基于信息网络的组织。从企业管理角度来看，其以部分组织和功能虚置，通过与其他企业进行合作才能完成经营过程为特征。从组织形态上看是多个不同企业为了某种特定的使命，以信息技术为依托，通过分工、协作、资源整合，并赋予不同地域的企业权责而构成的组织联盟。因而，虚拟组织可以视为是由两个或两个以上的组织组合成的战略联盟，而且这种独立组合形成的战略联盟一般是在这些原有组织之外的组织形式。这种组合形成的新组织没有传统组织的有形边界，没有外形的壁垒之类的框架，也没有地理位置上的限制，而是通过无形的网络连接在一起，并且突破了传统组织的界限和组织层次。同时，在整体结构上各个组织成员权利平等，这种架构有利于组织成员主体作用的发挥，但也导致了其结构松散、脆弱。

（三）组织的功能

组织在确定组织成员、任务及各项活动之间的关系，以及对资源进行合理配置的过程中，必须围绕组织目标，努力匹配权力与责任的协调一致的关系，进而形成以下四种功能。

（1）定位功能。其包括任务定位和人员定位两个方面。任务定位是指将任务的整体分解成若干相互关联、相互支持的部分，由对应的部门完成。人员定位是指将员工配置到各个工作岗位上，形成人人有岗、人人有责的局面。定位功能一般通过组织的部门结构设计、人员结构设计、职位结构设计来实现。

（2）制约功能。其通过组织的职权职责结构设计来严格限制权力范围，杜绝超越权限用权，同时明确规定职责分量，防止职责不明。

（3）整合功能。其具体表现在组织机构、组织的各种规章制度对组织成员的约束与管理，从而使组织成员的活动互相配合、齐心协力、步调一致。组织整合可以使组织的合力大于个体力量的总和。

（4）协调功能。组织内部各职能部门职责任务的不同导致需要、利益等满足程度和方式存在差异性，因此，各职能部门之间必然存在一些矛盾和冲突，这就需要组织充分发挥协调功能，调节和化解各种冲突和矛盾以保持组织成员的密切合作。

二　西方管理学组织理论的发展

（一）古典组织理论

19世纪末20世纪初，西方各主要资本主义国家在经济上已先后完成了工业革命，大规模的工厂生产取代了小规模的手工工场生产。生产规模的急剧扩张、生产力的迅速发展、劳资之间的严重对立、生产关系的日益复杂，强烈冲击着旧的组织结构与经验型的管理方式。如何应对这种挑战和变化，改革原始落后的生产和管理方式，建立符合社会化大生产特点的新的管理制度和方法以提高生产效率，成为人们普遍关注和迫切需要加以解决的问题。在这种背景下，以弗雷德里克·温斯洛·泰勒为代表的科学管理组织理论应运而生。同时，法国的亨利·法约尔和德国的马克斯·韦伯通过各自的研究，分别建立了一般组织理论和官僚制组织理论，他们的思想理论又被美国的卢瑟·古利克（Luther Gulick）和英国的林德尔·厄威克（Lyndall Urwick）归纳、总结和发挥，最终确立了这些理论在管理学界不可撼动的权威地位。他们的理论在人类历史上第一次用科学的方法探讨管理和组织问题，并且都着重研究管理与组织的重要性和必要性、管理与组织的职能和原则、管理与组织的过程和方法等最基础、最本质的问题，因而又被合称为"古典组织理论"，成为现代组织理论的基础。

古典组织理论侧重于静态组织的研究，围绕提高效率这一目标进行组织设计，其强调四个方面。第一，强调劳动分工，在进行组织设计时，组织当中的每一个单位，无论是横向的部门或单位，还是纵向的高、中、低层，都要根据劳动分工的原则进行区分和设置。第二，强调职权与职责，组织中每一个单位，单位内每一个职位，均要明确职权与职责。组织中每一个单位的主管或职工都必须按规定的职权职责进行工作。第三，强调等级制度，组织中必须划分严格的等级，上级对下级下达命令，下级必须接受和执行。另外，上级不能越级指挥，下级也不可越级汇报，以保证统一指挥、统一领导。第四，强调严格执行规章制度的重要性，组织必须建立明确的规章制度，要求每一名员工，无论职位高低，都必须依照规章制度办事。

（二）新古典组织理论

新古典组织理论又称人际关系理论。古典组织理论只重视管理体制、组织机构、规章制度、职能权责等的研究，其漠视人的需要的弊端日益明显。进入 20 世纪 30 年代，特别是第二次世界大战结束以后，组织理论又有了蓬勃发展，著名的霍桑实验开启了对人尤其是团体中的人及行为的研究，成为新古典组织理论的一个显著特征。新古典时期的组织理论又称行为科学组织理论，其时间跨度一般为 20 世纪 30~60 年代。与古典组织理论不同，新古典组织理论从组织的静态描述转向研究动态的组织过程，并引入行为主义的研究方法，把人的行为和人际关系作为研究组织的基点来揭示组织的社会心理特征及其本质，主要有以乔治·梅奥（George Mayo）为代表的人际关系组织理论、以巴纳德为代表的组织平衡理论和以赫伯特·西蒙（Herbert Simon）为代表的决策过程组织理论。

新古典组织理论注重发挥人在组织中的主导作用，尽量满足人的需要，能充分发挥人的主动性和创造性，使组织内领导者与下属的关系比较和谐，从而比传统等级制更能提高工作效率。但是，新古典组织理论往往过分强调搞好人际关系，满足人们的社会心理需要，满足人的工作丰富化和扩大化的需要，从而降低了专业化的优越性，使工作效率受到一定影响。总之，新古典组织理论是一种以人为中心的组织理论。按新古典理论建立的组织与传统组织相对立，古典组织理论强调高度集权制的组织规章，而新古典组织理论则强调人际关系和信息沟通，表现为参与性组织。

（三）现代组织理论

随着科学技术的发展和人员素质的提高，组织所处的环境变化很大，为了使组织能适应环境的变化，又产生了系统权变的现代组织理论。现代组织理论是 20 世纪 60 年代以来逐步发展起来的组织理论，是继古典组织理论、新古典组织理论之后提出的各种新的组织理论的统称。其中，比较重要的有巴纳德的非正式组织理论、西蒙的平衡系统理论和帕森斯的社会系统理论等；主要代表人物为巴纳德、西蒙、琼·伍德沃德（Joan Woodward）和弗雷德·菲德勒（Fred Fiedler）等。他们的主要观点如下。

（1）现代组织理论认为，领导者的首要作用在于塑造和管理好组织的有共同价值观的人，强调不拘一格的个人创造精神，强调组织的战略。

（2）现代组织理论中不是把组织的表面结构作为分析对象，而是把组织中人的行为作为分析对象。

（3）现代组织理论不是把操作作为主要认识对象，而是把决策作为主要认识对象。

（4）现代组织理论主张领导力不应建立在权力的基础上，而应建立在领导与被领导相互影响的基础上。好的领导不要求别人为他个人服务，而是要为共同的目标服务。

（5）现代组织理论的开放系统观。现代组织理论运用开放系统的方法把组织看作开放的整体系统来研究。

（6）现代组织理论的权变观。现代组织理论的权变观强调的是组织受多变量的影响，并力图了解组织在变化着的条件下和在特殊环境中运转的情况。权变观的最终目的在于提出最适宜于具体情况的组织设计和管理行为。

第二节　组织结构设计

一　组织设计的六要素

组织设计的目的是合理地配置组织的人力和财力等资源，对管理人员的管理劳动进行横向和纵向分工，建立相对稳定的工作秩序。组织设计有六要素，即工作专门化、部门化、指挥链、管理幅度、集权与分权、正规化。

1. 工作专门化

工作专门化是用来描述组织中的任务被划分为各项专门工作的程度。工作专门化的实质是，不是将整项任务交由某个人承担，而是将之细化为若干步骤，每一步骤由一个单纯的个体来完成。各个员工都仅专门从事某一部分的活动而不是全部活动。工作专门化虽然是一个重要的组织方式，但不是一个能无止境提高生产率的办法。某些情况下，工作专门化带来了非经济性，可以通过扩大工作活动的范围，而不是缩小工作活动的范围，来提升员工的工作效率。

2. 部门化

部门化是指将若干职位组合在一起，形成一个可以管理的单位的过程。常用的部门化方式包括职能部门化、产品部门化、地区部门化、过程部门化、顾客部门化。

职能部门化是依据所履行的职能来组合工作，这种部门化方式可以在各种类型的组织中得到应用。产品部门化是依据产品线来组合工作。地区部门化是按照地理区域来组合工作。过程部门化是依据产品或顾客流来组合工作，使各项工作沿着处理产品或为顾客提供服务的工艺过程的顺序来组织。顾客部门化是依据共同的顾客来组合工作，每组顾客具有某类相同的需要或问题，要由相应的专家才能更好地予以满足。大型组织通常需要将上述大部分或全部的部门化方式结合起来使用。

现在，部门化出现两种新趋势：一种是顾客部门化越来越受到高度重视，被认为能更好地检测顾客的需要并能对其需要做出快速反应；另一种是跨职能团队越来越受到管理者的青睐，这是将各专业领域的专家组合在一起协同工作。

3. 指挥链

指挥链是指从组织高层延伸到基层的一条职权线，它界定了谁向谁报告工作，能帮助员工回答"我遇到问题时向谁请示"或者"我对谁负责"这类问题，包括职权、职责和统一指挥，一般有直线职权、参谋职权、职能职权三种职权类型。随着技术进步及经营环境的变化，指挥链、职权、职责和统一指挥这些概念在当今被认为不那么重要了。因为遍布整个组织的员工可以在几秒内获得原来只有高层管理者才能获得的信息。另外，利用计算机与网络，员工可以不通过正式的渠道——指挥链，而与组织中其他任何地方的人员进行沟通。最后，跨职能团队和多头领导体制，使这种传统的思想越来越不被关注。

4. 管理幅度

管理幅度是指一名主管有效地指挥的直接下属人员的数量。管理幅度在很大程度上决定了组织中管理层次的数目及管理人员的数量。影响管理幅度的因素有下属的成熟度、下属工作任务的相似性、任务的复杂性、下属工作地点的相近性、使用标准程序的程度、组织管理信息系统的先进程度、组织文化的凝聚力、管理者偏好的管理风格等。管理者的管理幅度是有限的，必须通过增加层次，把工作交给下级去做。管理幅度同管理层次成反比关系。管理层次呈现扁平结构和高耸结构。管理幅度的趋势是朝着加宽管理跨度的方向演进的。这与管理者力图降低成本、加快决策、提升组织灵活性、更接近顾客以及向员工授权等努力是一致的。

5. 集权与分权

集权是指决策权集中在组织的较高层次，分权是指决策权在组织的较低层次分散。组织中较低管理层次做出的决策数目越多，分权程度就越高，反之，则集权程度就越高。集权和分权只是相对的概念，而不是绝对的两极。当前的趋势是下授决策权，这是与管理者力图使组织具有灵活性和反应能力的努力相一致的。

6. 正规化

正规化是指组织中各项工作标准化，以及员工行为受规则和程序约束的程度。高度正规化的组织有明确的职位说明和许多规则条例，对工作过程制定明确的程序。员工对于工作没有自主权。反之，组织正规化程度低，员工对如何做他们的工作则拥有较大的自主权。

二　组织结构

组织结构是用于表明组织各部分排列顺序、空间位置、聚散状态、分工合作等关系的一种模式，是组织设计的框架性呈现。

（一）组织结构设计原则

有关组织结构设计原则方面的研究和论述非常丰富。组织理论之父韦伯指出，组织中每个职位的设计都必须对其权力和责任有明确的规定，组织应具有严格的纪律和高度的准确性、稳定性。一般来说，组织结构设计有以下原则。

1. 目标一致原则

任何组织都有一个特定的目标和任务，组织结构必须能够保证组织目标的实现。组织结构的选择是否适当要以其是否有利于组织目标的实现为衡量标准。

2. 分工协作原则

分工协作是建立在个体间技能要素禀赋差异之上的，分工能够使不同员工所具有的不同技能得到最有效的利用。

3. 管理幅度原则

古典管理理论认为，管理幅度不宜太大，以窄小为宜，以利于实现对下属的紧密控制。这方面的研究普遍认为处于越高的组织层级上的管理者的管理幅度越小，因为管理层级越高，管理者面临的非结构性问题就越多。事实上，试图确定管理幅度的恰当人数是非常困难的，因为不同组织所处的情境不同，影响管理幅度的因素很多。总的来说，管理者拥有受过良好训练的、经验丰富的下属，其管理幅度就可以适当放宽；组织的整体管理水平较高，管理者的管理幅度可以适当放宽；组织内外部环境动态性越强，管理者的管理幅度越小。

4. 权责一致原则

权责一致指的是职权与职责的一致性。职权是指伴随职位而来的，管理者下达命令和要求下属执行命令的一种内在权力。古典管理理论认为职权是将组织紧密联结起来的纽带。职责是指组织成员在所处职位上必须完成被分派活动的义务。组织成员在某一职位上获得某种权力的同时，也必须承担起相应的责任。在进行组织结构设计时，对于职权和职责的划分必须一致，即坚持有多大的权力就要负多大的责任，有什么权力就要负什么责任的原则。

5. 统一指挥原则

统一指挥原则要求每位下属应该有一个并且仅有一个上级，要求在上下级之间形成一条清晰的指挥链。在组织结构设计和管理权限划分方面都应该考虑这一原则。如果下属有多个上级，就会因为上级可能存在彼此不同甚至相互冲突的命令而无所适从，造成组织管理的混乱。虽然有时在例外场合必须打破统一指挥原则，但是为了避免多头领导和多头指挥，组织的各项活动应该有明确的区分，并且应该明确上下级的职权、职责及沟通联系的具体方式。

6. 精简高效原则

任何组织在进行组织设计时不仅要考虑如何保证组织目标的实现，而且要以最经济、最有效的方式来实现，即尽量控制管理成本和组织成本。精简就是指在保证组织目标实现的前提下，尽可能少地设置机构、尽可能精简地配置人员。高效就是指要尽可能激发起每个员工的积极性和创造性，尽可能提高每个部门、每个人员的工作效率。精简并不意味着越少越好，而应避免出现机构的重叠或人员的浪费。组织效能包括工作的效率和效果两个方面，组织机构和人员的精简有利于组织效能的实现。

（二）常见的组织结构形式

管理学对组织结构的划分，从管理职能出发，针对管理对象所处的不同情境，设计合理的结构，更有效地发挥管理的各大职能。组织结构有多种形式，传统上包括直线制组织结构、职能制组织结构、直线—职能制组织结构、事业部制组织结构等，也包括一些新型的组织结构形式，如矩阵制组织结构、网络组织结构等。

1. 直线制组织结构

直线制组织结构是较早出现的一种组织结构形式，至今仍然被一些组织采用。其特点是组织各层次上的管理者负责管理的全部职能，而不另设任何职能或参谋机构，组织内各层次上的人员只接受其上一级领导者的指挥。其组织结构如图 13-1 所示。

直线制组织结构比较简单，优点是权力集中，职责明确，沟通便捷，便于统一指挥，反应迅速灵活。其缺点是对组织各层领导者的业务知识水平要求很高，他们必须能够亲自处理全部管理业务，因此难免出现失误，且组织决策基本由高层管理者一人做出，集权程度过高，风险很大。因此，这种组织结构形式只适用于规模不大、员工较少、管理工作比较简单的组织，或适用于对统一指挥要求较高的组织，如军队。

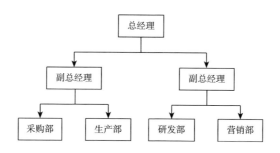

图 13-1　直线制组织结构

2. 职能制组织结构

职能制组织结构的特点是组织内各层次上的管理部门除直线管理者外，还建立起相应的职能机构，这些职能机构在自己所负责的业务领域内可以对下层组织部门下达命令。其组织结构如图 13-2 所示。

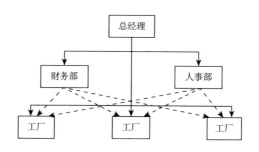

图 13-2　职能制组织结构

职能制组织结构的优点在于将组织各层次上的管理工作按照职能进行分工，极大地提高了管理的专业化水平，对各层次直线管理者的管理工作进行了有益的补充。但这种组织结构也存在缺点：组织各层次上的管理者不仅要接受上一层次直线管理者的领导，还要接受来自上一层次职能机构的领导，因此，容易形成多头指挥、多头领导，不符合统一指挥的组织工作原则。

3. 直线—职能制组织结构

直线—职能制组织结构实际上是将直线制组织结构与职能制组织结构

有机结合起来，其特点是组织各层级上的直线管理者统一负责所辖业务的全部工作，并直接对其上级领导者负责；各级组织根据实际需要设置相应的职能机构。但职能机构只是同级直线管理者的参谋，无权对下一级组织发布命令，只能提供信息、建议和一些必要的业务指导。其组织结构如图13-3所示。

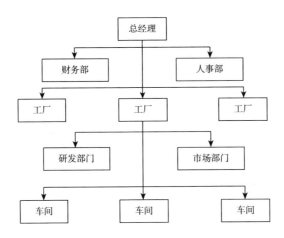

图 13-3　直线—职能制组织结构

直线—职能制组织结构兼有直线制组织结构和职能制组织结构的优点，既能保证统一指挥、统一领导原则的实现，又能发挥职能机构专业化管理的作用。但这种组织结构也存在缺点：组织各部门只关心自己的目标，强调本部门的重要性，而忽视与其他部门的沟通与配合，并且有时直线管理者可能由于过分强调直线的指挥权，而忽视了职能机构职权的作用。

4. 事业部制组织结构

事业部制组织结构是目前被世界各国特大型组织普遍采用的一种组织结构形式。这一组织结构的特点是在组织高层管理者的集中领导下，按照产品、技术、地域或顾客等设置事业部，各事业部被授权全权负责所属业务的全部活动，每个事业部内部可以按照直线—职能制的形式来构建组织结构。企业的高层管理者主要承担整个组织的战略、方针、目标的设定，并落实到各事业部，可以通过利润等指标对事业部进行控制。其组织结构如图13-4所示。

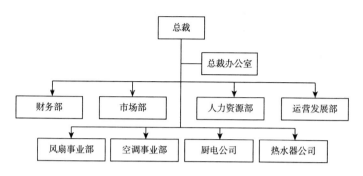

图 13-4 事业部制组织结构

事业部制组织结构的优点是各事业部有较大的自主权，有利于发挥事业部管理者的积极性和创造性，增强组织应对环境变化的能力。这种组织结构便于各事业部内部组织专业化生产，因而有利于提高生产效率和产品质量，降低成本，还有利于企业的高层管理者摆脱日常事务，集中精力做好整体的、长远的大政方针及战略方面的决策。另外，各事业部被授权独立经营，可以促使相互间展开业绩竞争，从而促进整个企业的成长，并为企业培养高层管理者的后备人才。

虽然事业部制组织结构在当今被特大型组织普遍采用，但也存在一些缺点。例如，事业部组织结构增加了管理层级，造成机构重叠、人员增多、管理费用增加，同时也容易滋长本位主义，可能出现为了自身利益而损害企业整体利益的状况，且各事业部彼此间协调不易。

5. 矩阵制组织结构

矩阵制组织结构实际上是在直线—职能制组织结构的基础上，增加了横向的沟通协调机构。当组织的产品种类增多或为完成某些特定的任务时，需要许多参谋机构彼此协作才能实现组织的有效运营，这就需要依据工作任务从直线系统中的各相关部门抽调人员组成临时或常设机构，由此构成横向领导系统。其组织结构如图 13-5 所示。

参加横向机构的人员既要接受所属职能机构的领导，又要接受横向机构的领导。因此，矩阵式组织结构的优点在于有利于使组织中的横向联系与纵向联系很好地结合起来，加强各职能部门间的协调和信息沟通，能够

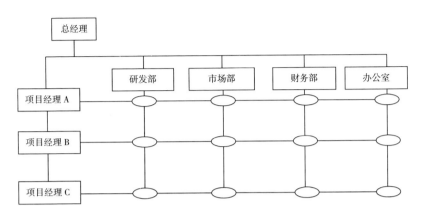

图 13-5　矩阵制组织结构

提高任务完成的效率。同时，将不同专业背景的人员组织在一起工作，有助于激发员工的积极性和创造性，促进企业内各项创新活动的实现。这种组织结构形式的缺点是双重领导模式违反了统一领导、统一指挥的组织原则，容易导致职责不清和不同职能部门间产生矛盾。

6. 网络组织结构

网络组织结构是一种新型的组织结构形式，企业仅保留具有核心竞争力的机构，而将其他的一些职能，如研发、生产或销售等外包，由其下属企业或其他企业组织去承担。如图 13-6 所示，网络组织结构的核心只是一个小型管理机构，许多重要的职能不是由本组织完成的，管理者的重要任务之一就是在各地寻求广泛合作和进行控制。

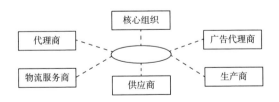

图 13-6　网络组织结构

网络组织结构的优点是能够使组织具备高度的灵活性和对环境更好的

适应性。在动态复杂的环境下，企业组织面临具有高度不确定性的竞争环境且技术发展十分迅速，网络组织结构能够使组织将资源集中在自己具有竞争优势的活动上。网络组织结构的缺点是，由于将部分职能外包，增加了控制上的难度。例如，研发活动外包，会使企业技术创新活动难以保密；生产活动外包，会使企业对产品的质量、交付期限等难以控制；销售活动外包，会使企业失去对顾客满意度等关键的顾客价值点的控制等。

第三节　国学视角下的组织观点

一　国学视角下的组织文化

组织文化是指组织在长期的生存和发展中形成的，为本组织所特有的，且为组织多数成员共同遵循的最高目标、价值标准、基本信念和行为规范等的总和及其在组织活动中的反映。任何一个社会上存在的由人组成的具有特定目标和结构的集合体，即组织，都有自己的组织文化。正如每个人都有其独特的个性一样，一个组织也有自己的个性，这种个性称为组织文化、组织气氛或组织人格。相对于国家文化、民族文化、社会文化而言，组织文化是一种微观文化。中国灿烂的文化造就了独特的组织文化，中国传统组织文化既重视法治的作用，也重视道德教育的作用，在治理国家中要"宽猛相济""名德慎罚""德主刑辅""德教为先"。同时，中国传统组织文化强调人与人之间的协作，强调人是家庭的人、邻里的人、国家的人，人是团体中的一分子，不能脱离团体而单独存在。《周易》中的"天地交而万物通也，上下交而其志同也"①，《孟子》中的"天时不如地利，地利不如人和"② 等均强调人与人之间协作精神的重要性。随着时代的变迁和社会的发展，中国传承优良传统，形成了以"富强、民主、文明、和谐，自由、平等、公正、法治，爱国、敬业、诚信、友善"的社会主义核心价值观为主的组织文化。

1. 道法自然：老子的组织思想观

在老子的哲学思想里，自然是宇宙的本源，"人法地，地法天，天法

---

① （商）姬昌：《周易大全》，华文出版社，2009，第82页。
② 《孟子》，杜玉俭、刘美嬅译注，广州出版社，2001，第54页。

道，道法自然"①。老子的道法自然的思想告诫我们，进行组织建设时一定要遵循自然规律，按客观规律办事。组织结构的变化要服从于环境，要遵循组织规律，不能蛮动。管理者要根据自己企业的实际、环境的实际，选择适合的组织方式。反之，"自然"变了，组织的"道"若还不及时改变，也会受到惩罚。

2. 仁和中庸、以信为本：孔子的组织建设观

仁和中庸、以信为本是孔子思想中的重要组成部分。其中，"仁"是孔子哲学思想的核心，同时也是组织文化思想的核心。孟子说，"仁者爱人，有礼者敬人"，也就是说要以人为本，把人放在组织的首位，要关心人、爱护人，要有人情味，为此，就必须克己复礼。关于"仁"的方法，孔子在《论语·雍也》说："夫仁者，己欲立而立人，己欲达而达人。"这是把符合人道爱心的善行善事，从积极方面推己及人。《论语·颜渊》也指出"己所不欲，勿施于人"。

有关"和"的思想，孔子提出"和为贵"，主张不拉山头，不搞小集团。对于实现"和"的方法，孔子提出中庸之道，通俗地说就是要正确掌握事物发展的度，过犹不及。在处事待物和组织管理中，孔子提出既要有主见，但又不主观，不固执，不自以为是。

关于诚信，孔子指出，"言必信，行必果"（《论语·子路》），"信近于义，言可复也"（《论语·学而》）。对于组织及组织管理者，孔子指出，"信则人任焉"（《论语·阳货》）。组织及管理者只有树立了诚信的人格形象，公众或被管理者才会对其有信任感，组织或管理者才会有号召力和凝聚力，因此组织或管理者要以信为本。

孔子的以仁为核心，以信为本的仁学思想，应用于现代的组织文化建设中，就是组织要进行人本主义的伦理管理，组织管理工作以做好人的工作为核心，通过伦理规范和道德教化，培养人们共同的信念和价值观，增强员工对组织的向心力和凝聚力，实现组织和谐有序发展的目标。

3. 兵家中的组织思想

《六韬》是兵家思想的最早思想之源。《六韬·龙韬·立将第二十一》中提出组织要用人不疑、责权一致、合理授权的思想——"国不可以从外

---

① 李聃：《道德经》，乙力注释，三秦出版社，2008，第44页。

治，军不可以从中御。二心不可以事君，疑志不可以应敌"，"军中之事，不闻君命，皆由将出。临敌决战，无有二心。若此，则无天于上，无地于下，无敌于前，无君于后"，只有这样，才能"战胜于外，功立于内"。[①] 兵家特别注重组织的规整和秩序，《孙子兵法·地形篇》中的"将弱不严，教道不明，吏卒无常，陈兵纵横，曰乱"[②] 指出了军队六种失败的情况之一，即"乱"。孙子进而说明"乱生于治，怯生于勇，弱生于强。治乱，数也；勇怯，势也；强弱，形也"（《孙子兵法·兵势篇》），"以治待乱，以静待哗"（《孙子兵法·军争篇》）。"治乱，数也"意为军队的严整或混乱，取决于军队的组织编制水平的高低。只有提高编制水平，才能达到孙子所谓的"治众如治寡"的理想状态。

4. 法家中的组织思想

法家重视组织的权威和权力的有效行使。商鞅认为，君主必须牢牢地掌握好手中的权力，这样有利于君主权威的建立与加强。《韩非子·内储说上七术》中指出权力必须"君固握之，不可以示人"[③]，即必须亲自行使权力，不可轻易让手下代行自己的权力，否则就会大权旁落，让"大臣太贵""左右太威"，结果就会如《韩非子·人主》所说，"左右擅势""人主失力""人主失力而能有国者千无一人"[④]。法家讲求组织中的一元化领导，而要保证一元化领导，韩非认为不可让臣子结成朋党，因为臣子结党营私，就会孤立君主，影响君主权威与统治，必须予以严厉制止，这样就能做到群臣共举，下不相合，则人主明。[⑤]

5. "悦以使人"的劳动组织管理观

小农经济劳动组织管理是比较涣散的，但是，农家作为以农业为主体的社会生产的组织者，比较注意劳动的组织管理和调动劳动者的积极性。西汉农学家赵过将以往重达7~9千克的"博带犁"改进为重量不到1.5千克的"便巧犁"，从而为牛耕代替马耕的普及化创造了物质条件。但是，由于当时汉武帝大事对外征伐，牲畜死亡很多，牛马价格特别昂贵，一头牛

---

① 《六韬》，徐玉清、王国民注译，中州古籍出版社，2009，第95页。
② 徐瑜编撰《孙子兵法》，中国友谊出版社，2013，第161、216页。
③ 李新纯编著《韩非子》，云南人民出版社，2011，第114、227页。
④ 《韩非子》，邵影、李娟评注，吉林大学出版社，2015，第178页。
⑤ 李新纯编著《韩非子》，云南人民出版社，2011，第114页。

价达 100 解（石）粟，贫苦农民自然无力购买。赵过从这一实际出发，吸取民间经验，组织无牛的农民用临时换工的劳动组织形式进行协作生产。崔寔的《四民月令》对于劳动组织管理尤为重视。他以农业生产季节变化规律和男女自然分工为依据，提出了多种作业相配合的办法，力求使劳动力的利用均衡化，尽可能地消除忙闲不均造成"窝工"的浪费现象。从《四民月令》中关于女工劳动的计划安排，我们可以看到，根据女工生理条件适于室内劳动的特点，为女工安排了以蚕事纺织为中心的全年劳动，对女工的管理采取了多种工作相配合的方法，时间上下衔接，有计划、有准备，前后相贯形成一个完整的生产流程。

6. 传统农商组织管理

中国古代形成了以农耕文化为基点的文化内涵，依血缘形成的宗族关系造就了组织管理的独特之处。宗法在血亲和村落范围内有力地规范了人们的行为，在管理制度上，以独裁式、集权式管理为主；以人治为特点，强调集体主义，绝对服从，"三纲五常"形成管理的核心文化和统御人心的道德理念；注重教化、强调统治，不太强调社会物质文明发展。由于儒家文化、道家文化、法家文化和统治者思想相互作用，中国产生了独特的文化思想。从本质上看，中国文化以儒家思想为主，故组织文化强调人性，其优点在于以人为本、统御人心，有利于集众人之力发挥集体组织优势，提高组织管理效率。

中国封建社会形成的具有重农抑商思想的统治者非常重视乡村组织建设。根据《周礼》的有关记载，早在西周时期已建立了五家为邻，五邻为里，四里为酇，五酇为鄙，五鄙为县，五县为遂的行政管理制度。秦朝在商鞅变法时，合并小乡聚为一县，县以下设置乡、里、什、伍四级乡村组织机构，并一直被两汉、三国、两晋、南朝沿用。唐代以城郭为界，郭内为坊，郊外为村；坊设坊正，村设村正，从而形成了由邻、保、村（坊）、里为主体的，带有民间自治性质的基层组织系统。宋代以后，随着保甲制度的推行，乡村基层组织的自治功能得到进一步强化。这类乡村组织的特点是官民结合，以民为主。乡村管理人员大多由官府设定相应的任职条件，由居民推荐产生，如明清时期乡村保甲的充任者，都须由家道殷实、品德高尚的人担任。获取经费的渠道大多以国家强制力的形式按户由居民承担，并以国家立法的形式赋予其一定的行政自治权，如编制户口、稽查奸宄、劝善惩恶、守卫乡村等。

唐代由于经济的空前繁荣，商业贸易已成为城市经济生活的重要组成部分。在市场管理机构、市场管理制度等方面，唐代都比汉代有了进一步的发展和变化。唐代京城长安有东西两市，东都洛阳有南北两市。两地诸市署设市令一人，下辖丞各二人、录事一人、府三人、史七人、典事三人、掌固一人。京城市令负责对京城和东都市场的全面管理。较小的府州市场，只设市令一人，史二人，职责同前。不满三千户的县不设市官。如果地处要道，商业贸易向来比较繁荣的，则不拘此限，可按三千户的规格设置，但必须申报中央核准。

明清时期，随着商品经济空前发展，各地区间的经济联系日益密切，外出经商的人越来越多。客籍商人为了维护自身利益，纷纷以同乡地缘为纽带，组织行帮，建立会馆、公所。行帮是同乡同业商人的组织。在清代的苏州，有福建商人的洋帮、干果帮、青果帮、丝帮、花帮、紫竹帮等行帮组织。会馆可以包容同乡而不同行业的商人或其他行业人士，如湖广会馆、浙江会馆、四川会馆等。会馆除了承担经济方面的职能，还承担赈济同乡、发展公共福利方面的职能。在行帮独占某个行业的一些都市，也有同乡商人组成的同业会馆，如清代北京有山西人的颜料会馆、四川商人的药行会馆，还有福建延邵纸商建立的纸商会馆。公所与这种行业会馆比较相近。清代城市中诸多类型的商人自治组织，是封建社会后期在商品经济空前繁荣的形势下，为适应不同地域、不同行业商人维护自身利益、协调彼此关系的需要而形成的，显示出清代城市商业中利益集团的多元化格局。清代的行帮、会馆、公所等商人组织，在维护自身利益的过程中，自觉或不自觉地代替官方行使了更多的城市商业管理职能。这表明官方越来越多地通过商人组织实施对城市商业的管理。这些历史渊源，也许在一定程度上说明了现代中国企业为什么比西方企业更有社会性和国家性。

二　革命战争时期毛泽东的组织管理思想

毛泽东毕生所从事的都是具有高度综合性的组织管理工作，他的全部理论成果，都可归并为一种博大的组织管理思想体系，他的政治学说、经济理论、文化思想等，无一不是组织管理的宏图大略。而且，毛泽东一系列的组织管理思想，又是与他丰富而卓有成效的组织管理实践紧密结合的，他的理论源于实践，又有效地指导着实践。

毛泽东非常重视农民的组织问题。早在 1925 年，毛泽东在《中国社会各阶级的分析》一文中，分析了中国农村各阶级对革命的不同态度，主张将自耕农、半自耕农、贫农、雇农及乡村手工业者、游民组织起来，与地主阶级在经济、政治上进行斗争。他在《国民党右派分离的原因及其对于革命前途的影响》一文中指出，辛亥革命的失败，"是因为当时还没有有组织的工农群众；……没有被压迫阶级革命的联合"①。毛泽东在抗日战争时期形成了农民合作组织管理思想。为了促进边区经济发展，毛泽东写了《经济问题与财政问题》一书，并附录了三篇关于合作社的文章，即《关于发展合作社》《论合作社》《组织起来》。在这三篇文章中，毛泽东从农民合作社的重要意义、农民合作社的性质、农民合作社的形式、农民合作社的特征、政府与合作社的关系等方面全面阐述了农民合作社问题。毛泽东在《组织起来》中指出："在农民群众方面，几千年来都是个体经济，一家一户就是一个生产单位，这种分散的个体生产，就是封建统治的经济基础，而使农民自己陷于永远的穷苦。克服这种状况的唯一办法，就是逐渐地集体化；而达到集体化的唯一道路，依据列宁所说，就是经过合作社。在边区，我们现在已经组织了许多的农民合作社，不过这些在目前还是一种初级形式的合作社，还要经过若干发展阶段，才会在将来发展为苏联式的被称为集体农庄的那种合作社。"②

毛泽东在军队中建立了"二元结构"的组织制约管理机制。大革命失败后，中共中央开始实行土地革命，组织和发动民众进行了多次武装起义。随后，由于秋收起义失利，起义部队出现减员严重、组织涣散、战斗力下降等问题，毛泽东提出在部队休整期间在三湾对部队进行改编，即"三湾改编"。"三湾改编"解决了部队改编问题，提出了"支部建在连上"和部队内部实行民主制度。其中，"支部建在连上"是毛泽东深刻总结起义部队屡遭失败的经验教训，认为连队是部队的基本单位，是部队战斗力的基础，因而只有把"支部建在连上"，才能巩固和提升部队战斗力，取得革命胜利。"支部建在连上"的提出，增进了党与士兵群众的相互联系，加强了部队的战斗力。"支部建在连上"的主体内容是所有单位都有两个平级的第一

① 《毛泽东文集》第 1 卷，人民出版社，1993，第 25 页。
② 《毛泽东选集》第 3 卷，人民出版社，1991，第 931 页。

把手，而"支部建在连上"就确立了一种特殊的组织机制。在一个连队中，日常工作和日常命令由连长下达，但是比较大的事情，以及最近一段时间的工作方针，则由指导员作为党支部书记召开支部大会民主讨论解决，充分讨论后按少数服从多数的原则通过决议交由连长具体实施执行。军队的所有命令都是双向下达。在这样的结构中，既给指导员提供了按照具体情况相机执行命令的空间，又对指导员进行了相当大程度的监督和约束。正如毛泽东在《井冈山的斗争》中所写："红军所以艰难奋战而不溃散，'支部建在连上'是一个重要原因。"① 这种管理机制目前仍然是中国行政企事业单位管理的主要方式。

毛泽东深化了民主集中制这种组织运行的工作方法。1937年，毛泽东在延安召开的中国共产党全国代表会议上做了《为争取千百万群众进入抗日民族统一战线而斗争》的报告，他认为："要党有力量，依靠实行党的民主集中制去发动全党的积极性"，"在反动和内战时期，集中制表现得多一些。在新时期，集中制应该密切联系于民主制。用民主制的实行，发挥全党的积极性。用发挥全党的积极性，锻炼出大批的干部，肃清宗派观念的残余，团结全党像钢铁一样"。② 关于实行民主，毛泽东认为，在抗日战争时期，"为民主即是为抗日。抗日与民主互为条件，同抗日与和平、民主与和平互为条件一样。民主是抗日的保证，抗日能给予民主运动发展以有利条件"③，只有抗日和民主才有改善民生的可能，要在实行民主制度中争取抗日战争的胜利。因此，毛泽东提出要在各抗日根据地推行民主选举，人民行使选举权，让他们选出自己所信任的人办政府的事，此外，他还提出了参议会制度和"三三制"。

管理案例分析

王进喜艰苦创业的"铁人"精神与组织实践

王进喜是新中国石油战线的"铁人"，他不仅是工人阶级的先锋战士、

---

① 《毛泽东选集》第1卷，人民出版社，1991，第65~66页。
② 《毛泽东选集》第1卷，人民出版社，1991，第278页。
③ 《毛泽东选集》第1卷，人民出版社，1991，第274页。

共产党人的楷模，更是为国家分忧解难、为民族争光争气、顶天立地的民族英雄。面对新中国成立之初石油短缺的局面，他以强烈的责任感、高昂的政治热情，投入为"祖国找石油"的工作之中。1960年，王进喜率领1205钻井队从玉门到大庆参加石油大会战。在重重困难面前，全队以"宁可少活二十年，拼命也要拿下大油田"的顽强意志和冲天干劲，以高超的组织思维和组织艺术，苦干5天5夜，打出了大庆第一口喷油井，并创造了年进尺10万米的世界钻井纪录，展现了大庆石油工人的气概，为我国石油事业做出了卓越贡献，成为中国工业战线一面火红的旗帜。

1. 艰苦创业的组织实践

1959年，王进喜作为石油战线的劳动模范到北京参加群英会，看到大街上的公共汽车，车顶上背个大气包，他奇怪地问别人："背那家伙干啥？"人们告诉他："因为没有汽油，烧的煤气。"这话像锥子一样刺痛了他，他这才知道国家如此缺油，他感到一种莫大的耻辱，这位坚强的西北汉子，蹲在沙滩北大红楼附近的街头哭了起来。从此，这个"煤气包"成为他为国分忧、为民族争气的思想动力之源。王进喜后来说："北京汽车上的煤气包，把我压醒了，真真切切地感到国家的压力、民族的压力，呼地一下子都落到了自己肩上。"他曾多次向工友们说："一个人没有血液，心脏就停止跳动。工业没有石油，天上飞的，地上跑的，海上行的，都要瘫痪。没有石油，国家有压力，我们要自觉地替国家承担这个压力，这是我们石油工人的责任啊。"

（1）1960年春，我国石油战线传来喜讯——发现大庆油田，一场规模空前的石油大会战随即在大庆展开。王进喜从西北的玉门油田率领1205钻井队赶来，加入了这场石油大会战。一到大庆，呈现在王进喜面前的是许多难以想象的困难：没有公路，车辆不足，吃和住都成问题。但王进喜和他的同事下定决心：有天大的困难也要高速度、高水平地拿下大油田。钻机到了，吊车不够用，几十吨的设备怎么从车上卸下来？王进喜说："咱们一刻也不能等，就是人拉肩扛也要把钻机运到井场。有条件要上，没有条件创造条件也要上。"他们用滚杠加撬杠，靠双手和肩膀，奋战三天三夜，38米高、22吨重的井架迎着寒风矗立荒原。这就是会战史上著名的"人拉肩扛运钻机"。

（2）要开钻了，可水管还没有接通。王进喜想人工取水，有人却说风凉话："从来没听说世界上有哪家打油井靠人工抬水"，王进喜斩钉截铁地回答："有，就是我们国家！"他振臂一呼，带领工人到附近水塘砸冰取水，水桶、脸盆、铝盔、灭火器外壳，都成了运水工具，附近村民被感动了，也纷纷跑来帮忙。就这样，王进喜和工人、村民们一共运了 50 多吨水。经过艰苦奋战，仅用 5 天零 4 小时就钻完了大庆油田的第一口生产井，创造了纪录。在随后的 10 个月里，王进喜率领 1205 钻井队和 1202 钻井队，在极端困苦的情况下，克服重重困难，双双达到了年进尺 10 万米的奇迹。到 1963 年，我国石油产品达到基本自给。

（3）在那些日子里，王进喜身患重病也顾不上去医院；几百斤重的钻杆砸伤了他的腿，他拄着双拐继续指挥；一天，突然出现井喷，当时没有压井用的重晶粉，王进喜当即决定用水泥代替。成袋的水泥倒入泥浆池却搅拌不开，王进喜就甩掉拐杖，奋不顾身跳进齐腰深的泥浆池，用身体搅拌，并带动了其他工人一起跳下泥浆池搅拌。井喷终于被制服，可是王进喜累得站不起来了。房东赵大娘看到王进喜整天领着工人没有白天黑夜地干，饭做好了也不回来吃，感慨地说：“你们的王队长可真是个铁人呐！”石油工业部部长余秋里得知后，连声称赞大娘叫得好。在第一次油田技术座谈会上，余秋里号召 4 万会战职工“学铁人、做铁人，为会战立功，高速度、高水平拿下大油田！”

（4）1960 年 4 月 29 日，“五一”万人誓师大会上，王进喜成为大会战树立的第一个典型，成为大会战的一面旗帜。号召一出，群情振奋，战区迅速掀起了“学铁人、做铁人，为会战立功”的热潮。1960 年 7 月 1 日，会战指挥部召开庆祝建党 39 周年和大会战第一战役总结大会，突出表彰了王进喜、马德仁、段兴枝、薛国邦、朱洪昌，他们被树为大会战的“五面红旗”。一个铁人前面走，千百个铁人跟上来。大会战出现了“前浪滚滚后浪涌，一旗高举万旗红”的喜人局面。1960 年，王进喜带领 1205 钻井队连续创出了月“四开四完”“五开五完”的好成绩，到年底，共打井 19 口，完成进尺 21258 米，接连创造了 6 项高纪录，轰轰烈烈的石油大会战很快取得了显著成果。1960 年 6 月 1 日，大庆油田首车原油外运。1960 年底，大庆油田生产原油 97 万吨。大庆石油会战取得的成绩和王进喜的“铁人”精神，得到了毛泽东主席的高度评价。1964 年 1 月 25 日，《人民日报》以一版头条通栏刊出毛泽东的号召：“工业学大庆”，毛泽东亲自接见王进喜。“工业学大庆”活动对于振奋中国人民自力更生、奋发图强的精神，推进社会主义建设事业，起到了十分巨大的作用。王进喜身上体现出来的“铁人精神",激励了一代代石油工人。

2. 管理组织视角下的铁人精神反思

学习"铁人"王进喜艰苦创业的组织实践,感动无处不在。王进喜干工作处处为国家利益着想,他重视调查研究,依靠群众加速油田建设,艰苦奋斗,勤俭办企业,有条件上,没有条件创造条件也要上,建立责任制,认真负责,严把油田质量关。他留下的"铁人精神""大庆经验"成为我国进行社会主义建设的宝贵财富。

铁人王进喜曾说,为了拿下大油田,宁肯少活20年。实际上,他少活了不止20年。他在大庆整整工作了10年,也是他生命中最后的10年。1970年10月1日,王进喜到北京参加国庆观礼,这是人们最后一次在公众场合看到他,仅仅一个月后,他就因积劳成疾而逝世,年仅47岁。跟随王进喜来到大庆的1205队的36位队员,不到60岁去世的一共29位,其中不到50岁去世的15位。在新中国工业建设的艰难起步阶段,无数像王进喜那样的共和国建设者,用他们的鲜血和生命绘就了共和国最新最美的画卷,留下了一个又一个让后人景仰的名字。

"铁人"王进喜不仅是工人阶级的先锋战士、共产党人的楷模,更是为国家分忧解难、为民族争光争气、顶天立地的民族英雄。以"爱国、创业、求实、奉献"为主要内涵的大庆精神和铁人精神,集中展现了我国工人阶级的崇高品质和精神风貌,成为中华民族伟大精神的重要组成部分,永远激励中国人民不畏艰难、勇往直前。

资料来源:

刘晓华、陈立勇、管慧:《刍议毛泽东的民本观与铁人精神的形成》,《学术交流》2010年第9期。

王丽丽、李海彬:《钻井工人中的大众哲学家——铁人王进喜的哲学智慧》,《大庆社会科学》2012年第2期。

张伟:《铁人王进喜"一根筋"精神解析及启示》,《新西部》2022年第10期。

复习思考题

1. 在上述讲课内容的基础上,结合自己的经验与体会,就管理中的组织理论,谈一谈哪些方面是重要的影响因素以及如何才能充分发挥出管理效果。

2. 谈谈本章列举的六种组织结构的优缺点。

3. 从国学的视角与实务，谈谈你对组织管理的认识和体会。

4. 从管理组织的视角分析，为什么"铁人"王进喜能打出大庆油田的第一口油井并成为新中国工业战线的楷模？

5. 谈谈你对革命战争时期毛泽东组织管理思想的认识和体会。

第十四章　领导：国学的视角与实务

本章提要

　　本章包括两节内容。第一节介绍现代管理学的领导理论，包括领导概述，领导的定义与领导力要素，西方管理学领导理论的发展，以及价值观、伦理、文化与领导。第二节介绍国学视角下的领导观点，包括以人为本的领导宗旨；天下为公、天下大同的领导愿景；自强不息、立场坚定、诚信有礼、和而不同的领导德行；上下同心、无为而治的领导艺术。

重点难点

　　本章的重点是掌握领导的定义与领导力要素，以及国学视角下的领导观点；难点是理解和把握传统优秀领导思想的现代应用。

引导案例

罗斯福总统的领导力

　　富兰克林·德拉诺·罗斯福（Franklin Delano Roosevelt）是美国第32任总统，美国历史上唯一蝉联四届的总统。罗斯福在20世纪的经济大萧条和第二次世界大战中扮演了重要的角色，在经济大萧条时期推出新政以挽救经济，第二次世界大战爆发后推出租借法案援助盟国，1941年对法西斯国家宣战，第二次世界大战后期在塑造战后世界秩序过程中发挥了关键作用，以雅尔塔会议及联合国的成立中表现为最，被公认为是美国历史上最伟大的三位总统之一，同华盛顿和林肯齐名。

　　1929年10月24日，历史上规模最大的股票市场的崩盘冲击了华尔街，美国经济下行，银行破产，购房抵押品无法赎回，数百万人失去工作，这一切都表明经济大萧条已经开始了。罗斯福决定采取行动，并以"罗斯福新政"为口号展开竞选活动。罗斯福上任后即开始了他的改革，主要内容包括以下几项。第一，挽救银行业。上台不到 48 小时，罗斯福就召开了国会紧急会议，宣布全国范围的"银行休假日"，同时，他要求财政部长起草一项由政府主导的、旨在帮助私人银行家尽早恢复营业的法案，并呼吁国民妥善处理手中节余的积蓄。就职后的第 8 天，罗斯福通过广播向国民发表了上台后的第一次"炉边谈话"。炉边谈话以朴实而又亲切、热情而又宽慰人心的方式打动了美国民众的心。银行复业时，更多的人选择了将节余的积蓄存进银行，而不是取出他们在银行的存款。这一场紧急危机得以解除。第二，百日新政。第三，组建民间资源保护队，该计划是罗斯福"以工代赈"政策的一个缩影。第四，成立国家工业复兴总署。第五，政府建立社会保障体系。第六，兴办公共工程提供更多就业岗位。

罗斯福成为第二次世界大战期间同盟国阵营的重要领导人之一。1942 年 1 月 1 日，在罗斯福的倡导下，美国、英国、苏联、中国等 26 个国家的代表在华盛顿签署《联合国家共同宣言》，国际反法西斯同盟正式形成。值得提出的是，在罗斯福的权力促成下，中国以"四大国"之一的身份签字，并成为联合国安理会常任理事国，中国的国际地位空前提高。1942 年 1 月 6 日，罗斯福向美国国会发表国情咨文时说："千百万中国人民顶住了轰炸和饥荒，在日本武装和装备占优势的情况下仍然一次又一次地打击了侵略者。"1943 年 11 月 22~26 日，罗斯福与丘吉尔、蒋介石在埃及首都开罗举行会议，会议讨论了中国和缅甸的军事形势并决定实施"安纳吉姆"计划，签署了三国《开罗宣言》。罗斯福主持召开的开罗会议、德黑兰会议、雅尔塔会议奠定了今天的世界格局。1945 年 2 月，在苏伊士运河大苦湖"昆西号"巡洋舰上，罗斯福与沙特阿拉伯国王的会晤为石油与美元的挂钩打下了基础，对今天美国的领导地位影响深远。

美国的官僚体系存在大量的政治任命职务。从糟糕的一面来说，美国总统的广泛任命权会破坏行政机构的中立性。从积极的一面来说，美国的官僚体系又因此而具有高度的开放性和竞争性。在现代美国总统中，罗斯福是将美国官僚机构的主动性利用得最好的一位。罗斯福的管理方式有其鲜明特色，主要特征有三点：一是有意识地委任不同的顾问负责同一事务，或者故意让顾问负责的领域存在交叉重叠，引发下属的相互竞争；二是经常越过官僚机构中的层级设置，直接征询次一级官员甚至是中下级官员的意见，有时会直接采纳后者的建议，亦即"越级咨询"；三是没有完备的文书记录，很多决策是口头传达给下属的。这一领导风格能够帮助罗斯福最大限度地获取不同来源的信息，在顾问提出的不同方案之间做出选择和妥协，正所谓"不拘一格"。其背后是罗斯福强大的政治地位、个人自信与人格魅力，足以抵消内部竞争产生的摩擦和不满。事实上，美国历史上有三位总统，他们实际行使的职权都要比总统这一职位赋予他们的权力大得多。第一位总统是开国元勋华盛顿，是他创立了白宫；第二位是英雄总统林肯，是他坐镇白宫，捍卫了这个国家的统一；第三位就是罗斯福，是他从根本上改变了中央政府和国民的关系。

罗斯福总统的领导力最为突出的是其极富感召力和凝聚力的价值观、对人性和世界形势的洞察力，以及其付诸行动的管理能力、协调能力和执行能力。可以说，他是迄今为止，西方资本主义世界在历史文明演进、现代社会进步和生产力发展基础上产生的被世界广泛认同的最具领导力的领导者之一。

资料来源：

刘宁宁、翟婵：《富兰克林·罗斯福应对经济社会危机的改革与实践》，《管理学刊》2015 年第 3 期。

肖河：《美国总统两种传统的领导风格及发展趋势》，《中国领导科学》2019 年第 5 期。

赵志辉：《富兰克林·罗斯福的集体安全思想新解》，《求是学刊》2008 年第 6 期。

思考题

1. 请评价罗斯福总统对世界的影响。
2. 请思考分析罗斯福总统领导力的特点。

第一节　现代管理学的领导理论

一　领导概述

管理理论是随着西方工厂制度和工厂管理实践的发展，在 19 世纪末 20

世纪初开始系统形成的，其主要标志是泰勒的《科学管理原理》和法约尔的《工业管理与一般管理》的发表。泰勒提出的科学管理理论包括一系列关于生产组织合理化和生产作业标准化的科学方法及理论依据，其中一条就是作业环境与作业条件的标准化。法约尔根据其在企业高层管理岗位上的工作实践，对企业的整体管理进行了系统思考，可以称为一般管理理论，该理论的许多概念、术语和原理在现代管理学中被普遍继承和运用。

对于领导问题的研究，泰勒的《科学管理原理》并没有在理论上加以探讨。法约尔根据自己的经验总结了 14 条管理原则，同时指出，原则的应用是一门很难掌握的艺术。管理原则要求智慧、经验、判断和主要尺度，由经验和机智合成掌握尺度的能力是管理者的主要才能之一。管理原则是在具体的管理活动中被执行的，法约尔认为，管理活动包括计划、组织、指挥、协调和控制 5 个方面的内容。其中，指挥和协调的内容被概括为今天常说的领导职能。

二 领导的定义与领导力要素

1. 领导的定义

领导学是一门具体科学，是对领导活动实证的、具体的研究，如决策、用人、组织、协调、指挥、领导体制和领导素质等。不同的人对领导的概念有不同的定义，这里比较几个不同的定义。

（1）美国前总统哈里·杜鲁门的定义。杜鲁门认为，领导是让人们去做他们不喜欢做的事情，并让他们喜欢去做的一种能力。这是一个很有代表性的，自古至今有很多人认同的定义。

（2）美国管理学家哈罗德·孔茨的定义。孔茨认为，领导是影响人们心甘情愿和满怀热情地为实现群体的目标而努力的艺术。

（3）国内学者的定义。国内学者普遍认为，领导是依靠价值的力量为人们创造理想并使之付诸现实的高尚活动。领导可以被理解为一种借助集体组织行动以显现一种崇高价值的行动。本书采取这种定义。

因为人们往往追随那些他们认为有助于实现个人目标的人，所以管理人员越是了解那些激励下属的因素，并把这种理解更多地体现在管理行动之中，他们就越能成为更出色的领导者。

2. 领导力的组成要素

领导力是领导的派生概念，是领导者在特定的情境中吸引和影响被领导者与利益相关者并持续实现群体或组织目标的能力。领导力是任何组织中的领导者都不能欠缺的一种能力，同时也是一门艺术。领导者卓越的领导力，能够引领组织全体成员在复杂迷茫的环境中确定自己的战略目标，找准正确的发展方向，制订并落实发展计划，抢占超越竞争对手的先机。领导力对组织的发展至关重要，但是领导力是因地制宜、因时而变的能力，如何诠释领导力、何种素质是领导者必须具有的素质，是一个与时俱进的问题。[①] 本书认为，领导力的组成要素主要包括以下四个方面：①负责、有效地运用权力的能力；②对人性的深刻理解；③激励追随者为其效力的能力；④领导风格和营造有感染力的组织氛围。

三 西方管理学领导理论的发展

（一）领导者特质理论

对领导者特质的研究集中在 20 世纪 20~30 年代，人们致力于找到那些领导者拥有而非领导者不具备的特质，从而将两者进行区分。这里的特质指的是人们的一般性特征，包括能力、动机和行为模式等。研究者对各种各样的特质展开研究，得出了不同的研究结果。有些特质出现在多数研究中，如自信、社交性等；有些特质则只在少数文献中被提及，如阳刚性；还有一些特质被一些研究者认为非常重要，而另一些研究者则完全忽略它们，如支配性、主动性等。但令人遗憾的是，尽管有着古老的传统，领导者特质理论的研究结果却常常令人失望，领导者个人特质和领导有效性的关系往往难以明确，因为没有一种特质组合可以广泛地与所有有效领导有关，如军队的领导者拥有的特质就与大学校长不完全相同。因此，随后有关领导的研究开始重点关注领导者的行为。[②]

（二）领导者行为理论

有效的领导不仅在于领导者特质，还与领导者行为密切相关。20 世纪

---

① 陆园园、吴维库：《领导力核心四要素研究》，《科研管理》2013 年第 2 期。
② 《管理学》编写组：《管理学》，高等教育出版社，2019，第 198 页。

中期，对于领导的研究集中在对于有效领导行为的探讨上。其中，最具代表性的领导者行为理论有爱荷华大学的关于独裁型和民主型领导风格的研究、俄亥俄州立大学关于定规维度和关怀维度的研究，以及得克萨斯州立大学的管理方格理论。

早期领导研究提出的那些行为维度，为用来评估领导风格的一种二维方格理论奠定了基础。管理方格理论使用了"关注员工"和"关注生产"两个行为维度，并且利用一个从1（低）到9（高）的量表来评估领导者对这些行为的关心程度。遗憾的是，管理方格理论只是为领导风格的概念化提供了一种框架，却并未正面回答这个问题，即什么能使一位管理者成为有效领导者。

该领域的研究者发现，要想成功地预测领导者，需要某种更复杂的工具，而不仅仅是甄别出几种领导者特质或可取行为。于是，研究者开始考察情境的影响。具体而言，就是哪种领导风格可能适合哪种类型的情境。

（三）领导权变理论①

1. 菲德勒的权变模型

菲德勒的权变模型是第一个综合的领导权变模型，该模型认为，有效的群体绩效取决于两种因素的恰当匹配：一种因素是领导者的风格，另一种因素是对情境的控制和影响程度。该模型立足于这样一个前提假设：在不同类型的情境中，总有某种领导者的风格最为有效，即要么是任务导向，要么是关系导向。为了测量领导者的风格，弗雷德·菲德勒（Fred Fiedler）开发了最难共事者（Least Preferred Co-worker，LPC）问卷。通过LPC问卷评估个体的领导风格之后，接下来需要对情境进行评估，再把领导者与情境进行匹配。菲德勒的研究提出了三项权变维度，它们可以定义领导效果中的情境因素。这三项权变维度是领导者—成员关系、任务结构和职位权力。每一种领导情境都由这三项权变变量来进行评估，由此总共可以获得八种可能的情境。这八种情境进而分为三种类型，即对该领导者非常有利的情境类型、非常不利的情境类型，以及中间程度的适度有利的情境类型。

---

① 〔美〕斯蒂芬·P.罗宾斯、玛丽·库尔特：《管理学（第11版）》，李原、孙健敏、黄小勇译，中国人民大学出版社，2012。

他得出结论，任务导向的领导者在非常有利的情境及非常不利的情境中表现更好，关系导向的领导者在适度有利的情境中表现更好。

2. 赫塞和布兰查德的情境领导理论

保罗·赫塞（Paul Hersey）和肯尼思·布兰查德（Kenneth Blanchard）的情境领导理论是一个聚焦于下属成熟度的权变理论。在这里，成熟度指的是员工完成某项具体任务的能力和意愿。使用情境领导理论，可根据菲德勒的权变模型确定两项领导维度，即任务导向和关系导向，并进一步认为每个维度都有高、低两种水平，从而组合成以下四种特定的领导风格：告知型（高任务导向—低关系导向）、推销型（高任务导向—高关系导向）、参与型（低任务导向—高关系导向）及授权型（低任务导向—低关系导向）。情境领导理论宣称：如果下属处在 R_1 阶段（没有能力和意愿去从事某项任务），那么领导者需要采取告知型风格，提供明确、具体的指示；如果下属处于 R_2 阶段（没有能力但有意愿去从事某项任务），领导者需要采取推销型风格，表现出高水平的任务导向以弥补下属的能力欠缺，并且表现出高水平的关系导向以使下属接受领导者的意愿；如果下属处于 R_3 阶段（有能力但不愿意去从事某项任务），领导者需要采取参与型风格来获得他们的支持；如果下属处于 R_4 阶段（有能力和意愿去从事某项任务），领导者并不需要做太多事情，应当采取授权型风格。情景领导理论具有一种直觉上的吸引力，然而，我们必须谨慎审视该理论在现实中的解释能力。

四　价值观、伦理、文化与领导

1. 价值观与领导

本书认为，领导可以被理解为一种借助于集体组织行动以显现一种崇高价值的行动，因此，领导哲学的核心就在于必须把价值问题置于首要地位。一个优秀的领导者，往往是一个非经院派的哲学家，他对领导活动本质的理解，构成了他在领导活动中富有创造性和试验性的源泉。领导哲学不仅为领导者本人提供了价值的支撑，还可以为一个组织、一个国家缔造一种传统，成为组织和国家陷入危机时的拯救力量。

2. 领导伦理

伦理一词在现代汉语中与道德同义，一般将之理解为调整人与人之间及个人与社会之间关系的行为规范的总和。伦理给人们提供一套规则系统，指导我们在特定条件下判断是非善恶，可以此来判定什么人是道德高尚的人。

领导问题本质上也是伦理问题。无论是中国还是西方国家，历代思想家和统治者都极为重视伦理对领导者行为的影响，并将其上升到领导活动核心地位的高度。领导伦理指领导者在领导活动过程中应遵循的基本道德原则。领导伦理的相关理论是在两个领域展开的，即领导者行为和领导者特征。换句话说，领导伦理理论既研究领导者行为，又研究领导者是什么样的人，二者之间有着必然的、密不可分的联系。为此，领导者必须从善良意志出发，遵循伦理行为的构成规律，按照伦理行为的发展阶段、原则和评判标准开展领导活动，才会有良好的领导伦理行为。[①]

领导是领导者影响其他人以达到共同目标的过程。这种影响程度取决于领导者对被领导者的控制程度，而控制和改变他人要承担极大的伦理上的责任。由于施加影响这一过程的本质特性、领导者组织追随者完成共同目标的需要，以及领导者对建立组织价值观的影响力，伦理在领导过程中处于核心地位。[②] 此外，领导伦理在组织管理中具有导向功能、规范功能及激励与凝聚功能。

3. 跨文化领导

如前面所述的领导理论的发展，领导研究得出的一个大体结论是，有效的领导者并不仅仅采用某一种风格，他们能根据具体情境来调整自己的风格。当领导者确定哪种领导风格最为有效时，民族文化肯定是一种重要的情境变量。在中国行之有效的领导风格未必适合法国或加拿大，反之亦然。民族文化之所以能影响到领导风格，是因为它会影响下属的应对方式。领导者不能（也不应当）随意选择自己的领导风格，而是要受到文化条件的约束，因为下属的期望基于自己的文化背景。绝大多数领导理论是在美国提出的，因此往往存在一种美国偏见。它们强调下属的职责而不是权利，更看重实现自我满足感而不是对工作任务的承诺或利他主义的动机，更看

---

① 张晓峰：《领导伦理的行为过程》，《理论探讨》2008 年第 3 期。
② 〔美〕彼得·诺思豪斯：《领导学：理论与实践（第 2 版）》，吴荣光等译，江苏教育出版社，2002。

重工作本身及民主的价值取向，强调理性而不是精神、宗教或迷信。① 当今世界，全球化已经是管理活动的必然趋势，每一个企业，无论主观上支持还是反对，都无法阻止这一趋势的发展，也无法让自己置身其外。因此，领导活动和领导研究必须面对和研究跨文化的情境因素。

第二节　国学视角下的领导观点

管理学是典型的专门研究人和人打交道的社会科学，中华五千年文明史中有丰富的为人处世的思想和实践。尽管人类文明出现以来历史跨度很大，生产力、生产关系和社会形态均发生了很大变化，但基于社会层面的人性、心理认知和为人处世哲学的方方面面并没有发生太大的变化，且随着国际化的进程，世界各民族拥有越来越多的共同价值观念。我们发现这些现代的共同价值观在中国传统文化中大都能找到相应的历史印记。

一　以人为本——领导的宗旨

我国古代有许多政治家、思想家倡导"以人为本"的治国思想，相关的例子有，"民惟邦本，本固邦宁"（《尚书·夏书·五子之歌》）；"政之所兴，在顺民心。政之所废，在逆民心"（《管子·牧民》）；"夫霸王之所始也，以人为本"（《管子·霸言》）；"民为贵，社稷次之，君为轻"（《孟子·尽心下》）；"得天下有道：得其民，斯得天下矣；得其民有道：得其心，斯得民矣"（《孟子·离娄上》）。这些民本思想有体察民意、体恤民生的朴素重民思想。

中国共产党及毛泽东同志的"为人民服务"思想继承和发展了以人为本的思想，"为人民服务"的本质就是要全心全意为大多数人谋利益，要以符合人民利益作为工作判断的最高标准，要以符合人民利益作为个人行为活动的准则。各个时期党的领导集体继承和发展了"为人民服务"思想。中共中央宣传部组织编写的《科学发展观学习读本》对以人为本的解释是，以人为本的"人"，是指最广大的人民群众。在当代中国就是以工人、农

---

① 〔美〕斯蒂芬·P.罗宾斯、玛丽·库尔特：《管理学（第 11 版）》，李原、孙健敏、黄小勇译，中国人民大学出版社，2012。

民、知识分子等劳动者为主体，包括社会各阶层在内的广大人民群众。以人为本的"本"，就是根本，就是出发点、落脚点，就是广大人民的根本利益。习近平总书记2013年8月在全国宣传思想工作会议上强调："坚持人民性，就是要把实现好、维护好、发展好最广大人民根本利益作为出发点和落脚点，坚持以民为本、以人为本。"① 2014年10月通过的《中共中央关于全面推进依法治国若干重大问题的决定》中指出："要恪守以民为本、立法为民理念，贯彻社会主义核心价值观，使每一项立法都符合宪法精神、反映人民意志、得到人民拥护。"② 习近平同志将"以民为本"同"以人为本"并列，是对科学发展观的继承与发展，是在马克思主义指导下，吸收中国传统文化的精髓，结合中国实际的根本指导思想。③

二 天下为公，天下大同——领导的愿景

中华民族自古以来就充满了对未来美好生活的向往，留下了丰富的社会理想建构，其中大同社会理想内容完整、源远流长。"大同"是中国古代思想，指人类最终可达到的理想世界，代表着人类对未来社会的美好憧憬。基本特征为人人友爱互助，家家安居乐业，没有差异，没有战争。这种状态称为"世界大同"，此种世界又称"大同世界"。现代又加入了全球范围内政治、经济、科技、文化融合的思想。"大同"的概念出自《礼记·礼运·大同篇》，通常简称"礼运大同篇"："大道之行也，天下为公。选贤与能，讲信修睦，故人不独亲其亲，不独子其子，使老有所终，壮有所用，幼有所长，矜寡孤独废疾者皆有所养。男有分，女有归。货恶其弃于地也，不必藏于己；力恶其不出于身也，不必为己。是故谋闭而不兴，盗窃乱贼而不作，故外户而不闭。是谓大同。"《孟子·梁惠王上》也说："老吾老以及人之老，幼吾幼以及人之幼。"

中国共产党是中华优秀传统文化的忠实继承者，对大同理想高度重视，并进行了马克思主义中国化。中华人民共和国成立后，在领导中国社会主义革命和建设的过程中，毛泽东等党和国家领导人指导中国的和平外交事

---

① 《习近平谈治国理政》，外文出版社，2014，第154页。

② 《十八大以来重要文献选编》（中），中央文献出版社，2016，第160页。

③ 李元光：《试析习近平的民本思想》，《西南民族大学学报》（人文社会科学版）2016年第3期。

业，为建立合理的国际关系做出了重大贡献。改革开放新时期，邓小平等党和国家领导人，在领导改革开放和社会主义现代化建设的过程中，做出了和平与发展是当代世界的时代主题的重大判断，向全世界做出了中国永远不称霸的庄严承诺。在推进中国特色社会主义的历史进程中，江泽民、胡锦涛等党和国家领导人，继续坚持时代主题判断，致力维护世界和平，提出了和谐世界等重要论述。这些努力，构成了中国和平崛起和维护世界和平发展的深厚历史和理论基因。习近平以深厚的马克思主义理论和中国文化功底，把马克思主义的人类解放思想、中国优秀传统文化的世界大同理想、当今世界的全球化发展大势相结合，创造性地提出了"人类命运共同体"的新理念，打通了中国梦与世界梦的联系，指导中国和平发展和民族复兴之路，引领全球治理体系的变革和发展。①

三　自强不息，立场坚定，诚信有礼，和而不同——领导的德行

中华传统文化对领导者自身提出了很高的要求，高度重视领导者的修养与德行。中华先贤多用"君子"一词来论述今天所说的领导者和管理者，并给"君子"一词赋予道德含义。对"君子"一词的具体说明，始于孔子。孔子对于君子的论述，不仅限于"君子"一词，"士""仁者""贤者""大人""成人""圣人"等，都与君子相关。如果将这些论述都包括进来，《论语》一书中最多的无疑是关于君子的论述。君子是孔子的理想化的人格。君子以行仁、行义为己任。君子也尚勇，但勇的前提必须是仁义，是事业的正当性。君子处事要恰到好处，要做到中庸。从古代先贤对君子的论述中可以总结出，领导者以下四个方面的德行对其领导力有很大影响。

1. 自强不息

孔子在为《周易》写的《象》中说："天行健，君子以自强不息；地势坤，君子以厚德载物。"② 大意是，天（即自然）的运动刚强劲健，相应于此，君子处世，应像天一样，自我力求进步，刚毅坚卓，发愤图强，永不停息；大地的气势厚实和顺，君子应增厚美德，容载万物。自强不息的精神自古以来成为中国人做人做事的基本信条，也成为成功领导者必备的素质。

---

① 金民卿：《习近平关于和平发展的大智慧》，《人民论坛》2017 年第 7 期。
② 王效平编著《周易》，蓝天出版社，2006，第 2、14 页。

2. 立场坚定

有领导力的领导者，除了具备正确的指导思想、长期愿景，以及自强不息的精神外，还应该立场坚定，对正义的事业孜孜以求，不为外界所动摇。孟子曾说："富贵不能淫，贫贱不能移，威武不能屈，此之谓大丈夫。"（《孟子·滕文公下》）意思是说，在富贵时能使自己节制而不挥霍，在贫贱时不改变自己的意志，在强权下不改变自己的态度，这样才是大丈夫。在新时期，领导干部面临的急难险重任务多，诱惑也多，如何能处顺境不骄、处逆境不怨，要先问问自己心中的"道义之锚"在哪里。孟子关于"大丈夫"的这段名言闪耀着思想和人格力量的光辉，在历史上曾鼓励了不少志士仁人，成为他们不畏强暴、坚持正义的座右铭。

3. 诚信有礼

诚信有礼是中国古代先贤非常看重的做人品行。孔子说："人而无信，不知其可也。大车无輗，小车无軏，其何以行之哉？"（《论语·为政》）意思是说，人如果失去了信用或不讲信用，不知道他还可以做什么。就像大车没有车辕与輗相连接的木销子，小车没有车杠与横木相衔接的销钉，它靠什么行走呢？《论语·颜渊》还有类似的论述："民无信不立。"《论语·阳货》中有"能行五者于天下为仁矣""恭、宽、信、敏、惠"。曾子也说："吾日三省吾身——为人谋而不忠乎？与朋友交而不信乎？传不习乎？"（《论语·学而》）关于有礼，《易经·谦卦》说："谦谦君子，用涉大川，吉。"意思是说，谦而又谦是君子的修行和美德，这样的君子跋山涉水，一路畅通无阻，是吉祥的。《论语·颜渊》则有："君子敬而无失，与人恭而有礼，四海之内，皆兄弟也。君子何患乎无兄弟也？"《论语·学而》中孔子说："礼之用，和为贵。先王之道，斯为美。小大由之。有所不行。知和而和，不以礼节之，亦不可行也。"

4. 和而不同

孔子认为："君子和而不同，小人同而不和。"（《论语·子路》）意思是说，君子可以与他周围保持和谐融洽的氛围，但他对待任何事情都持有自己的独立见解，而不是人云亦云，盲目附和；小人则没有自己独立的见解，虽然常和他人保持一致，但实际并不讲求真正的和谐贯通。在先秦时代，"和"是一个非常重要的概念，是指一种有差别的、多样性的统一，因而有别于"同"。例如，烹调必须使酸、甜、苦、辣、咸调和在一起，达到一种五味俱全、味在咸酸之外的境界，才能算是上等佳肴。又如，音乐必须将宫、商、角、徵、羽配合在一起，达到一种五音共鸣、声在宫商之外的境界，才能算是上等美乐。孔子将"和"与"同"的差别引入人际关系的思考之中，"和而不同"显示出孔子思想的深刻哲理和高度智慧，这对领导者的为人处世及管理工作提供了很好的指导。

四　上下同心，无为而治——领导的艺术

除了关于领导的以人为本思想、和平与发展愿景，以及领导者的修身与德行之外，中国古代先贤还广泛讨论了具体的领导艺术问题，对国人的文化观念及行事风格有非常深远的影响。

1. 上下同心，上下同欲

上下同心，是领导者取得成功的基本条件，中国古代政治家、思想家和军事家对此深有体会。例如，《管子·法禁》说，"《泰誓》曰：'纣有臣亿万人，亦有亿万之心，武王有臣三千而一心，故纣以亿万之心亡，武王以一心存'。故有国之君，苟不能同人心，一国威，齐士义，通上之治，以为下法，则虽有广地众民，犹不能以为安也"。春秋战国时期著名的军事家孙武就明确说："故知胜有五：知可以战与不可以战者胜，知众寡之用者胜，上下同欲者胜，以虞待不虞者胜，将能而君不御者胜。"（《孙子兵法·谋攻》）

2. 终身之计，莫如树人

领导可以被理解为一种借助于集体组织行动显现一种崇高价值的行动。领导者的基本工作就是正确地识人、选人、用人。除此之外，中国的古代贤哲还特别重视人才的培育工作。这里有一个大家熟知的故事，就是管仲、鲍叔牙和齐桓公的故事。管仲是春秋时期齐国著名的政治家、军事家，但他少时丧父，老母在堂，生活贫苦，早承家担、维持生计，与鲍叔牙合伙经商后从军，至齐国，几经曲折，经鲍叔牙力荐，成为齐国上卿（即丞相），被称为"春秋第一相"，辅佐齐桓公成为春秋时期的第一霸主，史称管子。管仲的人才观就是，"一年之计，莫如树谷；十年之计，莫如树木；终身之计，莫如树人。一树一获者，谷也；一树十获者，木也；一树百获者，人也。我苟种之，如神用之，举事如神，唯王之门"（《管子·权修》）。今天，我们把这番话概括为"十年树木，百年树人"，用来比喻培养人才不仅是长久之计，也是一个具有挑战性的工作，并且还是成功领导

者必须完成的一项重要任务。

3. 赏罚有度，中庸之道

领导者的基本工作是正确识人、选人、用人，在用人之后，相应地就需要工作考核、评价与奖惩。奖惩看似简单，实则很微妙，该项工作对领导者自身的素质要求极高。对此，管仲深有体会，并有如下建议："故主有三术：夫爱人不私赏也，恶人不私罚也，置仪设法以度量断者，上主也。爱人而私赏之，恶人而私罚之，倍大臣，离左右，专以其心断者，中主也。臣有所爱而为私赏之，有所恶而为私罚之，倍其公法，损其正心，专听其大臣者，危主也。故为人主者，不重爱人，不重恶人；重爱曰失德，重恶曰失威。威德皆失，则主危也。"（《管子·任法》）

赏罚有度的原则，也体现了中华文化的中庸思想，或叫中庸之道。中庸在儒家思想中指待人接物不过分也无不及，保持中正平和，因时制宜、因物制宜、因事制宜、因地制宜。中庸之道就是指不偏不倚、折中调和的处世态度，不厚此薄彼，也不偏听偏信。宋代学者将《中庸》从《礼记》中抽出，与《大学》《论语》《孟子》合为"四书"。宋元以后"四书"成为学校官定的教科书和科举考试的必读书，对中国古代教育和社会产生了极大的影响。《中庸》认为，中庸是循中和之道而为之，中和之道即天下根本之道，即天下平常、常用之道。用不偏不倚的平常的中和之道对待所有事物就是中庸，而用中和之道处理问题不是一朝一夕之举，而是时时、事事、处处都能自然符合中和之道，这才叫中庸。可以说，中庸之道蕴含了高超的领导智慧。

4. 无为而治，辩证统一

无为而治的思想出自《道德经》，是道家的治国理念。《道德经》认为道是无为的，但道有规律，以规律约束宇宙间万事万物运行，万事万物均遵循规律。引申到治国，"无为而治"即以制度和文化（可理解为"道"中的规律）治国，以制度、文化约束臣民的行为，臣民均遵守制度和文化。《道德经》指出，"上善若水。水善利万物而不争，处众人之所恶，故几于道"，"我无为而民自化，我好静而民自正，我无事而民自富，我无欲而民自朴"[1]。

无为而治并不是什么也不做，而是不过多地干预，充分发挥万民的创

---

[1] 李聃：《道德经》，乙力注释，三秦出版社，2008，第12、96页。

造力，做到自我实现，走向崇高与辉煌。"无为"不是无所作为，而是不妄作为。因为不违背客观规律，遵循客观规律而为，所以无所不为就是什么都可以做，只要遵循道、遵循客观规律做事，就能做到无为而无不为，这充分体现了中国传统文化中的辩证统一思想。

管理案例分析

霍英东、任正非、曹德旺的领导力分析

霍英东的一生，伴随着东亚政局数十年的风云变幻。他年轻时就有为国家做事的志向、激情和胆略。抗美援朝期间，在西方国家对中国实施全面禁运、港英当局武力"缉私"的情况下，他在香港组织了颇具规模的船队，为祖国内地运送了大量急需物资，有力地支援了抗美援朝战争。1979年，他投资兴建中山温泉宾馆，成为最早到内地投资的香港企业家之一。1983年，他与广东省有关部门合作兴建的广州白天鹅宾馆开始试营业，成为中国第一家由中国人自己设计、施工和管理的大型现代化酒店。此后，霍英东不断正确解读时局，在内地改革开放大潮中实现了新的起飞。20世纪90年代在大国崛起、香港回归的大趋势下，霍英东再次将投资重心转向体育、慈善及家乡的基础建设；在中国重新融入国际社会的进程中，以拳拳爱国之心，持续贡献自己的力量。在东亚近几十年的重大变化中，霍英东一生洞察时局，体现出捕捉商机的大格局、大智慧，体现出一个成功企业家卓越的领导力。

任正非是华为的创始人，1988年至今担任华为总裁，是华为毋庸置疑的灵魂人物，他的思想、行为深深渗透进华为的每一项制度中、体现在华为的每一个决策上。早在1996年，任正非就开始酝酿起草《华为基本法》，清晰地界定了公司使命、愿景、经营哲学、人才理念、核心价值观等决定企业长远发展的纲领性内容，这在之后二十多年里确保了华为的正确航向——专注于通信设备供应。此外，规范的人力资源机制、严密的运行机制和朴实无华的宣教也是任正非领导力要素的组成部分。综上所述，任正非的领导力可以用"一法""两制""三宣教"来概括。任正非具有大局观和战略眼光，通过行使否决权对轮值CEO（Chief Executive Officer，首席执

行官）、董事会和委员会的工作和决策进行辅导和监督，保持了对重大事项的控制，有利于把控华为的发展方向，避免出现重大决策失误；赋予一线员工自主决策权，让"听得见炮火的人来呼唤炮火"，提高员工能力、激发员工动机、为员工提供机会，有利于员工采用新思维、新方法，灵活地解决遇到的问题。同时，任正非主张站在全局的角度对企业进行改革，各部门协同运作，充分体现了运用全局观看待事物、用整体思维解决问题的非凡领导力。

　　曹德旺是福耀玻璃的掌门人。在 1976 年福清高山镇异形玻璃厂［福耀玻璃工业集团股份有限公司（简称福耀玻璃）前身］成立时，曹德旺是该厂的一名采购员。在采购和推销水表玻璃的过程中，曹德旺发现国家制定的标准不切合实际，给许多工厂里的实权人物提供了"吃拿卡要"的机会。曹德旺以采购员的身份，说服第一机械工业部仪表局的领导修改了该项标准。从此，高山镇异形玻璃厂的水表玻璃，因为不再被人习难，一度畅销。但由于内部管理不善，这家小厂仍连年亏损。当时的公社领导找到锋芒初露的曹德旺，希望他承包该工厂。1983 年曹德旺承包该工厂之后，工厂当年扭亏为盈。此时县里的领导要他继续干下去，而且允许他个人投资入股，于是曹德旺持有了异形玻璃厂 50% 的股份。为了做大玻璃厂，1985 年他历经曲折找到汽车玻璃行业的老大——上海耀华玻璃厂并顺利合作。当时改革开放刚刚兴起，沿海地区的进口轿车日渐增多，由于当时路况差，汽车玻璃损坏频率高，国内又无法生产高档玻璃，汽车玻璃都要依靠进口，维修费用十分昂贵。1987 年，他联合 11 名股东集资 627 万元，在高山镇异形玻璃厂的基础上成立了中外合资耀华玻璃工业有限公司。1991 年该公司获准公开发行股票，并更名为福耀玻璃工业集团股份有限公司。1994 年的福耀玻璃已经增长乏力，而法国圣戈班作为全球第三大汽车玻璃企业，当时正积极筹划进入中国。两年谈判，双方于 1996 年达成协议：圣戈班投入 1530 万美元，与福耀玻璃成立合资公司，法方控股 51%，福耀玻璃占股 49%，其中曹德旺家族占股 16%。合资第一年，曹德旺积极开拓美国市场，而圣戈班在北美有自己的工厂，矛盾开始激化。1998 年福耀玻璃第一次亏损，圣戈班将退出福耀玻璃提上议程。1999 年春，曹德旺与福耀玻璃出资 3000 万美元，回购了圣戈班手中所有的福耀玻璃股票。同时，曹德旺与圣戈班约法三章，5 年内不得进入中国市场，这为福耀玻璃的发展赢得了空间和时间。3 年合资虽以分手告终，但与世界一流企业合作，令福耀玻璃的产品质量和工艺水平大大提高，治理结构和财务制度更加健全，经营管理迅速与国际接轨。之后福耀玻璃甚至还在不断获得圣戈班的技术支持，并成为中国第一、全球第六的汽车玻璃生产商。在回答如何跟国际同行打交道的问题时，曹德旺认为，在国际舞台上，进口货一定是拿回去做补充的，那么做补充时就要站在互补的角度考虑问题，这对双方都有利。一直以来，曹德旺在商海大战中都充分展现了大将风度，也流露出浓浓的爱国情怀，是一个经商奇才。同时，他也是一个有远见的企业家，具备了成功商人的一切素质，特别是善于捕捉机遇，有着过人的胆识和不断创新的精神，正是因为具备了这些超强的领导力，曹德旺率领的福耀玻璃才能发展成为世界玻璃行业的领军巨头。

资料来源：

曹德旺：《如何和同行交往》，《管理学家》（学术版）2013 年第 7 期。

霍英东：《从白天鹅宾馆看国家的改革、开放、搞活政策（一九八七年二月七日在中山大学授予名誉博士典礼上的学术讲演）》，《中山大学学报》（哲学社会科学版）1987 年第 5 期。

林辉育：《曹德旺：在玻璃行业做大做透》，《福建税务》2002 年第 4 期。

王彦蓉、葛明磊、张丽华：《矛盾领导如何促进组织二元性——以任正非和华为公司为例》，《中国人力资源开发》2018 年第 7 期。

周施恩：《解密任正非的领导力》，《企业研究》2010 年第 11 期。

复习思考题

1. 你是如何理解"领导"这一管理概念的？

2. 在本章内容的基础上，结合自己的经验与体会，就管理中的领导与伦理，谈一谈哪些方面是重要的影响因素，如何才能充分发挥出管理效果。

3. 常言道，识时务者为俊杰。要做到这一点，最为重要的是具有全面地洞察人性、判断社会现状及发展趋势，找准自己的定位和发展方向的能力。作为管理者，你从上述各位领导者的领导与伦理表现中得到什么启发？怎样才能做到识时务？

4. 从国学的视角与实务，谈谈你对领导与伦理的认识和体会。

第十五章　控制：国学的视角与实务

本章提要

本章首先从"王翦请田——控制与'受'控制"的历史案例出发，引导学生了解控制在管理过程中的重要作用。第一节介绍现代管理学的控制理论，第二节介绍控制系统与控制过程，第三节阐述国学视角下的控制观点。本章最后以"从'巴林银行事件'看管理控制"案例引导学生进一步把握管理控制理论原理的实践应用。

重点难点

本章的重点是掌握控制系统及控制过程；难点是理解道家、法家、儒家控制思想的精髓及三者之间的不同，并能结合现代控制理论进行融合思考。

引导案例

王翦请田——控制与"受"控制

战国后期，秦国在连续消灭韩、赵、魏三国，占领了燕国后，又击溃了楚国。秦军已呈扫荡之势，一心想早日统一天下的秦王决定一举把楚国也消灭。某天上朝时，他向群臣提出这一动议。秦王先问年轻将军李信："寡人想灭掉楚国，将军以为需要多少人马？"李信回答："不超过二十万。"秦王点点头，转首又问大将王翦，王翦说："至少需要六十万，不然难以成功。"秦王政笑着说："将军老了，胆量也没有了，还是李信将军年轻气壮，有魄力。"说罢，就拜李信为大将，蒙恬为副将，领兵二十万人，南下伐楚。王翦见自己已不为大王重用，便推说有病，告老还乡了。

李信与蒙恬兵分两路，一攻平舆（今河南平舆县北），一攻寝丘（今河南沈丘县东南）。李信打下平舆后，乘胜追击，与楚国大将项燕利用李信轻敌冒进的缺点，将李信引入伏击圈中，然后伏兵齐出，李信猝不及防被杀得大败。项燕连续追杀三天三夜，秦兵死伤不计其数，仅李信帐下的将军就死亡七名，秦军大败而退。

1. 重新出山

秦王政闻报大怒，下令将李信革职查办，又亲自跑到频阳东乡，向告老还乡的王翦认错，对王翦说："寡人没听将军的话，才有今天李信兵败将辱的结局。现在楚军乘胜西来，进攻我秦国，将军忍心坐视寡人于危急之中吗？"王翦推辞道："臣老了，又伤病缠身，大王还是另选良将吧。"秦王政向王翦连赔不是，请他务必出马。王翦不好再推辞，就说："大王如果一定要臣领兵攻打楚国，非得六十万人马不可！"秦王想了想说："就照将军说的办！"言毕就用自己的车乘，把王翦接回咸阳。

2. 王翦请田

秦王选择吉日设坛，拜王翦为大将，蒙恬为副将，统兵六十万人，再次征伐楚国。秦王亲自到灞上为王翦送行。王翦斟了一杯酒，对秦王说："臣有事求大王，大王如同意请饮此酒。"秦王政接过杯子一口干完，说："将军请讲。"王翦从怀里掏出一张单子，上面罗列了一长串咸阳最好的良田、美宅、池塘，请秦王将这些赏给他。秦王先是一怔，然后大笑说："将军就要出发了，还怕寡人让你受穷吗？"王翦说："我们当武将的，功劳再大，按规定也封不了侯，现在趁为臣尚能报效大王，顺便向大王求赏，以便儿孙以后有个糊口寄身之地。"秦王听了心想：看来这位老将军打仗是行家，为人也没有什么大志向啊！于是就笑着答应下来。

王翦带着六十万大军向楚国进发，刚走几天，就打发手下回去，请求秦王给他更多的良田美宅，这样共去请求了五次。副将蒙恬看不过去了，嘲笑王翦说："老将军乞讨财物，要这要那，是不是太过分了？"王翦见左右无人，就悄声对蒙恬说："蒙将军误会了。大王向来多疑，不专信臣子，这次几乎把全国兵力都交给了我，而且楚国是大国，我们将面临一场持久战。我左一次右一次求取田宅，是为了让大王知道我想得到的不过是些许小事，好让他不对我产生猜疑之心。"蒙恬听了恍然大悟，不住地点头，心中对老将王翦的周密考虑佩服得五体投地。

自古帝王高高在上，最看重、最害怕的是失去王权，而且秦王好猜忌，王翦深知此次拥重兵可能导致的后果——不是为敌人所杀，而是为秦王所害，因此，他通过前馈控制消除隐患，防患于未然，即通过一再请田的方式向秦王摆明自己的态度，让秦王对自己放心：我追求的是财物，是给子孙后代置办一份家业，好让他们过得舒服一些；为了给子孙后代挣下这份家业，我一定会一门心思地打赢，绝不会三心二意；属下贪图的是财物而不是王座和权力。

资料来源：

姜鹏：《如何打破猜忌魔咒》，《家族企业》2020 年第 9 期。

史马迁：《史记》，吉林摄影出版社，2002，第 896~897 页。

张小平：《王翦讨赏》，《南方企业家》2015 年第 9 期。

思考题

1. 从"王翦请田"的历史故事来看，你对管理控制有什么样的认识和体会？

2. 试从辩证的角度分析"王翦请田"中主动"受"控制的作用与意义。

第一节　现代管理学的控制理论

一　控制问题研究探源

西方管理控制理论萌芽于早期工业革命兴起的管理思想中，在早期阶段，绝大多数理论家主要关注实际问题，其理论出发点是希望指导解决具体实务问题。早在 19 世纪初，查尔斯·巴贝奇（Charles Babbage）就十分关注改善产品的加工制造过程和生产系统，对操作过程、工作技能、每道工序的费用等进行了细致的分析，并提出改善途径。产业革命后期，他研究了劳动分工与劳动效率的关系、薪资制度与生产效果和效率的关系，还对经理人如何实施管理和控制提出了许多建设性意见，对管理控制思想的形成做出了很大的贡献。

20 世纪早期，泰勒潜心研究在工厂管理中如何提高工人的工作效率，并进行了一系列试验，他认为科学管理的中心问题是提高劳动生产率，并围绕着提高劳动生产率提出了一系列改进措施。同时，他还提出了管理控制上的例外原则。泰勒的科学管理理论主要强调控制标准、制度控制和严格控制，奠定了管理控制思想体系的基础。1920 年，由弗朗西斯·M. 劳森（Francis M. Lawson）所著的《工业控制》出版，该书是第一部完全以管理控制为主题的著作，提出了支配指挥和控制的基本原理，并将控制原理引入科学管理，使得科学管理得以正确应用。到了 20 世纪中期，法约尔和韦伯对管理理论及关于控制职能的理论做出了重大贡献。前者将控制作为管理的五项职能之一，认为控制适用于组织内的所有事情。韦伯关于控制的思想在其经典著作《经济与社会》之中得以充分体现，他主张建立一种高度结构化的、正式的、非人格化的理想的行政组织体系，认为这是对个人进行强制控制的最合理手段，是达到目标、提高劳动生产率的最有效形式，而且在精确性、稳定性、纪律性和可靠性方面优于其他组织。

随着控制论、系统论的出现，很多学者从控制论、系统论的角度出发来研究管理控制。1948 年，诺伯特·维纳（Norbert Wiener）发表了《控制论》，管理控制研究深受其影响。控制论对于极具复杂性的管理控制系统的主要贡献在于，它的研究试图应用相关的、简单的反馈机制解释复杂系统的行为。以控制论为基础研究管理控制的学者认为，管理控制是以财务与会计为手段，由确定标准、评价业绩、纠正偏差所构成的信息反馈回路。同时，系统论也逐渐融入管理控制的研究中，系统论对于管理控制的重要贡献在于，其所采用的系统的方法使得人们不再仅仅关注单纯的脱离于其环境的某个变量的控制，而是将注意力放在组织的全面控制上，即管理控制系统的构建上。

后来，又有更多的学者基于财务视角，在现代组织环境日益复杂的条件下，融入管理学、组织行为学、心理学等学科的思维，并逐渐将非财务标准等控制手段纳入管理控制系统的研究当中，发展成为今天管理控制理论的主流。罗伯特·安东尼是其中的代表。他认为管理控制是处于战略计划制订和作业控制过程之间的中间环节，在控制中虽然也强调社会学中的心理学和行为学等的重要性，但鉴于财务和会计角度的控制比较容易形成一套成形的控制技术和方法体系，于是基本上通过借助会计基本原理和财务计划的制订来实施管理控制。

二 控制的含义

（一）控制的定义

控制可定义为管理人员对组织实际运行是否符合预定的目标而进行测定并采取措施确保组织目标实现的过程。简单地说，控制就是用于确保结果和计划相一致的过程。从一般意义看，控制就是"纠偏"，就是按照计划的标准衡量取得的成果，并纠正发生的偏差，以确保计划目标的实现。从广义的角度来看，控制并不仅限于按照既定的计划标准来衡量和纠正计划执行中的偏差，它还会在必要时修改计划标准，以使计划更加适合实际情况。因此，完整的控制包括了纠偏和调适这两方面的含义。

（二）控制与计划的关系

为准确把握控制的含义，还需要把控制与计划联系起来。计划和控制是同一个事物的两个方面。一方面，有计划而没有控制，人们可能知道自己干了什么，但无法知道自己干得怎么样、存在哪些问题、哪些地方需要改进。另一方面，有控制而没有目标和计划，人们将不会知道要控制什么，也不会知道怎么控制。因此，计划为控制提供衡量的标准，同时控制又是计划得以实现的保证，二者密不可分。事实上，计划越是明确、全面和完整，控制的效果就越好；控制越是科学、有效，计划就越容易得到实施。计划本身也必须要有一定的控制，如对计划的程序、计划的质量等实施控制。控制本身也必须要有一定的计划，如对控制的程序、控制的内容等都必须进行一定的计划。

（三）控制的必要性

在现实中，理想状态并不存在。无论计划如何周密，在执行计划的活动中总会出现与计划不一致的现象。管理控制的必要性主要是由下述原因决定的。

1. 环境的变化

组织所处的环境不断变化，是难以预测的。例如，竞争对手策略的改变、供应商竞争格局的变化、消费者喜好的转移、重要目标市场所在地自然灾害的发生，以及本组织内部人员的变动，等等。组织外部环境和内部因素都将对组织目标和计划的实现产生较大影响。由于环境的变化，原来设想的实现组织计划的条件就会发生变化，计划执行时必然有偏差。控制可以应对环境的变化，以确保组织目标的实现。

2. 管理权力的分散

组织的管理权限一般都制度化或非制度化地分散在各个管理部门和层次。为了使分散做出的决策符合组织的总体目标，必须进行一定程度的控制，组织分权程度越高，控制就越有必要。控制系统可以提供被授予权力的助手的工作绩效信息，以保证授予他们的权力得到正确的利用，促使这些权力组织的业务活动符合计划的要求。

3. 工作能力的差异

在进行决策后，管理人员将指令发出，由下级部门和成员贯彻执行。由于组织成员是在不同的时空进行工作的，他们的认知能力不同，对计划要求的理解可能存在差异。即使每个成员都能完全正确地理解计划的要求，但由于工作能力的差异，他们的实际工作结果也可能在质和量上与计划要求不符。某个环节可能产生的偏离计划的现象会对整个组织的活动造成冲击，因此需要加强对组织成员工作的控制，及时发现产生的偏差，及时纠正，以保证差错不累积、计划得以最终实现。

三　西方管理控制理论的发展

在管理控制发展的不同时期，学者都曾经按照自己对管理控制概念的界定，展开对自己的概念体系下的管理控制系统的构建。管理控制理论的发展是随着管理控制系统框架的探讨逐渐发展起来的。

1. 以控制论为依托构建的系统框架

这种思想体系下所构建的管理控制系统是运用相关的、简单的反馈机制解释复杂系统的行为。彼得·罗伦基和麦克尔·斯科特是这种观点的典型代表，他们构建了管理控制系统框架（见图 15-1）。在该思想下，管理控制系统的根本目标是帮助管理部门完成组织目标，管理控制系统的规范化框架包括以下方面：第一，相关控制变量的鉴别；第二，良好的短期计划的设计；第三，整套控制变量中短期计划实际完成程度的记录；第四，偏差的分析。

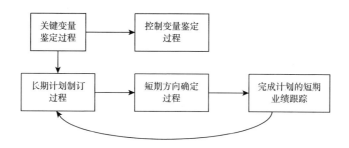

图 15-1　罗伦基和斯科特构建的管理控制系统框架

通过该管理控制系统框架，可以看出管理控制系统框架是构建在以控制反馈为基础的管理控制概念之上的，它能够科学地刻画出管理控制的过程，却无法客观地反映出各种因素对管理控制系统的综合影响。

2. 以管理的控制职能为依托构建的系统框架

威廉·罗奇构建的管理控制系统框架综合地反映了管理控制系统的环境、管理控制系统的实施过程及管理控制系统所要达到的目的，如图 15-2 所示。

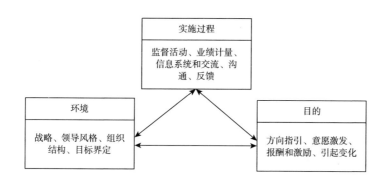

图 15-2　罗奇构建的管理控制系统框架

3. 以控制特征为依托构建的系统框架

罗伯特·西蒙提出了四种管理控制杠杆，即边界控制杠杆、诊断控制杠杆、信任控制杠杆和交互控制杠杆。同时，他将每一种杠杆都置于一个使该杠杆发生作用的政策与方法系统当中，相应地就产生了四个管理控制系统，即边界控制系统、诊断控制系统、信任控制系统和交互控制系统。这四种管理控制杠杆实质上已经涵盖了方向指引、意愿激发、报酬和激励与引发变化等管理控制手段，同时又将信息沟通和反馈融入系统当中。

4. 以财务和会计等基本控制手段为依托构建的系统框架

这种观念的代表是安东尼等提出的管理控制系统框架。安东尼在其著作《管理控制系统》中阐述了管理控制的环境，包括理解战略、组织中的行为、责任中心等问题；描述了管理控制的过程，包括战略计划、预算编制、分析财务业绩报告、业绩评定、管理者报酬等，还描述了如何对变化的战略、服务组织、多元组织或项目等进行控制。安东尼构建的管理控制系统框架主要有两大特点：一是考虑了管理控制系统的环境，并对环境进行了充分论述；二是管理控制的方法以财务、会计等为基本控制手段，如转移价格、预算编制、管理者报酬等。

5. 以正规控制手段和非正规控制手段的平衡为基础构建的系统框架

马歇尔罗和科尔比（Maciariello & Kirby）定义的管理控制系统致力于谋求正规和非正规控制系统间的平衡。他们认为管理控制系统是一组信息沟通的框架系统，为信息处理过程提供便利。该过程以帮助管理者将一个持续经营组织的各个部分协调起来从而实现组织目标。马歇尔罗和科尔比的管理控制系统框架充分运用了管理会计、管理经济学和组织行为学等相关学科的理论，其最大特点在于建立了相互支持的正规控制系统和非正规控制系统。无论是正规控制系统，还是非正规控制系统，都由组织的管理风格和文化、系统内各组成部分、薪酬系统、协调和整合及控制程序组成。这两种系统的构建形成了统筹全局的管理控制系统框架，它强调共享的价值观念在管理控制系统的作用，而且强调其他的管理控制系统子系统应当对组织的价值观念起到支持作用。

第二节　控制系统与控制过程

一　控制系统的类型

控制系统按不同的标准分类，可以划分为不同的类型，其中最主要的分类是根据控制在组织运行过程中的侧重点进行划分，可将控制划分为前馈控制、现场控制和反馈控制。组织中的控制可以广义地划分为官僚控制、市场控制和小团队控制。

（一）前馈控制、现场控制和反馈控制

根据控制信息获取的方式和时间、地点的不同将控制分为前馈控制（预防控制）、现场控制（同步控制）、反馈控制（事后控制），这是最常见的一种分类，如图 15-3 所示。

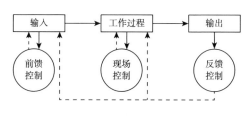

图 15-3　控制的三种类型

1. 前馈控制

前馈控制是在输入端进行的控制，是发生在行为之前的控制行为，即在实际问题发生之前就采取管理行为，避免预期问题的出现。这是一种防患于未然的控制，也是一种面向未来的控制。前馈控制的主要目的是防止问题的发生，而不是当问题出现时再予以补救，要实现这个目的，获得及时准确的信息及对活动未来结果的准确预测就显得尤为重要。在输入端，在活动开始前，先预测按目前的条件和方法进行活动的结果，再将此预测结果与预期目标做比较，判断是否有偏差（即是否能实现组织目标），如图15-4 所示。如果发现按目前的条件和方法进行活动无法实现组织目标，就要采取管理措施。采取的措施可以是改变投入（如更换原材料、操作人员等），也可以是改变过程（如更换加工工艺等）。

2. 现场控制

现场控制是监控正在发生的行为，是指在活动进行的过程中，对活动中的各种因素予以控制。其目的是要保证本次活动尽可能少地发生偏差，改进本次而非下一次活动的质量。管理者采用现场控制的方法，可以及早发现活动与计划的偏差，以便及时采取纠偏措施，在发生重大问题之前及

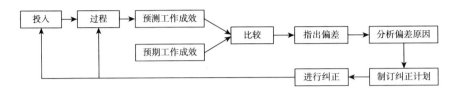

图 15-4 前馈控制过程

时纠正。例如，对驾驶员的培训和实际操作训练；计算机中的纠错程序，当操作者出现错误时计算机能提供及时的反馈，如果有人输入了一个错误命令，同步控制程序会拒绝执行该命令，甚至可能告诉他为何是错误的。现场控制较多地用于生产经营活动的现场，由基层管理者执行。

3. 反馈控制

反馈控制也叫事后控制，是一种传统的控制方式。反馈控制是在工作结束或行为发生之后进行的控制，指将系统的输出信息返回到输入端，与输入信息进行比较，并利用二者的偏差进行控制的过程。反馈控制其实是用过去的经验来指导现在和将来。在控制系统中，如果返回信息的作用是抵消输入信息，称为负反馈，负反馈可以使系统趋于稳定；若其作用是增强输入信息，则称为正反馈，正反馈可以使信号加强。这种控制把注意力主要集中于工作或行为的结果上，通过对已形成的结果与计划的比较分析，发现偏差，并分析偏差的原因，拟定纠正措施，以防止偏差继续存在或发展。反馈控制是在事后发挥作用的，有些后果已无法挽回。此外，从偏差的发生和发现到得到纠正之间有较长的一段时滞。这些都是反馈控制的缺陷。

图 15-5 为反馈控制过程。根据计划，人们已经有了本次活动的预期工作成效。在活动完成后，测量本次活动的实际工作成效，然后将预期工作成效与实际工作成效进行对比，指出偏差。最后，通过对偏差原因的分析，制订出纠正偏差的方案，实施纠偏。

（二）官僚控制、市场控制和小团队控制

1. 官僚控制

官僚控制就是利用规则、法规、权威、层级、书面文件、标准或其他

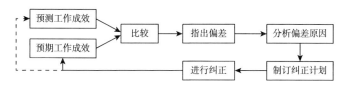

图 15-5　反馈控制过程

官僚主义机制来进行行为标准化和评估业绩。制定官僚规则和程序的主要目的是标准化并控制员工的行为。官僚控制系统是组织最为普遍和常用的，其中以财务控制、人力资源控制和生产作业控制最为关键（见图 15-6）。

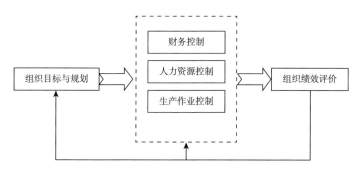

图 15-6　官僚控制系统

为有效控制员工行为，管理者应考虑应对控制的三种潜在的反应，即机械官僚行为、策略性行为和对控制的抵制。官僚控制系统会促使人们按照标准进行活动，最终会导致员工机械化，缺乏灵活性，长此以往则会使组织缺乏灵活性、弹性和活力。常见的策略性行为是操纵信息和报告虚假信息，特别是在制订计划的时候，总是有意降低标准或只报告好的信息。当控制系统破坏了组织结构、损害了员工权利的时候，被控制者就会采取直接的抵制行为，从而使计划难以实施。

2. 市场控制

市场控制是基于财务和经济信息，用价格机制对组织行为进行规范，将组织内部的经济活动看作市场交易。由此可见，在市场控制系统中，价格成为产品和服务价值的指示器，每个业务部门都被看作利润中心，通过价格机制与其他中心交换资源。市场控制的基本原理可以在公司层次、事业单位层次，甚至个人层次发挥作用。

（1）公司层次上的市场控制。通常采用盈利率、市场占有率等市场指标进行控制与评价。

（2）事业单位层次上的市场控制。为了有效保障事业单位内部各部门的高效运行，可以模拟市场交易机制的运行，对各部门之间提供的产品或服务，参照市场价格制定内部转移价格或称内部结算价格。

（3）对个人层次上的市场控制。其是组织通过人才市场的价格与同绩效挂钩的奖酬体系衡量成员价值来加以控制的方式。

3. 小团队控制

小团队控制是采用社会手段，诸如公司文化、共享的价值观、承诺、传统来控制成员行为。它与前两种控制最大的区别在于：官僚控制和市场控制的假设前提是组织利益和个人利益是不一致甚至冲突的，而小团队控制的假设前提是组织共享的价值观和组织成员之间的相互信任。

（1）组织文化是小团队控制的基础。组织文化是组织全体成员共同创造并共同信奉的信念与价值观。组织文化对组织及其成员具有巨大的导向与规范作用，这就使得建立在组织文化基础上的小团队控制具有其他控制所不具备的优势。

（2）授权赋能是小团队控制的必要条件。实行小团队控制，就必须充分信任成员，对其进行授权赋能，给予必要的决策权，相信他们会从组织的利益出发处理问题。

（3）建立自我指导型团队。即在组织内部，重建激励机制，强化责任感和团队精神，实行建立在相互尊重、高度自觉基础上的自我控制。

（4）实行实时控制。小团队控制是一种充分授权与高度自觉的控制，每个成员都能独立自主、随时处理各类问题，因此，组织完全可以实行真正的实时控制，保证在任何时候、任何情况下都处于有效控制之中。

二　控制过程

以反馈控制为例，控制过程主要包括确定标准、将工作结果与标准进行衡量、分析衡量的结果、采取管理行动等步骤，如图15-7所示。

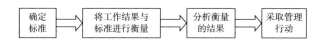

图 15-7 控制过程

（一）确定标准

标准是一种作为规范建立起来的测量标尺或尺度。控制标准是控制目标的表现形式，是测定实际工作绩效的基础。没有一套完整的控制标准，衡量绩效和纠正偏差就会失去客观依据，因而标准的确定对控制的达成起到基础的关键作用。通常，有效的控制标准需要满足以下基本要求。

1. 简明性

对标准的量值、单位、可允许的偏差范围要有明确说明，对标准的表述要通俗易懂，便于理解和把握。

2. 适用性

建立的标准要有利于组织目标的实现，要对每一项工作都明确规定具体的时间幅度和具体的衡量内容与要求，以便能准确地反映组织活动的状态。

3. 一致性

建立的标准应尽可能地体现协调一致、公平合理的原则。管理控制工作覆盖组织活动的各个方面，不可互相冲突。同时，控制标准应在规定的范围内保持公平性。

4. 可行性

建立的标准不能过高也不能过低，要使绝大多数成员经过努力后可以达到。因为建立标准的目的是用来衡量实际工作，并希望工作达到标准要求。具有可行性的控制标准，应该保持挑战性和可达性的平衡。

5. 可操作性

标准要便于对实际工作绩效进行衡量、比较、考核和评价；要使控制标准便于对各部门的工作进行衡量，当出现偏差时能找到相应的责任单位。例如，成本控制不仅要规定总生产费用，而且要按成本项目规定标准，为每个部门规定费用标准等。

6. 相对稳定性

建立的标准既要在一定时期内保持不变，又要具有一定的弹性，能对环境的变化有一定的适应性，遇到特殊情况能够例外处理。

7. 前瞻性

建立的标准既要符合现实的需要，又要与未来的发展方向相结合，将组织当前运行的需要与未来发展的需要有机结合起来。

8. 量化性

标准要尽量用数字量化，以便于度量和比较，如工时、交货期、单位产品成本等。但在实际工作中，仍有很多方面难以量化，如产品和服务质量、组织形象等，为了掌握这些方面的工作绩效，也应尽可能地采用一些可度量的方法。例如，用产品的合格率、顾客的满意度等指标对产品质量进行间接衡量，用解决顾客遇到的产品质量问题所需的时间来衡量服务质量。

（二）将工作结果与标准进行衡量

衡量的内容主要是测量实绩和界定偏差。测量实绩与界定偏差分为两个步骤：一是测定或预测实际工作成绩；二是将实绩与标准进行比较。获取有关实际工作绩效的信息需要明确衡量什么、如何衡量、间隔多长时间进行衡量和由谁来衡量等问题。测量到实际工作结果后，就可以将之与标准进行比较，确定有无偏差发生及偏差的大小。要注意的是，并非所有偏离标准的情况均需作为问题来处理，要根据容限来判断。容限就是准许偏差存在的上限与下限范围。衡量方法主要有个人观察、统计报告、口头或书面汇报、抽样调查等。得到的信息质量对控制效果有很大影响，如果我们通过衡量得到了一些错误的信息，再根据这些错误信息实施行动，结果就可能偏离目标更远。信息的质量主要考虑准确性、及时性、可靠性和适用性。

（三）分析衡量的结果

将衡量的结果与标准进行对比，指出偏差。实际衡量结果与标准不可能完全一致，有偏差是正常的。如果偏差在一定的范围内，可以不用采取措施。如果偏差超过了合理范围，就要分析产生偏差的原因，并采取措施进行纠正。偏差来自以下三个方面。

1. 计划或标准

在制订计划或标准时过于乐观或保守，会导致较大偏差。在有些情况下，需要纠正的可能并不是实际活动，而是组织这些活动的计划或衡量这些活动的标准。一方面，原来的计划或标准制定得不科学，在执行中发现了问题；另一方面，原来正确的标准和计划，由于客观环境发生了预料不到的变化，不再适应新形势的需要。

2. 组织内部因素

例如，不合理的管理导致效率低下，使本来可以达到的目标没有达到。

3. 组织外部因素

例如，外部因素突然发生较大的变化导致无法实现原定的目标。需要指出的是，并非所有的偏差都可能影响最终成果，而同一偏差则可能由不同的原因造成。因此，在采取纠正措施以前，组织必须首先对反映偏差的信息进行评估和分析。

（四）采取管理行动

针对产生偏差的主要原因，可以制订改进工作或调整计划与标准的纠正方案。如果是计划或标准导致了偏差，就应该修订计划或标准。如果分析衡量的结果表明，计划是可行的，标准也是切合实际的，问题出在工作本身，那就要改进管理，提高工作质量。如果是组织不可控的外部因素导致了偏差，就要根据实际情况修订计划或标准。对客观环境的认知能力提高，或者客观环境本身发生了重大变化而引起的纠偏需要，可能会导致对原先计划与决策的局部甚至全局的否定，从而要求对组织活动的方向和内容进行重大调整。这种调整有时被称为"追踪决策"，即当原有决策的实施表明将危及决策目标的实现时，对目标或决策方案所进行的一种根本性修正。追踪决策是相对于初始决策而言的。初始决策是所选定的方案尚未付诸实施，没有投入任何资源，客观对象与环境尚未受到人的决策的影响和干扰，因此是以零为起点的决策。

第三节　国学视角下的控制观点

一　道家的控制思想

1. 无为而治

无为而治是一种内在控制、自发控制，它主要通过社会成员在内化社会规范的基础上，自觉地用社会规范约束和梳理自己的价值观与行为方式，促使社会的协调发展。老子认为，统治者的有为之治是导致社会混乱不堪的原因，是一切罪恶之源，"民之饥，以其上食税之多，是以饥；民之难治，以其上之有为，是以难治；民之轻死，以其上求生之厚，是以轻死""天下多忌讳而民弥贫；人多利器，国家滋昏；人多伎巧，奇物滋起；法令滋彰，盗贼多有"①。"尚贤"引起百姓相互竞争，使人们巧夺名利；"贵难得之货"的欲望，使得百姓成为盗贼。老子对这些有为之治所带来的人性伤害和社会弊端有深切的感受和体验，认为其不但不足以治天下，反而是使天下陷入混乱不可收拾的局面的根源，故而提出无为而治的社会控制准则。老子认为，人类明智的做法是不要以人为秩序妄加干涉道所安排的自然秩序，对自然秩序只能顺应而不能违背，这样才能使社会处于健康良好的运行当中。但这种无为不是绝对意义上的"不为"，而是要统治者放弃肆意乱政，放弃导致贫富悬殊、天下大乱的种种行为，做到顺应自然，使民众自由而充分地发展。无为而治这一社会控制思想正是主张通过顺应人性的自然发展，通过事物发展的自我调节、自我修正来达到社会与自然的和谐发展的。

2. 守柔处弱

守柔处弱是老子无为而治思想的一项重要内容。老子根据对自然现象和社会现象的观察感悟，得出"坚强者死之徒，柔弱者生之徒"的结论，认为柔弱相对刚强而言，是不可战胜的。他初步认识到柔弱的作用和力量，认识到柔弱与刚强可以相互转化。正是从这种认识出发，他提倡"强大处下，柔弱处上"的处世原则，并将其运用于社会控制的各个方面。老子认

---

① 李聃：《道德经》，乙力注释，三秦出版社，2008，第96页。

为要想不灭亡，要永远立于不败之地，就应处于柔弱和谦下的地位，以退为进，以守为攻，以不为而为。因此老子说："守柔曰强。"老子把柔弱作为矛盾的主导方面，强调矛盾双方的统一和稳定，反对不断的转化和变动。正是由于他肯定"柔弱"，便自然强调"守静"。老子认为无为的状态就是清静，"清静为天下正"。从处理上下、贵贱之间的关系来说，守柔处弱的原则要求人们居上而谦下，贵以贱为本，高以下为基。守柔处弱并非社会控制的终极目的，而是进行社会控制的有效手段和策略。

3. 不争不战

在老子看来，人类社会的一切罪恶均起于人们争强好胜的心理和行为，争强好胜是社会每况愈下、从有序落入无序的直接根源。因此，为使社会从无序恢复到有序状态，老子极力倡导不争。他以水为例，提倡人要像水一样"善利万物而不争，处众人之所恶，故几于道"。老子认为，不争就可以免祸，就可以实现人的自存及与社会成员的共存。在他看来，要以退为进，利用别人，而不要正面冲突，要以不争达到争的目的。他主张"善为士者不武，善战者不怒，善胜敌者弗与，善用人者为之下。是谓不争之德，是谓用人之力，是谓配天，古之极"，充分利用别人的特点为己之利，达到自己的目的。讲不争，自然也讲不战。老子反对一切战争，他认为战争不符合道的自然无为的精神，他说："以道佐人主者，不以兵强天下，其事好还。"老子反对一切战争，其出发点是不争，这样才能体现无为。不争不战使人类社会能处于自然秩序的状态，人人互相关心、互相帮助、互相约束，自行调节个人的行为适应社会，避免出现人与人的争夺、战争引起的社会混乱。

二 法家的控制思想

1. 法

所谓法，就是"以法治国"，不以君主的个人意志为转移，而是以法为本，做到"矫上之失""一民之轨""法不阿贵""令行禁止"。韩非指出，"圣人之治民，度于本，不从其欲，期于利民而已。故其与之刑，非所以恶民，爱之本也。刑胜而民静，赏繁而奸生。故治民者，刑胜，治之首也；赏繁，乱之本也……故法者，王之本也；刑者，爱之首也"（《韩非子·心度》）[1]。在此，韩

---

① 李新纯编著《韩非子》，云南人民出版社，2011，第 468 页。

非特别指出，制定、实施刑和法，不是因为憎恨老百姓，而是爱老百姓的表现。因为只有如此，才可以使民静，并防奸于未然。

韩非还就法的形成原因进行了分析，"夫为人主而身察百官，则日不足，力不给。且上用目，则下饰观；上用耳，则下饰声；上用虑，则下繁辞。先王以三者为不足，故舍己能而因法数，审赏罚。先王之所守要，故法省而不侵。独制四海之内，聪智不得用其诈，险躁不得关其佞，奸邪无所依"（《韩非子·有度》），正是由于君主在目、力、智等方面的不足，需要用法来制约属下。

韩非还就如何执行法进行了深刻分析，"故以法治国，举措而已矣。法不阿贵，绳不挠曲。法之所加，智者弗能辞，勇者弗敢争。刑过不辟大臣，赏善不遗匹夫。故矫上之失，诘下之邪，治乱决缪，绌羡并非，一民之轨，莫如法。厉官威民，退淫殆，止诈伪，莫如刑。刑重，则不敢以贵易贱；法审，则上尊而不侵。上尊而不侵，则主强而守要，故先王贵之而传之。人主释法用私，则上下不别矣"（《韩非子·有度》）。在此，韩非子明确提出了法的平等性原则。只是他的法与现代的法略有不同，其含义更广，不仅包括刑、罚，也包括赏、誉。

韩非还提出，法作为一种控制手段，既要具有稳定性和公开性，又必须因时而变，"是以圣人不期修古，不法常可，论世之事，因为之备""今欲以先王之政，治当世之民，皆守株之类也"（《韩非子·五蠹》）。

2. 术

所谓术，是指君主驭臣之术。概括来看，韩非主要总结论述了这样几种术。

一是无为术。韩非子指出，"故君见恶，则群臣匿端；君见好，则群臣诬能。人主欲见，则群臣之情态得其资矣""人臣之情非必能爱其君也，为重利之故也。今人主不掩其情，不匿其端，而使人臣有缘以侵其主，则群臣为子之、田常不难矣。故曰：'去好去恶，群臣见素。'群臣见素，则人君不蔽矣"（《韩非子·二柄》）。无为术的要点是君主的不可知，君主表面上须无智无欲、无为无事，实际则是牢牢占据主动地位，使群臣不敢有半分越轨。

二是执要术。韩非反复强调君主应当牢牢把握住"道"，了解治国的根本规律，但不必也不应干预群臣对具体事务的处理。"道者，万物之所然也，万理之所稽也。理者，成物之文也；道者，万物之所以成也。故曰：

'道，理之者也。'""夫缘道理以从事者，无不能成。无不能成者，大能成天子之势尊，而小易得卿相将军之赏禄。"（《韩非子·解老》）同时，君主必须致力于激发群臣的智慧和积极性，善于将具体事务分配给下属，并以各种方式激励其完成任务。

二是用人术。韩非提倡任人唯贤，认为在选用人才时不可拘泥于回避亲友的旧习，甚至主张起用与自己有仇怨但才干卓越的人。他注重以尊主的品德和安国的能力作为选才的双重标准，同时极端重视对官员才能的跟踪、持续考核，主张在实际事务中观察、评判官员的能力，以便决定其职位的升降进退。他举例道："故孔子曰：'以容取人乎，失之子羽；以言取人乎，失之宰予。'故以仲尼之智而有失实之声……夫视锻锡而察青黄，区冶不能以必剑；水击鹄雁，陆断驹马，则臧获不疑钝利。发齿吻形容，伯乐不能以必马；授车就驾，而观其末涂，则臧获不疑驽良。观容服，听辞言，仲尼不能以必士；试之官职，课其功伐，则庸人不疑于愚智。故明主之吏，宰相必起于州部，猛将必发于卒伍。"（《韩非子·显学》）另外，韩非力求建立高效的赏罚制度，希望通过厚赏重罚来敦促官员尽心尽职。

四是必知术。韩非认为，高明的君主应致力于建立了解实情的方法。但这并不是要君主亲自去考察访问，而是要借助畅通的信息渠道进行工作。这样的信息渠道形成于各层官吏、各种机构的相互监督、相互制约之中，由君主随时掌握、控制。因此，大家都不敢枉法徇私、请托贿赂。韩非的必知术实际上是一种隐秘化的监察制度，并且监察的最终裁判权由君主一人独有。

3. 势

所谓势，就是权力和地位。在韩非看来，失势，君主就会大权旁落，权臣当道，国家衰亡。任势，就是实行中央集权、君主专制，就能实现富国强兵。关于势的作用，韩非写道："夫有材而无势，虽贤不能制不肖。故立尺材于高山之上，则临千仞之溪，材非长也，位高也。桀为天子，能制天下，非贤也，势重也；尧为匹夫，不能正三家，非不肖也，位卑也。千钧得船则浮，锱铢失船则沉，非千钧轻而锱铢重也，有势之与无势也。故短之临高也以位，不肖之制贤也以势。"（《韩非子·功名》）有了权力和地位，即使没有才干德行的君主也能统治贤智之民。再有才干德行之人，没有相应的权势，连三个人也管不了。

关于如何保住权势、如何利用权势来治理国家，韩非认为最根本的就是两条——赏和罚。韩非认为，"明主之所导制其臣者，二柄而已矣。二柄者，刑德也。何谓刑德？曰：杀戮之谓刑，庆赏之谓德。为人臣者畏诛罚而利庆赏，故人主自用其刑德，则群臣畏其威而归其利矣。故世之奸臣则不然，所恶，则能得之其主而罪之；所爱，则能得之其主而赏之。今人主非使赏罚之威利出于己也，听其臣而行其赏罚，则一国之人皆畏其臣而易其君，归其臣而去其君矣。此人主失刑德之患也。夫虎之所以能服狗者，爪牙也。使虎释其爪牙而使狗用之，则虎反服于狗矣"，"兼失刑德而使臣用之，而不危亡者，则未尝有也"《韩非子·二柄》。可见，在韩非看来，赏、罚是体现权势的两个最重要工具，君主无论如何不能让这两个工具旁落他人，否则，君主控制力会丢失，势位难保，甚至性命堪忧。

三 儒家的控制思想

1. 道之以德

中国古代政治思想史中，对于暴君与暴政的防治是一大重要命题。中央集权的君主制下，帝王处于组织架构的顶点，在行政上无疑拥有最高的权力，因此对君主的规范约束必然要诉诸道德的力量。过度追求"地广为高"的乱国之君，只注重短期内占有的物质、一时所处的地位，而没有培育与之相适应的仁义道德，也就是我们现在说的精神文明发展落后于物质文明发展，最终的结果将是灭亡。因此，"德"作为一个调控要素，在一定程度上可以抑制组织过度追求规模、效益而最终被贪欲反噬，走向衰退的进程。就个体德行而言，儒家继承了西周"德"观念中的重民思想，并且又有所发展。就"重民"的内涵来看，儒家更加尊重民众的独立性和主体意识。儒家将德根植于人心人性，孟子认为仁、义、礼、智作为人之"四端"是每个人生而就具备的内在品性。可见，在儒家看来，德是无分贵贱、人皆可以具备的，官有官德、民有民德。儒家思想首先重视立官德，要求统治者立德政、行德治。其次，儒家思想又强调民德，"道之以德"即通过道德教化提高人们的道德自觉和自律，希望通过教育使民众能够自立、自化，最终实现统治者的垂拱而治，避免统治者以政策和刑罚频繁干扰正常的民间生活秩序。儒家不仅提出了统治的德行在于以德服人，并且以保护人性的善为内容规定了制度的德行。儒家规定了制度运作层面的德行是

"和"。这种认识充分体现了人的自由和规范之间的关系，只有使人从容不迫，广大自得的政治体制与规范才是自由的制度和规范，也只有遵守这样的规范，人才能真正处于自由的状态之中。

2. 齐之以礼

礼，是传统儒家保证管理活动达到预期目标的有效手段之一。礼的实质是一种社会行为规范，这种规范的实行，儒家主张用教化的手段。如果把儒家之礼上升到由国家的强制力来保证其施行，那么就是国家之法。荀子主张"隆礼而治"，而荀子的学生韩非就把这种"礼"的实现，上升到通过国家的"严刑峻法"来保证其实施，并且走到了极端。为达到教化的目的，使人们从内心里接受这种社会规范——儒家之礼，儒家主张德治，德治也就是礼治。"齐之以礼"，即道德教化可以用来提高人们的道德自觉性和自律性，礼可以用来约束和规范人们的行为，从而使管理达到和谐有序，缓和内部矛盾，消除内耗。这与组织内部的管理也有相通之处，其实古代的礼具有政治法律制度、道德行为规范、礼节礼仪的含义，作用是规范人们的行为。在现代组织管理中，组织的规章制度就对应古时之礼，对人们思想行为有约束、规制的作用，是人们日常行为的规范、准则，包括礼貌、礼节、礼仪、准则、规章制度等。礼存在于家庭、团体、社会中，承担着提升社会成员的道德素质、规范其文明行为、协调各种社会关系的责任，是维持良好社会秩序、保证社会和谐的有效管理手段。

管理案例分析

从"巴林银行事件"看管理控制

巴林银行（Barings Bank）创立于 1762 年，是英国历史悠久的银行之一。巴林银行最初从事贸易活动，后涉足证券业，19 世纪初成为英国政府证券的首席发行商。此后一百多年来，该银行在证券、基金、投资、商业银行业务等方面取得了长足发展，成为伦敦金融中心位居前列的集团化证券商，连英国女王的资产都委托其管理，素有"女王的银行"的美称。就是这样一个历史悠久、声名显赫的银行，却因为新加坡巴林期货有限公司的总经理兼首席交易员——28 岁的尼克·里森进行期货投机失败而倒闭。

  1992 年，巴林银行有一个账号为"99905"的"错误账户"，专门处理交易过程中疏忽造成的差错，如将买入误为卖出等。新加坡巴林期货有限公司的差错记录均进入这一账户，并发往伦敦总部。1992 年夏天，伦敦总部的清算负责人乔丹·鲍塞要求里森另外开设一个"错误账户"，以记录小额差错，并自行处理，以省去伦敦的麻烦。由于受新加坡华人文化的影响，此"错误账户"以代码"88888"为名设立。数周之后，巴林银行总部换了一套新的电脑系统，重新决定新加坡巴林期货有限公司的所有差错记录仍经由"99905"账户向伦敦报告。"88888"差错账户因此搁置不用，却成为一个真正的错误账户留存在电脑之中。这个被人疏忽的账户后来成为里森的造假工具。

  1992 年 7 月 17 日，里森手下一名交易员出了一笔差错，要矫正这笔差错就须买回 40 手合约，损失为 2 万英镑，并应报告巴林银行总部。但在各种考虑之下，里森决定利用错误账户"88888"承接 40 手卖出合约，以使账面平衡。由此，一笔代理业务便衍生出了一笔自营业务。此后，里森一发不可收，频频利用"88888"账户吸收下属的交易差错。其后不到半年的时间里，该账户就吸收了 30 次差错。为了应付每月底巴林银行总部的账户审查，再加上这些亏损的数额不大，里森就将自己的佣金收入转入账户，以弥补亏损。

  1993 年 1 月，里森手下有一名交易员出现了两笔大额差错：一笔是客户的 420 手合约没有卖出，另一笔是 100 手合约的卖出指令误为买入。里森再次做出了错误的决定，用"88888"账户保留了敞口头寸。由于这些敞口头寸的数额越积越多，随着行情出现不利的波动，亏损数额也日趋增长至600 万英镑，里森被迫尝试以自营收入来弥补亏损。幸运的是，到 1993 年 7月，"88888"账户居然由于自营获利而转亏为盈。

  1993 年 7 月，里森接到一笔买入 6000 手期权的委托业务，但由于价格低而无法成交。为了做成这笔业务，里森又按惯例用"88888"账户卖出部分期权。后来，他又用该账户继续吸收其他差错。结果，到 1994 年 7 月时，该账户亏损额增加到 5000 万英镑。为了应付查账的需要，里森假造了花旗银行的 5000 万英镑存款。其间，巴林银行总部虽曾派人花了 1 个月的时间调查里森的账目，但无人去核实花旗银行是否真有这样一笔存款。

  1994 年下半年起，里森在日本东京市场上做了一种十分复杂、期望值很高、风险也极大的衍生金融商品交易——日本日经指数期货。1995 年 2

月 10 日，里森已持有 5.5 万手日经指数期货合约，创出该所的历史纪录，所有这些交易均进入"88888"账户。为维持数额如此巨大的交易，每天需要 3000 万~4000 万英镑。巴林银行总部竟然接受里森的各种理由，照付不误。1995 年 2 月中旬，巴林银行总部转至新加坡 5 亿多英镑，已超过了其4.7 亿英镑的股本金。1995 年 2 月 23 日，日经指数急剧下挫，里森持有的多头合约已达 6 万余手，面对日本政府债券价格的一路上扬，其持有的空头合约也多达 2.6 万手。由此造成的损失则激增至 8.6 亿英镑，这导致了巴林银行的最终垮台。当天，里森已意识到无法弥补亏损，被迫仓皇出逃。

1995 年 2 月 26 日晚，英国中央银行在没有拿出其他拯救方案的情况下只好宣布对巴林银行进行倒闭清算。在英国中央银行及有关方面的协助下，3 月 2 日，巴林银行几近平掉整个银行所有的合约，至此，亏损高达 9.16亿英镑。3 月 5 日，荷兰国际集团以 1 英镑的象征价格，宣布完全收购巴林银行。至此，巴林银行倒闭风波暂告一段落，令英国人骄傲两个世纪的银行易主，可谓百年基业毁于一旦。

资料来源：

巴曙松：《巴林银行事件的启示》，《世界经济》1999 年第 5 期。

郭吉：《巴林银行事件的启示》，《华东科技管理》1995 年第 5 期。

复习思考题

1. 应该怎样理解控制的重要性？

2. 从国学的视角与观点出发，结合自己的经验与体会，就管理中的控制，谈一谈哪些方面是重要的影响因素，如何才能充分发挥管理控制的效果。

3. 从国学的视角与实务，谈谈你对管理控制的认识和体会。

4. 控制与计划有什么联系，结合某个事例谈谈你的想法。

5. 请结合一个实际案例诠释儒家"道之以德，齐之以礼"控制之道的原理与效果。

第十六章　多样性管理：国学的视角与实务

本章提要

　　本章从国学的视角与实务角度阐释多样性管理。第一节介绍多样性管理，包括多样性管理概述、多样性管理的重要意义、多样性管理的挑战、多样性管理的实践。第二节介绍国学视角下的多样性管理观点，包括"和为贵，和而不同""大道之行，天下为公""平等互利，和合共赢""民族团结，共同繁荣""多样性管理的中华传统文化视角"等。通过案例引导和案例分析，全面展示国学思想在多样性管理中的应用，为管理者开展多样性管理提供参考。

重点难点

　　本章重点在于学习和了解国学视角下的多样性管理观点和实践应用，难点在于从中华传统文化视角分析和解决多样性管理实际问题。

引导案例

中国人在非洲教当地人种菜

　　非洲这片土地是世界上最为荒凉的地方，大部分的地区都被黄沙覆盖，常年干旱少雨。在外界的印象中，因为自然条件十分恶劣，非洲的土地都是不适合种植农作物的。因此，非洲的粮食十分匮乏，非洲人民长期遭受着饥荒。受历史原因影响，美国和西方是最早向非洲国家提供"经济发展药方"的国家，这个"药方"包括"民主自由""金融开放""自由贸易"等，对非洲国家不仅没多大作用，还带来一堆麻烦，西方国家直接的物资捐助导致非洲国家和穷人过分依赖援助。例如，西方国家为非洲捐赠农作物种子后，非洲国家政府选择将其直接卖到市场上让民众买回去吃掉，而不是发放给农民，帮助他们培育新的农作物品种发展农业，导致一些人认为"非洲不适合种植农作物"。这些问题产生的原因在于西方国家没有领悟到"授人以鱼不如授人以渔""扶贫先扶思想"的精髓，而人的思想是需要通过后天的教育培训才能改变的。

非洲的土地真的不适合种植农作物吗？一批中国人到达非洲之后，告诉了我们这个答案是否定的，非洲的土地很适合种植农作物。

中国拥有世界上最先进的种植技术，还有优良品种的农作物。种植技术方面的优势极大地推动了中国的经济发展和对外贸易。

非洲大地有两大特点：地广人稀、贫穷。不过，如今这里已今非昔比，是很多中国人投资的热点地区，有些人在非洲开矿、搞基建，也有一些人看中了非洲的土地，开始在当地种菜。

在非洲，大片闲置土地随处可见，因为当地人认为那里的土地不适合种植农作物，更没有多少人种菜。这导致了一个奇怪的现象，大量土地荒废，人们没有粮食、蔬菜吃，市场上居然还贩卖来自欧洲的高价菜。聪明的中国人不信这个邪，就租赁土地种菜。在非洲种菜，土地只花费很小的成本，更大的成本是浇灌、人工等，他们会雇用一些当地人来干活。非洲人的种植技术和观念很落后，他们种庄稼、种菜，基本都是靠天收。挖个坑把种子埋进去，然后等着收获。非洲那种气候，若只靠天吃饭，又能有多少收成？多数时候连种子成本都收不回来，导致当地人不愿意种地。因此，这些被雇用的当地人要接受培训，中国人手把手教他们如何种菜、如何处理泥土、如何喷洒农药、如何保湿保温等。得益于勤劳、聪明的中国人带动当地人一起努力，如今非洲一些地区的群众已经可以吃上新鲜便宜的蔬菜了。

资料来源：

碧云天：《种菜种到"非洲屋脊"上》，《中国青年》2010 年第 6 期。

《实拍：在非洲教黑人种菜的中国人，深受当地人爱戴》，百家号·光明网，https://m.gmw.cn/baijia/ 2018-09-06/31007819.html。

江中泳：《中国菜农非洲种菜创奇迹》，《农村工作通讯》2005 年第 9 期。

思考题

1. 请分析中国人与西方人对待非洲当地人有什么不同的态度。

2. 请从管理学的角度分析什么样的援助才是有效的。

第一节　多样性管理

一　多样性管理概述

（一）多样性管理含义

多样性管理针对的是管理组织中的员工多样性管理。最初，员工多样性更多关注与员工人权和公平有关的问题。随着经济全球化的发展，多样性管理成为一个组织的战略性问题，企业管理者正竭力解决如何管理日益多样的劳动力问题。企业实施多样性管理是为了提升组织绩效，只要对不同类型和背景的员工管理得当，多样化的员工就能在成本节约、资源获取、市场营销、创新竞争、问题解决和组织灵活性等方面创造竞争优势。

员工结构多样性不仅与种族、性别有关，还包括人与人之间所有的不同之处。多样性指人与人之间的不同之处，但人们对于多样化的定义还有一些争议。多样性包括种族、性别、年龄、身体素质等方面显性的内容，还包括一些不易看到的区别，如教育程度、职业背景、专业特长、性别偏好及宗教信仰。其中的任何一个方面都能导致人与人之间的冲突，但同时也是不同创意和观点的源泉。员工多样性包括一般性特征和后天性特征两个方面：一般性特征主要指影响一个人的个人形象和社交的人口统计方面的特征，如性别、种族、年龄、民族、身体素质等；后天性特征指一个人在整个一生中所获得并加以改造的一些不易统计的特征，如受教育程度、职业背景、专业特长、收入、婚姻状况、宗教信仰及行为方式等。① 多样性管理是指组织可创造和维持一种环境，让每一个员工都释放出最大潜力，从而提高组织使用不同类型人力资源效率的管理实践。企业和经理所管理的人员结构越是多样化，他们就越会从人员结构多样化的角度出发，建立人力资源策略。

---

① 王晶晶：《全球化背景下的劳动力多样性管理》，《经济研究参考》2006 年第 44 期。

（二）多样性管理产生背景

随着人口的增长，现代企业中员工的性别、种族、宗教、年龄、文化、专业领域和其他个人特征越来越多元化，一种固定模式的管理方式已经不合时宜，故多样性管理应运而生。

1. 全球劳动力老龄化

人口老龄化给经济和组织带来了劳动力问题困境。2021 年联合国发布的数据和 2020 年中国人口普查资料显示，2035 年，发达国家将进入重度老龄化社会，发展中国家也将步入老龄化社会。这一阶段日本、韩国的老龄化、少子化趋势最为明显，其次是欧美发达国家，中国的老龄化程度向欧美发达国家靠近。到 2050 年，全世界总体步入中度老龄化社会，韩国老龄化程度超过日本，将成为 2050 年老龄化最为严重的国家。中国的老龄化、高龄化、少子化程度基本接近发达国家，甚至将赶超美国、英国等部分发达国家，也将超过印度、俄罗斯等人口大国。对于多数发达国家而言，年龄多样性在逐渐增加，因为人口增长率下降迫使企业雇用更年轻或更年长的员工，企业员工队伍呈现较大的年龄差异，这给管理者带来新的挑战。

2. 跨国公司的快速扩张

随着全球化趋势的增强，跨国公司的影响不断扩大，国际性战略联盟和国家之间区域性合作协定增加，区域一体化现象也变得十分明显。随着进驻亚洲市场的跨国公司数量日益增多，亚洲地区的商业信心得以提升，人才需求旺盛。近年来，由于在线零售业发展迅猛，相关信息技术人才备受青睐。全球价值链分工体系的不断深化，使中国双向开放步伐不断加速，越来越多的中国企业融入全球合作与竞争中。这些必然带来劳动力市场的变化，企业雇用不同文化背景的员工，管理企业中劳动力的多样性已变得日益重要。即使在员工多样性的一般性特征没有变得特别突出的组织中，多样性管理的问题也变得十分重要，因为很多企业正在采取项目团队的方式来获取竞争优势，如许多企业成立了以设计、生产、财务、销售等部门人员组成的任务团队或产品开发小组。

3. 工作场所的多样化

2020 年，联合国发布的数据显示，国际移民总数已经达到 2.81 亿人，占全球人口的 3.6%，相当于每 30 个人中就有一个国际移民。其中，劳动人口占到了总移民人数的 62%。从地区来看，欧洲目前是移民的最大目的地，有 8700 万移民；亚洲次之，有 8600 万移民；随后是北美，有 5900 万移民。[①]

也就是说，欧洲、北美等地，仍是移民聚集的地区，近半数移民劳动者集中在北美和欧洲北部、西部和南部地区，服务业、制造业和建筑业为劳动移民者的主要就业行业。出于收入和机会上的差距持续存在、地理条件的差异及世界贫困脆弱人群的愿望等原因，在可预见的未来，移民将是世界的一个基本特征。随着外籍员工数量不断增加，工作环境变得更加多样化。

4. 女性员工数量增加

《经济学人》（*The Economist*）发布的 2022 年度玻璃天花板指数（Glass-Ceiling Index，GCI）显示，在高级商业职位上，女性仍然落后于男性同行。在整个经济合作与发展组织中，女性平均仅占 1/3 的管理层职位和勉强超过 1/4 的董事会席位。

Skillsoft 发布的《2021 年科技界女性报告》显示，虽然女性员工在工作场所获得了来之不易的地位，但在职业发展和职位晋升的机会方面，相较于男性仍然存在很大差距。科技界女性所寻求的工作场所福利与目前所提供的福利之间存在落差。例如，尽管 86% 的受访者认为职业发展和培训机会对她们来说极其重要或非常重要，但只有 42% 的人表示她们的雇主提供了这种福利。

在新时代的中国，女性参与及领导的科技创新越来越多，无数女性做出的不可或缺的贡献正在改变我们的生活。根据中国科学技术协会的统计，目前在中国科技人力资源中女性科技工作者占了 40%，其中互联网、生物医学等领域女性占比超过了半数。2012 年以来，中国首位女航天员进入太空、中国女足亚洲杯夺冠鼓舞了大量女性。智联招聘的调查显示，69.2% 的职场女性认为这些事件体现了"她力量"在各领域爆发，高于男性（52.2%）。

二　多样性管理的重要意义

1. 人力资源管理

拥有最好人才的企业就是具有最强竞争优势的企业。随着企业更多地

---

① 陈积敏：《当前国际移民的新动向及其启示》，《中国出入境观察》2022 年第 8 期。

依赖员工团队，那些拥有多样性背景的工作团队常常能够带来不同的和独特的视角，这可以带来更多具有创造力的想法和解决方案。例如，团队中有成员的孩子刚好上小学，或者家里有卧病在床的老人需要照顾，那么，其他成员就要努力地分担其工作，每天给其留出接送孩子上下学的时间，或者帮其申请休假回家照顾老人。团队成员之间这种相互关照的体验，是一笔宝贵的财富，对于提高一个团队的凝聚力非常有帮助。而且，尚未经历养育孩子或照顾老人的成员，可以从前辈那里学到相关知识，这对他们的人生也大有裨益。

2. 组织绩效

组织从员工多样性中获得的绩效优势包括成本节约和组织运行改进。当培养多样化员工的组织降低离职率、缺勤率和诉讼的可能性时，节约的成本可以非常显著。多份研究报告表明，为了取代"仅因为失败的多样性管理"而离职的员工，美国企业每年要花费 640 亿美元。另有研究表明，当组织偏见在对待那些不同的员工体现出来时，组织绩效就会受到损害。然而，从积极的角度来看，组织绩效可以通过员工多样性来提高，因为问题解决能力和系统灵活性提高了。拥有多样性员工队伍的组织可以充分利用员工所展现出来的多种技巧和能力，因为具有多样性背景的团队会在讨论中提出不同的观点，从而产生更具创造力的想法和解决方案。

3. 战略层面

组织在战略上也能够从多样性的员工中受益，因为一支多样性的劳动力队伍可以更好地回应不断变化的顾客需求。例如，福特意识到，只有创建一支可以反映这个国家不同文化构成的劳动力队伍，才有可能实现自己的商业目标。因此，福特组建了一支少数族裔占 25% 的劳动力队伍（非洲裔美国人占到 18.4%）来培育其包容性的企业文化，使得它在美国《黑人企业》（*Black Enterprise*）杂志评选出的"40 强多样化公司"中占据了一席之地。

三　多样性管理的挑战

员工结构多样性带来的机会与挑战并存。成功的企业管理者善于利用多样性的人力资源，把所有员工都视为有价值的人力资源，而不论其背景与差别。管理者所面对的挑战是甄别每个人，凭借他们各自独特的多样性个性给工作团队带来价值和力量。如果管理者无法接受多样性并将其作为一项重要的资产，那么他们得到的是员工低迷的工作热情和恶化的工作表现，其关系如图 16-1 所示。

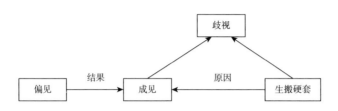

图 16-1　多样性带来的偏见与工作表现的关系

偏见是对某种特定观点或意识形态所持的一种倾向或偏好。我们每个人都有偏见，通常不为人所知。当员工进入工作场所时，他们可能且确实代入了对不同人群的某些想法。偏见通常被看作一边倒的观点，个人偏见导致我们对人和事有先入为主的观点，这种先入为主的观点可能导致不正确的判断和态度。个人偏见的结果之一可能是对一个人或一群人形成的刻板印象，即预先持有的观念、看法或判断。

偏见和刻板印象都会导致某人以不公平的方式对待特定群体的成员，我们称之为歧视，即某人将自己的偏见通过行为施加给偏见对象。不论是有意还是无意，歧视都可能对员工造成严重的负面结果。但是，组织和管理者不仅面临着歧视行为可能遭到的金钱惩罚，还面临着降低的员工生产力、负面和破坏性的人际冲突、升高的员工离职率及可能对管理者造成严重问题的整体负面氛围。因此，管理者需要强有力地开展工作消除歧视。

"玻璃天花板"最早在 20 世纪 80 年代的《华尔街日报》中使用，是指那些阻碍女性和少数群体获得高级管理职位的无形障碍。"天花板"是指某个事物阻挡了向上的运动，"玻璃"则是指那些障碍物并不是立即可以看出来的。关于"玻璃天花板"效应的研究结果，涉及从缺乏指导到性别刻板印象、将男性化特征和领导有效性联系在一起的观点，以及老板对于工作和家庭矛盾的感知。一位女性高管的著作中曾指出，领导野心差距可能是很多领域女性高管极少的原因。也就是说，女性无法获得高级职位是因为她们的确并不想获得，她建议女性向前一步，并在推动职业发展上同男性一样坚定自信。

组织中的少数文化或人群在工作中每天面临各种挑战，从面临误解和不受重视，到忍受各种越来越严重的、狡猾的骚扰和歧视。少数族裔员工也可能成为与文化有关的被取笑的目标，美国的一份调研报告显示，45%的调查对象成为此类侵害的目标。报酬歧视也是存在的一个问题。

四 多样性管理的实践

在 21 世纪不断变化的环境中，多样性是组织竞争优势的潜在来源，它将不同活动和观点结合在一起提供给组织，以随时准备处理复杂多变的局面。管理学者朱迪思·罗森内认为，低估和不充分利用人力资本是组织的损失。也就是说，如果领导者能够有效管理多样性，组织就可以通过多样性赢得竞争优势，否则就会失败。

组织应创造一个让各种类型的人都能够实现其全部潜能的内部环境，以实现组织的目标。第一，肯定和鼓励多样性，领导者应同意可以雇用更多的少数族裔及女性员工；第二，重视多样性，即领导者应使组织开展旨在帮助人们理解和尊重个人差异的教育和培训项目；第三，管理多样性，即领导者应改变组织文化，使全体成员都接受它。一支多样性的员工队伍可以提供丰富的才能、设想和观点，这些有助于组织在高度竞争且不确定的环境中解决复杂问题。管理得当，多样性将成为组织宝贵的财产。多样性的员工队伍能够更好地满足日益广泛的分布于世界各地的具有多样性文化的顾客和供应商的需要和期望。另外，当员工认为自己的差异得到应有的重视时，他们会更忠诚、更有效率、更尽职尽责。

组织在多样性管理实践方面，应该从以下三个方面入手：一是高层管理者应亲力亲为，见证多样性的普及，融通多样性目标，让雇员意识到多样性问题；二是鼓励和支持多样性，广泛招聘、公平选择，为少数族裔提供入职训练和培训；三是有创造性、灵活地处理多样性问题，通过满足员工个人需要进行激励，强化员工的正面差异，最小化负面差异。

第二节 国学视角下的多样性管理观点

一 和为贵，和而不同

中华文明五千年绵延不断、经久不衰，在长期演进过程中，形成了中国人民看待世界、看待社会、看待人生的独特价值体系、文化内涵及精神品质。今天，"和而不同"已经成为人类构建命运共同体应有的文化基础、共同的文化底蕴。组织管理只有"和而不同"，才能使劳动、知识、技术、管理和资本等要素的活力竞相迸发，为经济社会高质量发展凝聚用之不竭的巨大活力、提供取之不尽的强大动力。

1. 如何理解"不同"

《庄子》中有关于"同异关系"的讨论，指出事物的多样性具有创造力，差异性和多样性就是造就整体性和共同性的力量。同时其还提出，融合多样性的东西能够产生出新的东西；将不同的东西加以调和并使之平衡，就叫作"和"。如果说将不同和差异的东西统合起来就是"共同"，那么"共同"与"同"的内涵就是有区别的，即"共同"是多因素的"和"，而"同"只是单一性质的事物，于是就有了"和而不同"这个深刻的哲学概念。

孔子的"君子和而不同，小人同而不和"① 则主张，君子可以与其周围的人保持和谐融洽的关系，绝不这边搭台、那边拆台，而是相互补台、好戏连台；小人则没有自己独立的见解，只求与别人完全一致，不讲求原则，并不能与别人保持融洽友好的关系，也就是说"君子周而不比，小人比而不周"。

2. 如何在"不同"中求"和"

"和而不同"难在如何在"不同"中求"和"。对此，中华文化有长期的实践和多方面的积淀。例如，儒、释、道三家的思想中就蕴含着丰富的和谐思想。

儒家强调以和为贵、和而不同，尊重事物的多样性、和谐性，主张多样共生、协调平衡。儒家认为，以"和而不同"为主线追求"和"，以"和"对"多"集散成大，以"和"制"合"平衡互补，是和而不同、美美与共，"和也者，天下之达道也。致中和，天地位焉，万物育焉"。

道家认为，道的属性是"和"。天地日月森罗万象、芸芸众生千差万别，无不蕴含着两重性，"万物负阴而抱阳，冲气以为和"②。当管理中产生

① 孔子：《论语》，张晓林主编，东北师范大学出版社，2010，第 213 页。
② 李聃：《道德经》，乙力注释，三秦出版社，2008，第 72 页。

利益冲突、矛盾纠纷时，不妨彼此体谅、开阔胸襟，"挫其锐，解其纷，和其光，同其尘"①。道家强调用心去体会世间万物相互依存的统一性，维护其和谐。道家在促进人内心和谐方面，主张少私寡欲，知足常乐；在促进人际和谐方面，主张齐同慈爱，异骨成亲；在促进人与自然和谐方面，主张物我共生，其乐融融。

释家的根本原理是缘起论。所谓"缘起"，就是互相依存，和合共生。释家主张慈悲、平等观念，是实现与达成"和"的重要思想基础。

由此可见，儒、释、道三家以一个"和"字相通，万流归宗，和而不同。可以说，"和"既是中华传统文化的重要特征，也是古代先哲的生命信仰和思维基础。习近平对中华"和合"文明有精深独到的见解，他认为，"丰富多彩的人类文明都有自己存在的价值。要理性处理本国文明与其他文明的差异，认识到每一个国家和民族的文明都是独特的，坚持求同存异、取长补短，不攻击、不贬损其他文明"②。

当前，中国社会正处于经济利益多元化、价值观念复杂化的转型时期，传统和谐思想启发我们在组织管理中"以和为贵，和而不同"，在竞争中追求协调适度，实现企业的可持续发展。对于组织而言，构建和谐的工作环境，以"己所不欲，勿施于人""己欲立而立人，己欲达而达人"的理念去解决组织内部的矛盾和问题，能够实现员工与组织的共赢，共享组织发展的成果，促进员工与组织的可持续和谐发展。

二　大道之行，天下为公

《礼记·礼运》曰："大道之行也，天下为公。选贤与能，讲信修睦，故人不独亲其亲，不独子其子，使老有所终，壮有所用，幼有所长，矜寡孤独废疾者，皆有所养。男有分，女有归。货恶其弃于地也，不必藏于己；力恶其不出于身也，不必为己。是故谋闭而不兴，盗窃乱贼而不作，故外户而不闭，是谓大同。"

"大道"是中华民族优秀传统文化的道统，是人认识到万事万物对立又

---

① 李聃：《道德经》，乙力注释，三秦出版社，2008，第7页。
② 习近平：《在纪念孔子诞辰2565周年国际学术研讨会暨国际儒学联合会第五届会员大会开幕会上的讲话》，人民出版社，2014，第8页。

统一的自然规律，明了天地万物本来为一体关系的真相，因此，应胸怀对待任何事物都如同对待自己一样的同理心，也就是"公心"。这样的大道是中国古代先贤对人类理想社会的一种憧憬：天下太平，人人和睦相处，丰衣足食，安居乐业。这与几千年后诞生的共产主义理想颇有相通之处。①1950 年，开国大典后的第一个国庆节，"中华人民共和国万岁，世界人民大团结万岁"的标语首次挂上天安门城楼。那时的中国，一边做着"大米换橡胶""煤炭换棉花"的贸易，一边不忘为世界贡献智慧，提出和平共处五项原则，成就了国际关系史上的一大创举。中国的发展目标是为人民谋幸福，为民族谋复兴，为世界谋大同。

数据显示，2013～2018 年，中国对世界经济增长的平均贡献率超过28.1%，是世界经济增长的最大贡献者。中国走出了一条在开放中谋求共同发展的道路，始终欢迎其他国家搭乘中国的"快车""便车"，与世界分享经济发展的中国速度。面对变局，中国与世界心连着心，共同擘画未来，并提出了构建人类命运共同体，开辟出合作共赢、共建共享的发展新道路。②团结互助、共克时艰，是人类命运共同体思想的体现。习近平总书记汲取中华优秀传统文化的思想精华，在国内外众多场合引用"大道之行也，天下为公""大同"等典故，他指出，"世界各国尽管有这样那样的分歧矛盾，也免不了产生这样那样的磕磕碰碰，但世界各国人民都生活在同一片蓝天下、拥有同一个家园，应该是一家人。世界各国人民应该秉持'天下一家'理念，张开怀抱，彼此理解，求同存异，共同为构建人类命运共同体而努力"③。这充分表明了"大道之行，天下为公"理念在中华文化中的地位，以及它能够在世界各国构建人类命运共同体过程中发挥的作用。

现代企业管理追求良好的经营业绩和可持续发展，尤需强调要领悟"大道之行也，天下为公"的深刻内涵。第一，企业管理要走群众路线，听取一线员工、客户的声音，认清并遵守社会、经济规律（要大道通行）；第二，尊重人才，让真正的人才有用武之地（选贤用能），且人尽其才，物尽

---

① 李贞：《心怀四海忧天下 矢志不渝为人民——中国共产党人的"三为"情怀》，《党员文摘》2018 年第 6 期。

② 卢泽华：《中国是世界的中国》，《人民日报》（海外版）2019 年 9 月 28 日。

③ 习近平：《携手建设更加美好的世界——在中国共产党与世界政党高层对话会上的主旨讲话》，人民出版社，2017，第 3 页。

其用（不浪费人力和物力）；第三，诚信守诺，依法参与经营活动，做到言必信、行必果、诺必诚，严格遵守法律法规和相关要求；第四，团结友爱，慈善扶贫，企业应勇担社会责任，勤奋节俭，助力乡村振兴与社会发展，促进共同富裕；第五，人性化管理，简化员工关系，开放交流，强调团队协作与互助。

三　平等互利，和合共赢

平等互利、和合共赢是人类社会生存和发展的必由之路。无论在传统中国社会还是近代以来的西方社会，都能发现平等互利、和合共赢的人类智慧。在资本主义社会，资本家以尽可能获取更多的剩余价值为主要追求，产业工人的体力和智力不能得到充分发展，这就违背了资本与劳动力和合共生的要求，导致了资产阶级与工人阶级矛盾的激化。于是，社会主义就成为一种必然。社会主义要实现对资本主义的超越，要依据资本与劳动力和合共生的逻辑，追求货币持有者和劳动所有者良性的和合共生。要发展，也要实现公平、正义、平等。节制资本的不良效应，让劳动者更好地享受劳动果实，让全体人民共享美好生活。这是马克思主义理论的生动体现，更是新时代中国特色社会主义的必然要求。

1. 互利共赢，实现国家与国家的和合共生

国际社会是由主权国家构成的。主权国家在防范外来入侵、维护社会安定、实现社会公正、改善民众生活条件和提高国民素质等方面都发挥着重大作用。主权国家之间交往、联系、分工与合作，不仅带动了这些基础性属性超越国境的发展，而且带动了这些基础性属性的联系和交织融合，形成了当代多元和合共生的世界。

国内社会共生关系（主要是生产力与生产关系的关系）越出国境发展，使各国之间的个体性与共生性形成新的发展形式。这个新形式就是全球化，全球化本质上是纵横交织的共生关系网络体系。因此，如何在国际社会的和合共生状态中减少国家间的冲突、避免国家间的战争、维护世界和平是国际社会长期关心的重要议题。中国政府倡导的互相尊重主权和领土完整、互不侵犯、互不干涉内政、平等互利、和平共处五项原则，就是把主权、领土完整、国家利益等建立在相互尊重的基础上，是以和合共生理念处理国与国的关系。当今世界正经历百年未有之大变局，生态环境恶化等人类

社会共同面临的挑战，让各国之间的和合共生更加紧迫；作为长远的发展趋势，由生产力发展所决定的全球化方向不会逆转，国家间和合共生更显重要。

2. 重视平等，追求人与人的和合共生

在中国传统社会，儒家文化强调人性善良的一面，特别注意如何发现、激活、保持和增加人性的善，形成了丰富的伦理思想。"己所不欲，勿施于人""老吾老以及人之老，幼吾幼以及人之幼"这些相互体谅、相互帮助的处事规则、道德要求，体现了和合共生的理念，流传至今、深入人心。中华民族已经实现了从站起来、富起来到强起来的历史性飞跃，小康社会已经全面建成。我们更有条件、有必要追求社会公正和平等，追求共同发展、共同富裕，让劳动成果为更广泛民众所共享，实现共生共赢。

西方社会自文艺复兴以来，个人从神权、王权的绝对统治中解放出来，人的权利与自由得以弘扬，人的主动性、积极性、创造性得以释放。但是，因为社会是共生的，人权与自由只能建立在相互性的基础上，必须强调平等、公平、公正的原则。正是忽视了人权与自由的相互性，导致了资本主义社会内部的贫富差距；导致了资本主义国家间的激烈竞争甚至战争；导致了资本主义国家对其他国家的剥削、殖民和侵略；导致了自然资源的巨大浪费和人类生存环境的巨大破坏。马克思从阶级的角度入手，分析了不平等的起源和解决不平等的办法。在和合共生的新型人与人的关系中，劳动处于非常重要的地位。马克思在《1844 年经济学哲学手稿》中，把劳动理解为人的生命活动，理解为人的本质。消除劳动的异化性质，能使劳动回归人的本质，使个人通过劳动进入社会，获得实现个性自由、全面发展的平等机会。如此，也就构建起理想的人与人之间的和合共生的关系。[1]

四 民族团结，共同繁荣

中国的民族政策主要有坚持民族平等和民族团结，民族区域自治，发展少数民族地区经济文化事业，培养少数民族干部，发展少数民族科教文卫等事业，使用和发展少数民族语言文字，尊重少数民族风俗习惯，尊重

---

[1] 钱镇：《马克思主义与和合共生理念》，决策与信息网，http://www.jcyxx.com/xjdt/9706.jhtml。

和保护少数民族宗教信仰自由。

中国共产党创造性地把马克思主义民族理论同中国民族问题具体实际相结合，走出了一条中国特色解决民族问题的正确道路，确立了党的民族理论和民族政策，把民族平等作为立国的根本原则之一，确立了民族区域自治制度，各族人民在历史上第一次真正获得了平等的政治权利，共同当家做了主人，终结了受压迫、纷争的痛苦历史，开辟了发展各民族平等、团结、互助、和谐关系的新纪元。习近平指出："我们伟大的祖国，幅员辽阔，文明悠久。一部中国史，就是一部各民族交融汇聚成多元一体中华民族的历史，就是各民族共同缔造、发展、巩固统一的伟大祖国的历史。我们辽阔的疆域是各民族共同开拓的，我们悠久的历史是各民族共同书写的，我们灿烂的文化是各民族共同创造的，我们伟大的精神是各民族共同培育的。"[1]"在历史长河中，农耕文明的勤劳质朴、崇礼亲仁，草原文明的热烈奔放、勇猛刚健，海洋文明的海纳百川、敢拼会赢，源源不断注入中华民族的特质和禀赋，共同熔铸了以爱国主义为核心的伟大民族精神。昭君出塞、文成公主进藏、凉州会盟、瓦氏夫人抗倭、土尔扈特万里东归、锡伯族万里戍边等就是这样的历史佳话。"[2]

中国是一个多民族、多语言、多文种的语言资源丰富的国家，多样性的语言文字是宝贵的国家资源。在"一带一路"建设中，应充分尊重各国、各民族的语言和文化，保护文化多样性。"一带一路"建设，不仅对我们提出了语言学上的新挑战和新要求，也为我们了解、运用和研究沿线各国语言提供了新机遇。历史上多民族、多文化、多语言的密切接触及频繁的商贸活动，使丝绸之路经济带成为"语言富矿"，产生了许多混合型语言，促进了经济发展。

中华民族是多民族融合、共存的共同体，中国传统文化也是在多样性文化不断碰撞和交融中发展的，形成了多源汇聚的过程和多元一体的结构。中国社会对各种不同的宗教信仰都相当宽容。各种宗教及其分支教派都能够在这片土地上正常存在和发展，相互和平共处。由于中国固有的传统文化根基深厚并且富于包容精神，其结果是吸收外来文化和同化外来文化并

---

[1] 习近平：《各民族共建美好家园共创美好未来》，《人民日报》（海外版）2019 年 9 月 28 日。

[2] 习近平：《在全国民族团结进步表彰大会上的讲话》，人民出版社，2019，第 6 页。

存。外来文化的进入丰富了中国传统文化，却并不丧失中国传统文化特有的本色。

五 多样性管理的中华传统文化视角

管理多样性的主要原因是文化多样性。文化多样性既是对文化个性与特殊性的表达，也是人类共同文化品质的展示。只有尊重文化多样性、独立性、异质性和完整性，我们才能感受到世界文化的多姿多彩。习近平在2019 年的亚洲文明对话大会开幕式发表的主旨演讲中说："坚持美人之美、美美与共。每一种文明都是美的结晶，都彰显着创造之美。一切美好的事物都是相通的。人们对美好事物的向往，是任何力量都无法阻挡的！各种文明本没有冲突，只是要有欣赏所有文明之美的眼睛。我们既要让本国文明充满勃勃生机，又要为他国文明发展创造条件，让世界文明百花园群芳竞艳。"① 费孝通先生曾强调世界各民族的文化要"各美其美，美人之美，美美与共，天下大同"②。人们不仅要懂得欣赏自己创造的美，还要包容地欣赏别人创造的美，将各自之美和别人之美拼合在一起，就会实现理想中的大同美。文化多样性的终极作用是提升人类自身。在经济全球化的时代，我们需要一种能够代表国家民族、彰显文化特性、具有鲜明地域文化特征的身份，进而达成一种基于文化自信的文化间的相互欣赏与赞美。只有这样，文化相融、共生、互动、发展的趋势才会形成。

2001 年，联合国教育、科学及文化组织（简称联合国教科文组织）第31 届大会在巴黎总部通过了《世界文化多样性宣言》，重申了这样的信念：缓解各文化和文明间冲突的最有效方式，是文化间的平等沟通与对话。在全球化发展的今天，如何保持文化多样性日益成为我们无法回避的话题。然而，随着人类全球化脚步的加快和资本的全球性扩张，原有的世界格局日益被打破，全球化使得文化多样性面临严重威胁，加剧了不同文化系统之间的紧张关系。在世界舞台上，每个国家和民族都期望展示自己的文化个性魅力。但是，文化发展的实际情形却是，处于强势文化一方对于弱势

① 习近平：《深化文明交流互鉴 共建亚洲命运共同体：在亚洲文明对话大会开幕式上的主旨演讲》，人民出版社，2019，第6~7 页。
② 费孝通：《缺席的对话——人的研究在中国——个人的经历》，《读书》1990 年第 10 期。

文化一方采取文化霸权或文化殖民，试图将自己的文化价值观强加于对方，文化的冲突就在所难免。

文化的恒常价值常常是渗透于文化多样性之中的，因此我们必须以文化多样性来抵抗、纠正、平衡单一的资本与市场逻辑，不能让现代化、工业化取代文化的进步、精神的富有。人类的现代化实践推动了全球文化的交流和沟通，但不可能完全取消文化生产和消费的本土性，因为人的需要结构的差异性和理想欲求的丰富性，只能由文化多样性来表达和满足。①

对待文化多样性，应该坚持各民族文化一律平等的原则。中国的文明观认为文明是平等的，反对文明的傲慢与偏见，认为只有在平等的基础上，才能做到世界各国文化相互交流和借鉴，促进各自文化的发展和实现世界文化的繁荣。中国的文明观还认为文化是共生共荣的，只有在和睦中相处，相互吸收、借鉴和融合其他民族文化中的积极成分，才能增强对自身文化的认同和对其他民族文化的理解。

管理案例分析

案例一：文化相容让"民心更相通"——中国建筑的海外跨文化管理

"一带一路"倡议涉及众多国家，各国的政治经济发展不平衡，宗教信仰、风俗习惯也存在较大差异。随着"一带一路"倡议的纵深推进，中国企业积极"走出去"参与当地建设和发展，能否适应当地文化、有效推进文化融合成为制约中国企业在海外持续发展的重要因素。中国建筑集团有限公司（以下简称中国建筑）作为中央企业践行国家"一带一路"倡议的代表者与领先者，引领中国企业与当地社区实现文化相融、民心相通、共同发展，引领中国企业提升海外运营管理水平，共同造福"一带一路"沿线国家与人民。

在"走出去"过程中，中国建筑严格遵守人权、劳工等相关国际公约，恪守国家和项目所在地有关劳工的法律法规和政策，坚持平等规范雇佣，禁止一切形式的就业歧视。其通过外网和专业平台发布招聘公告，公平公正对待不同国籍、种族、性别、宗教信仰和文化背景的员工；实施全员劳

---

① 邹广文：《坚守文化的多样性》，《光明日报》2014 年 3 月 25 日。

动合同管理制度，依法与员工签订劳动合同。2016 年，中国建筑在岗员工约 25.6 万人，其中海外雇员 2.05 万人，员工流失率为 6.6%；女性员工比例为 20.5%，女性管理者比例为 20.3%。

中国建筑一直保持开放心态，有针对性地开展员工专业技能培训，确保员工能够胜任本职工作，帮助员工实现自我价值。中国建筑阿尔及利亚公司招聘当地的毕业生，并推动其与法语基础好的外派员工结成伙伴，进行联动培养；全额资助多名项目沿线居住地的优秀高中毕业生赴中国留学，并与其签订培养就业协议，欢迎毕业后加入中国建筑团队发展。在承建刚果（布）国家 1 号公路项目过程中，中国建筑刚果（布）公司开展各类培训班共计 312 期，培训达 4.5 万人次，以提升员工队伍的职业素质。

中国建筑将领导走访谈心的传统合理运用到跨文化的经营管理中，畅通与外籍员工的沟通渠道，深入基层了解其对公司经营理念、管理制度的建议和诉求。其通过提供语言文化培训和专业技能培训，增进中外员工之间的互信交流，增强员工的凝聚力和对企业的认同感，减少风俗、种族、宗教等差异引起的摩擦和不理解。例如，结合埃及受众特点，特别是很多埃及人喜欢使用 WeChat、TikTok 的情况，中国建筑埃及公司面向中埃员工及国内外关心中国建筑、关心中国建筑埃及公司的受众，特别是埃及受众，开通运营中国建筑埃及 WeChat 公众号、TikTok 中英阿语版，打造中国企业携手中国主要社交媒体的"联合出海"新模式，这也成为中国企业通过国内主要社交媒体平台开展海外传播、推广国内主要社交媒体的一次重要尝试。

中国建筑高度重视公司生产运营对东道国社区的影响，努力创建和谐的企业经营环境。其通过雇用当地员工缓解社区就业压力、改善社区居住环境、义务修缮社区道路、规范工程移民安置及补偿程序、为社区提供免费培训及开展公益慈善活动等方式，与东道国社区构筑友好关系，实现与社区居民的和谐共处。绿色发展已经成为全球经济社会发展的主流价值取向。中国建筑致力于探索绿色产业链体系建设，把绿色建造理念延伸到员工、项目和利益相关方，为全球客户传递绿色理念、提供绿色建造服务，向世界展示"中国建造"的"绿色内核"。中国建筑中东公司在修建科威特中央银行新总部大楼项目的过程中，利用新材料、新技术实现节能降耗，各项绿色节能技术产生的经济效益约 5700 万元。

在 30 多年的海外业务发展过程中，中国建筑不断获得外籍员工、东道国居民的认同与支持，成功进入美国、俄罗斯、英国、新加坡、澳大利亚、中东地区等发达国家和地区的市场，跻身当地领先国际的承包商行列，还扎根阿尔及利亚、巴基斯坦、埃及、刚果（布）、越南、埃塞俄比亚等发展中国家市场，承揽了一大批重大标志性项目。截至 2017 年 6 月，其在 6 大洲设置了约 170 个机构。这些机构员工属地化通常在 50% 以上，已经实现了属地化经营。

资料来源：

《中国建筑企业文化优秀案例展示——文化相容让"民心更相通"》，中国建筑网，http：// www.cscec.com.cn/zjywlbt/201801/2868999.html。

案例二：中老铁路开通

2021 年 12 月 3 日下午，中共中央总书记、国家主席习近平在北京同老挝人民革命党中央总书记、国家主席通伦通过视频连线共同出席中老铁路通车仪式。习近平指出："今年是中老建交 60 周年暨中老友好年。60 年来，中老关系之所以能够经受住国际风云变幻考验，历久弥坚、历久弥新，关键在于双方坚守共同理想，彼此信赖、守望相助、命运与共。"[1] 中老铁路的开通承载着延续了千年的互联互通梦想，承载着中老两国人民的深厚友谊，承载着构建人类命运共同体的美好期盼。

中老铁路北起中国云南省昆明市，向南经玉溪市、普洱市、西双版纳傣族自治州，过中国磨憨铁路口岸和老挝磨丁铁路口岸，进入老挝北部地区，继续向南经琅南塔省、乌多姆赛省、琅勃拉邦省、万象省，到达老挝首都万象市。中老铁路是中国共建"一带一路"倡议与老挝"变陆锁国为陆联国"战略对接的政府间重大合作项目，也是"一带一路"倡议提出后，首条以中方为主投资建设、全线采用中国技术标准、使用中国设备并与中

---

① 杨迅：《习近平同老挝人民革命党中央总书记、国家主席通伦举行视频会晤》，中国政府网，http://www.gov.cn/xinwen/2021-12/03/content_5655721.htm。

国铁路网直接连通的国际铁路，线路全长 1035 千米，全线新建车站 38 座。为了让野生亚洲象回家之路更通畅，建设者在西双版纳国家级自然保护区热带雨林修建勐养隧道、西双版纳隧道两座隧道，设置 212 千米防护栅栏和近 13 千米声屏障，减少对大象迁移和活动空间的影响，体现了人与自然和谐共生。

截至 2022 年 2 月 5 日，中老铁路老挝段共开行客运列车 116 对，发送旅客 108770 人次，平均每天发送旅客 1699 人次，最高日发送旅客 2804 人次；开行货物列车 124.5 对，累计货物发送量 133191 吨，平均每天发送 2081 吨。老挝人民革命党中央总书记、国家主席通伦表示，中老铁路的开通意味着两国人民交往更加便捷。自从有了中老铁路，老挝百姓感到非常自豪，希望老挝人民都能坐上火车，真正体会到共建"一带一路"的重要意义。他还引用老挝俗语说"有路，就有发展机会"，充分肯定中老铁路对促进老挝发展的重要作用。

中老铁路这条大动脉的通车，提高了中国对内对外的开放水平，扩大了中国与东盟的合作交流和商贸往来，破解了困扰老挝"陆锁国"的交通困局，助力了老挝"变陆锁国为陆联国"国家战略的实施，为两国和平合作、开放包容、互学互鉴、互利共赢提供了新的支点，架起造福两国人民的友谊桥梁。这是一条经济发展之路、对外开放之路、合作共赢的友谊之路，作为"一带一路""硬联通"的重要组成部分，这条"钢铁巨龙"将极大地促进中国与东盟国家的互联互通和经济一体化，同时也为全球范围内"一带一路"高质量建设提供可贵的借鉴。

资料来源：

孙广勇、郝爽言、陈康：《中老元首见证两国铁路通车》，《环球时报》2021 年 12 月 4 日。

张帆、叶传增：《跨越山河，共享繁荣》，《人民日报》2021 年 12 月 2 日。

复习思考题

1. 从国学的视角与实务，谈一谈你对多样性管理的认识和体会。

2. 中国式多样性管理理念的目的是什么？

3. 差异性和多样性的区别是什么？

4. 职场中的多样性体现在哪些方面？

5. 在组织管理活动中，如何体现"和而不同"的理念？

6. 结合自己的经验与体会，就多样性管理，谈一谈哪些方面是重要的影响因素，如何才能充分发挥出多样性管理效果。

第十七章　当代社会的管理实践

本章提要

本章从北斗卫星导航系统案例入手，第一节阐释当今的全球化浪潮，第二节阐释当代中国的管理实践。经过 70 多年的发展，中国有了充足的国际化底气，并且在当代的管理实践中取得了骄人的成绩，但需要强调的是，中国既要积极争取和合共赢的机会，也要时刻不忘以独立自主、自力更生的精神投身国际化和管理实践，同时还要高度重视国家安全。

重点难点

本章的重点是认识和了解当今的全球化浪潮、中国参与的全球化；难点是做到对全球化的辩证认识。在教学过程中，除了课堂教学外，需要引导学生多关心时政，了解国际化进程和国内外社会的管理实践，特别是中国的国际化发展和管理实践成就。

引导案例

弄潮全球化——北斗卫星导航系统的底气和格局

2007 年，联合国将美国全球定位系统（Global Positioning System, GPS）、中国北斗、俄罗斯格洛纳斯、欧盟伽利略确定为全球四大卫星导航系统。目前，北斗卫星导航系统的各项技术在不断更新之中。例如，在北斗二号的基础上，北斗三号的定位精度提升了 1~2 倍，达到 2.5~5 米的水平，拟为民用用户免费提供约 10 米精度的定位服务、0.2 米/秒的测速服务。现在，北斗卫星导航系统已遍及我们生活的方方面面：世界主流手机芯片大多支持北斗卫星导航系统，北斗卫星导航系统正成为国内销售的智能手机的标配；共享单车配装北斗卫星导航系统实现精细管理；支持北斗卫星导航系统的手表、手环、学生卡，更加方便了人们的日常生活。

需要注意的是，这些卫星导航系统不是非要争个你死我活，多系统兼容与互操作已成为发展趋势。美军 U-2 侦察机已将中国的北斗卫星导航系统作为备用系统，供飞机在 GPS 失灵时使用。U-2 侦察机飞行员佩戴的手表也内置了多个导航系统，除 GPS 外，也能连接北斗、格洛纳斯和伽利略卫星导航系统。

为何要跟竞争对手一起合作？

其一，为正常运行提供保障。根据 GPS 的工作原理，接收机需要同时"看到"至少 4 颗导航卫星，才能实现定位。如果使用单一导航系统，一旦在某一区域上空卫星数量有限，接收机与某颗卫星就会断开联系，影响定位服务的持续性。北斗卫星导航系统与 GPS 实现互操作以后，用户用一台接收机能同时接收两个系统的卫星信号，如果 GPS 卫星数量不够的话，还有北斗卫星，定位的稳定性和精度会更高。

其二，卫星导航产业一般遵循由军用到行业再到民用、从小众到大众的发展规律。北斗卫星导航系统现已广泛应用于交通运输、公共安全、农林渔业、水文监测、气象预报、通信时统、电力调度、救灾减灾等领域，而与其他卫星导航系统兼容可提高产品性能、提升用户体验，为商业竞争加分。

目前，国际主流全球导航卫星系统厂商都采用多系统共用模式，产品一般都支持两个或者更多的卫星导航系统。北斗三号在设计建造之初就已考虑到对其他卫星导航系统的兼容性，用户可以在终端上接收多个信号。

北斗卫星导航系统的大众规模化应用时代已经到来。作为战略性新兴产业，卫星导航定位市场已演变为每年价值近千亿美元的全球性产业链和战略合作关系。2017 年中国卫星导航与位置服务产业产值达到 2550 亿元，同比增长 20.4%。根据《2021 中国卫星导航与位置服务产业发展白皮书》，这一数字在 2020 年达到 4033 亿元。

当下，中国与其他国家的合作在不断推进，国产北斗卫星导航系统基础产品已出口约 120 个国家和地区，基于北斗卫星导航系统的土地确权、精准农业、数字施工、智慧港口等，已在东盟、南亚、东欧、西亚、非洲等地区得到成功应用。

资料来源:

余建斌:《弘扬新时代北斗精神,服务全球造福人类》,《人民日报》2021年12月14日。

张凡:《北斗系统正在加速进入国际工业体系》,《中国贸易报》2021年11月16日。

思考题

1. 从北斗卫星导航系统的建设,可以看出中国参与全球化有什么样的底气?

2. 从北斗卫星导航系统的建设,可以看出中国参与全球化有什么样的格局?

第一节 当今的全球化浪潮

一 何谓全球化?

全球化浪潮是指全球联系不断增强,人类生活在全球规模的基础上发展及全球意识的崛起。国与国之间在政治、经济贸易上互相依存。全球化浪潮来势最为汹涌的是经济全球化,指商品、服务、生产要素与信息的跨国界流通的规模和形式不断扩大和增加,通过国际分工,在世界市场范围内提高资源配置效率,从而各国经济相互依赖程度日益提升的趋势。

二 经济全球化的表现

经济全球化有以下五个主要表现。

1. 生产和贸易全球化——贸易增长超过了生产增长

由于科学技术发展的推动和第二次世界大战之后世界经济相对平稳的发展,以及各种各样的贸易壁垒逐渐减少,世界贸易流量在近几十年当中增长十分迅猛。许多数据显示,现在世界各国贸易占GDP的比重不断提升,越来越多的生产是面向世界市场的,全球经济一体化程度进一步提升,如空中客车飞机的国际化生产就是生产全球化的典型,如图17-1所示。

当今中国的经济发展日益显现出全球化的特征,并且贸易增长超过了

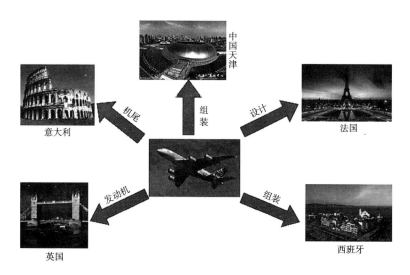

图 17-1　空中客车飞机的国际化生产

生产增长。据国家统计局发布的数据，2021 年全年 GDP 为 1143670 亿元，同比名义增长 12.8%。如果按不变价格计算，2021 年中国 GDP 比 2020 年增长 8.1%，两年平均增长 5.1%。这个成绩在世界范围内都是极为优秀的，大部分国家前两年的平均增长率为负值，中国经济总量占世界的比重大大增加，预计能达到 18%。在中国的经济发展中表现最亮眼的就是出口，2021 年全年货物进出口总额为 391009 亿元，比 2020 年增长 21.4%；出口额为 217348 亿元，增长 21.2%。这些数据充分体现出中国正在进行经济转型，向高质量行业发展，特别是高新技术行业及先进制造业，如新能源汽车、工业机器人、集成电路、微型计算机设备等都已成为中国经济增长和国际贸易发展的主要推动力。

2. **国际资本流动全球化——国际直接投资超过了贸易增长**

20 世纪末，世界经济全球化的一个显著特点是，全球跨越边界的资本流动的增长超过全球生产和全球贸易的增长，推动了经济全球化的进程。

3. **跨国公司成为经济全球化的主要推动力量**

跨国公司指的是拥有在两个或两个以上的国家间协调和控制产品、服务的生产和销售能力的企业。

4. 金融全球化成为经济全球化的重要组成部分

随着世界经济的全球化，金融活动也日益全球化。金融全球化指的是全球金融活动日益紧密联系在一起的过程。现在人们对金融全球化问题给予了越来越多的关注。金融全球化成为经济全球化的重要组成部分。在金融全球化的过程中，国际资本流动不断加强，金融全球化使传统的国际金融和国内金融逐渐一体化，国际业务和国内业务的规章制度逐渐统一，各国可以在全球范围内选择投资者和资金筹集者。

5. 科学技术的迅猛发展是经济全球化的基础

第二次世界大战以后，以电子计算机技术为代表的现代科学技术突飞猛进，对全球经济发展带来了巨大的影响。现代科学技术的发展成为经济全球化坚实的物质技术基础和巨大推动力量。

三 全球化的本质与中国面临的挑战

全球化的最初实质是以发达资本主义国家为主导，以其掌控的资本在全球范围内的新一轮扩张。最初发达国家拥有世界上 3/4 的生产力，在技术、资金、管理等方面具有竞争优势，具有经济和科技上的优势，掌握着推动经济全球化趋势的现代信息技术，主导着世界市场的发展，左右着国际经济"游戏规则"的制定。

当前，在经济全球化遭遇波折的现实情境下，中国坚持经济全球化是当今世界经济发展的必然趋势，坚定支持和捍卫经济全球化的发展，并积极推动经济全球化的改革和完善，致力于推动和引领新型经济全球化的发展，是未来经济全球化的主要动力之一。

1. 全球化中不同国家的角色与作用

美国以其强大国力维持国际秩序的运行，推动全球化。在全球大型跨国公司中，美国的公司占了大部分，发达国家占了绝大部分。世界外汇储备是美元，国际贸易 70% 是以美元结算的。世界各国大量优秀人才和资金流向了美国。美国占有全球大部分高科技发明专利，并且酝酿更大的突破，如生物工程、新一代互联网和计算机。美国还控制了国际贸易的流向。

中小型发展中国家，特别是那些在政治上依附于美国的国家，往往是以丧失主权为代价换得经济利益的。例如，拉丁美洲的部分国家作为美国的政治附庸，以引进外资实现经济起飞，一些国家甚至积极酝酿美元化，将经济主权交给美国。

大型发展中国家与发达国家则积极参与国际竞争。巴西和加拿大这些美国的邻国也没有放弃任何一个机会，这两国生产民航飞机，150座飞机不行，就生产100座以下的支线飞机。法国、英国、意大利、西班牙4个国家，则联合起来生产空中客车飞机，与美国的波音飞机平分秋色。印度2000年的软件出口额达到68亿美元，中国当时的软件出口额仅1亿美元。

2. 中国面临全球化的挑战

我们必须把握新经济和全球化的两重性，一方面把全球化作为客观历史过程，去积极适应；另一方面，不能采取无批判、无抵制的依附性战略，消极适应。

四　中国的全球化理念

1. 自力更生与对外开放

中华人民共和国成立之初，面对以美国为首的西方国家对中国实行的经济封锁，毛泽东指出，"我们的方针要放在什么基点上？放在自己力量的基点上，叫做自力更生"[①]，"我们是主张自力更生的。我们希望有外援，但是我们不能依赖它，我们依靠自己的努力，依靠全体军民的创造力"[②]。自力更生是对外开放的前提和基础，对外开放是增强自力更生能力的重要途径。改革开放后，邓小平指出："独立自主，自力更生，无论过去、现在和将来，都是我们的立足点"[③]。

2. 有所为，有所不为

中国有自己的国情，也有自己的发展规划。中国努力使这一切与世贸组织规则实现对接，把共赢作为参与全球化的真诚原则，并且愿意主动或者在摩擦中从其他国家的视角增加对共赢的理解。中国总有一些核心利益是必须保护并坚持的，说到底，那就是中国继续发展的权利，一个国家的产业进步是不可剥夺的天赋权利。我们的经济制度有两大任务，一是对应并且维护中国的政治体制，二是促进实现更高的效率，支持经济社会发展。

---

① 《毛泽东选集》第4卷，人民出版社，1991，第1132页。
② 《毛泽东选集》第3卷，人民出版社，1991，第1016页。
③ 《邓小平文选》第3卷，人民出版社，1993，第3页。

如果外部世界要求中国完全按照西方的体制重新组织中国的经济运行，那么中国是绝不可能接受的。

3. 中国需要世界，世界需要中国

邓小平早就指出，"中国的发展离不开世界"，"关起门来搞建设是不能成功的"①。经济全球化对发达国家和发展中国家在收益和风险上并不均等，但发展中国家若不想长期落后、被动挨打，就必须顺应潮流，积极融入经济全球化。中国作为世界上最大的发展中国家，加入世贸组织后，其巨大的需求潜力将转化为现实的购买力，为全球提供一个诱人的大市场。目前，与世贸组织成员间的贸易额占中国外贸总额的 90%，来中国落户的跨国公司多来自世贸组织成员。世贸组织几任总干事先后在不同场合表达过相同的意愿：世贸组织亟须中国带来新的生机和平衡。

4. 构建人类命运共同体的"中国方案"

进入 21 世纪以来，经济全球化在加速发展的同时，其弊端也日益显现。如何正确认识经济全球化的发展趋势和问题挑战，成为当前国际社会面临的一个重要理论和实践问题。中国提出构建人类命运共同体的"中国方案"，愿与世界各国携手合作，引领经济全球化朝着更加开放、包容、普惠、平衡、共赢的方向发展。在经济全球化时代，各国利益和命运更加紧密地联系在一起，形成了你中有我、我中有你的命运共同体，各种区域合作机制、次区域合作机制及全球治理机制发展得如火如荼。全球开放、互联互通，共享全球和平与繁荣的成果，共担全球风险和挑战的责任，是全世界人民的共同呼声。大道之行也，天下为公。人类命运共同体理念指导下的经济全球化，体现了经济全球化的道路创新、理论创新和制度创新。这一系列创新有利于超越不同国家、不同民族和不同宗教之间的隔阂、纷争和冲突，建设一个更加繁荣、文明、和谐的世界。

5. 变局之中谋求与世界共赢

面对种种质疑和猜忌，中国在不断申述和平发展理念的同时，更多选择用事实来说话。面对世界范围的保护主义、单边主义抬头，中国没有袖手旁观、没有姑息纵容，而是旗帜鲜明地维护国际秩序、推动新型全球化，担负起大国责任。在全球化遭遇困境的今天，中国向世界提出"一带一路"

---

① 《邓小平文选》第 3 卷，人民出版社，1993，第 78 页。

倡议，挺身而出努力维护国际秩序，以东方特有的"和合"智慧提出了一系列全球治理方案。进入新时代的中国，已将构建人类命运共同体，倡导开放型世界经济，推动全球化朝着更加开放、包容、普惠、平衡、共赢的方向发展，写入自己的国家目标。

五　中国参与全球化的底气

1. 中国工业的全面性

2020 年，中国工业增加值达到 31.3 万亿元，约为美国的 1.5 倍，接近美国、德国、日本三国工业增加值总和。在 500 种主要工业品中，中国有 220 多种产量位居全球第一，世界 230 多个国家和地区都能见到"中国制造"的身影，中国已成为名副其实的"世界工厂"。

美国、德国和日本是传统的工业强国，但目前的工业发展都不全面。当今美国的产业已出现空心化趋势，没有发展出液晶面板、高铁、锂电池之类的产业，传统强大的造船工业目前只剩下军用造船。工业强国德国，却没有智能手机、笔记本电脑、平板电脑、芯片制造和封装、液晶面板、航空发动机、互联网等产业，也没有独立的航天工业。工业强国日本，像卫星导航、民航客机、航空发动机、智能手机芯片设计、通信设备、无人机、互联网等产业也基本没有或者非常弱小，航天工业没有全球航天测绘网、载人航天和空间站。在军事工业领域，美国一家独大，拥有航空母舰、四代机、超高音速飞行器、无人机、洲际导弹、相控阵雷达驱逐舰和核潜艇等主战武器，在这些方面，德国、日本都没有自主设计和制造能力。

目前，全世界只有中国拥有联合国所列举的所有工业类别，像上述的十几个高科技产业，在中国都能找到，并且发展水平都居于世界前列。除了高技术制造业，像技术要求相对较低的产业，如玩具、服装、家具、水泥、玻璃、纺织等产业，美日德这些发达国家早就放弃了，但中国照样坚持发展，并做到全世界 80% 以上的中低端制造都是由中国提供。因此，中国被誉为"世界工厂"。

2. 参与全球化的大国定力

中国加入世贸组织多年，西方发达国家却一直不肯承认中国的市场经济地位。近年来，美国、英国的民粹主义、新保守主义倾向日益严峻，反中国主导的全球化逆流暗潮涌动，但中国依然保持大国定力，应势而为。

2013 年，中国提出"一带一路"倡议，是中国推进多边跨境贸易、交流合作的重要举措。2015 年 12 月，中国作为主要倡导国成立了亚洲基础设施投资银行（Asian Infrastructure Investment Bank，AIIB，以下简称亚投行），截至 2021 年 10 月，亚投行已有 104 个正式成员。

面对全球化的诸多困难和挑战，2017 年 1 月 17 日，习近平在达沃斯世界经济论坛的主旨演讲生动诠释了中国的大国胸襟，"我们认为，融入世界经济是历史大方向，中国经济要发展，就要敢于到世界市场的汪洋大海中去游泳，如果永远不敢到大海中去经风雨、见世面，总有一天会在大海中溺水而亡。所以，中国勇敢迈向了世界市场。在这个过程中，我们呛过水，遇到过漩涡，遇到过风浪，但我们在游泳中学会了游泳。这是正确的战略抉择"[1]"世界经济的大海，你要还是不要，都在那儿，是回避不了的。想人为切断各国经济的资金流、技术流、产品流、产业流、人员流，让世界经济的大海退回到一个一个孤立的小湖泊、小河流，是不可能的，也是不符合历史潮流的"[2]"中国人民深知实现国家繁荣富强的艰辛，对各国人民取得的发展成就都点赞，都为他们祝福，都希望他们的日子越过越好，不会犯'红眼病'，不会抱怨他人从中国发展中得到了巨大机遇和丰厚回报。中国人民张开双臂欢迎各国人民搭乘中国发展的'快车'、'便车'"[3]。

六 中国视角的全球化展望

人类文明交往需要相互尊重、平等对话、借鉴融通，以和而不同、兼容并蓄的态度互学互鉴，促进时代进步。在多样性文化交流互鉴中，任何文化都不可能完全排斥其他文化而独立存在。

共建"一带一路"和构建人类命运共同体理念，体现了中华文明的智慧和中国作为一个负责任大国的历史担当，对推动当今的全球良治、减少冲突、迈向和平具有深远意义。从构建相互尊重、公平正义、合作共赢的

---

[1] 习近平：《习近平主席在出席世界经济论坛 2017 年年会和访问联合国日内瓦总部时的演讲》，人民出版社，2017，第 4 页。

[2] 习近平：《习近平主席在出席世界经济论坛 2017 年年会和访问联合国日内瓦总部时的演讲》，人民出版社，2017，第 4~5 页。

[3] 习近平：《习近平主席在出席世界经济论坛 2017 年年会和访问联合国日内瓦总部时的演讲》，人民出版社，2017，第 13~14 页。

新型国际关系，到推动构建人类命运共同体，建设持久和平、普遍安全、共同繁荣、开放包容、清洁美丽的世界，从举办亚洲文明对话大会到高质量共建"一带一路"，日益走近世界舞台中央的中国，以启迪人心的理念和实实在在的行动，不断为世界发展注入动力，为世界和平贡献力量。

第二节　当代中国的管理实践

一　全面从严治党，治军强军

党的十八大以来，以习近平同志为核心的党中央从坚持和发展中国特色社会主义全局出发，立足当代中国发展实际，坚持鲜明问题导向，逐步形成并积极推进全面建成小康社会、全面深化改革、全面依法治国、全面从严治党的战略布局。正因为"四个全面"战略布局如此重要，我们党在新时代召开的历次中央全会，大都是围绕"四个全面"逐一进行专题研究部署的。也正是因为"四个全面"战略布局如此重要，习近平在对强军布局进行顶层设计时，一开始就是从国家层面的战略布局出发统筹谋划的。

2015年3月12日，习近平在十二届全国人大三次会议解放军代表团全体会议上发表重要讲话，强调"按照全面建成小康社会、全面深化改革、全面依法治国、全面从严治党的战略布局，加快推进国防和军队建设，把军委各项决策部署落到实处，深入实施军民融合发展战略，努力开创强军兴军新局面"①。自那以后，习近平把布局谋势的战略考量与新时代国情军情紧密结合起来，逐步形成了"坚持政治建军、改革强军、科技强军、人才强军、依法治军"②的强军布局。"惟自古不谋万世者不足谋一时，不谋全局者不足谋一域"③，中国人民解放军是执行党的政治任务的武装集团，任何时候任何情况下都要从政治和大局的高度观察问题、分析问题、处理问题。

我们党在新时代治国理政的战略布局，为实现"两个一百年"奋斗目

---

① 《习近平关于协调推进"四个全面"战略布局论述摘编》，中央文献出版社，2015，第162页。
② 《中国共产党章程》（中国共产党第十九次全国代表大会部分修改，2017年10月24日通过）。
③ 陈澹然：《寤言二迁都建藩议》，百度知道，https：//zhidao.baidu.com/question/578179330.html。

标、实现中华民族伟大复兴的中国梦提供了重要保障，明确了党和国家的发展方向、重大任务和战略部署，也指明了当前和今后一个时期党和国家的工作大局。

二 新常态下的深化改革

"新常态"首先由习近平提出。2014 年 5 月，习近平在河南考察时首次提出"新常态"，他说："我国发展仍处于重要战略机遇期，我们要增强信心，从当前我国经济发展的阶段性特征出发，适应新常态，保持战略上的平常心态"[①]。

"新常态"的含义：速度——从高速增长转为中高速增长，结构——经济结构不断优化升级，动力——从要素驱动、投资驱动转向创新驱动。"新常态"将给中国带来新的发展机遇。

对于经济"新常态"来说，上述三个条件缺一不可，并非增速低了就是"新常态"，而是要同时优化结构，向创新驱动要动力。

三 供给侧结构性改革，优化产业结构

推动供给侧结构性改革，重点是去产能。当前，需求侧总体呈下行态势，投资、消费、出口三大需求，都达到了历史峰值。需求下降，供给也跟着下降，这就导致了严重的产能过剩问题，如钢铁、煤炭等产业，在严重的时候过剩产能已达 30%左右。

过剩的产能将导致三个结果，一是生产价格指数连降，工业品出厂价格呈负增长；二是工业企业利润负增长；三是有些地区财政收入相对下降，面临很大压力。因此，只有减掉过剩、落后的产能，才能够使企业利润回升，走出困境。

消费需求升级，同样可以带动产业结构升级。产业结构升级首先要有需求，企业才有生产动力。中国人对高端家电产品、高品质智能产品、新能源汽车、康养旅游和高端医疗保健等产品和服务的需求越来越大，这是好现象，只不过当前中国产品的质量和服务仍有待提高。随着需求的转型升级，国内企业会努力生产出更好的产品。

---

① 《习近平关于总体国家安全观论述摘编》，中央文献出版社，2018，第 72 页。

在去产能的同时，还应培育新的经济增长点。在一些传统行业中，其实也蕴藏着新的增长点。中国的一些基础产业，如石油、电力、电信等，如果加大改革力度，积极吸引社会投资进入，随着竞争加强，这些行业的成本不但可以降低，产品和服务也能够改进。在传统领域引入新的机制，就有机会形成新的增长点。

四　《中国制造2025》

《中国制造2025》为国务院于2015年5月印发的部署全面推进实施制造强国的战略文件，是中国实施制造强国战略第一个十年的行动纲领。

《中国制造2025》可以概括为"一二三四五五十"的总体结构。

"一"就是从制造业大国向制造业强国转变，最终实现制造业强国的一个目标。

"二"就是通过两化融合发展来实现这一目标。党的十八大报告提出用信息化和工业化两化深度融合来引领和带动整个制造业的发展，这也是中国制造业所要占据的一个制高点。

"三"就是要通过"三步走"的一个战略，大体上每一步用十年左右的时间来实现中国从制造业大国向制造业强国转变的目标。

"四"就是确定了四项原则：第一项原则是市场主导、政府引导；第二项原则是既立足当前，又着眼长远；第三项原则是全面推进、重点突破；第四项原则是自主发展和合作共赢。

"五五"就是有两个"五"。其中一个"五"就是有五条方针，即创新驱动、质量为先、绿色发展、结构优化和人才为本。还有一个"五"就是实行五大工程，包括制造业创新中心（工业技术研究基地）建设工程、智能制造工程、工业强基工程、绿色制造工程和高端装备创新工程。

"十"就是十大领域，包括新一代信息技术产业、高档数控机床和机器人、航空航天装备、海洋工程装备及高技术船舶、先进轨道交通装备、节能与新能源汽车、电力装备、农机装备、新材料、生物医药及高性能医疗器械十个重点领域。

《中国制造2025》提出，坚持"创新驱动、质量为先、绿色发展、结构优化、人才为本"的基本方针，坚持"市场主导、政府引导，立足当前、着眼长远，整体推进、重点突破，自主发展、开放合作"的基本原则，通过"三步走"实现制造强国的战略目标：第一步，到 2025 年迈入制造强国行列；第二步，到 2035 年中国制造业整体达到世界制造强国阵营中等水平；第三步，到中华人民共和国成立 100 年时，综合实力进入世界制造强国前列。

五　构建双循环新发展格局

在当前保护主义上升、世界经济低迷、全球市场萎缩的外部环境下，我们必须集中力量办好自己的事，充分发挥国内超大规模市场优势，逐步形成以国内大循环为主体、国内国际双循环相互促进的新发展格局。中国经济潜力足、韧性强、回旋空间大、政策工具多的基本特点没有变。中国具有全球最完整、规模最大的工业体系及强大的生产能力、完善的配套能力，拥有 1 亿多市场主体和 1.7 亿多名受过高等教育或拥有各类专业技能的人才，还有包括 4 亿多中等收入群体在内的 14 亿人口所形成的超大规模内需市场，正处于新型工业化、信息化、城镇化、农业现代化快速发展阶段，投资需求潜力巨大。

为了解决气候变暖、生态恶化等全球性难题，只有通力合作才能拯救我们的家园。合作是一种最基本的人类本性，合作在生命进化过程中厥功至伟，合作机制让人类具有更强的生存能力。人类是超级合作者，是唯一能够充分运用间接互惠的物种，合作是永恒的旋律，从古至今合作的重要性从未改变。受全球疫情冲击，当前世界经济深度衰退，经济全球化遭遇逆流，产业链、供应链循环受阻，国际贸易投资严重萎缩，大宗商品市场动荡不安，国际上保护主义思潮上升。我们必须坚定全球化发展的历史趋势，坚信只有开放、合作、共赢才能拯救人类、发展人类、造福人类。中国将坚持多边主义和国际关系民主化，以开放、合作、共赢胸怀谋划发展，要建设更高水平的社会主义市场经济体制，推动规则、规制、管理、标准等制度型开放，以制度集成加快海南自由贸易港、粤港澳大湾区等对外开放高地建设，积极参加全球经济治理体系变革和国际组织重构等规则的制定，加强国际协调共同防范和化解国际系统性金融风险，以"一带一路"建设为重点促进全球经济恢复增长，推动建设开放型世界经济，坚定不移推动经济全球化朝着开放、包容、普惠、平衡、共赢的方向发展，努力构建人类命运共同体。

我们要想把主动权掌握在自己手里，就必须发挥中国作为世界最大市场的潜力和作用，靠自己的强大内需提升中国经济的韧性和弹性。加快形成世界最大的消费市场是一个系统工程，需要国内循环与国际循环并行发展。国内循环是基础，要体现以我为主，自强自立。继续推动国内产业链提质、供应链升级，上下游协同发展，产供销紧密连接，不断完善国内循环。但这个内需体系绝不是闭门造车，而是与国际市场开放联系的，通过国内国际两个循环相互促进，实现做大做强。国际循环是重要辅助，要提升国际循环的控制力和稳定性，争取国际区域循环有新突破。统筹利用国内国外两个市场、两种资源，实现优势互补。要坚定实施扩大内需战略，着力打通生产、分配、流通、消费各个环节。

六　"一带一路"合作倡议

"一带一路"是"丝绸之路经济带"和"21 世纪海上丝绸之路"的简称。2013 年 9 月、10 月，中国国家主席习近平先后提出建设"新丝绸之路经济带"和"21 世纪海上丝绸之路"的合作倡议。依靠中国与有关国家既有的双多边机制，借助既有的、行之有效的区域合作平台，借用古代丝绸之路的历史符号，高举和平发展的旗帜，积极发展与沿线国家的经济合作伙伴关系，共同打造政治互信、经济融合、文化包容的利益共同体、命运共同体和责任共同体。截至 2021 年 11 月 20 日，中国与 141 个国家和 32 个国际组织，签署了 206 份共建"一带一路"合作文件。

"一带一路"强调各国的平等参与、包容普惠，主张携手应对世界经济面临的挑战，开创发展新机遇，谋求发展新动力，拓展发展新空间，共同朝着人类命运共同体方向迈进，为全球治理提供了新的路径与方向。

"一带一路"正是在各国寻求发展机遇的需求之下，同时尊重各自发展道路选择基础之上所形成的合作平台，为新时期世界走向共赢带来了中国方案。因为立足于平等互利、相互尊重的基本国际关系准则，聚焦于各国发展实际与现实需要，着力于和各国发展战略对接，"一带一路"建设在赢得了越来越多的世界认可与赞誉的同时，也取得了日益显著的早期收获，给相关国家带来了实实在在的利益，给世界带来了走向普惠、均衡、可持续繁荣的信心。

"一带一路"为全球均衡可持续发展增添了新动力，提供了新平台。

"一带一路"涵盖了发展中国家与发达国家，实现了"南南合作"与"南北合作"的统一，有助于推动全球均衡可持续发展。

"一带一路"是伟大"中国梦"的合理延伸，最终形成的是国际物流大通道，"中国制造"将进一步扩大国际合作空间。

七 打造人类命运共同体

"人类命运共同体"作为一种创新性的中国方案，与西方历史上存在的一些发展构想具有本质上的差别。第一，在时代背景上，世界格局正处在快速演变过程中，国际社会日益成为一个你中有我、我中有你的命运共同体。世界发展面临各种问题和挑战，中国的治理理念和实践受到高度赞赏和广泛认同，国际影响力、感召力、塑造力进一步提高，中国有信心、有能力为世界做出更大贡献。第二，在思维逻辑上，"人类命运共同体"体现的是互利共赢思维，准确地贯彻了"和而不同"的共生思想。它用本国的发展为其他国家提供支持，成为国际社会发展的重要力量，它不以社会主义和资本主义为分界线看待国家发展，而是为实行不同社会制度的国家提供支持，进而实现了理论与实践的高度统一，充分发挥了各国的优势，将所有的有利因素尽可能地统一协调起来，形成了别具一格的中国方案。第三，在地域范围上，"人类命运共同体"虽然是中国提出的，但是涉及的国家分布范围很广，而且以开放包容的姿态欢迎更加广泛深入的交流合作。正如习近平总书记所强调的，"我们要把自己的事情做好，这本身就是对构建人类命运共同体的贡献。我们也要通过推动中国发展给世界创造更多机遇，通过深化自身实践探索人类社会发展规律并同世界各国分享"①。他呼吁"各国人民同心协力，构建人类命运共同体，建设持久和平、普遍安全、共同繁荣、开放包容、清洁美丽的世界"②。

"构建人类命运共同体"作为新时代的中国方案，坚持了传统价值与当代实践、全面外交与重点责任、中国发展与世界发展的统一，显现了鲜明的中国特色，是极富建设性和创新性的中国方案。

---

① 习近平：《携手建设更加美好的世界——在中国共产党与世界政党高层对话会上的主旨讲话》，人民出版社，2017，第8页。
② 《习近平谈治国理政》第3卷，外文出版社，2020，第46页。

"构建人类命运共同体"正是将中华优秀传统文化与现代管理实践相结合所提出的伟大构想和举措，其理念和意识在中国越来越深入人心，同时在世界上也越来越广受欢迎。我们深信，随着中国的日益崛起，随着"一带一路"建设的深入推进，随着人类命运共同体的不断构建，中国优秀传统文化、现代卓越的管理思想与实践经验必将成为世界人民追求学习的对象，成为其指导管理实践的主流思想与理论。

管理案例分析

从落后百年到全球领先，中国盾构机是如何崛起的？

100多年前，孙中山先生在他的著作《建国方略》中提到"16万公里铁路、160万公里公路"的建设计划。这些计划在当时被认为是天方夜谭，要知道，1912年清朝灭亡时，中国的铁路里程仅有9000公里，并且大多数还掌握在洋人手里。这对于当时孱弱的民国政府、流离失所的中国人民来说，可以说是虚无缥缈的梦想。可曾想？100多年过去了，幻想却已成真。

2019年底，中国已经拥有13.9万公里铁路、6730公里城市轨道、501万公里公路，其中铁路隧道超过18000公里；公路隧道超过20000公里；地铁则达6000公里。100多年了，孙中山先生的宏愿终于实现。而取得这些功绩最大的功臣之一就是本案例的主角——盾构机。

盾构机主要用于铁路、公路、地铁和水利等基建工程的隧道挖掘，被称为"工程机械之王"，有着"地下蛟龙"的美誉。盾构机在工作时，用前面的切削刀盘，把地下的泥沙、石头"吞"进嘴里，通过螺旋传送机输送到皮带传送机，再用渣土车运往后方。举个例子，1000名工人用传统爆破方式挖一条小型隧道，大概需要5年，并且很难避免人员伤亡。若使用一台盾构机挖掘同一隧道，仅需5个月时间，由于工人是在盾构机内部作业，安全完全有保证。因此，我国90%以上的地铁都是采用盾构机施工。可以说，没有盾构机，就没有今天中国地铁、中国隧道建设的大发展。

20世纪90年代，国内盾构机几乎全部依赖进口，德日美三国企业的产品占据90%以上的市场份额。当时，一台大型盾构机，外商要价达7亿元，并且态度强硬地表示，不通融，不降价。此外，外国专家对设备进行检修的时薪要价竟然超过 5000 元，为了技术保密，还禁止中国人观看。要知道，这可是 20 年前的一小时 5000 元。没有技术，就得任人宰割。在盾构机领域，顾客并不是上帝。这种亏，我们吃了 20 年。

在此背景下，我国盾构机制造经历了发展、追赶、竞争的 20 年，终于攀登到世界顶峰。

一 筚路蓝缕：忆往昔峥嵘岁月稠

20 世纪 80 年代以前，我们在修建隧道时基本上没有机械化的设备，只有铁锹、钢钎、小推车等简单工具，主要采取人工挖掘的方式，是一种"钢钎加大锤，打眼再放炮"的原始方法。而早在 1843 年，泰晤士河隧道就第一个采用盾构技术挖掘，顺利完工，成为隧道工程史上的里程碑。

20 世纪中叶，盾构机在欧美日普及完毕。20 世纪下半叶，欧美日的企业统治了全球盾构机市场，并对中国进行技术封锁，这对掉队的中国来说雪上加霜。

1997 年，中国从德国引进了两台盾构机，用在西康铁路秦岭隧道的项目上，这是国外现代盾构机第一次被引入中国。这两台盾构机的使用，使得隧道提前 10 个月贯通，这一项目建设让我们真正感受到了与国外的巨大差距。

但无奈在"造不如买、买不如租"的思潮影响下，国内设备几乎全部依赖进口，还出现了只进口设备不要图纸的荒唐情况。德日美三国的盾构机借此机会，几乎霸占了国内 90% 的市场。高度依赖国外设备必然会被他们牵着鼻子走：价格昂贵、沟通低效、维修困难、技术封锁等问题层出不穷。自主研发生产盾构机，就成为摆在中国面前的唯一出路。

二 艰难攻关：核心技术的逐步突破

2002 年，中国科技部高新司把盾构机研发列入"863"计划。在国家专项资金支持，央企、国企牵头下，中国科研院所同多家企业，从基本原理的技术链层面，到实际应用的产业链层面协同作战、共克时艰。即使在欧美日的严防死守下，中国盾构机的设计和制造仍然进入全面推进阶段。

2004 年上海隧道研制出了国内首台全自主设计的土压式平衡盾构机"先行 1 号"样机。

2006 年"先行 2 号"盾构机在上海下线，标志着中国具备了批量生产盾构机的能力。

2007 年科技部基础司也将掘进装备的基础研究列入了"973"计划。

2008 年，中国中铁 1 号盾构机下线。这是中国首台具有自主知识产权的复合式土压平衡盾构机。从此，中国告别了完全依靠"洋盾构"的局面。

2013 年，中铁装备研制出了当时世界最大的矩形盾构机，2014 年，矩形盾构机成功应用于新加坡地铁项目，成为国产异形掘进机走向海外的首个成功案例。

2015 年，中铁装备研制出了硬岩掘进机，让我国在硬岩掘进机领域进入世界前列。

截至 2018 年底，国产盾构机的设计制造及掘进施工技术已达到甚至在个别领域超过了国际水平。

三　进军海外：占全球七成市场份额

2009 年之前，进口盾构机仍然占我国市场的 85% 左右。2012 年之后，借助马来西亚项目的成功经验，国产盾构机纷纷走出国门，抢占世界市场。

2017 年中国盾构机首次打入欧洲市场，出口俄罗斯 5 台。

2019 年 1 月，中国出口非洲大陆首台盾构机"中铁 665 号"下线，标志着非洲市场被打开。

2020 年 9 月 29 日，中国中铁自主研制的第 1000 台盾构机在郑州下线。中铁从第 1 台设备到 1000 号盾构机，近二十载春秋，见证了以中铁装备为代表的中国企业艰苦攻关的奋斗史，更见证了国产盾构从无到有、从有到优、从优到强的逆袭历程。

今天，国产盾构机在国内市场的占有率达到 90% 以上，占到全球 2/3 的市场份额，还顺便拉低了国外同类产品价格 40% 以上，发达国家几亿元一台的盾构机早已成为历史。

尾　声

中国盾构机的"反围剿"之路，形成了国企主导、政府支持、顺应时代、精准创新的"中国盾构模式"。这种模式的典型特点是，前期用国内市场换技术平稳发育，持续攻关打破壁垒，后期攻占全球市场。这种模式可以称为中国制造业"翻身当家作主"的典范，已经或正在应用于中国制造业的多个领域，相信在更多领域，将会有无数个"中国盾构机"出现。

资料来源：

张凤华、张晔：《从落后百年到超越领跑，超大直径盾构机实现逆袭之路》，《科技日报》2021 年 5 月 31 日。

《从落后百年到世界第一，中国盾构机的逆袭之路》，个人图书馆，http：//www.360doc.com/content/20/1103/09/13941153_943833251.shtml。

姚柳：《浅析国产超大型盾构品牌建设的做法和成效》，《企业改革与管理》2022 年第 16 期。

复习思考题

1. 谈谈你对全球化的认识。

2. 结合你的个人情况，阐述个人和企业应如何面对全球化挑战？

3. 结合中国国学文化，分析全球化的发展方向。

4. 你对当代西方、当代中国的管理实践有什么样的认识和体会？

5. 谈谈你对"国内国际双循环"的理解。

参考文献

马克思：《机器。自然力和科学的应用》，人民出版社，1978。

《马克思恩格斯文集》第1卷，人民出版社，2009。

《马克思恩格斯文集》第3卷，人民出版社，2009。

《马克思恩格斯文集》第2卷，人民出版社，2009。

《马克思恩格斯文集》第5卷，人民出版社，2009。

《马克思恩格斯选集》，人民出版社，2012。

《毛泽东选集》第1卷，人民出版社，1991。

《邓小平文选》第2卷，人民出版社，1994。

《邓小平文选》第3卷，人民出版社，1993。

《习近平总书记系列重要讲话读本》，学习出版社、人民出版社，2016。

陈晓：《跨文化管理》，清华大学出版社，2009。

陈振：《宋史》，上海人民出版社，2003。

程妮娜：《金史》，中国社会科学出版社，2019。

杜玉俭、刘美嫦译注《孟子》，广州出版社，2001。

宫崎市定：《东洋的近世》，张学锋译，上海古籍出版社。

魏冰戬主编《韩非子》，吉林大学出版社，2015。

韩儒林：《元朝史（修订本）》，人民出版社，2008。

何兹全、张国安：《魏晋南北朝史》，人民出版社，2014。

Y. N. 赫拉利：《人类简史：从动物到上帝》，林俊宏译，中信出版社，2014。

胡军：《跨文化管理》，暨南大学出版社，1995。

姬昌：《周易大全》，华文出版社，2009。

李聃：《道德经》，乙力注释，三秦出版社，2008，。

李小龙译注《墨子》，中华书局，2011。

李学勤：《十三经注疏》，北京大学出版社，1999。

李治亭：《清史》，上海人民出版社，2002。

刘向：《战国策》，缪文远译，中华书局，2012。

S. P. 罗宾斯、M. 库尔特：《管理学》，李原、孙健敏、黄小勇译，中国人民大学出版社，2012。

P. 诺思豪斯：《领导学：理论与实践》，吴荣先等译，江苏教育出版社，2002。

欧阳修、宋祁：《新唐书》，中华书局，2003。

彭勇：《明史》，人民出版社，2019。

芮明杰：《管理学》，高等教育出版社，2009。

沈福伟：《中西文化交流史》，上海人民出版社，2006。

司马迁：《史记》，韩兆琦译，中华书局，2012。

苏东水：《东方管理学》，复旦大学出版社，2005。

A. J. 汤因比：《历史研究》上，曹末风等译，上海人民出版社，1986。

田昌五、安作璋：《秦汉史》，人民出版社，2008。

童书业：《春秋史》，商务印书馆，2010。

脱脱：《宋史》，中华书局，1977。

王立平译注《鬼谷子》，吉林文史出版社，2001。

王其藩：《系统动力学》，清华大学出版社，1994。

魏徵等：《隋书》，中华书局，2018。

徐奇堂译注《尚书》，广州出版社，2001。

徐玉清、王国民注译《六韬》，中州古籍出版社，2007。

魏冰戬主编《荀子》，吉林大学出版社，2015。

翟文明：《二十五史故事》，华文出版社，2009。

张晓林：《论语的智慧》，东北师范大学出版社，2010。

张正明作《契丹简史》，中华书局，2019。

郑春兴编《孙子兵法》，中原农民出版社，2017。

周三多、陈传明：《管理学——原理与方法》，复旦大学出版社，2019。

《庄子》，宁远航译注，陕西师范大学出版社，2009。

Koontz H., Weihrich H., *Essentials of Management：An international Perspective*, New York：Tata McGraw-Hill Education Private Limited., 2010.

图书在版编目(CIP)数据

国学与现代管理 / 晏钢主编. --北京：社会科学
文献出版社，2023.7
ISBN 978-7-5228-1849-8

Ⅰ.①国…　Ⅱ.①晏…　Ⅲ.①国学-关系-管理学-
高等学校-教材　Ⅳ.①Z126②C93

中国国家版本馆 CIP 数据核字(2023)第 095234 号

国学与现代管理

主　　　编 / 晏　钢

出 版 人 / 王利民
组稿编辑 / 曹义恒
责任编辑 / 岳梦夏
责任印制 / 王京美

出　　　版 / 社会科学文献出版社 · 政法传媒分社 (010) 59367126
　　　　　　地址：北京市北三环中路甲 29 号院华龙大厦　邮编：100029
　　　　　　网址：www.ssap.com.cn
发　　　行 / 社会科学文献出版社 (010) 59367028
印　　　装 / 三河市龙林印务有限公司

规　　　格 / 开　本：787mm×1092mm　1/16
　　　　　　印　张：22.25　字　数：357 千字
版　　　次 / 2023 年 7 月第 1 版　2023 年 7 月第 1 次印刷
书　　　号 / ISBN 978-7-5228-1849-8
定　　　价 / 128.00 元

读者服务电话：4008918866